Rebeldia Imaginada

Coordenação editorial
Cauê Seignemartin Ameni, Hugo Albuquerque & Manuela Beloni
Organização
Carlos Sávio G. Teixeira
Revisão e preparação
Tarcila Lucena
Diagramação
Manuela Beloni
Capa
Rodrigo Correa
Foto de capa:
Saulo Cruz

Dados Internacionais de Catalogação na Publicação (CIP)
(eDOC BRASIL, Belo Horizonte/MG)

R289 Rebeldia imaginada: instituições e alternativas no pensamento de Roberto Mangabeira Unger / Organizador Carlos Sávio G. Teixeira. – São Paulo, SP: Autonomia Literária, 2019.
513 p. : 14 x 21 cm

ISBN 978-85-69536-67-3

1. Brasil – Política e governo. I. Teixeira, Carlos Sávio G. II.Unger, Roberto Mangabeira. III. Título.

CDD 320.981

Elaborado por Maurício Amormino Júnior – CRB6/2422

Autonomia Literária
Rua Conselheiro Ramalho, 945 CEP: 01325-001
www.autonomialiteraria.com

Rebeldia Imaginada

Instituições e alternativas no pensamento de Roberto Mangabeira Unger

Carlos Sávio G. Teixeira
(Organizador)

2019
Autonomia Literária

Sumário

Introdução

Carlos Sávio G. Teixeira

A obra de Roberto Mangabeira Unger ocupa lugar especial no pensamento contemporâneo. Construída pela mobilização de diversos campos do conhecimento como filosofia, teoria social, pensamento político, teoria da personalidade, direito e economia, é um exemplo raro nos dias atuais, marcados pela especialização fragmentária do conhecimento e baixa ambição intelectual. Soma-se a isso sua capacidade de preencher uma das lacunas mais graves da produção de ideias na área de ciências sociais e filosofia: a dificuldade em apresentar propostas e alternativas para enfrentar os inúmeros problemas exaustivamente criticados e denunciados. No caso de Unger, o traço que mais distingue o seu projeto teórico é a riqueza do pensamento programático, talvez o mais abrangente e detalhado da contemporaneidade.

O elemento central da agenda intelectual de Unger que lhe permite alcançar essa perspectiva original se expressa na obsessão em ligar explicação à proposição. Sua premissa epistemológica é a de que compreender algo implica explicar em que condições e sob que direções o fenômeno estudado pode ser transformado. É uma forma de raciocinar muito diferente das que dominam o atual cenário de ideias. Rejeita o estilo de reflexão que investe tudo no esforço de enxergar racionalidade na realidade existente, cuja expressão pode ser encontrada em práticas analíticas bastante distintas, como a empregada pela ciência econômica e a mobilizada pela filosofia política normativa liberal. Rejeita igualmente o criticismo reinante entre os chamados progressistas, baseado na denúncia e no protesto contra a ordem estabelecida. Geralmente esse criticismo é enfeixado sob a influência de dogmas, fatalismos e niilismos – muitas vezes combinados sem que seus agentes tenham consciência desse compartilhamento nem das implicações de suas premissas contraditórias. A tese ungeriana é a de que crítica sem alternativa se torna exercício impotente e estéril.

Os principais marcos do desenvolvimento da obra deste brasileiro, radicado há mais de quatro décadas na universidade de Harvard nos Estados Unidos, começaram a ser construídos em meados dos anos 70 do século passado, apresentando uma análise e uma crítica das premissas políticas, morais e epistemológicas do pensamento moderno. Nesse primeiro momento, Unger detém-se especialmente na compreensão das questões centrais da formação do sistema de ideias por ele classificado de "doutrina liberal", definido por um conjunto de elementos, processos, funções e estruturas que permite contemplá-lo como um amplo e abrangente edifício de ideias – "a sentinela que guarda o presídio", segundo as suas palavras em *Conhecimento e Política*. Em seguida, no livro *O Direito na Sociedade Moderna*, realiza uma apreciação dos principais problemas que caracterizam as teorias sociais de Marx, Durkheim e Weber, como as questões relativas ao método, à ordem social e à definição de modernidade. E avança na abordagem do fenômeno do direito e cada um de seus tipos como meio para construir e para reproduzir determinado tipo de sociedade, cujo projeto legou a criação de uma corrente de pensamento jurídico de vanguarda nos Estados Unidos intitulada Movimento de Estudos Críticos do Direito

(*Critical Legal Studies* – CLS, em inglês), cujo livro manifesto, escrito por Unger, leva o mesmo título do movimento.

Em um segundo momento, na década de 1980, a obra de Unger é marcada pela construção de sua própria teoria social e política, apresentada na trilogia que integra o título geral de *Politics: A Work in Constructive Social Theory*, e pela sua teoria da personalidade, formulada em *Paixão: Um Ensaio sobre a Personalidade*, para muitos o mais original de seus livros. Difere do primeiro momento porque agora há uma tentativa de entender a situação social e moral das sociedades contemporâneas, em relação ao que elas podem e devem vir a ser. Nessa fase, transparece mais claramente uma das grandes ambições de Unger: o horizonte programático, partindo do entendimento de uma realidade em relação à sua oportunidade transformadora. Ao longo das duas décadas seguintes, são publicadas obras dedicadas a verticalizar esse caráter normativo programático, como *O Direito e o Futuro da Democracia*, *Democracia Realizada: A Alternativa Progressista*, *O que a Esquerda deve Propor*, *A Reinvenção do Livre-Comércio* e *A Economia do Conhecimento* (este último publicado ano passado).

O terceiro momento de sua obra, iniciado na primeira década do novo milênio, caracteriza-se por um movimento de generalização das ideias, acima da teoria social e da teoria da personalidade, voltado ao enfrentamento das principais visões desenvolvidas ao longo da história da filosofia, como a que tematiza a unidade do ser, tanto no pensamento grego quanto em expressões modernas como a teoria de Schopenhauer em sua tese acerca do aumento da realidade na ausência do tempo, e no resgate da metafísica no sistema filosófico, por exemplo, de Bergson. Integram este momento os livros *The Self Awakened*, *The Religion of the Future* e *The Singular Universe and the Reality of Time* (esse último escrito em conjunto com Lee Smolin). Na sistematização de ideias sobre o mundo e na reflexão acerca do papel que elas exercem sobre nós mesmos nas concepções a respeito do mundo, Unger aprofundou as teses de que a história é completamente aberta; o tempo é real no sentido contrário à noção de eternidade; e a emergência do novo está ao alcance da experiência – e sua realização deve ser a ambição maior da política.

A principal interpelação que Unger faz ao pensamento moderno está circunscrita à maneira pela qual ele compreende a ideia de sistema como forma de descrever o mundo. Nesse sentido, a sua argumentação revela críticas às grandes teorias sociais clássicas e suas narrativas – de emancipação, no caso de Marx e alguns marxistas, e de aprisionamento, no caso de Weber, por exemplo, que, embora com sinais trocados, são bastante semelhantes do ponto de vista analítico. Nelas é a história que providencia o programa e não os homens. Outra forma de reflexão rejeitada por Unger no desenvolvimento de sua obra é o que podemos chamar de paradigma do subjetivismo humanista, dividido em duas vertentes, que exerce grande influência sobre os diversos ativismos contemporâneos: a que apresenta uma formulação teórica no estilo da "via negativa", cuja expressão característica se encontra no pensamento de Sartre, para quem a estrutura funciona sempre como uma força opressora que imobiliza o homem. A liberdade e a verdadeira autenticidade são as rebeliões contra as estruturas que, no entanto, resultam em experiências necessariamente fugazes e antiestruturais (a obra de Pierre Bourdieu é uma espécie de contrapartida sociológica dessa perspectiva).

A segunda variante do paradigma subjetivista humanista tem origem no pós-estruturalismo francês, entendido como uma espécie de guerrilha no campo das humanidades, mas que para Unger não passa de uma fórmula vazia expressa, por exemplo, pela noção de desconstrução. Richard Rorty observou, em seu ensaio sobre Unger no livro *Escritos Filosóficos*, que, à perspectiva desesperada dos niilistas pós-modernos, o filósofo brasileiro opõe categorias que se prestam a formular de maneira inteligível a reorganização do futuro, sem abrir mão do sentido histórico.

Se o eixo negativista do pensamento contemporâneo é desprezado por Unger por sua completa infecundidade programática, não se deve supor que ele aceita as doutrinas normativas no estilo da filosofia política anglo-americana e seus satélites como as teorias jurídicas racionalizadoras que ganharam proeminência entre os juristas chamados de progressistas. Elas constroem uma justificativa filosófica para as práticas que procuram atenuar os efeitos perversos da ordem social, compartilhando de conservadorismo e de agnosticismo sobre as mudanças estruturais, com resultados semelhantes aos alcançados pelos subjetivistas humanistas. Aqui o seu principal alvo são figuras como Rawls, o mais influente filósofo político desde o final do século XX, Dworkin e Habermas, este último famoso pelo uso de um vocabulário derivado do universo hegelo-marxista mobilizado para embalar teses liberais. O resultado prático do predomínio dessas formas emasculadas de pensamento é a aceitação da organização estrutural e institucional das sociedades atuais. É uma forma inusitada de socialdemocracia neoliberal.

A oscilação entre a visão que entende o mundo histórico como resultante de operações sistêmicas e a que naturaliza os pressupostos institucionais e ideológicos estabelecidos implica o desarmamento do pensamento para compreender as oportunidades transformadoras. Evitar esse desperdício parece ser uma das maiores motivações da teoria de Unger, na qual sua original posição programática ocupa lugar de destaque. Sua forma de raciocínio configura um institucionalismo voltado às transformações estruturais, por meio de um método de análise institucional que combina a descrição genealógica dos arranjos que dão vida a determinada ordem social – parecido com o usado por Michel Foucault, embora com objetivos e conclusões totalmente distintos – ao descortino de alternativa prática à maneira existente de organizar esta ordem. Essa forma de pensar é muito mais poderosa do que a razão criticista incapaz de inspirar algo que vá além de denúncias, resistências, desconstruções – todas essas posturas quase sempre marcadas por desesperança e ressentimento, sentimentos morais que de tão negativos tornam seus praticantes incapacitados.

Ao conseguir escapar dessa armadilha do pensamento contemporâneo, pondo o eixo institucional e suas alternativas como centro de suas preocupações, a postura de Unger provoca implicações tanto disciplinares como metodológicas. Entre elas, está a valorização do direito e da economia, não nas formas paradigmáticas em que existem hoje na cultura jurídica e econômica, seja a dos conservadores preocupada com o formalismo, seja a dos progressistas convencionais que propõem a redistribuição de direitos e recursos materiais (e simbólicos) como forma de atenuar o sofrimento dos membros de uma sociedade que acreditam não poder ser transformada em seu fundo causal.

Há outra maneira de pensar, por exemplo, o direito e a análise jurídica. Nela, inspirada em Hegel, as instituições existem, antes de tudo, como direitos, seguindo a linha dos historicistas alemães, que definiram o direito como "a organização institucional da vida de um povo". A ênfase nas instituições é valiosa, sobretudo, por suscitar problemas que nos obrigam a atentar para o vínculo entre o entendimento do existente e a imaginação do possível: não o possível longínquo e hipotético, mas o que Unger chama de o "possível adjacente", os passos que se pode dar imediatamente e que demarcam o rumo que permite acumular transformações. Além disso, retira o pensamento ocupado com a crítica dos problemas – e suas soluções – do limbo que é a cultura anti-institucional, revelando ser possível combinar os atributos extrainstitucionais à prática institucional transformadora.

Em qualquer domínio do pensamento, compreender um conjunto de fenômenos é também entender aquilo em que se podem transformar tais fenômenos sob determinadas condições. Muitas das práticas dominantes na filosofia e nas ciências sociais contemporâneas tendem a suprimir esse vínculo do que a realçá-lo. Tratar das instituições é abordar a organização construída da sociedade – erigida, acima de tudo, em forma de direito. Reelaborar analiticamente essa concepção, decompondo suas partes e observando como podem ser recombinadas, permite enfrentar e aproveitar a relação entre a compreensão do existente e a imaginação do porvir, superarando o agnosticismo, a inércia e a desesperança característica da maior parte dos estilos de reflexão na atualidade, inclusive as que em tese se propõem a ser suporte para transformações.

O foco institucional tem a ver com uma das aspirações definidoras do esforço para estimular, em todo o espectro das ciências humanas, maneiras de pensar que atentam para a relação entre a realidade existente e suas possibilidades de transformação, livres de suposições deterministas. Esta é uma preocupação que tem significado especial no Brasil. A vida intelectual brasileira, no que tem de mais consequente em pensamento social, centra-se principalmente em duas tendências. Uma delas se caracteriza pela descrença em grandes alternativas estruturais e é dominada por vários tipos de determinismo. A outra tendência mimetiza o estilo da academia dos Estados Unidos, a começar pela disciplina economia, manejada como conjunto de práticas destinado a reivindicar a naturalidade, a racionalidade e, principalmente, a necessidade das instituições estabelecidas, sob o pretexto de explicá-las.

Essas duas maneiras de representar o Brasil, supostamente antagônicas, convergem num conjunto de métodos e de ideias que levam reto as explicações sobre o país a tipos distintos de fatalismo histórico. O que acontece aqui seria resultado da correlação de forças no mundo, ela mesma produto – de acordo com este ponto de vista – de uma evolução regida por forças compulsivas e irresistíveis. Tudo o que destoe dessas teses costuma ser classificado de voluntarismo. No contexto de tal história das ideias, a determinação de pôr o foco nas instituições e nas alternativas institucionais pode significar uma surpresa libertadora. Sugere linhas de pesquisa, de reflexão e de proposta que não cabem dentro daquela dialética restritiva, que consegue dar conta de no máximo um pedaço da experiência brasileira, nunca ela toda.

Este livro compõe-se de treze capítulos que se debruçam sobre as diversas dimensões da obra de Unger, procurando dar conta de seu alcance teórico e de sua importância prática. Os dois primeiros capítulos discutem, com rigor e clareza conceituais, a relação da filosofia política de Unger com o contexto geral da filosofia política contemporânea, tomando como eixo a questão da democracia e da relação entre instituições e justiça social. Em seguida, no terceiro capítulo, há uma análise da visão de Unger acerca do fenômeno religioso, entendido como fonte legítima de energia criadora na vida social, que o faz avançar tanto em relação ao entendimento da religião como instituição importante na organização cognitiva do mundo, quanto aos que a entendem como prática alienante e reprodutora da ordem social. O quarto capítulo investiga o institucionalismo ungeriano frente ao constitucionalismo contemporâneo, tomando como objeto específico o debate acerca da dificuldade da constituição brasileira de 1988 em realizar suas inúmeras promessas, mesmo depois de três décadas de sua promulgação. Estes quatro primeiros capítulos formam um conjunto de discussões que, de maneiras distintas, abordam o vínculo entre democracia e transformação estrutural na obra de Unger, em contraste com as formas predominantes de abordar aquelas questões.

O quinto capítulo faz um exame de como a concepção da atividade jurídica desenvolvida por Unger enfrenta o desafio de aproveitar o direito como prática de imaginação institucional. Argumenta que a teoria social e jurídica do brasileiro evita o desperdício das inúmeras possibilidades de transformação da ordem colocadas pelo próprio direito existente, cuja reprodução exprime sempre as contradições da ordem da qual emana. O sexto capítulo questiona a estratégia jurídica do método ungeriano para substituir a análise jurídica racionalizadora dominante no mundo hoje, que, apesar de seus limites, consegue traduzir institucionalmente alguns dos ideais consagrados em nossa época histórica. O sétimo texto trata do sistema de direitos proposto por Unger, enfatizando particularmente a temática central da propriedade como o mais importante domínio institucional em torno do qual se mobilizam as disputas ideológicas. Em seguida, no capítulo oitavo, analisam-se as propostas de Unger para a reorganização das relações entre capital e trabalho, que aspira superar o debate entre a visão liberal defensora da corrosão de direitos trabalhistas em nome da flexibilização econômica e a posição dos defensores do direito adquirido, incapaz de responder aos desafios da exclusão da maioria trabalhadora causada pela informalidade e pela precarização no mundo do trabalho. O capítulo nove aborda o direito tributário proposto por Unger, investigando como o seu vínculo com a ordem econômica mais ampla pode ensejar mudanças estruturais, muito além da mera compensação retrospectiva pela taxação por meio de impostos. O décimo capítulo analisa como Unger inova no trato da noção tão venerada de direitos humanos, salientando seu esforço em dar consequência prática a ela, o que tem sido seu principal desafio desde sua criação no século XVIII. Este segundo grupo de capítulos forma um conjunto de discussões acerca da relação entre instituições, direito e transformação estrutural no pensamento ungeriano.

O décimo primeiro capítulo compara as visões convencionais de políticas públicas e a *policy* que objetiva transformação institucional, como a do experimentalismo proposto por Unger. O penúltimo capítulo aborda a visão acerca da democracia a partir da análise da questão partidária, comparando as perspectivas de Guerreiro Ramos e de Unger, sugerindo que ambos integram uma corrente de pensamento brasileiro dedicada fortemente ao construtivismo institucional. E, por último, no décimo terceiro capitulo, tem-se um detalhado levantamento da trajetória pública de Unger desde 1967, quando desponta para a vida intelectual com o seu primeiro texto publicado, até o inicio da redemocratização do país, após duas décadas de autoritarismo político durante a ditadura militar, quando ele passa crescentemente a se engajar partidariamente na vida nacional.

Uma das consequências esperadas por esta coletânea de estudos é que a percepção dos limites que o pensamento contemporâneo possui, cercado por inúmeras restrições injustificadas, possa inspirar reflexões exigentes sobre as possibilidades de transformações reais na estrutura da vida social das sociedades contemporâneas. Aqui se apresentou e discutiu alternativas: de pensamento, de instituições, de práticas e de sociedade, sob a orientação da rebeldia imaginada.

1 – As Raízes Filosóficas da Democracia: O Lugar de Unger na Filosofia Política Contemporânea

Tiago Medeiros Araujo[1]

Este capítulo situa as contribuições de Unger no campo da filosofia política pós-ralwsiana. Assere que as ideias de democracia que a alimentam são formuladas em um jargão acadêmico autorreferente, omisso ou alheio às estruturas sociais, aos complexos institucionais formadores das sociedades contemporâneas. Argumenta que a principal contribuição de Unger consiste em reintroduzir o tópico das estruturas, tal como abordado pelas teorias sociais, no debate filosófico sobre a democracia. Esse esforço renova a compreensão do tema, doravante tomado como um caminho pelo qual as sociedades sujeitam-se ao engrandecimento dos homens e das mulheres comuns, e a transformações contínuas nas suas instituições, para prosperarem.

O texto divide-se em três seções. Na primeira, apresenta alguns postulados da filosofia política contemporânea, desde a inflexão operada por Rawls com sua teoria da justiça, situando seu neocontratualismo no marco das discussões políticas recentes. De Jürgen Habermas, Michael Sandel, Axel Honneth e Richard Rorty são selecionadas algumas passa-

1 Professor de Filosofia do Instituto Federal da Bahia (IFBA). Doutor em Filosofia pela Universidade Federal da Bahia (UFBA). Autor do livro *Pragmatismo Romântico e Democracia: Roberto Mangabeira Unger e Richard Rorty.*

gens e premissas que ilustram a posição por eles adotadas frente ao desafio representado por Rawls. Com isso, pretendemos mapear *parte* do debate que tematiza a democracia de modo explícito ou implícito.

Na segunda seção, o texto submete o referido debate a um contexto mais amplo, a partir do olhar lançado por Unger à "cultura acadêmica" contemporânea. Relaciona alguns pressupostos teórico-sociais daquela filosofia política à concepção profunda na qual parte importante dela enraíza-se: o "perfeccionismo democrático". Na sequência, apresenta a ideia ungeriana de que "tudo é política" como escopo do projeto de radicalização da democracia a que nomeia de "experimentalismo democrático".

Na última seção, sobrevoa algumas ideias que são as raízes filosóficas do pensamento político de Mangabeira Unger. A relação entre espírito e estrutura concebida em sua antropologia filosófica é comparada às chamadas heresias sartreana e hegeliana, enquanto caminhos do pensamento moderno, todos limitados pelo autor. Em seguida, mostra que o aporte inicial da ideia de que o espírito pode reinventar tanto as estruturas como sua relação com elas, bem desenvolvida em *The Religion of The Future* (2014), reside em obras anteriores como *The Self Awakened Pragmatism Unbound* (2007) e, exemplarmente, em *Passion an Essay on Personality* (1984), do qual extraímos o olhar do autor sobre o modernismo e o cristianismo no que tange ao tema da personalidade. Essas obras compõem propriamente o que denomino as raízes filosóficas da democracia.

A agenda da filosofia política acadêmica da segunda metade do século XX e suas ideias mais exitosas

Estimulado por controvérsias defluídas de *Uma Teoria da Justiça* (1971), John Rawls publicou uma série de respostas, retratações e esclarecimentos com respeito à obra não muito depois de sua primeira recepção.[2] Entre estes trabalhos, *A Teoria da Justiça como Equidade: Uma Teoria Política e Não Metafísica* (1985) abrevia o grosso de seus argumentos originais e elucida que sua posição arbitra duas tradições do pensamento político: a lockeana - ou "liberdade dos modernos" –, que consiste na "liberdade de pensamento e de consciência, [e em] certos direitos básicos da pessoa e da propriedade"; e a rousseauniana - a "liberdade dos antigos" - que enfatiza "a igualdade da liberdade política e os valores da vida pública".[3] A intenção de Rawls é mostrar que "uma certa organização da estrutura básica, *certas formas institucionais, são melhores para efetivar os valores de liberdade e de igualdade*", perseguidos, respectivamente, por aquelas tradições. A conquista destes valores dar-se-ia desde que os cidadãos fossem "considerados como pessoas livres - isto é, dotadas de uma personalidade moral que lhes permite participar de

2 Observa Michael Sandel que *Uma Teoria da Justiça* não gerou um, mas três debates: o primeiro, entre utilitaristas (Mill, Benthan) e liberais (Kant, Rawls); o segundo, entre o liberalismo libertário (Nozik, Hayek) e o liberalismo igualitarista (Rawls); o terceiro, quanto à disputa entre justiça e bem, na posse da prioridade da vida social, entre comunitaristas e liberais. SANDEL, Michael. *O Liberalismo e os Limites da Justiça*. Trad. Carlos Pacheco Amaral. Lisboa: Ed. Fundação Calouste Gulbenkian, 2005, pp. 243-4.

3 RAWLS, John. *Justiça e Democracia*. Trad. Irene Paternot. São Paulo: Martins Fontes, 2000, p. 207.

uma sociedade encarada *como um sistema de cooperação equitativa com vistas à vantagem mútua*".[4]

Para conferir plausibilidade argumentativa à teoria e introduzir o tema da justiça, Rawls propôs a hipótese de um *agente racional* a escolher que tipo de sociedade seria justa, não tendo ele acesso prévio, porém, ao desenho em que ela se apresentaria, e, portanto, sem saber a posição e os papéis que a ele caberiam nessa realidade hipotética. Inferiu Rawls que qualquer agente racional, situado por trás de um "véu da ignorância", definiria dois princípios convenientes a qualquer sociedade justa: primeiro, que "cada pessoa tem direito igual a um sistema adequado de liberdades e de direitos básicos iguais para todos, compatíveis com um mesmo sistema para todos";[5] segundo, que "as desigualdades sociais e econômicas devem preencher duas condições: em primeiro lugar, devem estar ligadas a funções e posições abertas a todos em condições de justa (*fair*) igualdade de oportunidades; e, em segundo lugar, devem proporcionar a maior vantagem para os membros mais desfavorecidos da sociedade".[6] Esses princípios calcificam a ideia de que a justiça não está nas consciências individuais, não é uma virtude, uma disposição do caráter, mas, sim, um artifício da estrutura básica da sociedade democrática. Perscrutando a relação entre justiça e comunidade em Rawls, Michel Sandel escreve: "Para que uma sociedade seja justa neste sentido forte, a justiça tem de ser constitutiva do quadro que a enforma, e não um mero atributo dos planos de vida de alguns daqueles que nela participam".[7]

---

4 *Loc. cit.*, destaques nossos.

5 *Loc. cit.*

6 *Ibid.*, p. 208.

7 SANDEL, *O Liberalismo e os Limites da Justiça*, p. 229.

A premissa da sociedade como sistema equitativo de cooperação entre pessoas livres e iguais e os princípios constituintes da ideia rawlsiana de justiça operam uma acentuada curvatura do pensamento político, destinando-o ao fito de realizá-los nas instituições das democracias constitucionais. Procedendo com mudança de padrão similar à que o contratualismo moderno exerceu sobre (e contra) o aristotelismo medieval, o neocontratualismo rawlsiano sacrificou a concepção de bem como eixo centrípeto do pensamento político em adesão à noção de justiça como princípio de estruturação social; outrossim, amputou o membro utilitarista do pensamento liberal, que sangrava direitos individuais na hipostasia dos interesses da maioria, a cuja crítica Rawls tem como mais confessado objetivo.[8] Assim, Rawls firma em bases racionais a inalienabilidade dos direitos individuais e afasta da vida pública seus possíveis constrangimentos. O resultado pode ser qualificado como um projeto de *minimalismo da política*, no sentido em que são negadas ao plano da discussão coletiva as questões relativas a crenças últimas, doravante tomadas como *concepções irredutíveis do bem*. Expurga-se da política, em benefício da racionalidade pública, qualquer sintoma de controvérsia – incluindo aí as geradas por convicções filosóficas – como em querendo prevenir a sociedade do contágio do sublime.

8 É interessante a observação de Sandel sumarizando esse ponto: "Apesar de Rawls esgrimir argumentos contra as concepções utilitaristas, no seu todo, o seu projeto é mais ambicioso, na medida em que a justiça como equidade se apresenta não só contrária ao utilitarismo mas ainda contrária a todas as teorias teleológicas enquanto tais". *Ibid.*, p. 43.

> Não é necessário que uma concepção da pessoa numa doutrina política, como, por exemplo, quando os cidadãos são considerados como pessoas livres e iguais, implique questões de psicologia filosófica ou uma doutrina metafísica do eu. Uma concepção política que dependesse desses problemas de fundo e ainda não resolvidos não poderia servir de concepção pública da justiça num estado democrático.[9]

Essa teoria moral da justiça que legitima uma política modesta, de agenda compacta a pretexto de ser eficiente, celebrando a uberdade prática desarraigada dos estéreis truques metafísicos e locupletando o individual assumido como fim absoluto, determinou a inclusão, nos debates acadêmicos, da relação entre a individualidade e o *fato do pluralismo*, a constatação empírica da concorrência de concepções de bem, e da fixação de critérios para otimizar a pluralidade no altar da vida social.

Foi rapidamente absorvido pela proposta, de cuja prerrogativa liberal prontamente discordou, o proeminente filósofo alemão Jürgen Habermas. Vindo de uma trajetória de renovação da teoria crítica (como terceira geração da Escola de Frankfurt), Habermas discutia questões próximas às de teoria da justiça (TJ) desde que publicara, dez anos antes, seu *Mudança Estrutural da Esfera Pública* (1961). Acatando à centralidade do uso público da razão no contexto moderno de democracias constitucionais, regimes de conferência de direitos individuais juridicamente instalados,[10] Habermas divergiu do objeto da razão pública, reconhecido por

---

9 RAWLS, *Justiça e Democracia*, p. 212.

10 Ver HABERMAS, Jürgen. *A Inclusão do Outro*: Estudos de Teoria Política. Trad. George Sperber, Paulo Astor Sorte, Milton Mota. São Paulo: Edições Loyola, 2007, pp. 65-85.

ele na intersubjetividade do processo comunicativo. Sua tese da substituição do paradigma mentalista (centrado no sujeito) em direção ao paradigma linguístico (da intersubjetividade) é crucial para o desenvolvimento de teoria da ação comunicativa, posto que informa a passagem do regime de constituição subjetiva do mundo à sua institucionalização deliberada e orientada ao acordo. É na propensão ao consenso que Habermas adverte onde encontrar a racionalidade contemporânea.

Não é porque feita de indivíduos livres e racionais que a democracia disporia de validade universal, mas por ser o desdobramento de instituições espontaneamente promulgadas com pressupostos da experiência de intersubjetividade que visam a consensos. Tais pressupostos florescem da própria estrutura da linguagem, para além dos departamentos sintático e semântico, no âmbito de sua dimensão pragmática e comunicativa.[11] Assim, a democracia deliberativa habermasiana é, em algum grau, complementar à democracia desenvolvida sobre a concepção rawlsiana de justiça, embora se a coloque como um estorvo no plano filosófico. Coincidem, não obstante, quanto ao caráter racional dos processos cooperativos de vínculo social, desafinando, todavia, no coro do objeto dessa universalidade: para Rawls, residente na própria pessoa moral; para Habermas, nos pressupostos inscritos na ação comunicativa. O filósofo alemão ostenta sua simpatia por Rawls, testemunhando a afinidade que estamos sublinhando nas seguintes palavras: "Como admiro esse projeto, compartilho sua intenção e considero corretos seus resultados essenciais"; mas, na sequência, assente: "o dissentimento

11 Cf. *Id.*, *Ética do Discurso e a Questão da Verdade*, p. 57.

de que quero falar acaba ficando dentro dos estreitos limites de uma briga de família".[12]

Poder-se-ia dizer que Habermas dá um passo em direção a um pós-liberalismo marcado pela abnegação do atomismo social, sem admitir qualquer vestígio de antiliberalismo radical. Próximos disso, por outro lado, estariam os filósofos comunitaristas críticos de Rawls, que entendem ser bem mais grave o problema do atomismo. Eles entendem que Rawls atribui prioridade absoluta ao eu enquanto realidade concebida como antessocial, portadora de direitos, dotada de razão e de liberdade de escolha. Michael Sandel argumenta que a teoria rawlsiana afirma o primado da justiça com respeito às instituições sociais à luz de uma prioridade de natureza puramente hipotética do eu. A procedência de garantia de direitos aos indivíduos seria o quadro da política de uma sociedade justa porque o eu seria o objeto último – à proporção em que primeiro – da própria sociedade. O problema, para Sandel, está em que "certas obrigações morais e políticas que comumente reconhecemos – obrigações de solidariedade, por exemplo, ou deveres religiosos – podem constituir para nós obrigações que nada tem a ver com uma escolha",[13] o que representaria uma falha na teoria rawlsiana. Sandel está aqui denunciando um limite do liberalismo na ideia de que o "agente racional" é antes inserido num mundo pleno de vínculos, de compromissos e obrigações que o antecedem, o formam e o superam, do que fundamento desse mundo. Ampliando os componentes da crítica, Sandel argumenta que o outro limite do liberalismo, quiçá ainda mais pernicioso, refere-se à prioridade da justiça sobre o bem.

---

12 HABERMAS, *A Inclusão do Outro*, p. 66.

13 SANDEL, *O Liberalismo e os Limites da Justiça*, p. 248.

> Não é razoável pressupor que, enquanto exercício filosófico, as nossas reflexões acerca da justiça possam ser desligadas das nossas reflexões acerca da natureza da vida boa e dos fins mais elevados do homem. Já no domínio da política, as nossas deliberações acerca da justiça e dos direitos não podem prosseguir fora do quadro das concepções do bem que encontram expressão nas múltiplas culturas e tradições das quais estas deliberações se efetuam.[14]

Além das críticas de perfil comunitarista, o segundo rebento da teoria crítica, ao lado de Habermas, a proferir diagnóstico e prescrição da pauta política nas democracias modernas é Axel Honneth. Na linha da filosofia política preocupada em discutir o princípio de justiça, voltando-se, porém, mais aguerridamente ao problema da desigualdade, Honneth também objeta a Rawls. Sua tese da "luta por reconhecimento" é aventada em franca rejeição às premissas contratualistas – a que Rawls procura dar atualidade. Originada no jovem Hegel, a luta por reconhecimento admite a sentença de que "no estado de natureza se antepõe ao conflito um acordo implícito entre os sujeitos, o qual consiste na aceitação recíproca do parceiro de interação";[15] Honneth a combina com a psicologia social de George Mead, cujo escopo compreende "uma concepção intersubjetiva da autoconsciência humana [para a qual] um sujeito só pode adquirir consciência de si mesmo na medida em que ele aprende a perceber sua própria ação da perspectiva, simbolicamente representada, de uma segunda pessoa".[16] Da fusão dessas duas perspectivas, Honneth espera sacramentar uma "gramática moral dos

14 *Ibid.*, p. 246.

15 HONNETH, Axel. *Luta por Reconhecimento*: A Gramática dos Conflitos Sociais. Trad. Luiz Repa. São Paulo: Editora 34, 2003, p. 90.

16 *Ibid.*, p. 131.

conflitos sociais", das quais as regras determinam o vocabulário de uma teoria social crítica relevante para compreender e orientar, com requinte filosófico e material empírico, as sociedades ocidentais existentes.

A concepção de justiça de Honneth centra-se no conceito de autorrealização. Ele é associado aos três domínios consolidados nas configurações das sociedades ocidentais contemporâneas: o afeto, promotor da autoconfiança; o direito, promotor do autorrespeito, e a estima social, promotora da autoestima.[17] Seriam tais sociedades construídas dos vínculos estabelecidos pelo reconhecimento imanente, derivando seu percurso evolutivo dos momentos de ampliação do jogo de reconhecimento, quando se superou alguns se seus constrangimentos. Tais processos só se deram, entretanto, no esteio de lutas. A democracia é justamente o ambiente social no qual as lutas por reconhecimento são constituintes da própria experiência social. Em oposição a Rawls, Honneth representa a fixação do contrato social no reconhecimento e não na decisão de cooperação do agente. Em oposição a Habermas, ele hasteia a evidência da luta, em vez da latência dos consensos, como estandarte da democracia.

Outro importante autor, Richard Rorty, posiciona-se em relação a Rawls de modo pragmático: absorve as ideias para uma política igualitarista, porém rejeita o racionalismo liberal, o substituindo por um liberalismo romântico.[18] Rorty

---

17 *Ibid.*

18 Rorty romantiza o liberalismo lançando um olhar mais generoso à dimensão subjetiva do indivíduo numa sociedade liberal. Ele segue um movimento que é ricamente catalogado por Nancy Rosenblum em seu importante trabalho *Another Liberalism: Romaticism and The Reconstruction of The Liberal Though* (1987). Ali, Rosenblum defende que, embora o pensamento liberal tenha "sempre chamado (*in-*

reconhece em Rawls uma vereda de antiautoritarismo político radical, sendo a principal referência de um ponto de vista *não filosófico* – e até antifilosófico – de aprofundamento da democracia. Rawls desoneraria a prática política do fardo das abstrações teóricas. "Podemos pensar em Rawls", escreve Rorty, "como dizendo exatamente que [...] não necessitamos dar suporte a muitos tópicos-padrão da investigação filosófica",[19] tópicos estes elevados ao cargo de fundamentos da política, como "a natureza histórica do homem, a natureza do si-próprio, a motivação do comportamento moral e o significado da vida humana".[20] A inversão rawlsiana, na esteira de um jeffersonianismo, atribui prioridade à democracia em relação à filosofia e mobiliza o desejo de reunir e organizar as ideias intuitivas básicas disseminadas por trás das convicções em uma concepção coerente de justiça capaz de favorecer à política democrática.

O pano de fundo mais amplo em que constata-se o uso de Rawls por Rorty é o do compromisso pela severa ruptura entre o público e o privado. Tecnicamente sofisticado, Rorty concebe estes dois polos da experiência da subjetividade como irmãos, porém irredutíveis, carentes tão só da renovação vocabular que os redescreva e os aperfeiçoe. A política que interessa a Rorty assenta-se num antiautoritarismo ple-

---

vited) acordos políticos e o consentimento independente da razão", reconstruído-se, "ele pode evocar afinidade pessoal genuína" (ROSENBLUM, Nancy. *Another Liberalism*: Romaticism and The Reconstruction of The Liberal Though. [S.l.]: Harvard University Press, 1987, p. 3).

19 RORTY, Richard. *Objetivismo, Relativismo e Verdade, Escritos Filosóficos*. Trad. Marcos Antonio Casanova. Rio de Janeiro: Relume-Dumará, 1997, p. 240.

20 *Loc. cit.*

no extraído do liberalismo à rawlsiana, de cuja instauração as sociedades gozariam a garantia da liberdade sem coação, assumindo o compromisso de consagrar as instituições e práticas bem-sucedidas nelas e reajustando-as para assegurar a ampliação dos espaços para a individualidade e o pluralismo: "a meta de uma sociedade justa e livre é deixar que seus cidadãos sejam tão privatistas, 'irracionalistas' e esteticistas quanto lhes aprouver, desde que os façam em suas horas de folga".[21] Mas isso é feito à custa do abandono do vocabulário político da esquerda revolucionária que, para Rorty, turva o exercício da cidadania numa democrática, sem oferecer algo convincente em alternativa ao liberalismo:

> Seria uma boa ideia parar de falar sobre "luta anticapitalista" e substituí-la por alguma coisa banal e não teórica – algo como "a luta contra a miséria humana evitável". [...] Sugiro que comecemos a falar de cobiça e egoísmo, em vez de ideologia burguesa; de ondas de fome e desemprego, em vez de mercadorização do trabalho, de diferenças de gastos por aluno em escolas e acesso diferencial à saúde em vez de divisão da sociedade em classes.[22]

Richard Rorty quer preencher uma lacuna do pensamento liberal igualitário de Rawls, substituindo o racionalismo e o atomismo por uma perspectiva sentimentalista e romântica, tal como Nancy Rosenblum e Judith Sklair, de quem ele extrai a ideia de que um liberal é alguém que vê na crueldade a pior coisa que o ser humano é capaz de fazer, e batalha pela ampliação da inclusão social na dilatação da compreensão

---

21 *Id.*, *Contingência, Ironia e Solidariedade*. Trad. Vera Ribeiro. São Paulo: Martins Fontes, 2007, p. 17.

22 *Id.*, *Pragmatismo e Política*. Trad. e org. Paulo Ghiraldelli Jr. São Paulo: Martins Fontes, 2005, p. 54.

do "nós": "[...] a formulação de princípios morais genéricos tem sido menos útil para o desenvolvimento das instituições liberais do que tem sido a expansão gradual da imaginação daqueles no poder, sua boa vontade gradual em usar o termo 'nós' para incluir tipos cada vez mais diferentes de pessoas".[23]

O modo prosaico com que Rorty expõe os desafios do pensamento político democraticamente orientado, identificado com o liberalismo político e com o Estado de bem-estar social das socialdemocracias atlântico-nortistas é de extrema relevância para a conclusão dessa primeira seção. Os temas que pautam algumas das principais discussões de filosofia política da segunda metade do século passado foram marcados por preocupações, resoluções e estilos predominantemente técnicos. Isso fizera com que eles fossem conduzidos através de jogos de palavras e truques argumentativos, em sua maior parte, desligados do compromisso com a política como *meio de transformação das estruturas* – âmbito da vida social em que estes pensadores atuam mais como comentadores à distância do que como interventores.[24] Detectar essa

---

23 *Id.*, *Objetivismo, Relativismo e Verdade, Escritos Filosóficos*, p. 279.

24 Referindo-se ao papel dos filósofos nas democracias constitucionais, Habermas escreve: "Os filósofos podem, em primeiro lugar, contribuir para o discurso sobre a modernidade, à luz do qual as sociedades complexas alcançam uma compreensão melhor de sua situação no passado e no presente. Em segundo lugar, dado que a filosofia tem estreita relação tanto com a ciência quanto com o senso comum, os filósofos têm condições de efetuar uma crítica das patologias sociais, quais sejam, por exemplo, os sofrimentos mais ou menos ocultos que advêm dos processos de comercialização, burocratização, legalização e cientificação. Por fim, os filósofos podem reivindicar para si uma especial competência para analisar as questões de injustiça política e, em particular, dessas 'chagas ocultas' que são a marginalização social e a exclusão cultural" (HABERMAS, *A Inclusão do Outro*, pp. 68-9).

característica não é pretexto para se acoroçoar o desvio das funções acadêmicas àqueles pensadores atribuídas. Apenas antecipamos a natureza da divergência entre Unger e aqueles filósofos. Unger enfrenta a torrente não só por isolar-se no que enfatiza, como pelo próprio movimento que realiza ao levar para a eira acadêmica as preocupações da prática transformadora – aquela espiritualmente ligada ao século XIX.

Examinemos agora as colocações de Unger com respeito à democracia e à situação da filosofia política contemporânea, a fim de melhor definir suas próprias posições nesse debate.

A leitura de Unger sobre a cultura acadêmica contemporânea e sua posição nos debates políticos recentes

A cultura acadêmica exportada dos países desenvolvidos para o resto do mundo floresce dentro de um terreno bem pouco fértil de pensamento transformador. A análise feita por Mangabeira Unger acerca da situação em que se encontra essa cultura reaparece em muitos de seus livros publicados a partir de fins da década de 1980. Em suma, ela indica que, nas ciências sociais, especialmente na economia – embora não só –, a tendência de explicar o funcionamento das sociedades, tomando os arranjos institucionais vitoriosos nos países ricos por necessários, é corroborada por uma análise fetichista e limitada, em cuja normatividade autorreferente figuram tais arranjos como os melhores entre os disponíveis – e imagináveis. Outorga-se justificativa a esses arranjos na adesão à crença inconfessada de que eles são inevitáveis, obnubilando com isso o caráter contingente próprio dos eventos históricos que os trouxeram à regência do hemisfério ocidental. A essa tendência, Unger denomina *racionalização*.

Por outro lado, no campo dos discursos normativos, em que predominam a filosofia política e a teoria jurídica, a inclinação mais acentuada é a de endossar às práticas associadas à redução de danos impostos às sociedades contemporâneas pela economia de mercado um concurso de iniciativas voltadas à atenuação da crueldade sobre os mais pobres e os mais fracos. A essa tendência, Unger denomina *humanização*. Aqui estão contemplados os pensadores da seção anterior, em sua maioria, na esteira das moções ao pensamento rawlsiano. Sobre isso, Unger escreve com precisão e acidez: "As mais admiradas teorias da justiça dão um lustro de apologia metafísica a práticas redistributivas de taxação-e-transferência adotadas pelas socialdemocracias conservadoras de hoje".[25]

Há ainda a tendência *escapista*, associada às humanidades, sobretudo aos estudos culturais, que propaga a total desconexão entre as formas de consciência diversas no mundo e as estruturas sociais que as suportam. Esse movimento escapista é comandado pela prática intelectual de privatização do sublime, afirmada sob o pretexto de compreender e aprofundar a experiência da subjetividade num mundo em que as estruturas são suntuosamente hostis a ela.[26]

A tensão existente entre essas tendências acadêmicas é menor do que sua "cumplicidade silenciosa". A racionalização cristaliza as instituições sociais básicas numa áurea de necessidade. A humanização canaliza os esforços do pensamento teórico ao âmbito das práticas e rotinas superestrutu-

---

25 UNGER, Roberto Mangabeira. *O Que a Esquerda Deve Propor*. Rio de Janeiro: Civilização Brasileira, 2008, p. 11.

26 Entre os filósofos supramencionados, tal tendência encontra uma versão, no mínimo de soslaio, em Richard Rorty, que flerta abertamente com o desconstrucionismo derrideano.

rais, abdicando das instituições básicas formadoras daquelas rotinas e práticas. O subjetivismo escapista concebe as estruturas existentes em antagonismo à subjetividade e delas procura salvá-la. O resultado da propagação de tais formas de pensamento é a desorientação da prática capaz de transformar as estruturas sociais formadoras – a franca emasculação da imaginação institucional. Presidida pela inércia, a cultura acadêmica assemelha-se aos estereótipos da novela de Ítalo Calvino, *O Cavaleiro Inexistente*, em que destacam-se dois curiosos personagens: o primeiro, um ser feito de armadura de cavalaria – sem carne, nem osso – retrata o pensamento marcado pela formalidade pura, porém, destituído de existência material; o segundo, um corpo sem consciência, personagem que assume distintos nomes e se confunde com objetos e coisas, retrata o pensamento com conteúdo, mas vazio por não possuir um sentido estrutural.[27]

O mundo da cultura acadêmica de onde desdobra-se a filosofia política desde Rawls é um mundo que se relaciona apenas esporadicamente com o mundo da produção e da luta política pela transformação das estruturas; mas, paradoxalmente, sua influência sobre ele não é pequena. Os filósofos acadêmicos dão densidade e sofisticação ao trato de questões como a redução da pobreza, a ampliação dos direitos individuais e às liberdades civis, o empoderamento político de identidades minoritárias, a relação com o meio ambiente e

27 Conta-nos a personagem narradora da novela: "era uma época em que a vontade e a obstinação de existir, de deixar marcas, de provocar atrito com tudo que existe, não era inteiramente usada, dado que muitos não faziam nada com isso – por miséria ou ignorância ou porque tudo dava certo para eles do mesmo jeito". Cf. CALVINO, Italo. *O Cavaleiro Inexistente*. Trad. Nilson Moulin. São Paulo: Companhia de Bolso, 2005, p. 31.

os animais etc., diagnosticadas como problemas fundamentais para a política nas sociedades contemporâneas. Orientam, assim, a prática política de partidos e militantes, programas de governo e manifestações públicas. Sem diminuir a importância dessas questões, Unger insiste que o estamento filosófico não limite-se a elas, e volte-se às estruturas sociais. O problema das instituições básicas deve, portanto, ser reavivado, sob pena de se congelarem as sociedades em hábitos estanques.[28]

As tendências de pensamentos da cultura acadêmica produzem visões distorcidas e apequenadas da política. Uma visão melhor posicionada, entretanto, permite contemplar o quadro das ideias históricas que conferiram à modernidade ocidental o proscênio da democracia. Nesse espírito, Unger escreve:

> Visto por um ângulo maior e mais revelador, o *projeto democrático* foi o esforço de tornar a sociedade um sucesso prático e moral, pela conciliação da busca de dois gêneros de bens: o bem do progresso material, nos libertando da servidão e da incapacidade e dando armas e asas aos nossos desejos, e o bem da independência

28 Sonegando a percuciência desta característica do pensamento ungeriano, Cornel West comenta, em seu *American Evasion of Philosohy* (1989), que Unger erra ao não formular objetivamente – sequer obliquamente – uma crítica das formas de vida culturais que contemple as questões de gênero e raça. Asserindo que o discurso de Unger "permanece inscrito num esquema eurocêntrico e patriarcal" (WEST, Cornel. *American Evasion of Philosophy*: A Genealogy of Pragmatism. Wisconsin: University of Wisconsin System Press, p. 223), West acredita que a envergadura política de Unger é parcialmente comprometida por desconsiderar tais questões.

> individual, nos libertando dos esquemas triunfantes de divisão e hierarquia social.[29]

Esse parágrafo de *O Direito e o Futuro da Democracia* (1996) define em sumários objetos uma macrovisão lançada à democracia. Não sendo um conceito técnico da filosofia política, tampouco um objeto de teoria pura, tanto quanto um direcionamento para o exercício da militância social interessada em transformação estrutural, essa visão configura o caráter de *projeto* da democracia. Embora sob teor de manifesto, ela salienta um caminho teórico a ser calcorreado – não sem esforço e obstinação – pelo pensador que se queira auxiliar do político no empreendimento de transformação das sociedades. Esse caminho é traçado pela vanguarda do experimentalismo.[30]

A conciliação entre os bens mencionados nessa citação requer a identificação de um campo em que eles coexistam e, mais do que isso, onde propendam a convergir. Pode-se apurar na própria citação uma oportuna imagem da topografia desse campo: o projeto democrático é um anseio por *libertar*

---

29 *Id.*, *O Direito e o Futuro da Democracia*. Trad. Caio Farah Rodriguez e Marcio Soares Grandchamp. São Paulo: Boitempo, 2004 [1996], p. 16.

30 Os trabalhos de Teixeira destacam, e com razão, a centralidade desse elemento no pensamento de Unger. A relação de espelhamento entre democracia e experimentalismo sela o projeto relevante da filosofia política hoje. Cf. TEIXEIRA, Carlos Sávio Gomes. *A Esquerda Experimentalista*: Análise da Teoria Política de Unger. São Paulo, 2009. Tese (Doutorado em Ciência Política) - Faculdade de Filosofia, Letras e Ciências Humanas, Universidade de São Paulo. Disponível em: <http://www.teses.usp.br/teses/disponiveis/8/8131/tde-07122009-144805/>. Acesso em: 22 mar. 2015; *Id.*, "Filosofia Política e Experimentalismo Democrático: Alternativa para Realizar a Justiça". *Revista Ética*, v. 13, 2014, pp. 204-22.

a humanidade, quer da servidão e da incapacidade, quer das cerceadoras heranças sociais; isto é, o envide pelo aprofundamento da experiência de *liberdade* individual e coletiva, cuja viabilidade é associada à inibição das barreiras contra o aprendizado e o afrouxamento dos vínculos sociais fixados em posições e papéis rígidos.

A equivocada tarefa da filosofia política seria "encontrar um ponto de vista - mais profundo e mais neutro - a partir do qual se podem julgar doutrinas, perspectivas e interesses conflitantes"[31] e extrair daí o elemento determinante de uma sociedade livre. Conviria a ela, em vez disso, a tarefa de "abolir contrastes ideológicos falsos e superficiais, de forma a melhor investigar os modos pelos quais podemos tornar mais variado nosso projeto político dominante e unificado".[32]

Elevada ao estatuto de discurso sobre as variadas formas de realizar nossos ideais democráticos mais amplos, a filosofia política proposta por Unger tem de encarar algumas noções basilares da filosofia social presentes no discurso acadêmico. A relação entre indivíduo e sociedade dos debates contemporâneos oscila entre preceitos neokantianos e neohegelianos, como bem reconhece Richard Rorty, segundo quem, a filosofia social de hoje estaria dividida em três vertentes que traçam distintos prognósticos para as instituições liberais. Em uma ponta, há "kantianos [...] que querem guardar uma distinção anistórica entre moralidade e prudência, enquanto um esteio para as instituições e práticas das democracias existentes",[33] que advogam pela existência de uma "supercomunidade" com a qual as pessoas têm de se identificar. Em

---

31 UNGER, *O Direito e o Futuro da Democracia*, p. 167.

32 *Loc. cit.*

33 RORTY, *Objetivismo, Relativismo e Verdade, Escritos Filosóficos*, p. 264.

outra ponta estão o que ele chama de "hegelianos", para os quais interessaria "abandonar essas instituições tanto porque elas pressupõem a filosofia desacreditada, quanto por outras razões mais concretas".[34] No meio, outro tipo de hegelianos, aqueles "que querem preservar as instituições abandonando seu suporte kantiano".[35] Para um lado ou para outro, o quadro traçado por Rorty ilustra o pensamento difundido entre seus pares: trata-se de cristalizar ou abandonar as instituições pelas razões filosóficas que as fundamentam, não de transformá-las com a ajuda de uma visão filosófica que favoreça ao propósito da mudança social.

Por trás das ideias presentes nos debates, nota-se a dificuldade de um pensamento que reconheça o cunho transformador das sociedades. Os liberais proponentes de filosofias políticas racionalistas, como Rawls, concebem as sociedades modernas como *sistemas* presididos por uma racionalidade intrínseca, fundada na pessoa tida então como um agente racional. A visão que se pode atribuir a hegelianos comunitaristas, como MacIntyre, Taylor e Sandel, é a de um conjunto de *laços e compromissos simbólicos*, nos quais uma intuição coletiva do bem norteia espontaneamente o modo de organizar a distribuição de papéis e posições. Habermas concebe as sociedades modernas como *complexos* cujos percursos evolutivos emanciparam o *sistema* (Estado e mercado) do *mundo da vida* (ambiente da ação comunicativa espontânea), num processo em que aquele passou a exercer amplo controle sobre este. Rorty tende a não definir as sociedades modernas em uma fórmula filosófica, propondo, em alternativa, uma noção de cultura como conjunto de *hábitos com-*

34 *Loc. cit.*
35 *Loc. cit.*

partilhados, adjudicando autodescrições para cada sociedade. Em nenhuma dessas definições, entretanto, caberia uma política transformadora efetiva, à proporção em que elas ignoram a relação entre estruturas subjacentes e rotinas que as repercutem, confirmam e sacralizam.

A ideia de Unger, em alternativa a todas elas, é a de que as sociedades modernas são *artefatos*. A ênfase é posta na oposição entre o mundo tal como feito por humanos e o mundo natural. As sociedades não seriam fenômenos da natureza, não possuiriam leis impessoais e não estariam imunes à intervenção humana. Tal premissa deve orientar qualquer empreendimento teórico aspirante à compreensão das sociedades. Unger o faz apelando à tese de que, na vida social, "tudo é política": os elementos que dão feição a uma sociedade são todos fixados em resposta a conflitos sociais, e uma vez instituídos tendem a se congelar, ganhando ares de necessidade. Tais elementos constituem uma estrutura ou contexto. Um contexto existe "porque (e no mesmo sentido de que) dificilmente é perturbado ou mesmo percebido no curso das atividades comuns", mantendo sua identidade camuflada nas atividades que criou. A capacidade a ele inerente de formatar o mundo com "combinações e conflitos rotineiros depende do grau em que ganha imunidade [...] imuniza-se contra a possibilidade de contestação e revisão".[36]

A ideia de que tudo é política estrutura-se em quatro temas que aprofundam a diferença entre os pressupostos ungerianos e os dos filósofos políticos contemporâneos, suscita uma reinterpretação da natureza dos contextos e requalifi-

---

36 UNGER, Roberto Mangabeira. *Política*: Os Textos Centrais. Trad. Paulo Cesar Castanheira. São Paulo/Santa Catarina: Boitempo/Argos, p. 88.

ca a teoria social no quadro da filosofia política. O primeiro tema está na asserção de que *o contraste entre o conflito que preserva um contexto e o que o transforma é relativo*. Ao serem reproduzidos em atividades banais da vida social, os contextos formadores geram uma lista infinita de pequenos conflitos. Alguns deles podem ser ampliados e podem ameaçar o próprio contexto. A ideia aqui é que entre uma luta que confirma um contexto e uma que nasce para sobrepujá-lo não existe qualquer diferença, além de amplitude e intensidade.[37] No jogo social, não haveria, portanto, lutas em si mesmas mais redentoras do que outras. As lutas diferem apenas nos graus de interferência.

O segundo tema dita que há grande variabilidade nas fronteiras de um contexto, de modo que seu *entrincheiramento é também relativo*. O entrincheiramento é a capacidade de autoproteção de um contexto em relação aos conflitos que neles surgem e podem se ampliar a ponto de feri-lo e pô-lo em ruínas. O grau de entrincheiramento é proporcional à quantidade de passos intermediários para que as lutas de rotina tornem-se assaz amplas e intensas para suplantar um contexto.[38] É possível, portanto, entender que há formas de conceber contextos que diluam seus graus de entrincheiramento. Além de informar essa possibilidade, Unger por ela advoga. Se as hierarquias e os papéis que são divididos e atribuídos aos personagens do jogo social estabelecem-se por um determinado contexto, quanto maior seu entrincheiramento – a quantidade de camadas que o protegem –, mais firmes e estáveis serão tais hierarquias e papéis; e, por outro lado, quanto mais desentrincheirado o for, mais flexíveis e plásticas

37 *Ibid.*, p. 89.
38 *Ibid.*, p. 90

serão suas instituições e menos estabelecidos os roteiros dos personagens no teatro social. Isso representaria um primeiro ponto a favor do desentrincheiramento. O segundo está na autonomia que lega a indivíduos e grupos, à medida que "ao abrir relações sociais mais completamente à recombinação e experimentação, ele pode contribuir para o desenvolvimento das capacidades produtivas". Isso quer dizer que, ao enfrentar papéis e hierarquias, o desentrincheiramento

> [...] ajuda a conciliar as condições facilitadoras da autoafirmação: a necessidade de engajamento na vida de grupo e a necessidade oposta de evitar os perigos da dependência e da despersonalização que acompanham todos esses engajamentos. Ao nos dar um domínio mais conscientes sobre as condições de nossas relações práticas e de paixão, ele pode nos transformar, de forma mais verdadeira, em arquitetos e críticos, em lugar de marionetes dos mundos sociais.[39]

O terceiro tema representa uma continuidade no chamamento de Unger para a importância de desentrincheirar contextos. Para ele, o processo de desentrincheiramento não depende de "compulsão evolutiva", centrada no rompimento definitivo de um contexto para seu contrário, mas de *mudanças cumulativas geradas pela influência do desentrincheiramento de um contexto sobre outros*. Tal movimento pode ocorrer tanto voluntariamente, por intermédio de iniciativas de grupos, imitados por outros que se vejam beneficiados por tais mudanças, como também "involuntariamente", na condição de produto da superação de contextos desentrincheirados sobre outros entrincheirados – uma espécie de

39 *Ibid.*, p. 91.

equivalente social da seleção natural.[40] Esse movimento, embora direcionado ao desentrincheiramento, não possui um sentido definido, porque "cada contexto formador influencia sua sequência sem determiná-la. Pois algumas partes dessa estrutura institucional e imaginativa são, normalmente, menos abertas à mudança do que outras".[41]

O quarto tema aborda *a substituição, componente por componente, dos contextos formadores*. A descrição detalhada de um contexto formador que termina por listar as rotinas de conflitos nele inscritas sustenta a gênese dos contextos, determinando que seus componentes não surgiram simultaneamente, nem se desenvolvem ao mesmo tempo, e, de igual maneira, não se desfazem de uma só vez: "uma visão da constituição interna de um contexto é sempre nada mais que o reverso de um relato da construção do contexto".[42] Isso quer dizer que o movimento de mudança cumulativa deve incidir sobre os componentes de um contexto – não em sua totalidade –, interferindo no nível mais rudimentar desses componentes, e não esperando atingi-los a todos de uma única vez. Cada grau efetivado de mudança é uma emancipação relativa das necessidades falsas desses contextos. A consciência de que são contingentes fortifica a crença na sociedade como artefato.[43]

40 *Ibid.*, p. 92.

41 *Loc. cit.*

42 *Ibid.*, p. 93.

43 É oportuna essa conclusão de Teixeira: "Para Unger, a lógica de uma estrutura é a de um artefato, portanto, uma lógica criada pelo agente. A diferença mais importante entre as estruturas que criamos é o grau em que elas se apresentam a nós homens como se fossem 'coisas' em vez de se apresentarem como instâncias transitórias de nós mesmos. As estruturas têm a sua lógica num sentido condicionado e contingente: só na medida em que deixamos de exercer nossa agência.

A tese de que tudo é política reintegra a teoria social à filosofia sem sobrepor uma a outra. Tem-se aí forte implicação sobre a ideia de democracia. Se a relação entre o agente e a estrutura não é enfatizada num debate de filosofia política, a tendência é manter, como Rorty, a ideia de que cabe à filosofia apenas discutir questões de política cultural, deixando a política real às mãos de profissionais, e prostrando-se em face das estruturas existentes tidas por exitosas.[44] A oposição que surge aqui é entre o perfeccionismo democrático e o experimentalismo democrático. O perfeccionismo democrático é a ideia de que "a sociedade democrática tem uma forma institucional única, indispensável".[45] Sobre a segurança dessa forma criam-se as condições para que o indivíduo, por seus próprios esforços galgue prosperidade e independência modestas.

A contraparte espiritual do perfeccionismo democrático é, portanto, a autoajuda, o autossalvamento. Pululam expectativas sob duas crenças satélite à referida posição: a de que, uma vez descoberta a fórmula institucional de uma sociedade livre, convém realizar ajustes "apenas nos raros momentos de crises nacionais ou mundiais" visando adaptar as "ver-

---

Portanto, a lógica das estruturas é construída com o desgaste do nosso domínio sobre elas" (TEIXEIRA, *A Esquerda Experimentalista*, p. 37).

44 Escreve Rorty em seu "O Fim do Leninismo, Havel e a Esperança Social" (1989): "Fukuyama sugeriu, e eu concordo, que não há mais projeto romântico para a esquerda além do de tentar criar *welfare states* democráticos burgueses e equalizar as oportunidades de vida entre os cidadãos desses Estados por meio da redistribuição do excedente através de economia de mercado" (RORTY, Richard. "O Fim do Leninismo, Havel e a Esperança Social". In: *Verdade e Progresso*. Barueri: Manole, 2005 [1989], p. 55).

45 UNGER, Roberto Mangabeira. *The Self Awakened*: Pragmatism Unbound. [S.l]: Harvard University Press, 2007, p. 23.

dades duradouras" dessa fórmula à circunstância alterada[46]; e a de que salvando o indivíduo dos extremos de infortúnio e opressão, ele pode "elevar-se a si fisicamente, intelectualmente e espiritualmente".[47] O projeto perfeccionista é um projeto de autossuficiência individual que encontra uma alternativa à dependência e à ameaça representadas pela existência de outras pessoas no individualismo da acumulação de propriedade.

O experimentalismo democrático, em oposição, é requerido como escopo do projeto radical de democracia, que realiza a ideia de que tudo é política, pondo-se em favor da invenção permanente do novo e promovendo mudanças sociais estruturais insistentemente. Trata-se da ideia de que existem condições efetivas em subconjuntos institucionais para a concretização do projeto democrático, mas tais condições dependem da imaginação institucional, em que a imaginação simula a presença de uma crise – sem que ela ocorra – para promover uma transformação significativa. Mudando a relação entre crise e transformação, o experimentalismo democrático energiza a vida social aquecendo a atividade política.[48]

---

46 *Loc. cit.*

47 *Loc. cit.*

48 Na literatura contemporânea, dois importantes romances ilustram diferentes formas de conceber a relação entre crise e transformação. Em seus desfechos, todavia, reside uma semelhança que representa exatamente o ponto de que discorda Unger. Em *Os Demônios* (1872), Dostoievski apresenta uma Rússia invadida por ideias antropocêntricas letais às instituições cristã feudais que vigoravam por lá. Jovens revolucionários membros de uma organização clandestina empenham-se em transformar radicalmente a sociedade russa perturbando a ordem vigente. A crise é retratada sob a forma traumática de perseguições, incitação ao terror, aos incêndios, aos assassinatos e até

A política não é apenas o jogo de luta pelo poder governamental, mas também "os mais amplos sentidos de conflito, controvérsia e compromisso em torno dos termos de relacionamentos práticos, emocionais e cognitivos que vivenciamos uns com os outros".[49] O experimentalismo democrático exercita e difunde essa concepção de política, confirmando a qualidade prática da democracia radical ungeriana.

A atitude de rendição dos filósofos políticos acadêmicos, contentes com a socialdemocracia, é, para Unger, o umbral do cemitério do projeto democrático, posto que, ao tê-la por horizonte, congelam a sociedade em instituições que emasculam a qualidade fundamental do espírito – automutação e criação permanente – e reificam o presente em ares de necessidade. Afamados filósofos, como Rawls e Habermas, endossam o projeto democrático nos itens já materializados numa socialdemocracia. Segundo Unger, "a concepção de um consenso abrangente numa sociedade democrática do filósofo americano Rawls" e a "a noção de estrutura de diálogo não

---

à recomendação do suicídio como forma exemplar de afirmação da liberdade humana. Em *A Peste* (1947), Camus narra o episódio em que um país ocidental de valores individualista burgueses é invadido por uma doença misteriosa que extermina massivamente a população. Impedidos pela comunidade internacional de evadirem de seu país, os cidadãos instalam espontaneamente um regime de cooperação que quebra as barreiras erigidas pelo individualismo, transformando o caráter da relação entre as pessoas. Em ambos os casos, a transformação é consequência da crise, e a crise acompanha traumas. A ideia de Unger é desvincular transformação de crise e limpar o resíduo dos traumas na experiência de mudanças necessárias na sociedade. O experimentalismo democrático serve a esse fim.

49 UNGER, Roberto Mangabeira. *Necessidades Falsas*. São Paulo: Boitempo, 2011, pp. 23-3.

distorcido do filósofo alemão Habermas" são tentativas da filosofia social de conciliar racionalismo e historicismo:

> [...] o fator historicista nessas concepções é a convicção de que certas crenças têm autoridade apenas porque são as crenças mais capazes de prosperar numa democracia moderna. [E] o elemento racionalista correspondente é a concepção de que uma democracia moderna não é apenas uma sociedade qualquer, mas uma sociedade cuja estrutura faz valer a promessa de associação voluntária, de associação entre indivíduos livres e iguais.[50]

A consequência do equilíbrio racionalismo-historicismo (um equilíbrio entre Kant e Hegel) apenas revela o compromisso dos filósofos políticos de usar sua sofisticação argumentativa abrindo mão da imaginação institucional criadora. Cabe resumir esta seção sublinhando que a reinserção do problema das estruturas, por meio da ideia de que são feitas de política, por Unger, é uma alternativa ao paradigma academicista de filosofia política como discurso de superestrutura, e, portanto, sua contribuição neste debate. Agora, convém examinar algumas raízes filosóficas de seu projeto democrático.

As raízes filosóficas da democracia em Unger: jovem-hegelianismo, modernismo e cristianismo

A flagrante ausência do item transformação social no debate a que nos referimos denuncia a qualidade da visão subjacente aos autores quanto ao tópico da *relação entre o espírito e as estruturas*. O século XX abdicou do compromisso político, típico do XIX, de compreender-se as sociedades à luz de suas instituições estruturantes, e estas à luz de sua qualidade

---

50 *Id.*, *O Direito e o Futuro da Democracia*, p. 214.

de artefato. Unger ressuscita e revigora a pauta oitocentista brevemente sumarizada na última das *Teses Ad Feuerbach*, de Karl Marx: "os filósofos apenas interpretaram o mundo, diferentemente, importa é *transformá-lo*",[51] porém, desonerando-a do determinismo e do funcionalismo marxistas e insuflando-a com o experimentalismo, graças ao qual admite a ideia de que "mesmo sem a provocação de trauma, nós podemos tornar nossa experiência diária mais intensa", sendo capazes de "aumentar nossos poderes".[52] Unger proporciona, por conseguinte, a simbiose de experimentalismo democrático e política revolucionária.[53]

Desacreditado da eficácia e das virtudes de uma política revolucionária, o debate contemporâneo articula diferentes modalidades de reforma, acatando aos preceitos básicos de um pensamento dito pós-revolucionário em franca complacência com as instituições existentes. A oposição ungeriana se verifica na introdução de um conceito ousado: a ideia de que as mudanças sociais são provocadas por *reformas revolucionárias*. Identificadas com o terceiro e o quarto tema da

---

51 MARX, Karl. "Tese Ad Feuerbach". In: NETTO, José Paulo (org.). *O Leitor de Marx*. Rio de Janeiro: Civilização Brasileira, 2012, p. 166.

52 UNGER, *The Self Awakened*, p. 182.

53 Um dos principais vícios do pensamento político advindo do século XIX é a oposição teórica e política entre reformistas e revolucionários. Reformistas seriam os que trabalham na superfície das tensões sociais, num registro em que a sociedade não é forçada a reconfigurar suas estruturas básicas, embora careça de mudanças com que oxigenar sua atualização a novas demandas, redistribuindo recursos naturais e simbólicos dentro de um esquema institucional e ideológico (*ibid.*, pp. 182-3). Revolucionários seriam justamente os que protelam a perturbação desses esquemas, advogando que sem a ruptura estrutural as políticas sobrantes são meras decorações de ambiente, incapazes de fornecer uma verdadeira transformação.

tese de que tudo é política, reformas revolucionárias são a prática política de substituição componente por componente de uma estrutura social gerando desestabilizações em cadeia. A aposta de Unger na política revolucionária tem um antecedente histórico que revela parte de suas influências, qual seja: o movimento jovem hegelianismo. Através de Engels – notadamente em *Feuerbach e o Fim da Filosofia Clássica Alemã* (1886) –, tomamos conhecimento da síntese do pensamento político oitocentista que cindiu os filósofos do movimento em lados opostos (esquerda e direita) de uma querela duradoura.[54] É em função do vocabulário gerado pelo hegelianismo que a disputa entre a esquerda e a direita no plano filosófico consolidou-se, sobretudo, como a disputa entre a contingência e a necessidade. A esquerda evoca a contingência para descrever a gênese das sociedades e recorrer a empreendimentos políticos criativos para sua transfor-

54 A esquerda, entre alguns dos discípulos de Hegel, era a posição que julgava ser a dialética o fator determinante da história. Ela se efetivaria na luta constante entre entidades opostas e se moveria em direção à plena consciência de si pelo espírito. Ser desta esquerda é compreender que, sendo a dialética o movimento do real, a história desenvolve-se hidraulicamente dentro de uma lógica que toma o presente como parte do processo, mobilizando, portanto, os agentes sociais à precipitação de seu esgotamento. Ao anunciar a conhecida tese conservadora de que "o real é racional e o racional é real", Hegel estaria mais despistando seus pares políticos e seus críticos conservadores do que instaurando uma efetiva lei para anular a vocação implícita de seu método dialético. Do outro lado, ser da direita hegeliana significava levar mais a rigor a mencionada frase, usando-a para constatar que o presente é produto de uma razão histórica incontornável, e que a dialética, requerida para se compreender o fluxo de eventos que trouxe as sociedades a seu estágio contemporâneo, estabilizar-se-ia nas instituições existentes tomadas como inevitáveis – e, portanto, proteláveis – expressões do Espírito Absoluto.

mação deliberada e consciente; a direita hipostasia a segurança do presente, alegando-o necessário em suas instâncias, à proporção que emascula o vigor político-transformativo. Ambas as visões hospedam uma ideia sobre a relação entre o espírito e as estruturas. Unger, como tardio hegeliano de esquerda, recupera a noção de contingência e a radicaliza no âmbito da teoria social. Tanto a tese de que tudo é política quanto o experimentalismo democrático são avivados por essa noção filosófica.[55]

Para Unger, a contingência, bem como outras categorias modais como necessidade e possibilidade, assumem, na experiência com o "mundo natural" significado dentro de nossas ideias sobre como a natureza se comporta.[56] No "mundo humano", entretanto, contingência assume um significado especial que deriva da combinação de quatro elementos: o primeiro é o sentido irredutível no qual "o universo e sua história estão, simples e inexplicavelmente, aí",[57] o que nos torna seres condicionados à realidade espacial e temporal na qual tudo é; o segundo é nossa incapacidade de estabelecer, conclusiva e definitivamente, asserções imutáveis a respeito do estudo de qualquer parte da natureza, o que nos torna incapazes de aprisionar a realidade em teses permanentes; o terceiro é "o caráter fatídico de nossa luta histórica sobre a forma

55 Sobre a influência jovem hegeliana sobre Unger, em reveladora passagem, Souza comenta: "com uma filosofia que incorpora ingredientes de Bruno Bauer, Karl Marx e Max Stirner, é curioso ver Unger retomar no século XXI a noção hegeliana de autoconsciência e a dialética dissolvedora/reapropriadora que opõe a livre iniciativa prático-transformativa dos homens, às estruturas 'naturalizadas' e 'congeladas'" (SOUZA, José Crisóstomo de. "Unger, Pragmatismo Romântico e Democracia Radical". *Ideação* (UEFS), n. 23, 2010, p. 123).
56 UNGER, *The Self Awakened*, p. 38.
57 *Ibid.*, p. 39.

de sociedade e cultura", em virtude do que o tempo histórico infiltra-se no tempo biográfico, tornando-nos conectados a um mesmo fluxo; e o quarto é a respeito do papel da sorte e da graça na vida humana, no qual conserva-se a intuição de que "a fortuna cega que preside o nosso nascimento persegue-nos nas grandes coisas bem como nas pequenas".[58]

A ideia de contingência é antessala para a compreensão da natureza real da relação entre o espírito humano e as estruturas sociais. A *démarche* de jovens hegelianos como Feuerbach, Kierkergard e Marx no que tange à relação entre o espírito e as estruturas varia em torno de um mesmo tema: o da secularização do espírito entendida como a finitização irrevogável da existência psíquica ou materialmente concebida. Contra isso, Unger aferirá que a infinitude do espírito não deve ser referida à sua relação incontornável com a morte, mas à virtude de não ser determinado por aquelas estruturas que lhe formam. A seu ver, sempre há uma sobra no espírito, ao passo em que as estruturas permanecem as mesmas até que a agência humana as modifique.

Antecedendo e sucedendo, respectivamente, a essa finitização, as heresias hegeliana e sartreana (cada uma representando um conjunto de ideias e autores que supera os próprios Hegel e Sartre) fornecem diagnósticos distintos sobre a relação entre o espírito e as estruturas, contra os quais Unger se coloca. A heresia hegeliana sugere que haveria uma estrutura última, uma ordem definitiva, na qual o espírito cessaria suas necessidades de transcendência, a estrutura na qual ele se identificasse plenamente e que representasse a derrocada da conflituosa relação entre ambos, algo como um fim da história gerado pelo arrefecimento da rebeldia do espírito.

58 *Ibid.*, p. 40.

Essa seria uma visão de "idolatria" complacente com a estrutura por identificar-se com o fim da transcendência.

> A heresia hegeliana não aparece mais frequentemente na versão franca em que foi exposta pelo filósofo. Ela aparece insidiosamente em incontáveis formas veladas, todas mais efetivas por serem disfarçadas. Hoje, ela tem, como uma de suas expressões, a ideia de que o pluralismo econômico, político e social – uma economia de mercado, uma democracia representativa e uma sociedade civil livre – têm um alcance estabelecido e limitado de expressões institucionais, aquelas bem estabelecidas nas ricas democracias do Atlântico Norte.[59]

A heresia sartreana, por outro lado, sugere que a humanidade afirma-se enquanto tal exclusivamente nos interlúdios em que o espírito rebela-se contra uma estrutura sedimentada, num gesto negativo de rompimento em face da opressão pela estrutura e em afirmação da liberdade absoluta de escolha; contudo, as estruturas são inevitáveis e contra-atacam, após nova sedimentação, preterindo a cláusula hegeliana da possibilidade de conjunção plena. Essa é uma visão de "desespero" em que, não havendo a possibilidade de mudança da relação com as estruturas, o espírito é condenado a uma rebeldia obsessiva e traumática.

> A heresia sartreana comete um erro análogo em um nível mais alto. Ela trata a relação do eu com os regimes conceituais e sociais que habitamos como uma quantidade fixa. Falha em reconhecer o que é um fato da questão: que todas as formas organizadas da vida social ou de investigação e discurso podem ser arranjadas

59 *Id.*, *The Religion of the Future*. Cambridge/London: Harvard University Press, 2014, p. 165.

> tanto para alargar quanto para encurtar a distância entre os nossos movimentos de preservação de contexto e os de mudança de contexto. Cada forma pode ser estabelecida em caminhos que afirmem ou renunciem à pretensão de ser um fato natural, parte da mobilha do universo, ou finalmente de toda a história, em vez de uma invenção humana revisável. Nossos interesses materiais, morais e espirituais mais fundamentais, contudo, são engajados precisamente como uma mudança no caráter de nossa relação com os esquemas de sociedade e de pensamento estabelecidos.[60]

Da mesma forma que a heresia hegeliana paira sobre as tendências de racionalização e humanização da cultura acadêmica contemporânea, a heresia sartreana é espectro do escapismo subjetivista. A premissa com que Unger recusa tais heresias, em seu *The Religion of the Future* (2014), o liga a uma ortodoxia que já havia sido insinuada em *The Self Awakened Pragmatism Unbound* (2007), no qual afirmou seu parentesco intelectual com o filósofo Nicolau de Cusa,[61] referência que nos permite compreender o caráter dialético do pensamento ungeriano.[62] Mas também permite englobar

---

60 *Ibid.*, p. 166.

61 "Na verdade, o filósofo de cujos ensinamentos as ideias desse livro tem, em certo aspecto, o parentesco mais próximo, não foi nem pragmatista nem meu contemporâneo. Ele é Nicolau de Cusa que viveu de 1401 a 1464" (*Id.*, *The Self Awakened*, p. 28).

62 Nicolau de Cusa é um pensador dialético para quem é central o conceito de "máximo absoluto", em que ele registra (em seu *Douta Ignorantia*), como o saber máximo derivado da limitação e da ignorância humanas. Sob pretexto de conhecer Deus, o homem estaria condicionado ao que o cardeal alemão considera o movimento no qual o saber interroga-se a si mesmo, iniciando a reflexão que demarca o sujeito cognoscente e as possibilidades de apreensão do cognoscível. Há, ademais, um jogo entre a negatividade e a positividade que remete a demandas gnosiológicas, ontológicas e antropológicas, em

os interesses do autor em abordar, desde seu *Passion an Essay on Personality* (1984), a personalidade tal como admitida na tradição cristã romântica, atualizada e revitalizada pelo modernismo. A concepção de personalidade reivindicada por Unger apoia-se na premissa de que os comportamentos e ideias que o eu é capaz de agenciar podem *reinventar fundamentalmente* um contexto. A visão cristã romântica é, para ele, a forma de pensamento mais fértil e originalmente ocidental de que dispomos, e o modernismo é sua correção contemporânea, sua imersão na conjuntura industrial e complexa das sociedades de hoje.

> O modernismo [...] refletiu, esboçou e ajudou a moldar a prática cultural revolucionária de nossos dias: a política de relações pessoais que procura recombinar as formas de experiência tradicionalmente ligadas a papéis sociais e sexuais distintos. Assim, as ideias centrais do modernismo converteram-se numa cultura popular mundial. Nessa forma popularizada, elas se tornaram a ideologia da política cultural revolucionária.[63]

---

resposta ao qual Cusa compreende o homem como um ser de desejo intelectual impulsionador, como uma estrutura aberta ao dom que somente em si próprio se perfaz – pistas associáveis a uma espécie de protorromantismo de matiz hegeliano. Disso, podemos considerar um salto de implicações éticas, como registra João Maria André, tradutor de sua obra para o português, segundo quem "é porque a natureza humana não pode ser encarada numa perspectiva estática, mas dinâmica, e, por isso, plural, que a sua relação com Deus implica necessariamente o respeito pela pluralidade de ritos". Ver ANDRÉ, João Maria. "Introdução". In: CUSA, Nicolau. *Douta Ignorância*. Lisboa: Fundação Calouste, 2003, p. XVII.

63 UNGER, Roberto Mangabeira. *Paixão*: Um Ensaio sobre a Personalidade. Trad. Renato Shaeffer e Luís Carlos Borges. São Paulo: Boitempo, 1998, p. 39.

Sem dúvida, os autores participantes dos debates da filosofia política contemporânea refletem o espírito modernista de que fala Unger, embora tenham abandonado as aspirações revolucionárias. Mas a relação que se deve pretender estabelecer entre essa difundida forma de pensar e agir e o cristianismo romântico sugere, primordialmente, que a visão cristã romântica está na origem do pensamento modernista, e que as ideias modernistas exercem o revisionismo crítico daquela visão. O que é, então, o modernismo? Segundo Unger, um "movimento específico de opinião e sentimento",[64] que se baseia em três teses: a primeira, de que a vida mental e social é moldada por assunções imaginárias e institucionais que ela toma como dada;[65] a segunda, de que essas assunções, nossos contextos, podem ser negadas; e a terceira, de que tais assunções permanecem relativamente imunes às mudanças até que as atividades que as revisem venham a transformá-las. Os contextos formadores são constituídos de atividades normais (ou de rotina) e atividades extraordinárias (ou revisoras), mas "é possível imaginar o cenário da representação ou do relacionamento progressivamente aberto para oportunidades de visão e revisão". Nesse sentido, para o modernismo, "o contexto estaria permanentemente exposto para ser avaliado e tratado pelo que ele é: um contexto, e não uma ordem natural. Para cada um de seus aspectos corresponderia uma atividade que o roubaria de sua imunidade".[66] Esse elemento da visão modernista ajudaria a ressaltar a contingência da personalidade em relação a seu contexto, à proporção que os limites do contexto não

64 *Ibid.*, p. 38.
65 *Ibid.*, p. 15.
66 *Ibid.*, p. 18.

seriam imperativos determinantes intransponíveis e nem definidores irrevogáveis do eu. Ao contrário, "a personalidade se faz e se descobre por meio da experiência de não se ajustar aos cenários dados de sua existência".[67]

A matriz cristã romântica do modernismo enfatiza dois temas: "a primazia do encontro pessoal e do amor como seu momento de redenção e o compromisso com o iconoclasmo social que expressa o não erradicável estar-sem-lar (*homelessness*) do homem no mundo".[68] Diferentemente do paganismo que alicerça as qualidades humanas em virtudes como coragem, prudência, moderação e honestidade, na tradição cristã, é o conceito de amor que tem centralidade, e a ele associam-se as ideias de fé e de esperança.[69] O amor, a fé e a esperança como condição do "encontro pessoal" expõem as ligações pessoais e as sujeita a "expectativas e riscos extraordinários",[70] configurados como aventuras nas quais se abririam possibilidades de oferta e recepção mútuas de aceitação. Ao reivindicar o amor, a visão cristã romântica dissolve a impessoalidade (presente, por exemplo, no imperativo moral kantiano), pois submete o eu a outros eus, horizontalizando-os num regime de exposição, os livrando da solidão, sem os sujeitar, entretanto, a opiniões dominantes, nem os cercear em contextos morais imutáveis.[71] Tal regime contra-

67 *Ibid.*, p. 39.

68 *Ibid.*, p. 30.

69 *Ibid.*, p. 31.

70 *Loc. cit.*

71 O que Teixeira denomina de Ética da Vulnerabilidade é esteio da noção ungeriana de amor: "A ideia básica é que cedo as pessoas têm de superar a fantasia de serem muitas coisas diferentes ou de ser tudo e decidir ser algo. Ao tomar essa decisão elas se mutilam: é como se cortasse um braço. E pelo trabalho da imaginação passa a lembrar todos os seres que decidiu não ser – todas aquelas formas de vida que

ria escandalosamente o regime liberal cujo valhacouto é a pessoa: ser irredutível à rede social e subjetivamente rachado em duas faces: a privada e a pública. O amor, ao contrário, é a disposição que borra a linha divisória de público e privado para elevar homens e mulheres, não à égide de um ser supra-humano, mas – como compreende também Hegel e Feuerbach – à assunção da divinização do próprio humano.

Essa visão estatui a atitude iconoclasta com as ordens sociais particulares. Em nome do amor, da esperança e da fé, a lógica das organizações estabelecidas pode sempre ser sobrepujada, se as crenças e instituições chocarem-se com as qualidades humanas plenamente realizadas naquelas virtudes. Unger resume o iconoclasmo social dessa visão, informando que "pode ser melhor entendido como a variação da ideia de que o homem nunca está em casa no mundo: que nada senão outra pessoa sem lar pode satisfazer as ilimitadas necessidades de seu espírito".[72] O cristianismo, por esse viés, é a doutrina que tem por meta tornar o mundo plenamente aberto para o amor, e, com ele, para a liberdade.[73] É a descri-

---

resolveu não seguir. Essa é a base profunda de empatia entre as pessoas. Depois, no curso dessas vidas, na medida em que se envelhece vai se formando em torno de cada pessoa uma camada de acomodações e de rotinas e, com a sua aceitação, vai se morrendo aos poucos. Para continuar a viver é necessário romper essa 'múmia' de dentro para fora: o objetivo moral do ser humano não é morrer muitas pequenas mortes, mas morrer somente uma vez. Para isso é necessário colocar-se em situações que ajudem a destruir a 'múmia'. Portanto, na diretriz dessa ética está a ideia de vulnerabilidade" (TEIXEIRA, *A Esquerda Experimentalista*, p. 39).

72 UNGER, *Paixão*, pp. 31-2.

73 Como bem observa Nancy Rosemblum, Unger, em seu *Law in the Modern Society* (1976), aborda a solidariedade como amor, entendendo que, diferentemente do respeito, que exerce a mesma função num paradigma liberal de sociedade, o amor deriva sua face social

ção mais sólida da experiência humana e de onde surgiu o projeto democrático tal como imaginado por Unger.

Conclusão

Compreendemos que os autores empreendidos no debate forjado na primeira seção proferem um número bem maior de argumentos que não caberiam em um texto como este. Mas a síntese relevante é a de que, no empenho de discutirem o retorno do contratualismo, a concepção de democracia amarrou-se à tarefa de pensar os mecanismos de distribuição de recursos, de comunicação e expressão de todos os envolvidos num processo deliberativo e de inclusão das minorias como agentes de poder. Essa tarefa absorveu tão enormemente os autores que tornou-se cada vez mais esquecido o problema sobre as estruturas sociais, problema deixado a cargo de uma teoria social simultaneamente canonizada e inútil. Unger opera o retorno do principal tema das teorias sociais, a relação entre as estruturas e as rotinas, definindo-o

---

da empatia (ROSENBLUM, *Another Liberalism*, p. 182) que institui arranjos sociais devolvendo às pessoas a posse – cedida pela cultura liberal aos papéis – sobre a vida social. Rosenblum põe Unger como um comunitarista, por enfatizar seu objetivo de resgatar a "comunidade latente", destacando suas afirmações sobre o "superliberalismo". Entretanto, trabalha com uma bibliografia limitada de nosso autor, ignorando importantes trabalhos como *Política* e mesmo *Paixão*, nos quais a formulação do conceito de amor é posta como substituo do altruísmo, e em que esse sentimento é associado a uma concepção de sociedade radicalmente experimentalista, que exclui a prioridade do fundamento da sociedade em laços permanentes e indissolúveis encarnados na afetividade humana. Para Unger, o amor é crucial para assegurar a autocriação individual sem pôr em cheque o vínculo social, e, aliás, fazendo deste o coroamento da transcendência, característica de todo indivíduo.

como radicalmente artificial, e submetendo-o ao exercício do pensamento político. A implicação com respeito à democracia é a de facultar ao exercício da cidadania a discussão sobre as instituições básicas, a proposição de formas inexploradas de arranjos institucionais, e o aprofundamento das relações interpessoais com o aumento do nível de vulnerabilidade entre os indivíduos. Ao tempo em que essa proposta recupera um ideal oitocentista de mudança social, o faz dentro do contexto e da moldura contemporânea de renovação da democracia como meio indispensável pelo qual prover as transformações sem traumas.

Há grande relevância nessa discussão para o mundo hoje. Nas democracias do Atlântico Norte, como observa Unger, a política partidária "se estabilizou na forma de uma série de disputas rotineiras em torno da redistribuição econômica marginal dentro de um ordenamento institucional e imaginativo da vida social que ainda não foi questionado",[74] criando barreiras de todo o tipo à contestação. Enquanto isso, os países emergentes

> [...] continuam sendo o campo de manobras de oligarquias predatórias que raramente se distinguem das vanguardas revolucionárias autonomeadas. Fica difícil continuar esperando que as sociedades mais pobres e mais fluidas venham a realizar experimentos promissores visando o avanço do projeto radical.[75]

Uma compreensão radical, forte ou mobilizadora de democracia requer uma compreensão subjacente mais aberta de nossa experiência com estruturas simbólicas, quer seja no registro da relação entre as pessoas, quer seja no campo das

---

74 UNGER, *Política*, p. 26.

75 *Loc. cit.*

instituições. Resulta, da visão aportada na seção anterior, outra concepção das instituições básicas do mercado e do Estado: estruturas configuradas por rotinas contingentes que podem ser radicalmente sobrepujadas. Tornar Estado e mercado mais abertos para a liberdade humana não é uma tarefa apenas do revolucionário político, mas do pensador político – e, ademais, do cidadão –; e fazê-lo não é percorrer uma trilha desenhada pela mera redistribuição compensatória adutora, senão pela reinvenção daquelas instituições. Uma reinvenção orientada pela imaginação e pela profecia que compõem o que podemos denominar, junto a Unger, *experimentalismo democrático.*

Referências bibliográficas

ANDERSON, Perry. "A Política de Engrandecimento". In: *Afinidades Seletivas*. São Paulo: Boitempo, 2002.

CALVINO, Ítalo. *O Cavaleiro Inexistente*. Trad. Nilson Moulin. São Paulo: Companhia de Bolso, 2005.

CAMUS, Albert. *A Peste*. Trad. Valerie Rumjanek. Rio de Janeiro: Record, 2009.

CUSA, Nicolau. *Douta Ignorância*. Trad. João Maria André. Lisboa: Fundação Calouste, 2003.

CUI, Zhyuan. "Prefácio". In: UNGER, Roberto Mangabeira. *Política*: Os Textos Centrais. Trad. Paulo Cesar Castanheira. São Paulo/Santa Catarina: Boitempo/Editora Argos, 2001.

DEWEY, John. *Reconstrução em Filosofia*. Trad. Marsely de Marco Martins Dantas. [S.l.]: Ícone, 2011.

DOSTOIEVSKI, Fiodor. *Os Demônios*. Trad. Paulo Bezerra. São Paulo: Editora 34, 2005.

FUKUYAMA, Francis. *The End of History and the Last Man*. London: Penguin Books, 1992.

HABERMAS, Jürgen. *Three Normative Models of Democracy*. Constellations Volume 1. Oxford: Blackwell Publishers, 1994.

_____. *O Discurso filosófico da Modernidade*. Trad. Luiz Sérgio Repa e Rodnei Nascimento. São Paulo: Martins Fontes, 2002.

_____. *A Ética do Discurso e a Questão da Verdade*. Trad. Marcelo Brandão Cipolla. São Paulo: Martins Fontes, 2007.

_____. *A Inclusão do Outro*: Estudos de Teoria Política. Trad. George Sperber, Paulo Astor Sorte, Milton Mota. São Paulo: Loyola, 2007.

HONNETH, Axel. *Luta por Reconhecimento*: A Gramática dos Conflitos Sociais. Trad. Luiz Repa. São Paulo: Editora 34, 2003.

MARX, Karl. "Tese Ad Feuerbach". In: NETTO, José Paulo (org.). O Leitor de Marx. Rio de Janeiro: Civilização Brasileira, 2012.

RAWLS, John. *Justiça e Democracia*. Trad. Irene Paternot. São Paulo: Martins Fontes, 2000.

RORTY, Richard. *Objetivismo, Relativismo e Verdade*: escritos filosóficos. Trad. Marcos Antonio Casanova. Rio de Janeiro: Relume-Dumará, 1997.

_____. *Ensaios sobre Heidegger e Outros*. Trad. Marcos Antonio Casanova. Rio de Janeiro: Relume-Dumará, 1999.

_____. *Pragmatismo e Política*. Trad. e org. Paulo Ghiraldelli Jr. São Paulo: Martins Fontes, 2005.

_____. *Contingência, Ironia e Solidariedade*. Trad. Vera Ribeiro. São Paulo: Martins Fontes, 2007.

ROSENBLUM, Nancy. *Another Liberalism*: Romanticism and the Reconstruction of Liberal Thought. [S.l]: Harvard University Press, 1987.

SANDEL, Michael. *O Liberalismo e os Limites da Justiça.* Trad. Carlos Pacheco Amaral. Lisboa: Ed. Fundação Calouste Gulbenkian, 2005.

SOUZA, José Crisóstomos. *Filosofia, Racionalidade, Democracia*: o debate Rorty & Habermas. São Paulo: Ed. Unesp, 2005.

_____. "Unger, Pragmatismo Romântico e Democracia Radical". *Ideação* (UEFS), n. 23, 2010, pp. 115-25.

TEIXEIRA, Carlos Sávio Gomes. *A Esquerda Experimentalista*: análise da teoria política de Unger. São Paulo, 2009. Tese (Doutorado em Ciência Política) - Faculdade de Filosofia, Letras e Ciências Humanas, Universidade de São Paulo. Disponível em: <http://www.teses.usp.br/teses/disponiveis/8/8131/tde-07122009-144805/>. Acesso em: 22 mar. 2015.

_____. "Filosofia Política e Experimentalismo Democrático: Alternativa para Realizar a Justiça". *Revista Ética*, v. 13, 2014, pp. 204-22.

UNGER, Roberto Mangabeira. *Paixão*: Um Ensaio sobre a Personalidade. Trad. Renato Shaeffer e Luís Carlos Borges. São Paulo: Boitempo, 1998.

_____. *Democracia Realizada*: A Alternativa Progressista. Trad. Graieb, Grandchamp e Castanheira. São Paulo: Boitempo, 1999.

_____. *Política*: Os Textos Centrais. Trad. Paulo Cesar Castanheira. São Paulo/Santa Catarina: Boitempo/Argos, 2001.

_____. *O Direito e o Futuro da Democracia*. Trad. Caio Farah Rodriguez e Marcio Soares Grandchamp. São Paulo: Boitempo. São Paulo, 2004.

_____. *The Self Awakened*: Pragmatism Unbound. [S.l.]: Harvard University Press, 2007.

_____. *Necessidades Falsas*. São Paulo: Boitempo, 2011.

_____. *The Religion of the Future*. Cambridge/London: Harvard University Press, 2014.

WEST, Cornel. *American Evasion of Philosophy*: A Genealogy of Pragmatism. Wisconsin: University of Wisconsin System Press, 1989.

2 - Justiça Social e Instituições: A Visão de Unger Comparada ao Liberalismo Igualitário e à Teoria Crítica[76]

Lucas Fucci Amato[77]

Introdução

Este capítulo pretende apresentar e discutir a teoria social, política e jurídica de Roberto Mangabeira Unger como alternativa às duas correntes dominantes de teorias da justiça: o liberalismo igualitário de Rawls e a teoria crítica, representada por autores como Habermas e Honneth. O texto é desenhado em três momentos. Primeiramente, esclarece os contextos intelectuais e as propostas teóricas em que se inserem cada uma das três correntes analisadas. A seguir, busca comparar como cada teoria constrói sua proposta institucional e sua ideia de normatividade, seu caráter "ideal" ou "programático", situando particularmente o superliberalismo de Unger. Finalmente, discute como as diferentes correntes de teoria normativa aplicam-se à análise e à proposição de instituições.

76 Este texto foi originalmente publicado na revista *Estudos Políticos*, v. 2, n. 8, 2017.

77 Doutor em Direito pela Universidade de São Paulo (USP). Autor dos livros *Inovações Constitucionais: Direitos e Poderes* e *Construtivismo Jurídico: Teoria no Direito*. Atualmente desenvolve estágio pós-doutoral na Universidade de Oxford (Grã-Bretanha).

Roberto Mangabeira Unger lançou uma crítica a duas concepções dominantes de teoria política e social normativa. Vislumbrou, tanto no liberalismo igualitário de John Rawls quanto na teoria da democracia de Jürgen Habermas, tentativas de se alcançar um ponto médio entre o racionalismo e o historicismo. O historicismo destas teorias seria sublinhado na sua autoconcepção frente ao contexto em que foram formuladas: a substância dessas formulações seria ancorada na autoridade de certas crenças e sustentada na possibilidade destas de prosperarem em sociedades modernas democráticas. O racionalismo, por sua vez, estaria na aposta na forma de vida democrática como uma estrutura que se aproxima da promessa ideal da associação voluntária de indivíduos livres e iguais. Mas a autoridade mutuamente reforçante das crenças sobre a estrutura e da forma institucional sobre os ideais tenderia a nublar os limites das configurações possíveis de mercado, Estado e sociedade civil, enfraquecendo a própria possibilidade de crítica dessas configurações à luz de alternativas de entendimento e transformação. Para Unger, a pergunta que nem Rawls nem Habermas responderam satisfatoriamente é: "qual parte da estrutura devemos tomar como dada e que parte devemos desafiar?".[78]

Uma preocupação de Unger compartilhada por outros teóricos contemporâneos diz respeito ao papel do pensamento social. Quando o debate sobre as condições de vida coletivamente instituídas escapa das "antigas arenas da política e da filosofia", diz Unger, é preciso conceber uma nova forma de articulação dos discursos especializados que permita sua transformação interna, enquanto opera por meio da cola-

78 UNGER, Roberto Mangabeira. *What Should Legal Analysis Become?* London/New York: Verso, p. 177, tradução nossa.

boração entre "especialistas técnicos" e "pessoas comuns".[79] Honneth expressa preocupação semelhante quando diagnostica que o desaparecimento das controvérsias entre liberalismo e comunitarismo, tão rápido quanto o surgimento desse debate nas décadas finais do século XX, levou a um afastamento dos polos da filosofia política e da práxis política, esvaziando a "esfera pública intelectual";[80] do lado daquela, o problema seria o nível de abstração em que princípios normativos foram formulados, inviabilizando qualquer orientação para a ação política. A própria concepção de uma teoria da justiça, afirmou Honneth, deveria ser redescrita diante da insuficiência conceitual que precederia sua esterilidade prática.

Unger vislumbra a oportunidade de reformular a reflexão sobre a materialização de interesses e ideais em estruturas práticas partindo do pensamento jurídico e econômico, informada a crítica dessas disciplinas por uma revisão da própria teoria social. Assim se fugiria do estilo dominante da filosofia política que, ao desligar "a formulação de princípios de justiça dos problemas de elaboração institucional", falha em analisar as complexas ligações entre instituições e práticas, de um lado, e desejos e intuições, de outro, tratando "o acerto social-democrata do período pós-guerra como o horizonte insuperável para a perseguição de seus ideais" e caindo na "dependência paradoxal do contexto histórico que o filósofo pretendia transcender".[81]

O caminho seguido por Unger será o de um programa democrático radical que, menos do que desenvolvido a partir

79 *Ibid.*, pp. 1-2.

80 HONNETH, Axel. "A Textura da Justiça: Sobre os Limites do Procedimentalismo Contemporâneo". *Civitas*, v. 9, n. 3, 2009, pp. 346-7.

81 UNGER, *What Should Legal Analysis Become?*, p. 4.

da visão republicana clássica, toma como mote as pretensões normativas liberais, mas pretende tocar os privilégios e divisões sociais "entrincheirados" a ponto de que seja necessária uma revisão das próprias instituições liberais, como o Estado, o mercado e a sociedade civil.[82] Daí ser tal programa um "superliberalismo". A imagem que deveriam assumir as instituições e arranjos sociais em geral é a de uma política de compromissos e opiniões, como a própria política liberal. Nesse sentido, importa menos a substância do modelo de sociedade que a abertura deste mesmo modelo ao "experimentalismo democrático" na política, na economia e nas relações pessoais. Assim, ressalta Unger, o programa não abandona a preocupação liberal com o indivíduo, antes defendendo um pacote de proteções e poderes que o potencializem na direção da inovação social.[83]

O intuito deste texto é apresentar a proposta de teoria social e política de Unger de forma articulada e em contraponto a duas correntes dominantes da filosofia política: as teorias da justiça do liberalismo igualitário de John Rawls e da teoria crítica da Escola de Frankfurt, representada por autores como Jürgen Habermas e Axel Honneth.[84] O texto divide-se em três partes: primeiro, apresenta brevemente o contexto intelectual que informa essas três correntes teóricas, situ-

---

82 *Id.*, *False Necessity*: Anti-Necessitarian Social Theory in the Service of Radical Democracy. Cambridge: Cambridge University Press, 1987, pp. 588-9.

83 *Id.*, "Introduction to the New Edition". In: *False Necessity*: Anti-Necessitarian Social Theory in the Service of Radical Democracy. 2 ed. Cambridge: Cambridge University Press, 2001, p. cv.

84 Registro agradecimento especial ao professor Álvaro de Vita (FFLCH-USP), sobretudo pelos comentários à interpretação de Rawls em uma versão anterior deste texto. Os equívocos e incompletudes são de minha responsabilidade.

ando suas propostas de teoria normativa. A seguir, discute como cada um desses autores concebe a "normatividade", o caráter "ideal" ou "programático" de suas teorias; aqui se procura situar o "superliberalismo" de Unger. Finalmente, o foco é comparar como cada teoria (Rawls, Habermas, Honneth e Unger) concebe as instituições, isto é, o vínculo entre reflexão normativa e desenho institucional.

Contextos e propostas

As três teorias aqui analisadas podem ser vistas como respostas a contextos intelectuais análogos do pensamento social e político: a falta de grandes teorias posteriores aos clássicos. No caso de Rawls, cujo intento é reorientar a teoria política normativa, seus antecedentes remontam aos grandes pensadores utilitaristas do século XIX, contra quem se volta, e mais longinquamente aos teóricos do contrato social, cujo *insight* visa a retomar, apresentando uma concepção de "justiça como equidade" que eleve a generalização e a abstração das formulações incipientemente encontradas nos escritos de Locke, Rousseau e Kant.[85]

As teorias críticas apresentam um percurso nominalmente mais linear, porém substancialmente descontínuo. Aqui se considera principalmente a tradição frankfurtiana a partir de Habermas, que passa a dialogar com concepções liberais e, assim como Rawls, reorienta um campo teórico em que se envolverão, com importantes variações de postura, autores como Axel Honneth, Nancy Fraser, Rainer Forst, Martha

---

85 RAWLS, John. *A Theory of Justice*. 2 ed. Cambridge, MA: Harvard University Press, 1999, p. 10.

Nussbaum e Iris Marion Young.[86] A redefinição desta tradição crítica, mais uma vez, pode ser vislumbrada a partir da reconstrução que Habermas apresenta das tradições da teoria social moderna, fundando sua teoria do agir comunicativo.[87] Outro marco inicial das diferentes linhagens contemporâneas de teoria crítica que dialogam entre si é a proposta habermasiana de democracia deliberativa.[88]

São especialmente expressivas as afirmações de Fraser e Honneth,[89] as quais podem ser vistas como uma definição aproximada do que se pode entender por "teoria crítica" atualmente (como corroborado por Forst).[90] Assim, os autores admitem compartilhar

> [...] sobretudo a ambição de conectar os níveis usualmente distintos da filosofia moral, da teoria social e da análise política em uma teoria crítica da sociedade capitalista. A esse respeito, sepa-

---

86 Não é meu objeto problematizar em que medida tais autores podem ser conjugados em uma só tradição ("teoria crítica") ou o quanto a teoria crítica desenvolve-se como uma (ou mais) teoria da justiça. Para uma defesa desses pontos, ver PEREIRA, Gustavo. *Elements of a Critical Theory of Justice.* London: Palgrave Macmillan, 2013.
87 HABERMAS, Jürgen. *The Theory of Communicative Action 2*: lifeworld and system: a critique of functionalist reason. Boston: Beacon, 1987; *id.*, *The Theory of Communicative Action 1*: Reason and the Rationalization of Society. Boston: Beacon, 1984.
88 *Id.*, *The Inclusion of the Other: Studies in Political Theory.* Cambridge, MA: MIT Press, 1998; *id.*, *Between Facts and Norms*: Contributions to a Discourse Theory of Law and Democracy. Cambridge, MA: MIT Press, 1996.
89 FRASER, Nancy; HONNETH, Axel. *Redistribution or Recognition?* A Political-Philosophical Exchange. London/New York: Verso, 2003. pp. 198-236.
90 FORST, Rainer. "First Things First: Redistribution, Recognition and Justification". *European Journal of Political Theory*, v. 6, n. 3, 2007, pp. 291-304.

> ramo-nos de muitos de nossos amigos e colegas que também se identificam com a tradição da teoria crítica. Enquanto a maioria deles agora tende a assumir uma divisão disciplinar do trabalho, atribuindo a teoria moral aos filósofos, a teoria social aos sociólogos e a análise política, aos cientistas políticos, efetivamente tratando cada um desses problemas como autônomos, nós dois aspiramos a teorizar a sociedade capitalista como uma "totalidade". Então, rejeitamos a visão que descarta a "grande teoria" como epistemologicamente heterodoxa e politicamente ultrapassada.[91]

Finalmente, o trabalho de Unger situa-se inicialmente no contexto de desenvolvimento de uma teoria crítica do direito. Um dos líderes do movimento dos *Critical Legal Studies* (CLS), que se espalhou pelas universidades estadunidenses nos anos de 1970 e 80, Unger entretanto formulou caminhos teóricos próprios, que não foram seguidos pelos demais membros daquele movimento intelectual. Embora o primeiro livro de Unger, *Conhecimento e Política* (1975), seja talvez "*o* trabalho seminal dos primórdios dos CLS",[92] Unger jamais seguiu as principais tendências teóricas que influenciaram o movimento, desde o estruturalismo até a desconstrução e o pós-modernismo.[93] A identidade do movimento dos estudos críticos do direito consolidou-se em torno de temas e caminhos como a crítica das hierarquias e ideologias associadas ao campo do direito sob o "modelo capitalista", pesquisas

---

91 FRASER; HONNETH, *Redistribution or Recognition?*, p. 4.

92 KELMAN, Mark. *A Guide to Critical Legal Studies.* Cambridge, MA: Harvard University Press, 1987, p. 64, destaque do original.

93 Ver UNGER, Roberto Mangabeira. "O Estruturalismo e o Futuro das Ciências Culturais". *Tempo Brasileiro*, Rio de Janeiro, v. 15-16, 1968, pp. 97-102; *id.*, *The Self-Awakened*: Pragmatism Unbound. Cambridge, MA/London: Harvard University Press, 2007, pp. 44-5.

sociológicas informadas pelo funcionalismo marxista, o engajamento em políticas identitárias (teorias raciais e feministas do direito, por exemplo) e a tese da indeterminação radical do direito. Nenhuma destas tem relação direta com a obra de.[94] Sobretudo, como reconheceu Postema,[95] Unger é o autor da "crítica mais contundente ao que ele chama de 'a radicalização da indeterminação'".[96]

A crítica de Unger (1986) ao "formalismo" doutrinário e a defesa da "indeterminação institucional" não significam que o juiz não seja constrangido por regras e pela linguagem, podendo decidir os casos como lhe aprouver ou, ainda que inconscientemente, segundo sua posição social e ideológica.[97] Significa que as instituições conformadas pelo direito – propriedade, contrato, constituição, poderes, direitos, tributação, federalismo etc. – têm, no próprio material jurídico (inclusive na doutrina), variações e alternativas que podem ser exploradas para repensar, mapear, criticar e propor configurações alternativas. Não é uma tese voltada à interpretação judicial. Por isso, sua teoria jurídica é aplicação e amostra de um impulso teórico que cobre a reflexão sobre a teoria abrangente da sociedade, a teoria política e econômica, além de outros campos da filosofia (como o pragmatismo e a filosofia natural).

---

94 *Id.*, *The Critical Legal Studies Movement.* Cambridge, MA/London: Harvard University Press, 1986, pp. 120-1; *id.*, "Another Time, a Greater Task". In: *The Critical Legal Studies Movement*: Another Time, a Greater Task. London: Verso, 2015, pp. 24-45.

95 POSTEMA, Gerald J. *Legal Philosophy in the Twentieth Century: The Common Law World.* Dordrecht: Springer, 2011, p. 236.

96 Para essa crítica, ver UNGER, *What Should Legal Analysis Become?*, pp. 120-2; *id.*, "Another Time, a Greater Task", pp. 26-8.

97 *Id.*, *The Critical Legal Studies Movement.*

Teoria normativa ou programática?

Blake adverte que a não aceitação das instituições políticas concretamente existentes e situadas não é, por si só, suficiente à classificação de uma teoria política como "ideal".[98] Há teorias ideais institucionais e não institucionais, mas qualquer construção teórica depende da aceitação de certas contingências do mundo tal como o encontramos, podendo a inclusão dessas contingências no modelo teórico ideal ser mais moderada ou mais significativa.

A teoria da justiça liberal-igualitária de Rawls descarrega-se das pretensões de uma moralização abrangente da vida social ao concentrar-se no nível "institucional". Essa redução do objeto da (teoria da) justiça, criticada por Cohen,[99] é parte da preocupação com o realismo da teoria, em vista de sua inaplicabilidade diante de "exigências de comprometimento" (*"strains of commitment"*) que fossem excessivas e irrealistas,[100] isto é, que pretendessem dos cidadãos uma racionalidade absolutamente contrastante com aquela racionalidade (instrumental) dos agentes quando atuam privadamente, não como cidadãos. É uma teoria voltada para instituições públicas, não para práticas pessoais; expressa uma visão sobre a qual pessoas de diferentes ideologias poderiam concordar e não pretende demandar um senso de justiça e uma razoabilidade substancialmente carregados.

Rawls define instituição como um "sistema público de normas", o que se identifica com a "estrutura básica da socie-

98 BLAKE, Michael. "Distributive Justice State Coercion, and Autonomy". *Philosophy & Public Affairs*, v. 30, n. 3, 2001, pp. 263-4, nota 7.
99 COHEN, Gerald Alan. *If You're an Egalitarian, How Come You're so Rich?* Cambridge, MA: Harvard University Press, 2000, pp. 134-47.
100 Cf. RAWLS, *A Theory of Justice*, pp. 153-60.

dade" e abrange práticas sociais reguladas ("jogos e rituais, julgamentos e parlamentos, mercados e sistemas de propriedade"), cujas normas constitutivas são públicas, podendo determinar as "expectativas mútuas" e ser entendidas e discutidas *como se* tivessem resultado de um acordo instituidor.[101] A avaliação sobre a justiça recai então sobre as instituições e é conduzida pelos critérios públicos de justiça ficticiamente instituídos na "posição original" – os princípios da liberdade igual e da diferença.[102] Os "princípios primeiros", aqueles levados em conta na "posição original", representam o grau mais elevado de desenvolvimento de uma moralidade, que parte da autoridade (na relação entre pais e filhos, por exemplo), passa pela associação (a moralidade da vizinhança, da escola etc.) e atinge o grau de universalidade dos princípios da "justiça como equidade".[103]

Por um lado, tal posição se ancora nas "condições de nossa vida, como as conhecemos", elidindo justificações que se sustentem em doutrinas teológicas ou metafísicas, bem como que se voltem a "outro mundo que compense e corrija as desigualdades que os dois princípios permitem neste".[104] Por outro lado, os critérios de julgamento de um sistema público têm o caráter de "princípios". A teoria ideal é um modelo cuja normatividade se expressa pelo juízo dos graus de aproximação de situações empíricas a uma situação projetada segundo os ditames dos princípios de justiça. Os princípios de justiça definem um arranjo ideal projetado como termo de comparação para instituições reais, cuja justiça é aferida em

101 *Ibid.*, pp. 47-8.
102 *Ibid.*, p. 53; *id.*, *Political Lliberalism.* 2 ed. Chichester, NY: Columbia University Press, 2005, p. 271.
103 *Id.*, *A Theory of Justice*, pp. 405-19.
104 *Ibid.*, p. 398.

graus relativos de aproximação ou distanciamento daquele arranjo.[105]

Mas há que se reconhecer que Rawls deixa espaço significativo para a definição dos detalhes institucionais dentro da "forma ideal [...] à luz da qual os resultados acumulados dos processos sociais em operação devem ser limitados e ajustados".[106] Assim, sua teoria poderia ser criticada pela indeterminação institucional que acolhe e pela respectiva crença de que esquemas institucionais concretos podem ser formulados de modo mais ou menos externo à teoria, cabendo a esta apenas fornecer bases normativas para o juízo sobre aqueles esquemas. Mas seu compromisso com modelos específicos de sociedade é relativamente aberto, provavelmente mais aberto que a visão da "teoria crítica" da Escola de Frankfurt. Assim, por exemplo, não encontramos em Rawls uma apologia de uma forma específica de economia de mercado,[107] mas a admissão de variações, que incluem, como esquema institucional preferencial, a "democracia de cidadãos-proprietários" ("*property-owning democracy*") de James Meade.[108] Da perspectiva de Unger, haveria uma indeterminação muito maior das formas institucionais – já que não há uma lista fechada de totalidades modulares de vida econômica, política e social.[109] Assim, não só a "democracia dos cidadãos-proprietários", o Estado capitalista de bem-estar social ou o

105 *Ibid.*, pp. 199 e 216.

106 *Id.*, *Political Lliberalism*, p. 281, tradução nossa.

107 *Id.*, *A Theory of Justice*, pp. 234-42.

108 Cf. FREEMAN, Samuel. "Property-Owning Democracy and the Difference Principle". *Analyse & Kritik*, v. 35, n. 1, 2013, pp. 9-36.

109 UNGER, *False Necessity*; *id.*, *Social Theory:* Its Situation and Its Task. Cambridge: Cambridge University Press, 1987.

socialismo de mercado – formas que Rawls discerne –[110] seriam alternativas ao capitalismo *laissez-faire* e ao socialismo estatista. As alternativas seriam indeterminadas.

Já Honneth apresenta outro caminho para a construção da normatividade de uma teoria da justiça.[111] Assim como Habermas,[112] pretende realizar uma "reconstrução normativa", mas intenta ir além da "esfera de reconhecimento" do Estado democrático de direito, para cobrir também a moralidade imanente ao mercado e à família. O Estado teria uma capacidade e uma legitimidade insuficientes para conformar as relações de reconhecimento nessas duas esferas "privadas", mas seria possível reconhecer nelas centros de poder e moralidade (na tradição de Hegel a Durkheim e Foucault) que trariam, em seu núcleo, os próprios princípios com os quais se poderia criticá-los.[113]

Caberia perguntar em que medida Honneth não recai também em um compromisso muito estreito com a autoridade clamada pelas próprias práticas sociais a que visa criticar, como na observação de Unger sobre Rawls e Habermas – e talvez em grau maior, já que a ordem moral imanente das práticas de reconhecimento é tomada como germe da crítica teoricamente refletida. Afinal, seu esquema de análise (Honneth) demanda não apenas o postulado de justiça da inclusão dos sujeitos nas relações de reconhecimento desenroladas em cada contexto, mas também a substituição do procedimento teórico da situação inicial rawlsiana por uma "reconstrução normativa que revele histórico-geneti-

110 RAWLS, *A Theory of Justice*, pp. xiv-x; *id.*, *Political Lliberalism*, p. 136.

111 HONNETH, "A Textura da Justiça".

112 HABERMAS, *Between Facts and Norms.*

113 HONNETH, "A Textura da Justiça", pp. 357-66.

camente as normas morais fundamentais daquelas relações de reconhecimento".[114]

Finalmente, quanto a Unger, a arquitetura geral de sua teoria pode ser vislumbrada em dois eixos. Verticalmente, podemos situar o eixo da política: de baixo, a política como "conflito sobre os termos de nossas relações práticas e de paixão uns com os outros e sobre todos os recursos e premissas que possam influenciar esses termos"; de cima, a política como "conflito sobre o domínio e usos do poder governamental".[115] No primeiro sentido, importa uma teoria moral e psicológica, uma microssociologia;[116] no segundo, uma (macro)teoria social e política.[117] O problema central é a ligação desses extremos, pela institucionalização da participação[118] e pela conjugação da "capacidade negativa" dos indivíduos ao "desentrincheiramento" das estruturas sociais, abrindo-as a "reformas revolucionárias" que não dependam de episódios de crise *e/para* revolução.[119]

Cortando ortogonalmente o eixo vertical, podemos encontrar um eixo horizontal, em que se posicionam as "disciplinas irmãs de imaginação institucional – de um lado, o direito; de outro, a economia política.[120] Por meio delas é possível repensar e redesenhar as estruturas sociais ("contextos formadores"), identificando o papel das crenças e instituições na construção dessas estruturas, que podem ter graus variáveis de resistência à mudança. Por meio daquelas

---

114 HONNETH, "A Textura da Justiça", p. 360.

115 UNGER, *Social Theory*, p. 10.

116 *Id.*, *Passion:* An Essay on Personality. New York: Free Press, 1984.

117 *Id.*, *False Necessity*; *id.*, *Social Theory*.

118 *Id.*, *False Necessity*, p. 28.

119 *Ibid.*

120 *Id.*, *What Should Legal Analysis Become?*, pp. 22-3.

disciplinas, seria possível "pensar sobre interesses ou ideais e pensar sobre instituições ou práticas", transformando a relação interna entre esses termos em oportunidade intelectual e política.[121]

Superliberalismo

Por seu primeiro livro – *Conhecimento e Política* (1975) – Unger foi tomado – ao lado de Alasdair MacIntyre, Robert Bellah, Michael Sandel, Charles Taylor e Michael Walzer – como um dos grandes representantes do comunitarismo, a corrente filosófica que se constituiu em oposição ou crítica a *Uma Teoria da Justiça* de Rawls, publicada primeiramente em 1971. Essa corrente, segundo interpreta Rorty,[122] rejeitava componentes centrais do iluminismo – individualismo, racionalismo, direitos individuais – e colocava em xeque as instituições e a cultura das democracias liberais, aproximando-se do diagnóstico catastrófico da primeira geração da Escola de Frankfurt e tomando como motivo normativo central a ideia de comunidade (antiliberal). Radicalizando a proposta da teoria crítica, Unger propunha uma "crítica total" do liberalismo.[123]

Porém, nos anos 1980, contemporaneamente à publicação dos outros livros mais representativos do comunitarismo ou mesmo antes do aparecimento de algumas obras centrais dessa corrente, Unger modificou sua posição. Já no pós-escrito à segunda edição de *Conhecimento e Política*, admitia

121 *Ibid.*, p. 23.

122 RORTY, Richard. *Objectivity, Relativism, and Truth*: Philosophical Papers Volume 1. Cambridge: Cambridge University Press, 1990, p. 159.

123 UNGER, Roberto Mangabeira. *Knowledge and Politics.* New York: Free Press, 1975, pp. 1-3.

que a forma moderna de crítica social era acoimada por "restrições injustificadas sobre as formas possíveis da vida social e em particular sobre as definições institucionais possíveis de mercados e democracias", e afirmava a recusa em "buscar em fantasias antimodernistas uma consolação secreta para o fracasso em repensar e reconstruir as circunstâncias da vida no mundo moderno".[124] Uma posterior crítica ao ideal pré-moderno de comunidade – ideal que "enfatiza a exclusão do conflito e o compartilhamento de valores e opiniões" – é acompanhada por um "ideal transformado de comunidade" como "zona de vulnerabilidade mútua aumentada" que ofereça a oportunidade de as pessoas resolverem melhor o conflito "entre sua necessidade de ligação e de participação na vida de grupo e seu medo de subjugação e despersonalização com o qual tal engajamento pode ameaçá-las".[125]

O tema do "superliberalismo" é introduzido por Unger no "manifesto" dos *Critical Legal Studies*, originalmente uma palestra proferida em 1982. Unger o introduz ao criticar a falência prática e teórica que ocorre quando, como solução aos problemas das democracias contemporâneas, a filosofia política sugere o seu oposto, a imagem mítica do governo direto da *pólis* e da comunidade unida por consciência compartilhada e exclusão do conflito.[126] O programa de Unger não seria nem liberal nem antiliberal, mas "superliberal", porque alarga as pretensões liberais de desfazimento de relações de dependência e construção de relações voluntárias, colocando-as como parte da ambição de construir "um mundo social menos alheio a um eu que pode sempre violar as regras gerativas

124 *Id.*, "Postscript". In: *Knowledge and Politics*. 2 ed. New York: Free Press, 1984, pp. 348-9.

125 *Id.*, *False Necessity*, pp. 560-2.

126 *Id.*, *The Critical Legal Studies Movement*, pp. 41-2.

de seus próprios construtos mentais ou sociais e colocar outras regras e outros construtos em seu lugar".[127] A imagem de sociedade aí proposta quer vê-la refletir o próprio arquétipo da política liberal, fazendo as estruturas sociais basearem-se menos em divisões e clivagens preestabelecidas do que em grupos de opinião fragmentários e transitórios, que se articulam em uma série de conflitos e acordos.[128]

Há uma polêmica explícita com a tradição anglófona de filosofia política, fundada no contraste entre teorias utilitaristas e contratualistas.[129] Unger critica ambas por caírem em um "reformismo brando" ao restringirem a variabilidade institucional que poderia decorrer das conclusões na delimitação mesma das premissas do raciocínio.[130] Assim, no cálculo utilitarista, os desejos e intuições que constituem a matéria-prima do método são circunscritos de forma a excluir sua real ambivalência interna e são considerados na formação do juízo sem que sejam avaliadas as estruturas nas quais se insere a gênese daqueles desejos e intuições. Ademais, os desejos de superação e transformação estrutural são excluídos do cálculo por serem demasiado fluidos em si, conflitantes

---

127 *Ibid.*, p. 41, tradução nossa.

128 *Ibid.*, pp. 41-2.

129 Para Unger (1975, p. 86), no utilitarismo clássico há um método de agregação de interesses que define o conteúdo das leis, isto é, os interesses a serem protegidos pelo Estado. No contratualismo de Locke e Rousseau, há procedimentos para a confecção de leis e a solução de disputas aos quais teríamos subscrito por autointeresse. Já em Rawls há "um sistema ideal de procedimentos para a produção do direito que todos os homens devem aceitar em seu autointeresse e cuja operação, seria possível demonstrar, leva a certas conclusões específicas sobre a distribuição de riqueza e poder" (*id.*, *Knowledge and politics* [1975], p. 86).

130 *Id.*, *The Critical Legal Studies Movement*, pp. 99-103.

entre os indivíduos (alguns desejando certa estrutura, outros outra, e assim por diante) e, afinal, pela desimportância do raciocínio utilitarista abstrato para a crítica histórica de contextos sociais reais.

De outro lado, o contratualismo é rejeitado igualmente por definir suas premissas de modo tão restritivo que suas conclusões não podem ter resultados muito radicais.[131] A preocupação com a imparcialidade da eleição dos princípios de justiça em uma situação ideal de escolha filtra a reflexão das intuições morais às quais ao final se irá atribuir normatividade. Tal filtro garante enraizamento histórico e estabilidade às diretrizes morais; mais uma vez, os critérios podem ser comprometidos pela restrição imposta aos "dados de entrada" considerados em sua elaboração.

Vale considerar aqui o caso da elaboração teórica da "posição original" de Rawls, em que os princípios de justiça seriam escolhidos sob o "véu da ignorância" – cada pessoa desconhece sua futura inserção na sociedade (sua classe, sua ideologia, suas capacidades, perfil psicológico) e a própria situação política, econômica e cultural dessa sociedade.[132] Há intérpretes[133]) que defendem que, mesmo no que concerne à deliberação hipotética sobre os princípios de justiça, o argumento mais importante não é o da posição original, mas sim o da "arbitrariedade moral".[134] Por esse argumento, as formas de desigualdade arbitrárias de um ponto de vista moral deveriam ser mitigadas pela estrutura básica da sociedade (e não apenas retrospectiva e redistributivamente).

131 *Ibid.*, pp. 101-3.

132 RAWLS, *A Theory of Justice*, pp. 118-9.

133 VITA, Álvaro de. *A Justiça Igualitária e Seus Críticos*. 2 ed. São Paulo: WMF Martins Fontes, 2007, pp. 179-84.

134 RAWLS, *A Theory of Justice*, pp. 62-5 e 82-8.

De outro lado, a crítica de Unger é de que as teorias contratualistas, assim como as utilitaristas, podem sofrer da identificação de um método ideal com as específicas formas existentes de democracia ou mercado.

> A natureza real desses arranjos institucionais [...] não pode ser inferida de ideias abstratas de descentralização econômica e soberania popular. Além disso, tomados em sua inteireza, esses arranjos são sistematicamente enviesados em direção a certos sentidos de transformação social e certas constelações de interesses. Esse enviesamento ajuda um específico plano de divisão social e hierarquia a ganhar um grau significativo de isolamento dos riscos do conflito ordinário e do exercício da escolha coletiva.[135]

O sentido da proposta teórica de Unger está em conectar o juízo sobre instituições e práticas ao mapeamento e à projeção de cenários institucionais alternativos. Como diretriz normativa, o "superliberalismo" representa este trabalho de crítica imanente das instituições liberais (tipicamente, as instituições que conformam a democracia representativa, a economia de mercado e a sociedade civil independente), potencializando a capacidade autossubversiva dos valores e ideais liberais em relação às instituições atualmente existentes:[136] essas instituições podem ser reconfiguradas à luz de tais valores, pois sua forma atual jamais é a melhor realização possível desse espectro ideológico.[137]

---

135 UNGER, *The Critical Legal Studies Movement*, p. 102.

136 *Id.*, *False Necessity*, pp. 588-9.

137 As principais referências explícitas de Unger (*ibid.*, p. 635) no espectro liberal são Tocqueville, Humboldt, Herzen e Mill. Mas seu programa também se inspira em outras referências, como o radicalismo pequeno-burguês e o ideal de auto-organização coletiva. Ademais, suas concepções de "democracia radical" e de "sociedade livre"

O centro dessa ideologia seria a atenuação das formas de despersonalização, hierarquia e subjugação pelas quais a sociedade vicia as formas de ligação prática entre as pessoas.[138] Mas Unger também critica a falta de uma concepção normativa da personalidade na teoria liberal;[139] busca então nos ideários modernista, romântico e cristão uma visão do indivíduo.[140] Essa valorização do indivíduo, para além da própria tradição liberal, marca também um distanciamento profundo em relação ao comunitarismo antiliberal. Note-se que o "excedente" dos valores e ideologias em relação às suas manifestações concretas institucionais (essencial à tese da indeterminação institucional implicada no superliberalismo) tem um paralelo importante com a incontinência das possibilidades e desejos individuais em relação ao contexto concreto em que cada personalidade se desenvolve.

Ao lado de uma visão normativa da personalidade e da tese da indeterminação institucional, o superliberalismo se alia a um projeto político de "experimentalismo democrático", termo que remonta ao pragmatismo de John Dewey.[141]

---

partem das possíveis intersecções entre as grandes ideologias do século XIX, o liberalismo clássico e o socialismo (*ibid.*, p. 595; *id.*, *The Religion of the Future*. Cambridge, MA/London: Harvard University Press, 2014, p. 294).

138 *Ibid.*, pp. 35-7; *id.*, "Introduction to the New Edition", pp. xix, cxxi.

139 *Id.*, *Knowledge and politics* [1975], p. 55.

140 *Id.*, *Passion:* An Essay on Personality. New York: Free Press, 1984; *id.*, *False Necessity*, pp. 556-70 e 639; *id.*, *The Self-Awakened*, p. 7.

141 Ver também as interpretações de Sabel (SABEL, Charles. "Dewey, Democracy, and Democratic Experimentalism". *Contemporary Pragmatism*, v. 9, n. 2, 2012, pp. 35-55), sobre o "experimentalismo democrático" em Dewey, e de Honneth (HONNETH, Axel. "Democracy as Reflexive Cooperation: John Dewey and the Theory of Democracy

Segundo Unger, Dewey apresenta duas faces: uma teoria da agência e da experiência segundo a qual a inovação pela ação humana é possível, mas também uma visão do indivíduo como produto de forças evolutivas que moldam seu contexto de experiência, mas em relação às quais ele é impotente.[142] A tarefa que daí decorre, para Unger, seria imaginar contextos que potencializem a primeira parte desse diagnóstico e atenuem a segunda, resolvendo melhor a ambiguidade do pensamento de Dewey entre experimentalismo e conservadorismo institucional.[143] Mais precisamente, a tese do "experimentalismo democrático" – o meio prático de realização da transcendência contextual preconizada pelo superliberalismo – aposta na possibilidade de a democracia mobilizar homens e mulheres comuns e ampliar zonas de coincidência entre progresso prático ou material (desenvolvimento econômico) e emancipação individual (em relação a papéis sociais arraigados, divisões e hierarquias).[144]

O superliberalismo de Unger é tanto uma crítica à filosofia política liberal (sobretudo a seu ceticismo institucional e psicológico) quanto às práticas das ciências sociais que identificam o mercado, a democracia e a sociedade civil tal como existentes como as únicas ou melhores formas possíveis. Mas, ao lado do "fetichismo institucional" liberal, Unger critica o "fetichismo estrutural" das teorias sociais que seguiram o marxismo: o determinismo evolutivo e funcionalista, que identifica modelos indivisíveis, reprodutíveis e enfileirados de organização social (tipicamente, "modos de

---

Today". *Political Theory*, v. 26, n. 6, 1998, pp. 763-783), acerca da concepção de Dewey da democracia como "cooperação reflexiva".

142 UNGER, *The Self-Awakened*, pp. 34-6.

143 UNGER, *Social Theory*, p. 237.

144 *Id.*, *Democracy Realized*, pp. 5-16.

produção").[145] Para tal explicação, acoimada pelo vício do "fetichismo estrutural", as únicas vias de discussão programática possíveis seriam as da comparação das lógicas evolutivas (apontando benefícios e perigos destas) ou dos desenhos institucionais de curto alcance, que vislumbram a acomodação de interesses e a solução de problemas rotineiros, sem contestar as estruturas institucionais e simbólicas, sem reconhecer o caráter descontínuo e divisível destas.

Neste ponto é possível introduzir a tese do alinhamento entre temas explicativos e programáticos na teoria social. Tal alinhamento principia com a crítica do "necessitarianismo" que, para Unger, constitui a base explicativa das grandes teorias da sociedade de que dispomos, de Marx a Weber.[146] Unger concebe a "sociedade como artefato", como "coisa feita e imaginada",[147] e a partir desse postulado critica as parciais emancipações que as diferentes versões de teoria social (como o marxismo) proporcionaram em relação a uma "falsa necessidade":[148] por vezes, as descrições da sociedade reconheceram pressões irresistíveis, na ordem de restrições organizacionais, tecnológicas ou psicológicas ("estruturas profundas"), a determinar um rumo evolutivo incontrolável para a sociedade. Em alternativa, Unger analisa os diversos ciclos de "entrincheiramento" e "desentrincheiramento" por que passam as instituições e práticas sociais e coloca o pensamento social como uma ferramenta de prospecção e desenho de cenários institucionais mais "desentrincheirados",

145 *Id.*, "Introduction to the New Edition", pp. cxxii-cxxiii.

146 *Id.*, *Social Theory*; *id.*, *False Necessity*; *id.*, "A Ambição da Política". In: TEIXEIRA, Carlos Sávio G. (org.). *Roberto Mangabeira Unger*. Rio de Janeiro: Azougue, 2012. (Coleção Encontros.)

147 *Id.*, *Social Theory*.

148 *Id.*, *False Necessity*.

isto é, "contextos formadores" mais abertos à sua própria revisão, parte por parte.[149] O próprio conceito de capitalismo é então criticado em seu potencial explicativo e afinal rejeitado por Unger, pela imprecisão histórica, pelas premissas necessitárias que carrega e por se referir apenas a certas formas institucionais da economia de mercado.[150]

Na teoria de Unger, a política é colocada no centro da explicação. A mudança social é levada a efeito não por constrangimentos de ordem tecnológica ou organizacional, que impeliriam a história rumo a uma sucessão de "modos de produção" modulares e indivisíveis; antes, trata-se de conflitos políticos sobre "contextos formadores" (sinônimo de "estruturas" para Unger), que articulam de forma mais ou menos flexível, acidental e pluralista as disposições institucionais e imaginativas que tomamos como pressupostos em nossas rotinas estruturadas.[151]

"Cada um desses contextos formadores é definido por sua habilidade de ajudar a gerar e manter um conjunto ricamente desenvolvido de rotinas práticas e imaginativas e por sua tendência correspondente de resistir a perturbações."[152] Nessa teoria, a ferramenta típica da transformação estrutural é a da "reforma revolucionária": os "contextos formadores" podem ser mudados parte por parte, na direção de mudanças cumulativas, que não constituem o caso de um reformismo

---

149 *Ibid.*

150 *Id.*, *Social Theory*, pp. 101-9; *id.*, *Free Trade Reimagined*: The World Division of Labor and the Method of Economics. Princeton; Oxford: Princeton University Press, 2007, pp. 57-8.

151 *Id.*, *Social Theory*, p. 3; ANDERSON, Perry. "Roberto Unger and the Politics of Empowerment". In: *A Zone of Engagement*. London/ New York: Verso, 1992, p. 135.

152 *Id.*, *Social Theory*, pp. 88-9, tradução nossa.

dentro de um ciclo de reformas que se mantém dentro do "contexto formador", tampouco são uma substituição revolucionária (episódica e violenta) de uma estrutura social "total" por outra.[153]

Unger propõe-se a fazer uma "superteoria", isto é, uma reflexão abrangente e sistemática sobre a sociedade e suas estruturas, em contraste com "ultrateorias" que se engajam em críticas de menor abrangência.[154] Mas também propõe uma "prototeoria" - uma teoria programática, com propostas institucionais e justificações.[155] Essa teoria programática parte do reconhecimento do caráter decomponível das instituições e de suas possibilidades de múltiplas conformações. Busca apresentar possíveis alternativas de configurações do mercado, do Estado e mesmo da personalidade. A possibilidade de conferir um *status* teórico ao pensamento programático decorre da ideia de que as instituições são "política congelada",[156] partes da estrutura social mutáveis pelo reaquecimento do conflito político sobre os interesses e ideais (que serão temporariamente consagrados, inclusive com suas contradições e imprecisões, sobretudo pelo direito).

Vale notar que essas propostas programáticas[157] projetam um cenário relativamente distante da situação histórica em

153 *Id.*, *False Necessity*, p. 64.

154 *Id.*, *Social Theory*, pp. 165-9.

155 *Id.*, *False Necessity*, pp. 1-40.

156 *Id.*, *The Self-Awakened*, p. 49.

157 *Id.*, *False Necessity*, pp. 441 ss. Exemplos dessas propostas são: 1) um novo sistema de direitos, com direitos de desestabilização e de imunidade, de mercado e de solidariedade; 2) criação de novos poderes de Estado, aptos a evitarem o monopólio público ou privado de informação, comunicação e competência e a intervirem de modo episódico e estrutural em empresas, escolas, hospitais, asilos etc.; 3) a multiplicação de poderes, com superposição de funções; 4) a elabo-

que foram desenhados, justamente na tentativa de não se constranger pelas opções institucionais já realizadas.[158] Esse distanciamento, que visa a ampliar os limites da imaginação das instituições atenuando os preconceitos de quem está projetando o futuro hoje, não é um prognóstico de probabilidade, mas uma extrapolação especulativa de possibilidades já atualmente emergentes, embora apenas realizadas de modo marginal e embrionário.[159]

Isto dificulta a crítica das propostas, notadamente das desconfianças sobre o grau de flexibilidade e autotranscendência que os contextos formadores ou complexos institucionais imaginados por Unger poderiam sustentar. Autores como Sunstein[160] e Ackerman[161] apontaram dúvidas sobre uma falta de admissão da importância da estabilização ("criação do contexto") como contraponto a tal programa tão focado

---

ração de miniconstituições temporárias; 5) formas de resolução de impasses entre os poderes por procedimentos pelos quais um poder possa promover a sua própria dissolução e a de outros poderes, suscitando mecanismos de democracia direta para a solução dos conflitos; 6) um "fundo rotativo de capital" por meio do qual o tradicional direito de propriedade fosse desintegrado em uma série de poderes distintos, atribuídos a diferentes agentes: no primeiro nível, um "fundo central de capital" seria controlado por técnicos do Executivo e representantes democráticos; este fundo criaria fundos de investimento competitivos, que recebessem o capital do "fundo social" (primeiro nível) e o oferecessem, com limites condicionais e temporais, a tomadores primários de capital (terceiro nível).

158 *Ibid.*, pp. 441-4.

159 *Id.*, "Another Time, a Greater Task", p. 75.

160 SUNSTEIN, Cass. "Routine and Revolution". In: LOVIN, Robin W.; PERRY, Michael J. (eds.). *Critique and Construction: A Symposium on Roberto Unger's Politics.* Cambridge: Cambridge University Press, 1990. pp. 46-70.

161 ACKERMAN, Bruce. *The Future of Liberal Revolution.* New Haven/London: Yale University Press, 1992, pp. 125-6, nota 3.

na desestabilização ("transcendência do contexto"). Esta é a crítica-padrão e a dúvida generalizada lançada à teoria de Unger: até onde levar o imperativo da plasticidade social?[162] A dúvida e a crítica não são surpreendentes se partirmos do diagnóstico de Walzer:[163] o superliberalismo é uma oposição interna aos esforços do pensamento político liberal, de Locke a Rawls, de "fixar e estabilizar a doutrina para por fim à perpetuidade da liberação liberal".

Uma resposta possível a tal crítica e a tal dúvida é reafirmar a precedência da desestabilização. Outra é afirmar a parcialidade do programa: ele só foca o que é preciso mudar, pressupondo alguma permanência das instituições atualmente dominantes na organização da política, da economia e da sociedade civil, instituições estas que já são suficientemente estabilizadoras, justificando o contraponto da desestabilização, que não é suficientemente suprido por elas.

A imaginação de cenários institucionais alternativos – ainda "levada adiante muitas etapas no futuro, faltando todos os passos intermediários da transição" –[164] parece ser uma terceira opção e pode ser interpretada como a resposta de Unger àquele tipo de crítica. "Esses programas remotos não são nem predições nem planos. São apenas ampliações

162 e. g. KYMLICKA, Will. "Communitarianism, Liberalism, and Superliberalism". *Critical Review: A Journal of Politics and Society*, v. 8, n. 2, 1994, p. 279; GALSTON, William. *Liberal Purposes*: Goods, Virtues, and Diversity in the Liberal State. Cambridge: Cambridge University Press, 1991 pp. 63-5; HOLMES, Stephen. *The Anatomy of Antiliberalism*. Cambridge, MA/London: Harvard University Press, 1993, p. 174.

163 WALZER, Michael. "The Communitarian Critique of Liberalism". *Political Theory*, v. 18, n. 1, 1990, p. 14, tradução nossa.

164 UNGER, *What should legal analysis become?*, p. 125, tradução nossa.

institucionalmente imaginadas de nosso repertório familiar de opções sociais, experimentos de pensamento a serviço de ajuste, movidos alguns passos adiante do limite até onde normalmente os carregamos no cotidiano da argumentação política e jurídica."[165] Assim, Unger projetou o futuro das instituições liberais social-democratas em três direções possíveis – uma análise detalhada que aqui exemplifico apenas muito sumariamente.[166] A primeira direção é uma "social-democracia ampliada". Ela limitaria a transmissão hereditária de vantagens econômicas e culturais e fortaleceria a provisão pública desses capitais. O Estado se aliaria a pequenas e médias empresas em redes de cooperação competitiva apoiadas financeira e tecnicamente. Instituições intermediárias da sociedade civil seriam fortalecidas.

O segundo cenário é o de uma "poliarquia radical", uma espécie de "comunitarismo liberal" em que os grupos intermediários seriam os protagonistas da vida política, econômica e cultural, recebendo competências e condições para a autogestão. Para a manutenção do aspecto liberal desse comunitarismo, seriam necessárias formas de controle sobre o fechamento e a imunização de grupos e comunidades – por exemplo, a desagregação das faculdades que compõem um direito subjetivo e sua atribuição a diferentes titulares, apostando na concorrência e na tensão como propulsores do experimentalismo e descentralização. A terceira opção – preferida de Unger – é a de uma "democracia mobilizadora", correspondente à "democracia empoderada", cujas institui-

165 *Ibid.*, p. 138.
166 *Ibid.*, pp. 135-70.

ções foram imaginadas mais detalhadamente em sua ampla teoria programática desenvolvida anteriormente.[167]

As propostas institucionais: ligando ideais a práticas

A "imparcialidade" (em relação a interesses, ideais, concepções de bem e planos de vida) que as teorias da justiça precisariam incorporar em sua elaboração, segundo uma concepção liberal, é vinculada aos próprios resultados *normativos* que elas admitem, aos critérios orientadores que a sustentam. Ademais, essa "neutralidade" depende de uma distinção de plausibilidade contestável entre o justo impessoal (*right*) e concepções particulares de bem (*good*).[168] A visão da "justiça como equidade" (*fairness*) de Rawls busca se ater ao primeiro termo e sustenta a possibilidade de instituições justas serem não apenas (relativamente) "neutras" diante das visões concorrentes de bem, mas sustentadas por um "consenso sobreposto" entre diferentes perspectivas razoáveis.

Para Rawls, a "justiça como equidade" é "uma concepção política que pode ser objeto de um consenso sobreposto", garantido diante de um pano de fundo de "pluralismo razoável".[169] Tal "concepção pública de justiça" imunizaria as instituições básicas e políticas públicas contra o favorecimento,

167 *Id.*, *False Necessity*. Sobre as instituições desse cenário, ver nota de rodapé anterior.

168 *Id.*, *The Universal History of Legal Thought* [on-line]. [s.d.], p. 31. Disponível em: <http://www.robertounger.com/en/wp-content/uploads/2017/01/the-universal-history-of-legal-thought.pdf>. Acesso em: 6 out. 2019; *id.*, *The Task of Political Theory.* Address to The American Political Science Association in Chicago [audiovisual on-line]. [postado 7 nov. 2013]. Disponível em: <https://www.youtube.com/watch?v=nYhljV2sVsY>. Acesso em 30 nov. 2013.

169 RAWLS, John. *Political Liberalism.* 2 ed. Chichester, NY: Columbia University Press, 2005, p. 182, tradução nossa.

pela "estrutura básica da sociedade", de qualquer "doutrina abrangente em particular", o que não significa que o liberalismo político não possa valorizar certas virtudes; não as coloca, porém, como doutrina abrangente a ser imposta por um Estado perfeccionista.[170]

Uma expressão de como tal imparcialidade na qual se sustentaria a autoridade de instituições justas é vislumbrada nas diferentes teorias aqui analisadas pode ser exemplificada pela construção que fazem dos ideais de igualdade e liberdade - ou no debate entre "distribuição" (Rawls), "reconhecimento" (Honneth) e "capacidade negativa" (Unger). De outro modo, a construção dos ideais precisa ser considerada em sua encarnação institucional, já que a "imparcialidade" ou "neutralidade" das instituições (como arranjos compartilhados determinantes das práticas particulares que se dão sob seu arcabouço) consubstancia parte de sua própria justiça. Entre as propostas institucionais que visam a consubstanciar garantias de justiça social e política, vislumbram-se alguns exemplos: a "justiça procedimental pura" de Rawls; a democracia deliberativa, proposta por Habermas e reelaborada por outros autores da teoria crítica; a imaginação de instituições autorrevisáveis de Unger, que situa as instituições entre o "desentrincheiramento das estruturas" e a "capacidade negativa" dos indivíduos.

As instituições são colocadas como alvo da teoria da justiça por Rawls. Unger vê nas instituições e no pensamento sobre estas uma oportunidade de revisão das estruturas sociais e uma projeção das formas possíveis de ligação entre interesses e ideais. Modelar esses interesses e ideais à luz das

---

170 *Ibid.*, pp. 193-4, tradução nossa. Ainda sobre as dificuldades de afirmar a "neutralidade" de uma teoria da justiça, ver *ibid.*, pp. 190-5.

estruturas é também vislumbrar diferentes possibilidades de conformação institucional de práticas sociais. Afinal, "instituições são difíceis de mudar; são estruturas tenazes que afetam o que é possível e racional a se fazer".[171]

A principal diretiva institucional derivada da teoria rawlsiana exprime-se na proposição de uma "justiça procedimental", que visa a garantir a prioridade da justiça (expressa nos princípios da liberdade igual e da diferença) sobre concepções particulares de bem e doutrinas abrangentes substantivas que os cidadãos possam compartilhar. Mas também quer garantir a justa distribuição dos bens sociais pela estrutura básica da sociedade como uma forma de "justiça procedimental pura" – uma visão estrutural da justiça social, que garante resultados justos e dispensa intervenção redistributiva posterior. Seu contraponto seria a justificação da correção distributiva retrospectiva, ao fim de cada período, a qual marca o conservadorismo estrutural do Estado social.

Para Rawls, a "estrutura básica", tomada como objeto da "justiça como equidade", consiste naquele conjunto público de normas que ampara expectativas legítimas do que as pessoas podem fazer, conforme as atividades que desempenhem.[172] A distribuição que deve presidir tal estrutura segue uma "justiça procedimental pura". Esta contrasta com a "justiça procedimental perfeita", na qual há um critério independente e anterior para a definição da divisão justa, que segue um método reprodutível, com certeza de resultado. Contrasta também com a "justiça procedimental imperfeita", exemplificada pelo processo penal garantista, que visa excluir a

171 ROTHSTEIN, Bo. *Just Institutions Matter*: The Moral and Political Logic of the Universal Welfare State. Cambridge: Cambridge University Press, 1998, p. 138, tradução nossa.

172 RAWLS, *A Theory of Justice*, pp. 73-5.

condenação a menos que seja estabelecida verdade quanto à culpa do acusado. Aqui, o procedimento é definido, mas seu resultado é – necessariamente – incerto.

Já a "justiça procedimental pura", em que Rawls baseia a justiça distributiva da "estrutura básica da sociedade", não se fundamenta em um critério anterior e independente, como o procedimento "perfeito" (a justiça alocativa e maquinal, de resultados sempre corretos). Tampouco carrega a contingência típica do procedimento "imperfeito": a possibilidade de erro no julgamento. A "pureza" da justiça procedimental consiste em exprimir um procedimento justo, que levará a um resultado também correto ou justo, "seja qual for, desde que o procedimento haja sido corretamente seguido".[173] A justiça resulta aqui da fidelidade ao procedimento, dispensando julgamentos isolados a cada transação que se realiza *dentro da* estrutura básica. Ainda que tais transações não sejam conduzidas diretamente *pela* estrutura básica (podem ser trocas privadas), serão justas desde que se realizem sob o pano de fundo daquela estrutura.

A justiça procedimental é o método pelo qual se alocam os bens na sociedade. Os princípios de justiça que o informam e os critérios a ele associados para a distribuição de "bens sociais primários" constituem antes um parâmetro público de moralidade do que uma visão de fins ou consequências.[174] Para Rawls, o que a "estrutura básica da sociedade" deve garantir são os "bens sociais primários", que abrangem, no mínimo: os direitos e liberdades fundamentais; a liberdade de ocupação, com oportunidades de acesso a cargos

173 *Ibid.*, p. 75, tradução nossa.

174 POGGE, Thomas W. "On the Side of Distributive Justice: Reflections on Cohen and Murphy". *Philosophy & Public Affairs*, v. 29, n. 2, 2000, p. 157.

no mercado e de ocupação de funções de responsabilidade em instituições políticas e econômicas da própria estrutura básica; renda e riqueza; as "bases sociais do autorrespeito", fomentadas por instituições justas e pela respectiva cultura política pública.[175]

Rawls ressalta que essa lista de "bens primários" é formulada como uma "concepção política de justiça" que se justifica e se sustenta por si própria; sua estabilidade, porém, dependeria do apoio abrangente, do "consenso sobreposto" compartilhável por cidadãos endossantes de diferentes doutrinas abrangentes "razoáveis" e concepções de bem (tendo os cidadãos capacidades diferenciadas, mas faculdades morais, intelectuais e físicas que lhes permitam ser membros cooperantes da sociedade).[176] Isso visa garantir a imparcialidade do liberalismo como concepção pública de justiça, bem como evitar compromissos consequencialistas: a avaliação sobre a justiça estanca na aplicação dos princípios da justiça como equidade, com seu "índice" dos "bens primários".

O modelo de Rawls não é, portanto, totalmente construído sob pressupostos de "consenso sobreposto" e "equilíbrio reflexivo" diante de concepções particulares substantivas sobre um – ou dentro de um – determinado sistema social, visto como esquema concreto de justiça distributiva. Esses são requisitos para sua sustentação prática. Há quem, como Barry,[177] os julgue dispensáveis ao modelo, diante do "fato do pluralismo" como "uma demanda sobre os limites da razão".

Do lado da teoria crítica, Honneth busca oferecer um entendimento alternativo às visões procedimentalistas e redis-

---

175 RAWLS, *Political Liberalism*, p. 181.

176 *Ibid.*, pp. 178-90.

177 BARRY, Brian. "John Rawls and the Search for Stability". *Ethics*, v. 105, n. 4, 1995, pp. 874-915.

tributivistas de teoria da justiça.[178] Lembre-se que a teoria de Rawls é, sim, procedimentalista, mas preceitua a justiça distributiva, e não *re*distributiva. Assim também, a categoria do reconhecimento em Honneth articula a noção de que a justiça não pode ser julgada simplesmente em uma dada situação de distribuição de bens, sentenciando a realocação *ex post facto* desses bens. Em vez disso, para Honneth, o limiar das relações sociais tal como entendidas cotidianamente precisaria ser analisado, para se desvelar o conteúdo moral subjacente às práticas. Enquanto Fraser (2003a; 2003b) analisa o "reconhecimento" como "*folk paradigm*" oposto à "redistribuição" e sinônimo dos "novos" movimentos sociais identitários (não de "classe", mas de "*status*" – gênero, raça, sexualidade, nacionalidade, etnia),[179] Honneth toma a categoria do "reconhecimento" como uma crítica geral às teorias de base individualista.[180]

Honneth critica a ancoragem das teorias da justiça em "um conceito individualisticamente reduzido de autonomia pessoal", que solaparia a "transcendência" que tais teorias

---

178 HONNETH, "A Textura da Justiça".

179 FRASER, Nancy. "Social Justice in the Age of Identity Politics: Redistribution, Recognition, and Participation". In: FRASER, Nancy; HONNETH, Axel. *Redistribution or Recognition?* A Political-Philosophical Exchange. London/New York: Verso, 2003. pp. 7-109; *id.*, "Distorted Beyond All Recognition: A Rejoinder to Axel Honneth". In: FRASER, Nancy; HONNETH, Axel. *Redistribution or Recognition?* A Political-Philosophical Exchange. London/New York: Verso, 2003. pp. 198-236.

180 HONNETH, Axel. "Redistribution as Recognition: A Response to Nancy Fraser". In: FRASER, Nancy; HONNETH, Axel. *Redistribution or Recognition?* A Political-Philosophical Exchange. London/New York: Verso, 2003. pp. 110-197.

buscam.[181] Elas projetariam o ideal de que cada um seja tão independente dos outros quanto possível, já que "toda dependência dos outros é vista como uma ameaça à liberdade individual", assegurada apenas pela autossuficiência material do indivíduo, que o habilitaria a perseguir seu próprio "plano de vida". Em Rawls, tal formulação partiria da pressuposição do consenso dos potencialmente afetados sobre a distribuição dos recursos, que são os meios com que criam e realizam seus planos de vida autonomamente eleitos.[182] Em contraponto, deve-se notar que o paradigma rawlsiano não é propriamente redistributivista, nem absolutamente calcado em uma concepção atomista (antes, preocupa-se com as "bases sociais do autorrespeito").

Para Honneth, apenas pelas vias "intersubjetivas" do reconhecimento é que aprenderíamos "a nos compreender como seres cujas necessidades, convicções e habilidades são dignas de serem realizadas", mas tal pedagogia só se realiza com a alteridade: "ao mesmo tempo [que] o concedemos àquelas pessoas que nos reconhecem, porque devemos poder reconhecer, como em um espelho, nosso próprio valor no comportamento delas com relação a nós".[183] A visão distributivista seria, então, epistemologimente insuficiente, por subsumir a um esquema economicista e fisicalista (pressupor "uma massa que podemos subdividir em determinadas porções") de relações – não só de reciprocidade – constituídas historicamente sob múltiplos contextos sociais.[184] Tal crítica parece aderente à concepção de "justiça alocativa", definida por Rawls em contraste com a "justiça procedimental pura"

181 HONNETH, "A Textura da Justiça", p. 349, tradução nossa.

182 RAWLS, *Political Liberalism*, pp. 187-90.

183 HONNETH, "A Textura da Justiça", pp. 353-4, tradução nossa.

184 *Ibid.*, pp. 354-6, tradução nossa.

por ele preceituada.[185] Na "justiça alocativa", a questão é a divisão de um conjunto de bens entre indivíduos determinados, com certas necessidades e desejos. Não se está dividindo a produção desses indivíduos nem eles estão em relações cooperativas. Já a "justiça procedimental pura" tem por objeto a distribuição dos bens produzidos e se assenta sobre um "sistema público de normas" que define o que, quanto e como produzir.

Unger tampouco adere ao paradigma redistributivista.[186] Reconhece que a realização de uma infraestrutura institucional deva incorporar a ideia de habilitar e empoderar os indivíduos para que possam perseguir seus projetos de vida. Porém, tal estrutura não pode ser neutra entre os vários planos de vida possíveis; o que se pode garantir no desenho institucional é que, de um lado, o indivíduo possa se opor às estruturas estabelecidas e, de outro lado, a própria estrutura "enfatize o que na experiência do indivíduo o habilite a tratar os outros e a si mesmo como originais, a modelar ligações práticas e de paixão menos viciadas pela dependência e pela despersonalização, a mover-se dentro dos contextos sociais com a autoconsciência aumentada e o engajamento de um agente revisor de contexto".[187] Assim como na teoria do reconhecimento, Unger toma a autonomia como um atributo definido contextualmente, e não como caráter solipsista e independente de situações definidas. Para Unger, porém: "nenhuma ordem da vida social pode afirmar ser neutra com respeito a ideais sociais, concepções de bem ou visões de humanidade".[188] Se cada ordem encoraja certas formas de

185 RAWLS, *A Theory of Justice*, pp. 76-7.
186 UNGER, *False Necessity*, p. 363.
187 *Ibid.*, pp. 363-4.
188 *Id.*, *The Religion of the Future*, p. 299, tradução nossa.

experiência e desencoraja outras, não há arranjo mais justo que possa ser preferido por sua neutralidade; disso decorre a preferência em relação a regimes mais abertos à experimentação individual e social e à autocorreção e revisão à luz da experiência.[189]

Em consonância com a experiência de autonomia a ser promovida por uma ordem social mais justa, Unger apresenta princípios que regeriam uma "sociedade livre". O primeiro princípio é o da apostasia. Significa salvaguardar a prerrogativa do dissenso e da oposição veemente a uma ordem política. Isso depende de se reconhecer a irrealizabilidade de uma ordem neutra entre concepções de bem e ideais de humanidade, e como contrapartida não apenas garantir que o cidadão possa manter em foro íntimo ou público sua discordância em relação à ordem estabelecida, mas reforçar sua capacidade de negar o *status quo* e propor alternativas sociais.[190] Tal capacidade é reiterada por outro princípio, o da pluralidade. Trata-se de reconhecer que "interesses e ideias sempre permanecem reféns das instituições e práticas que os representam de fato" e daí estruturar a sociedade como um campo para experimentos concretos de formas alternativas de organização coletiva.[191] A pluralidade é reforçada pelo princípio da maior cooperação, o qual considera que, "mantidas as outras condições, quanto mais capazes de organizar nossas atividades segundo uma divisão de trabalho imaculada pela subjugação e pela dependência, mais livres nos tornamos".[192]

---

189 *Ibid.*, p. 290.
190 *Id.*, *The Religion of the Future*, p. 303.
191 *Ibid.*, p. 308, tradução nossa.
192 *Ibid.*, p. 324, tradução nossa.

Unger apresenta ainda o princípio da "liberdade profunda".[193] Este princípio deveria ter, no desenho institucional, prioridade sobre qualquer forma de igualdade de circunstâncias, sendo a igualdade de oportunidades apenas um aspecto fragmentário da "liberdade profunda". Esta contrasta com a liberdade e a igualdade "rasas" por incluir em sua definição a transcendência de estruturas institucionais e simbólicas dadas, enquanto a liberdade e a igualdade "rasas" pretendem apenas a realização do máximo de liberdade ou de igualdade nos limites de uma estrutura fixa. A igualdade de respeito e a igualdade de oportunidades são indispensáveis, mas tomadas como meio de se atingir a maior liberdade, vista como resultado da dialética entre a concepção de sociedade livre e as mudanças institucionais cumulativas que a realizam. A redistribuição compensatória é secundária nessa sociedade, devendo as correções de desigualdades serem presididas pela mudança de instituições e crenças em direção à potencialização do acesso aos meios (econômicos, educacionais, culturais e políticos) com os quais criamos o futuro da sociedade em seu presente. Assim, de um lado, privilégios hereditários deveriam ser substituídos por heranças sociais (com acréscimos conforme deficiências ou talentos excepcionais). De outro, igualdades ou desigualdades de circunstâncias poderiam ser justificadas pela sua suposta maior contribuição ao desenvolvimento dos poderes práticos e da riqueza na sociedade, mas as desigualdades teriam que ser limitadas diante do primado das igualdades de respeito e oportunidades e da exclusão das desigualdades que resultam em privilégios que estrangulam o experimentalismo social com o qual se constrói o futuro coletivo.

---

193 *Ibid.*, pp. 314-23.

A definição de princípios da sociedade livre por Unger não é uma contradição performativa, pois tais princípios incorporam em sua substância o postulado da *parcialidade* e insuficiência de todas as ordens sociais diante das aspirações, capacidades e possibilidades individuais. Ao rejeitar a definição de princípios de justiça que possam transcender esquemas concretos de organização social e garantir certa "neutralidade" em relação a estes, Unger contrasta com a fundação rawlsiana da justiça. Mas também se opõe à concepção de uma corrente historicista do pragmatismo (Rorty), segundo a qual não é possível uma crítica normativa para além do próprio contexto específico em que se está inserido como uma realidade inescapável.[194]

Ainda, há importante contraste de Unger em relação às teorias críticas proponentes de versões de "democracia deliberativa". Ao criticar a teoria do direito contemporânea, Unger lança uma acusação que podemos tomar na forma de uma suspeita também sobre a teoria política normativa: trata-se de um "desconforto com a democracia" manifestado, entre outras modalidades, "em um ideal de democracia deliberativa como mais aceitável quanto mais perto em estilo de uma conversação cortês entre cavalheiros em uma sala de estar do século XVIII".[195] Young apresenta preocupação semelhante ao notar os pressupostos exigidos para a inclusão na deliberação política, inclusão sem a qual o processo decisório tem sua legitimidade corroída.[196] Obstáculos maiores à inclusão deliberativa apresentam-se conforme diferentes graus de privilégio material ou simbólico de indivíduos e grupos

---

194 *Id.*, *The Task of Political Theory*.

195 *Id.*, *What should legal analysis become?*, p. 73, tradução nossa.

196 YOUNG, Iris Marion. *Inclusion and Democracy.* Oxford: Oxford University Press, 2000.

e conforme os padrões culturais dominantes sobre a forma e o conteúdo *adequados* de expressão política, o que inclui desvalorização de propostas que não sejam apresentadas sob certa linguagem e forma de expressão e em nome de dadas filiações institucionais dos representantes.[197]

Um foco evidente das críticas acima é a teoria habermasiana da comunicação na esfera pública, normativamente aproximada a uma situação ideal de discurso. A questão de Habermas é encontrar uma fundamentação da legitimidade do direito para sociedades pluralistas, nas quais se dissolveu a cosmovisão compartilhada que permitia fundar o direito na metafísica ou na religião.[198] Habermas encontra no processo democrático "a única fonte pós-metafísica da legitimidade", já que este processo permite a livre circulação de opiniões, informações e argumentos, assegurando "um caráter discursivo à formação política da vontade" e sustentando "a suposição falibilista de que os resultados derivados do próprio procedimento são mais ou menos razoáveis".[199]

Tal fundamentação discursiva das autonomias pública e privada (esta garantindo ao sujeito espaço para perseguir sua própria concepção de bem, na linguagem rawlsiana) seria uma alternativa ao problema hobbesiano da formação da ordem social a partir da falta de coordenação de atores racionais que agem independentemente, bem como a Kant e Rawls, que atribuiriam uma capacidade moral aos sujeitos que se encontram no estado natural ou na posição original.[200] O grau mais elevado em abstração no argumento habermasiano constitui o "princípio do discurso", que con-

197 *Ibid.*, pp.36-44.

198 HABERMAS, *Between Facts and Norms.*

199 *Ibid.*, p. 448, tradução nossa.

200 *Ibid.*, pp. 449 e 451.

diciona a validade das normas ao assentimento hipotético dos potencialmente afetados; de outro lado, concretamente, a legitimidade do direito gerado depende da "'eticidade democrática' dos cidadãos e da cultura política liberal".[201] O "princípio da democracia" é, então, constituído na conjunção entre o "princípio do discurso" e a "forma jurídica" e aparece – o próprio princípio – como "núcleo de um *sistema* de direitos".[202]

Cabe reiterar que Honneth busca fornecer uma explicação alternativa à habermasiana, estendendo sua elaboração para além do Estado democrático de direito e cobrindo âmbitos de reconhecimento como o mercado e a família. Como elabora, porém, a dimensão institucional em sua teoria? Honneth, ao justificar seu avanço para além da esfera de reconhecimento estatal, na direção da "sociedade civil" (família e mercado), concebe que a justiça em termos de ação estatal apenas faz sentido pelo tipo de relação que a cidadania implica – a "consciência da autonomia política" em um modelo de deliberação como "livres e iguais".[203] Assim, o direito é o campo de interferência legítima do Estado nas relações de reconhecimento, e a autolegislação democrática afeta tais relações à medida que modifica direitos subjetivos, inclui novos grupos sociais ou declara "realidades modificadas como circunstâncias juridicamente relevantes".[204]

Vale notar que as posições de Unger[205] e Young[206] sobre a democracia implicam não apenas a rejeição de um paradig-

201 *Ibid.*, pp. 459 e 491.
202 *Ibid.*, p. 121, tradução nossa, grifos do original.
203 HONNETH, "A Textura da Justiça", p. 358.
204 *Ibid.*, pp. 357-8, tradução nossa.
205 UNGER, *False Necessity*, pp. 263-9.
206 YOUNG, *Inclusion and Democracy*, pp. 18-21.

ma deliberativo ideal, mas também da versão do pluralismo de grupos organizados, que tende a interpretar os processos políticos democráticos como equivalentes à maximização de interesses buscada por atores racionais no mercado. Para Young, esse modelo "agregativo" toma as preferências como dados exógenos ao processo político, carecendo de uma ideia de formação *pública* da vontade; é também cético quanto à possibilidade de uma avaliação normativa das razões em jogo – daí, potencializa maiorias em desfavor de minorias e, sobretudo, é institucionalmente conservador.[207]

Unger parte da tese de que "uma estrutura institucional e simbólica produz e apoia um conjunto de papéis e classes" para criticar a naturalização que a "lógica dos interesses de grupo" reitera, ao tomar como dadas as premissas sobre fronteiras das identidades coletivas e sobre possibilidades sociais.[208] Aqui, os interesses, tomados como módulos pré-elaborados ao conflito, entram como restrições no processo decisório. Mas a hipótese que Unger defende é que – ao contrário da tradição marxista, para a qual o acirramento do conflito reforçaria a polarização de classes – a aceleração das lutas políticas desestabiliza papéis e posições sociais definidos, remodelando interesses e tornando a mobilização coletiva o próprio fenômeno pelo qual a mudança de um conflito *dentro da* estrutura para um conflito *sobre a* estrutura corresponde à reacomodação de expectativas e interesses em vista de uma nova ordem institucional e simbólica.[209] Desconsiderar essa reacomodação e reformatação seria invisibilizar a diferença entre estrutura formadora e

207 *Ibid.*, pp. 201-1.

208 UNGER, *False Necessity*, pp. 263-4, tradução nossa.

209 *Ibid.*, pp. 265-6.

rotinas formadas. Lembre-se que estruturas consistem nas "pressuposições institucionais e ideológicas que formatam as práticas, conflitos e transações rotineiros na sociedade, e que são largamente tomadas como dadas, até o ponto de serem invisíveis, como se fossem parte da natureza das coisas".[210]

Como coloca Simon,[211] a exigência ungeriana de experimentação e diversidade na vida pública e privada, que visa solapar tendências de enrijecimento das divisões sociais, está potencialmente em tensão com o postulado consensualista da democracia deliberativa de Habermas. Mas a pretensão iconoclasta e desestabilizadora da transcendência contextual pregada por Unger também pode sofrer de um problema semelhante ao apontado por Barry quanto à sustentação do modelo de Rawls por um "consenso sobreposto" entre concepções "razoáveis".[212] Este consenso diz respeito à sustentação prática, não à justificação do modelo rawlsiano. Porém, na teoria de Unger, é difícil separar os dois momentos, pois a imaginação das instituições contempla formas e possibilidades de mobilização política que as conformem e sustentem na prática. Uma das questões aqui – como aponta Galston –[213] é a plausibilidade de que as pessoas adiram a uma estrutura autorrevisável em detrimento de uma que forneça a segurança de seus papéis e posições sociais entrincheirados. Há dificuldades até mesmo na conformação de tal estrutura, já

---

210 *Id.*, *The Religion of the Future*, p. 295, tradução nossa.

211 SIMON, William H. "Critical Theory and Institutional Design: David Trubek's Path to New Governance". In: BÚRCA, Gráinne de; KILPATRICK, Claire; SCOTT, Joanne (eds.). *Critical Legal Perspectives on Global Governance*: Liber Amicorum David M. Trubek. Oxford: Hart, 2014, p. 20.

212 BARRY, Brian. "John Rawls and the Search for Stability".

213 GALSTON, *Liberal Purposes*, pp. 60-5.

que a formação de contextos requer a consolidação de certos hábitos e rotinas. Unger, em todo caso, mantém como horizonte a possibilidade de estruturas que diminuam a distância entre os conflitos rotineiros dentro do contexto e os conflitos revolucionários sobre o contexto.[214] É o que faz a democracia em relação às outras formas conhecidas de governo.

Em Unger, o papel de um arranjo democrático apenas pode ser mensurado em sua relação com a diferença entre rotinas e estruturas e na contingência e mutabilidade que conjugam a tal dicotomia. "Porque em uma democracia quase tudo é revisável, e porque a opinião pública imprevisível frequentemente conta para algo, a incerteza sombreia a democracia".[215] A contingência dos arranjos institucionais na política, vista por Unger como apelo aos interesses reconhecidos e aos mundos alternativos, torna o arranjo democrático uma concretização da própria falibilidade e do experimentalismo.

> A ideia sobre a democracia é de que ela não deve ser entendida apenas como uma máquina para registrar e agregar preferências individuais, como se fosse apenas o equivalente político do mercado. A democracia é, entre outras coisas, um procedimento para criar o novo. É a forma institucional e coletiva da imaginação. É a ordem que, ao reconhecer a imperfeição de todas as ordens históricas que podem existir no mundo, providencia os meios para sua própria correção.[216]

---

214 UNGER, *False Necessity*, p. 317.

215 YOUNG, *Inclusion and Democracy*, p. 16, tradução nossa.

216 UNGER, Roberto Mangabeira. "A Constituição do Experimentalismo Democrático". *Revista de Direito Administrativo*, v. 257, 2011, p. 70.

Unger nega que os arranjos sociais concretos ou modelos institucionais de decisão possam ser neutros, pois cada indivíduo é sempre infinito em relação a estruturas sociais finitas, fechadas em torno de seus pressupostos justificadores e de seus meios de atualização. Daí que o principal atributo de uma sociedade mais livre seja um maior grau de "revisabilidade" ou "corrigibilidade" de suas próprias estruturas.[217] Essa autossubversão incorporada à própria configuração das instituições tem uma natureza dual: instituições que reforçam sua mudança e que mobilizam pessoas a transformá-las, indivíduos empoderados pela estrutura social a resistir diante desta e a transformar instituições e práticas.

O conceito de "desentrincheiramento" descreve o lado das estruturas sociais. Trata-se do grau, "variável e relativo", de contraste entre as atividades de estabilização e desestabilização de um dado "contexto formador" ou estrutura social; em outros termos, as sociedades variam na distância entre rotina e revolução, entre conflitos cotidianos dentro da estrutura e conflitos episódicos sobre as estruturas. Como diferenças de classes e papéis sociais não preexistem às premissas institucionais ou imaginativas que conformam certa estrutura social, a afirmação dessa estrutura depende de sua imunização contra ataques, o que ocorre pela rotinização de intercâmbios econômicos, conflitos políticos e controvérsias normativas. Tal imunização comporta, porém, diferentes graus de plasticidade, de estabilização do elemento transformador da própria estrutura.[218]

---

217 *Id.*, *The Religion of the Future*, pp. 304-11; *id.*, *False Necessity*, pp. 290-314.

218 *Id.*, *False Necessity*, p. 279.

Uma sociedade mais "desentrincheirada", mais aberta à sua própria revisão, suaviza, em vez de reafirmar, diferenças de classe, disposições e preconceitos. Nela, reformas passam a ser estruturais e revoluções deixam de ser explosões violentas que fazem a mudança social depender de crises. Arranjos menos entrincheirados são tentativas imperfeitas de "enfraquecer o alcance em que esquemas estabelecidos de distinções de classe, comunitárias, de gênero e nacionais restringem nossos experimentos na colaboração prática ou no vínculo passional".[219] São formas institucionais (ou "contextos formadores" de novas rotinas) que podem ser revisadas radicalmente, mas parte por parte e de modo cumulativo. O argumento normativo em favor de uma sociedade mais "desentrincheirada", vale dizer, tem de superar a dificuldade de se estabelecer, ele mesmo, no contexto de uma sociedade – como a moderna – mais aberta à revisão, em que concepções substantivas de sociedade e personalidade são rejeitadas ceticamente e vinculadas à teleologia aristotélica.[220] O contraste aqui é com a normatividade que tradicionalmente vinha acompanhada de uma naturalização dos arranjos sociais, com suas formulações institucionais e imaginativas básicas, florescendo em sociedades que permaneciam "largamente imunes aos efeitos desestabilizantes de conflitos ordinários".[221]

Na construção de Unger, a autonomia individual é vislumbrada em correspondência às estruturas sociais. O conceito que preside tal visão contextual da autonomia é o de "capacidade negativa". Tal capacidade é fortalecida ou enfraque-

219 *Ibid.*, p. 9, tradução nossa.
220 *Ibid.*, pp. 39-47.
221 *Id.*, *Passion*, p. 45, tradução nossa.

cida a depender da matéria que ela molda, sendo esta matéria as estruturas institucionais e imaginativas estabilizadas, as quais derivam de sequências históricas de construção de estruturas sociais que "restringem frouxa e irregularmente nossa capacidade de resistência e invenção".[222] A imaginação de estruturas que permitam a revisão e subversão de hierarquias definidas é um meio de limitação da dependência e da despersonalização que corrói o *status* individual nas relações de uns com os outros.

Imaginação institucional

Cabe ilustrar, em contraste com as teorias críticas e a liberal-igualitária, como Unger fornece uma ferramenta metodológica aliada à visão da teoria normativa. Podemos apresentar tal comparação a partir do direito. Para Habermas, o direito é o *medium* que vincula o nível do "sistema" (mercado e burocracia estatal) ao "mundo da vida" e, no plano do Estado, é por meio de um sistema de direitos que a democracia pode ser articulada ao princípio do discurso, notadamente por garantias de liberdade de expressão e comunicação.[223] Honneth já é menos confiante no potencial estruturante do direito em relação à sociedade, uma vez que divide os âmbitos sociais do Estado, da família e do mercado.[224] O direito é associado ao Estado e potencializa o papel deste no amoldamento de relações de reconhecimento, difundindo padrões sociais; mesmo assim, o Estado e seu direito são restritos diante dos âmbitos quase impermeáveis da vida privada.

222 *Id.*, *False Necessity*, p. 281, tradução nossa.
223 HABERMAS, *Between Facts and Norms*.
224 HONNETH, "A Textura da Justiça".

Na teoria da justiça de Rawls, o direito conforma a estrutura básica da sociedade, sobretudo quando traduz princípios de justiça em diretrizes constitucionais – o "valor equitativo das liberdades políticas" é central.[225] A liberdade igual é assegurada procedimentalmente pelo princípio da igual participação: as normas devem definir padrões que tragam vantagens a todos e que precisam ser definidos do ponto de vista de uma posição original de igualdade. A constituição, como norma fundadora do restante da normatividade jurídica estatal, é o sistema que concretiza o princípio da liberdade igual a partir do qual se constrói a "justiça como equidade".[226] Embora reconheça que as instituições constitucionais convencionais, como o bicameralismo, a separação de poderes, a declaração de direitos e o controle judicial de constitucionalidade das leis, restrinjam o princípio da participação, Rawls as supõe compatíveis com a "liberdade política igual".[227]

Para preservar um "fórum público" livre e aberto a todos, em que diferentes grupos de opinião possam expressar suas concepções de bem público, é necessário preservar o "valor equitativo de todas as liberdades políticas iguais"; com este escopo, medidas de compensação associáveis ao princípio da diferença são requeridas: trata-se, por exemplo, em uma sociedade que permita a propriedade privada dos meios de produção, de promover a ampla distribuição da propriedade e da riqueza e de garantir verbas públicas regulares para a sustentação de um debate público mais independente de

---

225 RAWLS, John. *Justice as Fairness*: A Restatement. Cambridge, MA/London: Harvard University Press, 2001, pp. 148-50.

226 *Id.*, *A Theory of Justice*, pp. 194-5.

227 *Ibid.*, p. 197.

interesses particularistas.[228] Instituições justas assim estruturadas e que beneficiassem a todos promoveriam "um desejo de agir de forma justa", gerando "seu próprio apoio".[229]

Vale frisar um contraste importante entre Rawls e Unger. Rawls não se exime de sugerir reformas institucionais: o faz, por exemplo, no que concerne às "instituições de fundo para a justiça distributiva"[230] e quando trata de tributação, financiamento público eleitoral e outras medidas que garantam o "valor equitativo das liberdades políticas iguais"[231] Assim também faz observações sobre a "democracia dos cidadãos proprietários", sistema social que melhor encarnaria o ideário do liberalismo igualitário.[232] Porém, sua teoria explicitamente se dirige à justificação no nível dos princípios, o que comporta um agnosticismo institucional acentuado: não delimita com exatidão qual espectro de instituições é a melhor realização possível dos princípios de justiça. Quando algum arranjo institucional é discutido, vale menos como determinação da solução institucional ótima ou ideal e mais como exemplo da possibilidade prática de combinação das exigências de princípio no desenho da estrutura básica da sociedade. Esses exemplos podem ser até mesmo descartados à luz de uma crítica que mostre sua inaptidão para alcançar os resultados distributivos pretendidos ou que revele alternativas institucionais mais condizentes com os propósitos almejados.

O agnosticismo institucional de Rawls, que o leva a focar-se em uma análise de princípios de justiça mais ou me-

228 *Ibid.*, p. 198.

229 *Ibid.*, p. 399.

230 *Ibid.*, pp. 242-51.

231 RAWLS, *Justice as Fairness*, pp. 135-79.

232 Cf. FREEMAN, "Property-Owning Democracy and the Difference Principle".

nos isolada de seus modos alternativos de concretização na "estrutura básica da sociedade", está ligado a um estilo kantiano de raciocínio moral. Nessa tradição, aponta Unger,[233] parte-se da própria experiência mundana, discernindo seus pressupostos e os mobilizando para o julgamento e a reformatação da experiência. Isto implica a composição de um quadro normativo fixo diante do qual se poderia julgar a aproximação ou o distanciamento das instituições e práticas reais. O contraponto a esta filosofia moral é o estilo hegeliano, que identifica formas sucessivas de consciência e organização social, cuja história deverá prover a solução final das contradições e também o único parâmetro com o qual se poderia julgar, em retrospecto, as instituições e culturas.

A oposição do superliberalismo a essas correntes é clara: não há parâmetros normativos fixos nem uma teleologia a partir da qual se possa controlar o juízo sobre as instituições e práticas. Só é possível julgá-las à luz dos interesses, ideais e formas de experiência que consagram ou marginalizam, mas este juízo deve-se voltar, reflexivamente, para a própria revisão das instituições. Afinal, o centro normativo dessa proposta é a contingência de todas as estruturas sociais e o impulso para a reforma e desestabilização destas em desfavor da consolidação das diferenças que cada estrutura consagra.

Partindo do reconhecimento de que a abstração tanto das ideologias quanto do discurso filosófico moral precisa ser armada pelos materiais e métodos das ciências sociais para que possa atingir o detalhamento necessário à crítica e proposição de instituições, Unger apresenta, além de um programa

233 UNGER, *The Self-Awakened*, pp. 4-6.

normativo (superliberal), uma diretriz metodológica: a ideia de "imaginação institucional".[234]

Um contexto formador é engendrado por estruturas imaginativas e institucionais. Unger definiu primeiramente as instituições como "os específicos grupos organizados aos quais indivíduos pertencem. Elas são a face imediatamente visível da vida social".[235] Acrescentava que "aprendemos sobre a ordem social estudando a vida institucional, mas apenas podemos compreender totalmente o caráter da última depois de ter entendido a primeira". Neste conceito, Unger revela expressa influência de Weber. Weber diagnosticara o conceito de instituição (*Anstalt*) como um artefato jurídico da modernidade:[236] a partir da secularização do conceito de corporação, a forma "instituição" surge com a criação de empreendimentos públicos de massa – como escolas, asilos e bancos estatais –, aos quais não poderia ser atribuído o regime jurídico de corporações, por não terem sócios.

Já a ideia de imaginação é, segundo Unger uma alternativa apresentada pelos pensadores do iluminismo e do romantismo ao contraste entre razão e desejo; concebida como uma faculdade de união entre pensamento e sentimento, tornou-se ao mesmo tempo uma crítica ao pensamento liberal, ao focar a totalidade em que situava o indivíduo.[237]

Posteriormente, Unger definiu a imaginação como "a faculdade pela qual colocamos o real sob a luz do possível".[238] Também seu conceito de instituição foi redescrito: institui-

---

234 *Id.*, *What should legal analysis become?*, pp. 2-6.

235 *Id.*, *Knowledge and Politics*, p. 170, tradução nossa.

236 WEBER, Max. *Economy and Society*: An Outline of Interpretive Sociology. Berkeley: University of California Press, 1978, pp. 714-5.

237 UNGER, *Knowledge and Politics*, p. 124.

238 *Id.*, "Introduction to the New Edition", p. lii., tradução nossa.

ções são "um conjunto de regras e crenças que formata um aglomerado de práticas informado pela concepção de como as pessoas, em certo domínio da vida social, podem e devem lidar umas com as outras".[239]

Diante desse pano de fundo, a "imaginação institucional" apresenta-se como "um método reproduzível: uma visão de como as coisas são e de como podem vir a ser, um método para a compreensão do real à luz do possível".[240] Em outros termos, trata de "identificar a influência conformadora de instituições e crenças fundamentais enquanto também reconhece o caráter substituível e vulnerável, embora frequentemente resiliente, desses contextos formadores".[241] O pensamento jurídico e o pensamento econômico são duas disciplinas sociais centrais para o exercício da imaginação institucional.

Unger define o direito como "a forma institucional da vida de um povo vista em relação aos interesses e ideais que conferem sentido a este regime".[242] Como prática da imaginação institucional, o direito é importante seja por fornecer uma visão detalhada e explícita das instituições que moldam amplos setores da vida social, seja por mesclar um raciocínio descritivo a juízos normativos (como exemplifica a prática da dogmática jurídica). O método da "imaginação institucional" se realizaria no pensamento jurídico, propõe Unger, como uma combinação dos momentos de mapeamento e crítica das alternativas institucionais.[243]

---

239 *Id.*, *The Universal History of Legal Thought*, p. 14, tradução nossa.
240 *Id.*, *What Should Legal Analysis Become?*, p. 24, tradução nossa.
241 *Ibid.*, p. 23, tradução nossa.
242 *Id.*, "Another Time a Greater Task", p. 47, tradução nossa.
243 *Id.*, *What Should Legal Analysis Become?*, pp. 129-34.

Já na economia (Unger, 1996, pp. 23-5; 2007b, esp. pp. 56-65), a imaginação institucional é um potencial não aproveitado.[244] A "nova economia institucional" não compreenderia a variedade das formas de organização do mercado; apenas estuda o comportamento econômico em um fundo institucional fixo. Uma economia política institucionalista deveria, porém, estudar as causas e consequências de uma variedade de instituições econômicas, com ferramentas de análise lógico-matemática e estudo empírico-causal, mas também com juízos normativos que não se apoiassem simplesmente na autoridade da crença em uma concepção unitária e abstrata de economia de mercado.

Considerações finais

Um dos pontos que a discussão encetada neste artigo permitiu ilustrar consiste em como a concepção do caráter normativo das teorias sociais e políticas determina as "sugestões" institucionais avançadas a partir da construção oferecida. Assim, de um lado, Rawls aposta no papel da teoria como elaboração de um modelo normativo que traz parâmetros razoavelmente independentes de contextos empíricos de justiça. De outro lado, Habermas e Honneth procuram "reconstruir" as práticas sociais (o Estado democrático de direito, para Habermas; as relações privadas, também, para Honneth) e delas, por meio de um "autorreflexão", extrair critérios normativos para a crítica e reorientação das mesmas práticas. É revelador o diagnóstico de Unger, apontado na introdução deste texto, sobre os problemas enfrentados por essas diferentes correntes teóricas na solução do grande dilema

244 *Ibid.*, pp. 23-5; *id.*, *Free Trade Reimagined*, esp. pp. 56-65.

que se lhes apresenta, qual seja, o de um compromisso entre historicismo e racionalismo.[245]

A comparação entre a "reconstrução normativa" de Habermas e Honneth e a tarefa teórica de "imaginação institucional" postulada por Unger pode ser vista na linha da defesa do institucionalismo sustentada por Sangiovanni, quando afirma a "prioridade da política sobre a moralidade" e de uma concepção "dependente da prática" sobre outra "independente", no sentido de que a justificação e a formulação de princípios de justiça *dependem* de um correto entendimento das atuais práticas e instituições – incluindo sua evolução histórica e sustentação ideológica.[246] Tanto a teoria de Rawls quanto a de seus rivais "pragmáticos" ou "críticos" são dependentes da prática e reconhecem a "prioridade da política". Mas tal entendimento não pode significar, para Unger, uma racionalização do existente, segundo o mote hegeliano de que o real é racional.[247]

O mote contraposto do superliberalismo é a transcendência dos contextos. Essa transcendência é tanto o objeto quanto o método. A fluidez das trocas de mercados e acordos políticos em uma sociedade liberal são a imagem condensada que deveria ser estendida para toda a sociedade, colocando sob pressão e risco os papéis, hierarquias e distinções sociais, remodelando-os e atenuando-os. É a "micropolítica" da paixão, das relações interpessoais. De outro lado, a "macropolítica" das instituições governamentais precisaria ser suprida não só de negociações e acirramento de conflitos, mas

245 *Id.*, *What Should Legal Analysis Become?*, pp. 170-82.

246 SANGIOVANNI, Andrea. "Justice and the Priority of Politics to Morality". *The Journal of Political Philosophy*, v. 16, n. 2, 2008, pp. 137-164.

247 UNGER, "Introduction to the New Edition", p. xxxv.

também de ideais programáticos. Aqui a transcendência dos contextos assume a forma de um método de mapeamento das formas alternativas das instituições e de sua crítica, tomando por justificação a capacidade de conformar um sistema institucional - um setor da estrutura sob a qual vivemos - mais "desentricheirado", isto é, ele mesmo mais aberto à crítica e à revisão, bem como mais fiel aos interesses e valores que se reconhece como mais importantes em um dado contexto, sob condições situadas de um conflito político real sobre as formas de vida. Aqui, o ideal "superliberal" tem como aliado o método da "imaginação institucional".

A construção teórica de Unger permite, assim, superar o obstáculo que autores críticos do paradigma distributivista apontam: focar a questão da justiça social como padrão alocativo de bens (como recursos, renda, posições sociais, empregos), deixando de lado pretensões de crítica e revisão da estrutura social e do contexto institucional que determinam substancialmente os padrões distributivos.[248] Mais do que um modelo de sociedade ideal, a teoria normativa de Unger apresenta propostas institucionais ligadas de modo mais ou menos frouxo à parte descritiva da teoria e concebe que se pode realizá-las apenas pelos resultados cumulativos da experimentação democrática na vida social. Daí que Unger se negue a abstrair a normatividade de um contexto social dado - em contraste, como aponta Hawthorn,[249] com a pretensão

248 YOUNG, Iris Marion. *Justice and the Politics of Difference.* Princeton: Princeton University Press, 1990, pp. 15-38.
249 HAWTHORN, Geoffrey. "Practical Reason and Social Democracy: Reflections on Unger's *Passion* and *Politics*". In: LOVIN, Robin W.; PERRY, Michael J. (eds.). *Critique and Construction*: A Symposium on Roberto Unger's Politics. New York: Cambridge University Press, 1987, pp. 92-4.

de "neutralidade" que informa as teorias de Rawls e Habermas. Por isso, o caminho do "superliberalismo" – o compromisso com a realização dos ideais liberais pela imaginação de alternativas às próprias instituições canônicas do programa liberal – apresenta-se como um programa coerente com as pretensões programáticas da teoria.

Vale ressaltar, ainda, que a "imaginação institucional" e o "experimentalismo democrático", que fundam a ligação entre teoria e política no pensamento de Unger, não significam a negação de todos os contextos a partir do reconhecimento de sua provisoriedade – em oposição ao desconstrutivismo, como ressalta Rorty.[250] Antes, tal vínculo entre teoria social e prática política significa um trabalho intenso no interior de contextos formadores para transformar os pressupostos imaginativos e institucionais que conformam a estrutura da sociedade.

Referências bibliográficas

ACKERMAN, Bruce. *The Future of Liberal Revolution.* New Haven/London: Yale University Press, 1992.

ANDERSON, Perry. "Roberto Unger and the Politics of Empowerment". In: *A Zone of Engagement.* London/New York: Verso, 1992. pp. 130-48.

BARRY, Brian. "John Rawls and the Search for Stability". *Ethics*, v. 105, n. 4, 1995, pp. 874-915.

250 RORTY, Richard. "Unger, Castoriadis, and the Romance of a National Future". In: *Essays on Heidegger and Others*: philosophical papers volume 2. Cambridge: Cambridge University Press, 1991, pp. 182-3.

BLAKE, Michael. "Distributive Justice, State Coercion, and Autonomy". *Philosophy & Public Affairs*, v. 30, n. 3, 2001, pp. 257-96.

COHEN, Gerald Alan. *If You're an Egalitarian, How Come You're So Rich?* Cambridge, MA: Harvard University Press, 2000.

FORST, Rainer. "First Things First: Redistribution, Recognition and Justification". *European Journal of Political Theory*, v. 6, n. 3, 2007, pp. 291-304.

FRASER, Nancy. "Social Justice in the Age of Identity Politics: Redistribution, Recognition, and Participation". In: _____.; HONNETH, Axel. *Redistribution or Recognition?* A Political-Philosophical Exchange. London/New York: Verso 2003. pp. 7-109.

_____. "Distorted Beyond All Recognition: A Rejoinder to Axel Honneth". In: ______.; HONNETH, Axel. *Redistribution or Recognition?* A Political-Philosophical Exchange. London/New York: Verso. pp. 198-236.

_____.; HONNETH, Axel. "Introduction". In: *Redistribution or Recognition?* A Political-Philosophical Exchange. London/New York: Verso, 2003. pp. 1-5.

FREEMAN, Samuel. "Property-Owning Democracy and the Difference Principle". *Analyse & Kritik*, v. 35, n. 1, 2013, pp. 9-36.

GALSTON, William. *Liberal Purposes*: Goods, Virtues, and Diversity in the Liberal State. Cambridge: Cambridge University Press, 1991.

HABERMAS, Jürgen. *The Theory of Communicative Action 1*: Reason and the Rationalization of Society. Boston: Beacon, 1984.

_____. *The Theory of Communicative Action 2*: Lifeworld and System: A Critique of Functionalist Reason. Boston: Beacon, 1987.

_____. *Between Facts and Norms*: Contributions to a Discourse Theory of Law and Democracy. Cambridge, MA: MIT Press, 1996.

____. *The Iinclusion of the Other*: Studies in Political Theory. Cambridge, MA: MIT Press, 1998.

HAWTHORN, Geoffrey. "Practical Reason and Social Democracy: Reflections on Unger's *Passion* and *Politics*". In: LOVIN, Robin W.; PERRY, Michael J. (eds.). *Critique and Construction*: A Symposium on Roberto Unger's Politics. New York: Cambridge University Press, 1987.

HOLMES, Stephen. *The Anatomy of Antiliberalism.* Cambridge, MA/London: Harvard University Press, 1993.

HONNETH, Axel. "Democracy as Reflexive Cooperation: John Dewey and the Theory of Democracy Today". *Political Theory*, v. 26, n. 6, 1998, pp. 763-83.

_____. "Redistribution as Recognition: A Response to Nancy Fraser". In: FRASER, Nancy; HONNETH, Axel. *Redistribution or Recognition?* A Political-Philosophical Exchange. London/New York: Verso, 2003. pp. 110-97.

_____. "A Textura da Justiça: Sobre os Limites do Procedimentalismo Contemporâneo". *Civitas*, v. 9, n. 3, 2009, pp. 345-68.

KELMAN, Mark. *A Guide to Critical Legal Studies.* Cambridge, MA: Harvard University Press, 1987.

KYMLICKA, Will. "Communitarianism, Liberalism, and Superliberalism". *Critical Review: A Journal of Politics and Society*, v. 8, n. 2, 1994, pp. 263-84.

PEREIRA, Gustavo. *Elements of a Critical Theory of Justice*. London: Palgrave Macmillan, 2013.

POGGE, Thomas W. "On the Side of Distributive Justice: Reflections on Cohen and Murphy". *Philosophy & Public Affairs*, v. 29, n. 2, 2000, pp. 137-69.

POSTEMA, Gerald J. *Legal Philosophy in the Twentieth Century*: the Common Law World. Dordrecht: Springer, 2011.

RAWLS, John. *A Theory of Justice*. 2 ed. Cambridge, MA: Harvard University Press, 1999.

_____. *Justice as Fairness*: A Restatement. Cambridge, MA/London: Harvard University Press, 2001.

_____. *Political Liberalism*. 2 ed. Chichester, NY: Columbia University Press, 2005.

RORTY, Richard. "The Priority of Democracy to Philosophy". In: *Objectivity, Relativism, and Truth*: Philosophical Papers Volume 1. Cambridge: Cambridge University Press, 1990. pp. 175-96.

_____. "Unger, Castoriadis, and the Romance of a National Future". In: *Essays on Heidegger and Others*: Philosophical Papers Volume 2. Cambridge: Cambridge University Press, 1991. pp. 177-91.

ROTHSTEIN, Bo. *Just Institutions Matter*: The Moral and Political Logic of the Universal Welfare State. Cambridge: Cambridge University Press, 1998.

SABEL, Charles. "Dewey, Democracy, and Democratic Experimentalism". *Contemporary Pragmatism*, v. 9, n. 2, 2012, pp. 35-55.

SANGIOVANNI, Andrea. "Justice and the Priority of Politics to Morality". *The Journal of Political Philosophy*, v. 16, n. 2, 2008, pp. 137-64.

SIMON, William H. "Critical Theory and Institutional Design: David Trubek's Path to New Governance". In: BÚRCA, Gráinne de; KILPATRICK, Claire; SCOTT, Joanne (eds.). *Critical Legal Perspectives on Global Governance*: Liber Amicorum David M. Trubek. Oxford: Hart, 2014. pp. 15-24.

SUNSTEIN, Cass. "Routine and Revolution". In: LOVIN, Robin W.; PERRY, Michael J. (eds.). *Critique and Construction*: A Symposium on Roberto Unger's Politics. Cambridge: Cambridge University Press, 1990. pp. 46-70.

UNGER, Roberto Mangabeira. "O Estruturalismo e o Futuro das Ciências Culturais". *Tempo Brasileiro*, Rio de Janeiro, v. 15-16, 1968, pp. 97-102.

_____. *Knowledge and Politics.* New York: Free Press, 1975.

_____. *Passion*: An Essay on Personality. New York: Free Press, 1984.

_____. "Postscript". In: *Knowledge and Politics.* 2 ed. New York: Free Press, 1984. pp. 337-41.

_____. *The Critical Legal Studies Movement.* Cambridge, MA/London: Harvard University Press, 1986.

_____. *Social Theory*: Its Situation and Its Task. Cambridge: Cambridge University Press, 1987.

_____. *False Necessity*: Anti-Necessitarian Social Theory in the Service of Radical Democracy. Cambridge: Cambridge University Press, 1987.

_____. *What Should Legal Analysis Become?* London/New York: Verso, 1996.

_____. *Democracy Realized*: The Progressive Alternative. London/New York: Verso, 1998.

_____. "Introduction to the New Edition". In: *False Necessity*: Anti-Necessitarian Social Theory in the Service of Radical Democracy. 2 ed. Cambridge: Cambridge University Press, 2001. pp. xvii-cxxix.

_____. *Free Trade Reimagined*: The World Division of Labor and the Method of Economics. Princeton/Oxford: Princeton University Press, 2007.

_____. *The Self-Awakened*: Pragmatism Unbound. Cambridge, MA/London: Harvard University Press, 2007.

_____. "A Constituição do Experimentalismo Democrático". *Revista de Direito Administrativo*, v. 257, 2011, pp. 57-72.

_____. "A Ambição da Política". In: TEIXEIRA, Carlos Sávio G. (org.). *Roberto Mangabeira Unger.* Rio de Janeiro: Azougue, 2012. (Coleção Encontros.)

_____. *The Task of Political Theory.* Address to The American Political Science Association in Chicago [audiovisual on-line]. [postado 7 nov. 2013. Disponível em: <https://www.youtube.com/watch?v=nYhljV2sVsY>. Acesso em: 30 nov. 2013.

_____. *The Religion of the Future.* Cambridge, MA/London: Harvard University Press, 2014.

_____. "Another Time, a Greater Task". In: *The Critical Legal Studies Movement*: Another Time, a Greater Task. London: Verso, 2015. pp. 3-75.

_____. *The Universal History of Legal Thought* [on-line]. [s.d.]. Disponível em: <http://www.robertounger.com/en/wp-content/uploads/2017/01/the-universal-history-of-legal-thought.pdf>. Acesso em: 6 out. 2019.

VITA, Álvaro de. *A Justiça Igualitária e Seus Críticos.* 2 ed. São Paulo: WMF Martins Fontes, 2007.

WALZER, Michael. “The Communitarian Critique of Liberalism”. *Political Theory*, v. 18, n. 1, 1990, pp. 6-23.

WEBER, Max. *Economy and Society*: An Outline of Interpretive Sociology. Berkeley: University of California Press, 1978.

YOUNG, Iris Marion. *Justice and the Politics of Difference.* Princeton: Princeton University Press, 1990.

_____. *Inclusion and Democracy.* Oxford: Oxford University Press, 2000.

3 - Religião e Transformação Democrática em Unger

Brand Arenari[251]

Introdução: Unger, o pensar e a religião

Ao ler apenas um parágrafo escrito pelo filósofo Roberto Mangabeira Unger já se pode notar claramente do que se trata: um pensador de aspirações titânicas. Suas palavras portam uma energia viva, inquieta, incontrolável, como se estas quisessem saltar das páginas e se tornar realidade concreta o mais breve possível. Isto é o centro de sua postura titânica: palavras e ideias não para falar de outras ideias e outras palavras, mas, palavras e ideias para recriar o mundo, reconstruir a realidade, ao modo dos grandes profetas cuja fala é oracular, de Isaías até Marx, de Maomé à Darwin e Freud. Enfim, a tarefa da vida intelectual se afasta do papel de um adorno expressivista da vida moderna para ocupar um papel central na construção da experiência humana nesta terra.

Esse traço que marca e singulariza sua relação com o pensar no mundo contemporâneo é uma primeira possibilidade, ou melhor, uma das entradas para se compreender o papel da religião no pensamento de Unger. O lugar que a religião ocupa em seu pensamento revela tanto sua compreensão da

251 Doutor em Sociologia na Universidade de Humboldt (Alemanha). Professor do Departamento de Ciência Política da Universidade Federal Fluminense. Ex-diretor da Área de Relações Internacionais do IPEA.

religião, mas, sobretudo, sua posição no espectro do pensamento contemporâneo. Quanto a isso, o primeiro ponto a ser destacado se refere ao fato do filósofo Unger não compartilhar uma rejeição ingênua da religião nos legada pela herança iluminista, a qual tem orientado grande parte do pensamento moderno. Nesta herança, que se tornou a força espiritual constitutiva do que chamamos de Ocidente em referência ao caminho trilhado pelas sociedades da Europa central, o único papel que restaria para religião seria o de impedimento da transformação social e empecilho para a emancipação humana como um todo. Essas expectativas, das quais Unger se afasta, podem ser percebidas de forma geral naquilo que ficou conhecido como teoria da secularização, dentro da qual, nas suas versões mais radicalizadas, previa a quase anulação do papel da religião na vida social moderna.

Roberto Mangabeira Unger trilha o caminho oposto percorrido pelo centro do pensamento moderno, enxergando na religião uma das fontes de produção de força criativa para a transformação social do mundo, de não aceitação passiva da realidade dada e de abertura de possibilidade concreta para uma experiência coletiva revolucionária. A religião poderia, assim, ser vista, ao menos metaforicamente, mesmo por um não crente como Mangabeira Unger, como a usina produtora da energia criativa das massas, uma fonte privilegiada da força da transformação e recriação da realidade.

Tendo em vista tal postura interpretativa frente ao fenômeno religioso, outras facetas do projeto intelectual deste filósofo começam a tomar contornos mais claros a nossos olhos, em especial suas proposições políticas para a transformação do mundo e também os pilares filosóficos de inspiração de seu programa intelectual. Ambas posições convergem para a tentativa de se criar um mundo alternativo à hegemonia do discurso da social-democracia da Europa do pós-guerra e suas fontes intelectuais de sustentação, a saber, um racionalismo fechado que crê na eficácia de uma *engenharia social sem espírito*.[252]

O pensamento de Mangabeira Unger reconhece que o mundo é um lugar de tensão e paixão, isto é, o avesso da civilização europeia do pós-guerra, justamente esta sociedade que restringiu vertiginosamente o papel da religião na vida social, gerando, por seu lado, uma castração da energia criativa da transformação social e enfraquecendo a capacidade de produzir respostas novas aos dramas coletivos vivenciados. Enfim, uma sociedade que se fechou ao discurso do novo, perdeu a capacidade de criar, esforçando-se tão somente em elaborar adaptações formais aos antagonismos provavelmente irreconciliáveis das forças criativas do passado. Tal como o profeta do cristianismo, o filósofo carioca rejeita a covardia e a apatia do caminho do meio, daquilo que não é nem quente nem frio, o que se reflete também em sua postura sobre a religião, em que critica o que chama de *atitude sentimental em relação à religião*. Quanto a isso, Mangabeira Unger comenta: "A falsa suposição de que, no que tange as afirmações sobre Deus e Suas obras na história, pode existir

---

252 A título de exemplo, a obra de um dos filósofos de maior influência do pós-guerra, Jürgen Habermas, reflete com limpidez o quadro intelectual pelo qual Unger nutre certo desprezo, justamente pelo horizonte projetado de suas proposições filosóficas, permeados de consensos ocos de espírito, buscando driblar o inevitável conflito político gerado pela vitalidade da transformação.

uma posição intermediária entre acreditar na sua veracidade (literal) e não acreditar na sua veracidade (literal)".[253]

As fontes principais que inspiram Mangabeira Unger se encontram em posições marginais do centro da evolução do pensamento moderno, por um lado Mangabeira Unger apresenta em sua concepção do mundo fortes traços do movimento que gerou as primeiras críticas ou autocríticas ao mundo moderno, a saber, o romantismo alemão. E, por outro lado, mergulha profundo na fonte de ideias que floresceu fora da Europa, *i.e.*, a tradição do pragmatismo norte-americano, onde o pensar não se perde em meio a elucubrações metafísicas das causas primeiras, essências puras e origens, presas ao passado "imaginário" do fenômeno, mas sim, se volta para o futuro, para as consequências concretas da ação.

Assim, temos o casamento entre romantismo e pragmatismo, ou seja, como essa energia criadora antirracionalista do *Sturm und Drang* vira revolução e libertação na história? Ou, como a força espiritual de um J. G. Hamann,[254] o poder do lirismo de um Goethe e a dramaticidade de um Schil-

---

253 UNGER, Roberto Mangabeira. "O Futuro da Religião". *Estudos Políticos*, n. 3, fev. 2011.

254 Johan George Hamann (1730-1788) foi o primeiro intelectual a se opor radical e publicamente ao iluminismo, inaugurando, desse modo, uma das importantes tradições do pensamento moderno que marcou fortemente a trajetória do pensamento alemão, o antirracionalismo. Inspirou fortemente o movimento literário do *Sturm und Drang* e filósofos e escritores como Herder, Kierkegaard e Goethe (ARENARI, Brand. *O Desenvolvimento Cognitivo das Religiões na Sociologia de Max Weber*: Para Compreender Outros Caminhos da Modernização Brasileira. Campos dos Goytacazes, 2016. Dissertação (Mestrado em Cognição e Linguagem) – Universidade Estadual do Norte Fluminense Darcy Ribeiro; BERLIN, Isaiah. *El Mago do Norte:* J. G. Hamman y el Origen do Irracionalismo Moderno. Madrid: Tecnos, 1997).

ler saem dos livros e se tornam carne e osso de um homem contemporâneo em sua luta diária para superar os desafios e dramas que a vida lhe impõe, reinventando sua trajetória individual e abrindo as portas para a transformação coletiva? É dessa tradição que aparece a noção de um indivíduo rico em profundidade, de um "eu" interior e expressivo que pode revelar e expandir a experiência humana coletiva, uma noção diferente do individualismo puramente político no qual o sujeito é detentor de direitos na esfera pública. Na tradição romântica germanizada, o indivíduo é dotado de vida subjetiva singular.[255]

Vale notar uma áspera crítica a tradição do pensamento sociológico e toda teoria social, especialmente contra o gosto exagerado por teorias estruturalistas que reduzem ou quase anulam o papel do indivíduo no processo de transformação do mundo. A literatura moderna, com destaque para autores como Proust, Musil, Joyce, Beckett, Kafka e outros compõem a constelação que influenciou a maneira de ver o mundo de Mangabeira Unger.

A seguir, apresento duas partes sobre o pensamento de Unger a respeito da religião. Na primeira descrevo sua visão sobre a religião, tecendo comparações com o pensamento de Max Weber sobre o tema, especialmente no que se refere às grandes religiões mundiais. Aliado a isso, detenho-me naquilo que Unger entendeu como forma específica de religião, deque forma esta atua como fonte privilegiada para a transformação do mundo e como, indiretamente, inspira forças sociais laicas para a recriação da realidade. Como último e conclusivo ponto, relaciono suas proposições como o fenô-

---

255 LEPENIES, Wolf. *As Três Culturas*. Trad. Maria Clara Cescato. São Paulo: Edusp, 1996.

meno do pentecostalismo brasileiro, entendendo este como um evento que atesta em parte as proposições teóricas de Mangabeira Unger sobre a religião e o Brasil.

Religião e revolução: história e indivíduo

Mangabeira Unger desenvolve uma noção de origem da religião para compreender os limites e possibilidades da ação desta instituição humana, isto é, como ela opera e quais as possibilidades potenciais da religião no mundo. No entanto, essas "origens" não dizem respeito à construção de uma cansativa narrativa histórica em que uma demasiada erudição e apontamentos de curiosidades históricas desfocaria o leitor para diletantismos pouco produtivos. Próprio da urgência mangaberiana em comunicar e transformar, este filósofo se detém nas forças humanas e, consequentemente, das relações humanas que geraram a religião. Para entender tal perspectiva, poderíamos também nos expressar perguntando de onde vêm os impulsos humanos para a religião, ou numa linguagem weberiana, perguntar sobre a origem do sentimento de "carência religiosa".

Nessa perspectiva – avessa às teses de evolução religiosa tão bem desenvolvidas e afinadas ao etapismo histórico evolucionista do positivismo de origens iluministas – não sobra espaço para as versões mais radicalizadas da teoria da secularização, como comentamos na introdução deste artigo. Neste ponto, aproxima-se da visão de que religião é uma instituição humana tão fundamental quanto à economia e à política. Não é ela, como muitos pensaram, fruto de um acaso ou de uma aleatória escolha humana, ou uma forma de lidar com o mundo que pertence ao passado da humanidade. Religião, ou melhor, a postura "religiosa" ante a vida, não é uma escolha, mas sim algo necessário à vida, não podemos eliminá-la do comportamento humano como pensaram os iluministas. Mesmo que parcelas significativas da humanidade possam viver sem religião, pensar um mundo em que posturas religiosas organizadas em determinadas modelos institucionais sejam ausentes é o mesmo que pensar um mundo em que sistemas de trocas (economia) e sistemas de disputa por poder (política) sejam ausentes. Quanto a isso o comentário de Thomas Luckmman é bastante elucidativo:

> A meu ver, a suposição da filosofia racionalista e da teoria social são um engano. Estou convencido de que a religião não é uma fase passageira na evolução da humanidade. É uma característica universal da condição humana. Embora apareça em diferentes condições socioestruturais e em diferentes formas históricas, permanece como um elemento fundamental da vida humana, dos seres humanos individuais, e especialmente de suas experiências de transcendência com uma visão coletiva da boa vida.[256]

Partindo deste ponto, Unger constrói uma visão de religião estreitamente relacionada aos dramas humanos mais profundos, na qual a religião desempenha o papel de responder e oferecer saídas para os sofrimentos humanos, na ideia,

---

256 LUCKMANN, Thomas. "Veränderung von Religion und Moral im modernen Europa". *Berliner Journal für Soziologie*, v. 3, 2002, tradução nossa. "*In meinen Augen sind die Annahme der rationalistischen Philosophie und soziologischen Theorie ein Irrenweg. Ich bin überzeugt davon, dass die Religion keine vorübergehende Phase in der Evolution der Menschheit ist. Sie ist ein universales Merkmal der Conditio humana. Sie erscheint zwar unter verschiedenen soziostrukturellen Bedingungen in unterschiedlichen historischen Formen, doch bleibt sie ein grundlegendes Element des menschliche Lebens, das individuelle menschliche Wesen und besonders ihre Transzedenerfahrungen mit einer kollektiven Sicht des guten Lebens verbindet.*"

aqui por nós interpretada, de que religião é um sofisticado artifício humano – que se apresenta sobre diversas formas, em variados períodos históricos e em variadas culturas – para lidar com os desafios *práticos* que lhe são impostos pela sobrevivência.

O que exemplifica e atesta essa concepção é a questão que Unger usa para iniciar seu artigo "O Futuro da Religião": "Está tudo bem?". É a partir desse desconforto existencial do cotidiano, do fato de que "não está tudo bem", como afirma Unger, que está contido os elos primordiais que ligam a esfera das necessidades humanas com as formas de representação do mundo; ou seja, de que maneira expressões da cultura, em especial a religião, buscam responder à inquietação humana a respeito de que as coisas podem estar, e recorrentemente não estão, *tudo bem*. Enfim, que a contingência da vida e o caos cognitivo que isso gera em nós precisa ser remediado de alguma forma, aquilo que faz com que as coisas não estejam sempre *tudo bem* precisa ser incontornavelmente enfrentado. O resultado desse enfrentamento é em grande parte a essência da religião.

O dado em sequência que produz esse cenário é a condição humana da finitude, Unger afirma que: "A nossa mortalidade, que desmente a fecundidade da nossa experiência. A sombra da nossa mortalidade paira sobre todas as nossas conexões e engajamentos". Em outras palavras, podemos dizer, a partir de Unger, que a certeza da finitude dilacera o sentido de nossa ação e de nossa presença no mundo; ou seja: qual é o lugar de um ser finito em um mundo que parece infinito? Segundo Unger, a carência de sentido da ação e de nossa presença poderia ser contornada caso fossemos infinitos, sempre haveria tempo e esperança para aguardar por uma resposta num futuro longínquo. No entanto, nossa condição de finitude nos empurra para uma urgência em dar conta do sentido de nossa ação e presença no mundo, essa condição produz uma das matérias-primas fundamentais da experiência religiosa, a saber, a carência de sentido, como uma carência religiosa, um vazio que precisar ser preenchido, o que em certa medida singulariza a experiência humana em relação aos outros seres viventes do planeta.

Esse elemento singular gera, por seu lado, a capacidade de transcendência, de ir além dos limites mais imediatos impostos pela vivência, de recriar simbolicamente o mundo para além de sua experiência concreta e assim criar um tipo de ação que aponte para a transformação do mundo. Um exemplo claro dessa dinâmica de transcendência humana é a capacidade de ressignificar a experiência de sofrimento e, em certa medida, positivá-la, distanciando de suas impressões mais imediatas como a dor e seu desconforto, e logo sinal de desgraça, para transformá-las em sinais missionários orientadores da ação no mundo.

Este estado de *carência religiosa* exige uma resposta. Na linguagem religiosa, essa resposta está contida na ideia de salvação, um caminho soteriológico que ao menos possa amenizar o estado de ansiedade gerado por essas condições descritas acima. Mangabeira Unger interpreta essas respostas em três grandes caminhos distintos, sendo um desses caminhos relacionado ao encontro desses dois traumas (finitude e carência de sentido) e que produz a noção de emancipação e libertação política tão cara a seu pensamento.

A melhor compreensão da religião no pensamento de Mangabeira Unger merece uma comparação com as perspectivas de Max Weber, devido ao desenvolvimento e às conclusões parecidas que a obra de ambos partilham, por mais que o papel que Unger atribui à religião em última instância se distancie um pouco de Weber.

Weber e Unger irão concordar que se desenvolveram ao longo da história grandes modelos religiosos (caminhos de salvação), e que nestes estão contidos tipos gerais de concepção do mundo e do agir no mundo, isto é, um sentido para o mundo e um sentido para a ação. Esses modelos transcenderam a esfera estritamente religiosa da vida e deram contornos ao desenvolvimento das sociedades em que surgiram e floresceram.

Na linguagem weberiana isso toma forma nos tipos de concepção distintas desenvolvidos pelas religiões do Ocidente e do Oriente: enquanto no Ocidente o mundo material passou a ser rejeitado como o mundo do pecado, no Oriente o mundo material foi interpretado como um reino passageiro. Outras diferenças se referem à interpretação do mundo dual (dualismo transcendente),[257] no qual o Oriente tendeu a curvar-se para um vertente intelectual cuja contemplação mística obteve destaque. Já no Ocidente, surgiu a tendência para uma interpretação prática cuja ação pensada como *dominação* do mundo alcançou maior eficácia social através do ascetismo. Weber atribui esse quadro aos modelos distintos de racionalismo religioso (explicação racional para o sofrimento) elaborados nestas grandes religiões, isto é, um racionalismo de dominação do mundo (*Rationalismus der Weltbeherrschung*) e um racionalismo de adaptação ao mundo (*Rationalismus der Weltanpassung*).

---

257 Para mais detalhes sobre esses conceitos ver a obra de Wolfgang Schluchter.

No primeiro tipo de racionalismo citado, aquele que predominou na história ocidental, essa tendência ocasionou uma escalada do controle racional da ação e do mundo, e é justamente isso que guarda afinidades eletivas com as formas altamente calculadas e racionais com que o Ocidente passou a gerenciar seu corpo de conhecimento (ciência) como também sua economia (capitalismo), esse tipo de racionalismo radicalizado não encontra limites para sua ânsia em "desmagificar o mundo" (*Entzauberung der Welt*)[258] por completo. Nesta concepção, o homem está em constante luta para dominar e controlar o mundo, sem nenhum tipo de tabu que possa amedrontá-lo ou desencorajar seu projeto de conquista, afinal, como nos conta o livro bíblico do Gêneses, o Deus do Ocidente existe antes do mundo e está fora dele, nesta lógica não há nada de sagrado no mundo que não possa ser tocado e controlado pelos homens, esse Deus fez o mundo para os homens.

No racionalismo de adaptação ao mundo esta tarefa não é levada a cabo com tamanho radicalismo. Na cosmovisão (*Weltanschauung*) desenvolvida no Oriente, mesmo que o mundo e todas as suas coisas não sejam povoados por deuses e espíritos como impera na percepção *mágica* do mundo, os deuses não são por completo apartados do mundo como

258 Adotamos o neologismo *desmagificação* ao contrário do costumeiro *desencantamento* como tradução do termo alemão *Entzauberung* por achar que este expressa melhor o sentido buscado por Weber ao cunhar este conceito. Desmagificação deixa claro que Weber se refere a um processo iniciado no mundo antigo, mais precisamente no judaísmo antigo, em que explicações puramente racionais substituem a visão mágica, e não a um conceito que se referiria apenas à modernidade, como costuma ser utilizado erroneamente por muitos autores que adotam o termo desencantamento.

tendeu a ocorrer no racionalismo ocidental. Não se luta abertamente para controlar o mundo, mas sim para entrar em harmonia com ele, isso, por seu lado, inibiria ações políticas transformadoras.

A consequência disso é que na visão que predominou no Ocidente o mundo é um lugar de luta e tensão constante, o mundo não deve ser rejeitado passivamente ou desvalorizado, mas sim deve ser *conquistado* para Deus. O fiel, nesse jogo, assemelha-se a um guerreiro a "ganhar" o mundo para seu Deus, ele é um agente ativo para sua divindade, e não um vaso passivo a ser preenchido pela divindade, como tende a ocorrer na visão mística. Como trataremos em mais detalhes, a história política do Ocidente atesta essas percepções.

Na linha argumentativa weberiana, a reforma protestante é o marco diferencial do Ocidente em relação às outras grandes civilizações. Se, por um lado, as religiões de salvação dominaram grandes civilizações, impondo uma dinâmica de "rejeições religiosas de mundo", os impactos disso na condução da ação e da formação da subjetividade do sujeito eram amenizados por uma separação entre o que deveria ser a vida para especialistas religiosos que viviam em mosteiros apartados do mundo e o que deveria ser a vida para homens comuns que não incorporavam radicalmente essa tendência ascética de condução racional da vida. A reforma protestante representa a expansão do modo de vida ascético racional para além da vida monacal, a partir dela todos os indivíduos deveriam incorporar aquele modelo de vida. Esse processo se deu somente no Ocidente, os "monges cristãos" experimentaram divulgar esse modelo de vida para toda a massa, isto é, no Ocidente, o ascetismo monástico transcendeu os muros do mosteiro.

Sobretudo no protestantismo calvinista, aquilo que apenas era a conduta da vida ascética de poucos virtuosos que buscavam viver apartados do mundo no *ethos* católico (monges) passa a ser a regra geral de conduta para todos os homens, porém com uma diferença, a ação dos fiéis passa a ser dirigida para este mundo. A ação do fiel passa a ser entendida como uma contribuição para a construção da glória de Deus na terra. Essa distinção encontra-se nos dois modelos de ascetismo do Ocidente: um primeiro monástico (*Mönchsaskese*) concebido por meio de uma ascese racional extramundana, e o segundo vocacional (*Berufsaskese*), compreendido como uma ascese racional intramundana; ambos se opõem à mística predominante na conduta da ação no Oriente.[259]

O quadro abaixo sistematiza esses modelos de conduta da ação.

Ascese ativa	**Ascese passiva**	**Mística passiva**
Berufsaskese (ascese vocacional/profissional)	*Aktive Mönchsaskese* (ascese monacal ativa)	*Passive Mönchsaskese* (ascese monacal ativa)
Age por desejo de Deus como instrumento de Deus	Age sem se preocupar com os fins "neste mundo"	Evita a ação

259 Vale lembrar que esta tipificação não quer dizer que não tenha havido comportamento ascético no Oriente como também comportamento de orientação mística no Ocidente.

Busca a salvação mediante tal agir no mundo	Busca a salvação na vida metódica racional direcionada "para fora do mundo"	Posse contemplativa da salvação
Innerweltliche rationale Askese (ascese racional intramundana)	*Ausserweltliche rationale Askese* (ascese racional extramundana)	Recipiente de Deus; a criatura deve ceder, para Deus falar
Weltablehnung (rejeição do mundo)	*Weltflucht* (fuga do mundo)	*Weltflucht* (fuga do mundo)

Este postura ante o mundo, gestada nos modelos de salvação dessas religiões, direcionaram a modernidade, especialmente os caminhos políticos, trazendo a perspectiva revolucionária para a ação política, contida na noção que o mundo é um lugar para ser transformado pela luta política. A origem dessa linguagem se encontra na mensagem religiosa essencialmente política do judaísmo antigo, que influenciará fortemente o islamismo e o cristianismo, sendo esse último o exemplo mais notável desse processo, segundo Mangabeira Unger. Nessa lógica, a estrutura das religiões de salvação surgidas no Oriente próximo empurraria o mundo para a revolução social, portando a seguinte máxima: apesar das circunstâncias, o mundo pode e deve ser transformado, deve ser conquistado (postura ativa) para Deus.

Em uma linha de raciocínio bem próxima a Weber, Mangabeira Unger conclui que existem três grandes orientações na história das religiões, as quais chamou de: *Superação do mundo*, *Humanizando o mundo* e *Batalhando com o mundo*. A primeira delas encontra suas expressões mais bem acabadas no budismo, que influenciou parte da filosofia do Ocidente, especialmente a obra de Schopenhauer. Nessa orientação, o caminho de salvação, como resposta e solução para o sofrimento, se dá graças a uma postura de supressão das expectativas de felicidade e gozo oferecidas pelo mundo concreto, toma-se uma postura passiva ante os movimentos do mundo, almejando não ser tocado por ele, e assim, não sofrer. Espera-se pairar sobre as mazelas do mundo e suas promessas, que supostamente sempre desaguariam, em algum momento, no sofrimento. Nessa cosmovisão, é muito improvável a geração de um sentimento e de uma ação política ativa transformadora, capaz de produzir revoluções sociais, a indiferença ou mesmo fuga do mundo aí buscada nega a política.

A orientação que Unger chamou de *Humanizando o mundo*, segundo ele organizada de forma mais nítida dentro do confucionismo, seria marcada pela sacralização da vida cotidiana, da afirmação do mundo enquanto tal, restando aos homens entrar em equilíbrio com ele, sem criar tensões. Na esteira de Weber, podemos afirmar que o confucionismo desenvolveu um racionalismo de adaptação ao mundo buscando eliminar as tensões que necessariamente um racionalismo de dominação do mundo produz.

> *Diejenige (an Absicht nach) rationale Ethik, welche die Spannung gegen die Welt, sowohl ihre religiöse Entwertung wie ihre praktische Ablehnung, auf ein absolutes Minimum reduziert, war, wie wir gesehen haben, der Konfuzianismus. Die Welt war die beste der möglichen Welten, die menschliche Natur der Anlage nach ethisch gut und die Menschen untereinender darin, wie in alle Dingen, zwar*

dem Grade nach verschieden, aber prinzipiell gleich geartet und jedenfalls schrankenlos vervollkommungsfähig und zulänglich zur Erfüllung der Sittengesetzes.[260]

Nestas duas primeiras orientações existe um ponto nodal que as une, a noção de modelo de agência humana voltada para o princípio da harmonia, de entrar em equilíbrio com um mundo, bem ao modo da postura grega antiga originada em Pitágoras que perpassa a filosofia de Platão e Aristóteles, a saber o conceito de *Sophrosyne* (σωφροσύνη), que implica a ideia da "medida certa" das coisas e das ações, harmonia plena com o mundo. Mangabeira Unger, inspirado em Leibniz, chamou esse conjunto de proposições, o qual supõe uma unicidade perfeita do mundo por trás de um aparente fluxo e movimento, em que existira uma realidade perfeita ocultada em primeira instância a ser descoberta por uma postura de harmonia e não conflito, de *Filosofia Perene*. Essa lógica, em que a felicidade é encontrada na distensão na relação com o mundo, muitas vezes resulta numa tendência de anulação do eu e da conseguinte ação transformadora. Nesse sentido, o eu se desmancharia no mundo, em harmonia plena com seu fluxo supostamente perfeito, negando-se a tarefa de recriar o mundo e a si mesmo.

---

260 WEBER, Max. *Gesammmelte Ausätze zur Religionssoziologie*. Tübingen: [s.n], 1988, p. 194, tradução nossa. "O confucionismo foi a ética racional (ao menos em pretensão) que reduziu a um mínimo absoluto a tensão em relação ao mundo, tanto no que se refere a sua desvalorização religiosa como também a sua rejeição prática. O mundo era o melhor dos mundos possíveis, a natureza humana era eticamente boa em sua constituição, mesmo que em graus variados, como em todas as coisas, eram entre si de igual natureza ética e, em todo caso, capazes, irrestritamente, de alcançar a perfeição da lei moral".

No entanto, é na terceira orientação na história da religião que Unger enxerga a possibilidade de uma religião do futuro, na qual as características principais se opõem marcantemente àquelas que poderiam ser enquadradas no que chama de *Filosofia Perene*. É nesta orientação que está posto o desenvolvimento das potencialidades transformadoras humanas, seja nos seus caminhos de salvação (sagrados ou profanos), mas também no modelo de indivíduo que especialmente a tradição cristã irá criar. Esses modelos religiosos tendem a instaurar nas sociedades em que se desenvolvem aqueles traços humanos de inquietude (avessos às noções de harmonia) que tanto Mangabeira Unger admira, aquelas tensões e suas paixões tão necessárias para recriar a si mesmo e o mundo.

Essas promessas de salvação intramundana, ao serem construídas numa percepção linear do tempo, são os pilares (pressupostos) cognitivos para o pensamento e para a ação política da modernidade, especialmente no que se refere às doutrinas político-proféticas de maior alcance, isto é, o socialismo e liberalismo. Essa noção teleológica da história, de origem judaica, orientou os modelos de ação das religiões de orientação *batalhando com o mundo*, na medida em que a ação humana passa a fazer sentido numa linha temporal de eventos, uma causalidade linear voltada como uma seta para o futuro, enquanto *télos* de uma ação transformadora. Desse modo, o sentido da existência toma forma e contornos nítidos na percepção de que existir é agir (transformar) no tempo, construindo o futuro. Logo, os seres humanos não são apenas expectadores passivos da ação dos *deuses* no mundo, mas sim agentes (instrumentos) ativos da execução do plano dos *deuses* no mundo.

Porém, por mais que esses horizontes direcionem em grande parte a natureza de nossas ações, para Unger elas não se encerram numa dinâmica fechada, ao modo do estruturalismo sociológico. Segundo ele, há sempre um universo subjetivo individual rico, profundo em sua capacidade criativa e expressiva, sempre capaz de transcender os contornos dados pelos horizontes sociais, agindo como ponto de inflexão e ruptura com uma estrutura dada.

> Estes mundos fazem de nós o que somos. Eles nos modelam. No entanto, nunca nos modelam plenamente. Um resíduo de capacidade não usada para ação, associação, paixão e *insight* digno de se ter é sempre deixado de fora. Existe sempre mais em nós do que em qualquer contexto ou qualquer lista retrospectiva ou prospectiva de contextos. Em comparação com elas, nós somos infinitos; em embate com seus limites, nós descobrimos que existe mais dentro de nós.[261]

É na cultura do Ocidente, em grande parte herdeira das concepções das orientações *Batalhando com o mundo*, que se formou o caldo de fatores para a constituição de um tipo de sujeito na história propenso a mudá-la. O casamento entre o individualismo político e o individualismo expressivista, operando como a base da concepção de sujeito no Ocidente, teve papel decisivo nesse processo. Vale também ressaltar a contribuição direta do cristianismo na concepção desse tipo de sujeito, como faz Mangabeira Unger, e que encontra suporte na obra de Wolfgang Schluchter. Quanto a isso, destacam-se o modelo de salvação no cristianismo (Schluchter) e

---

261 UNGER, Roberto Mangabeira. *The Self-Awakened*: Pragmatism Unbound. Cambridge, MA/London: Harvard University Press, 2007, p. 204, tradução nossa.

o poder revolucionário do "amor" como força dirigente da ação e da construção de um determinado horizonte utópico (Unger).

A ideia cristã de salvação pela fé difundida marcantemente no apostolado paulino e retomado pela Reforma protestante abre as portas para um tipo de salvação individual (diferente do judaísmo antigo) e também para outro tipo de associação. A noção de fé como um elemento decisivo para a salvação opera a criação de uma trajetória individual na salvação, como também contribui para a construção da ideia de interioridade no sujeito. Foi também a noção de fé, no que se refere a tipos de associação, que permitiu o modelo de construção de comunidade a partir de *irmandade de crenças*, tão fundamentais a projetos revolucionários que se pretendem universalizantes. Ao romper com o associativismo judaico de *irmandade de sangue*, Jesus lança sua profecia revolucionária sobre toda a Terra.[262] Esse associativismo irrestrito do cristianismo é intensificado, como explica Unger, pelo amor como força central da ação cristã: "No amor, podemos reconhecer claramente e aceitar o um ao outro como os originais moldados pelo contexto (*context-shaped*) e capazes de transcender os contextos (*context-transcending*) que sabemos que somos". Assim, a partir do casamento das forças cristãs contidas nas noções de igualdade, amor (reconhecimento),

---

262 Ao dizer que seus irmãos são aqueles que acreditam nas mesmas coisas que ele (Mateus, 12;48), Jesus propõe que a forma de associativismo cristão é baseada numa *irmandade de crença* aberta a todos que creem, tal qual ocorre com grandes ideologias políticas modernas, do liberalismo ao socialismo, e suas instituições que têm como liga crenças abstratas em ideias, no caso, partidos políticos. A exceção moderna a esta influência é o nazifascismo, baseado em um associativismo inspirado em uma *irmandade de sangue*.

paixão (entrega total) e ideias abstratas sagradas (associativismo por irmandade de crença), as forças revolucionárias para recriar o mundo estão desencadeadas.

Por mais que o programa mangaberiano a respeito da religião caminhe muito próximo à obra de Max Weber, o horizonte utópico da religião em Unger se distancia da obra do sociólogo alemão, para se aproximar muito mais do projeto de radicalidade transformadora de Marx. Nesse sentido, há uma proximidade clara do programa intelectual weberiano, seja no que se refere à interpretação das grandes religiões mundiais, como descrevemos neste artigo, como também no destaque à ação individual, para a qual Weber atribui o papel da força carismática pessoal, sem aprofundar seus mecanismos, sendo que Unger explica com mais profundidade esta dinâmica. No entanto, Unger não se emaranha nas lamúrias do pessimismo que marcou a obra weberiana, ele crê que a religião deve atuar no mundo como um instrumento da transformação, bem ao modo do modelo de instituição revolucionária idealizado em sua proposta para a transformação do mundo. Neste ponto, está selada sua aproximação com Marx, isto é, a história não é algo para ser meramente interpretado, mas sim, para ser transformado.Quanto a isso, dois pontos merecem destaque: a confirmação histórica do cristianismo e das religiões *batalhando com o mundo* como inspiradora de revoluções políticas; e a natureza de instituições que, em vez de fechar o horizonte da ação, encarcerando o espectro da ação do indivíduo em seu programa coletivo (típica da inspiração sociológica tradicional), cria as possibilidades para o amadurecimento e o desenvolvimento da criatividade pessoal e coletiva das massas.

Alguns exemplos históricos atestam a relação entre as religiões de orientação *batalhando com o mundo* (judaísmo, islamismo e cristianismo) e a energia revolucionária política. Isto pode ser observado desde grandes eventos, como ocorreu em toda trajetória da mensagem do nacionalismo político israelita, inspirando revoltas e revoluções ao longo da história dos judeus, ou de grandes revoluções islâmicas com destaque para a revolução iraniana de 1979, assim também como os grandes movimentos de transformação no Ocidente de inspirações diretas e indiretas do cristianismo. Porém, eventos menores e nem sempre lembrados atestam com mais força essa vocação histórica, dois deles ilustram bem essa dinâmica. O primeiro refere-se ao Japão, um país eivado pela religiosidade mágica, tradicional, avesso a qualquer forma de conflito político marcado por transformações radicais, revolucionárias. É curioso notar que em todo período Tokugawa (sécs. XVII-XIX) o único conflito político aberto se deu por meio de uma revolta camponesa em que o substrato moral-ideológico era o cristianismo (a maior parte dos camponeses envolvidos e líderes da revolta eram cristãos). Essa revolta foi o único movimento político significativo em todo período Tokugawa, o que atesta, em parte, o potencial reflexivo e revolucionário existente no cristianismo.[263] Na história do Brasil, a revolta de escravos de maior sucesso e de propostas mais radicais, a revolta dos malês (1835), foi aquela em que seus líderes e componentes eram majoritariamente sacerdotes e seguidores do islamismo, e toda sua ação revolucionária era baseado no conteúdo religioso ideológico do Islã.

A partir disso, a pergunta final que aponta para os objetivos práticos na filosofia da religião de Mangabeira Unger é:

---

263 Cf. *The Secret Empire of Japan.*

como toda essa energia pode ser organizada e direcionada sem que isso implique na castração dessas forças transformadoras? Como podemos elaborar e implementar instituições aptas a desenvolver essas energias transformadoras? Essas instituições formadas para *liberar o espírito* deveriam estar em constante sintonia com os movimentos criadores da sociedade, que na maioria das vezes se encontram na periferia, para formar aquilo que Unger chama de *vitalidade organizada*. No campo religioso, poderíamos dizer que, atualmente, o que mais se aproxima deste quadro é o pentecostalismo e as formas que essa religiosidade organiza e, ao mesmo tempo, é organizada pelas massas de pobres vivendo nas periferias das grandes cidades, criativamente elaborando mecanismos de integração e participação nos espaços de valor do mundo, desde consumo e expressão estética a política. Quais seriam os aprendizados coletivos, como também, os limites institucionais desse modelo de religiosidade para eclosão organizada da vitalidade criativa das massas? Até que ponto sua ânsia em ganhar o mundo para Deus e para seus fiéis poderia desencadear esse processo revolucionário transformador no mundo. Acredito ser esta a principal questão ofertada por Mangabeira Unger à atual sociologia da religião, e que precisa ser urgentemente, mesmo que parcialmente, respondida.

Unger, o pentecostalismo e o Brasil

O pentecostalismo é o hoje a força expansora mais dinâmica do cristianismo, o único segmento cristão capaz de rivalizar com a expansão da fé islâmica ao redor do mundo. E o Brasil é a maior nação pentecostal do mundo. Estes dois dados são mais do que suficientes para aproximá-lo da perspectiva político-filosófica de Unger.

Desde seu surgimento no início do século XX nos Estados Unidos, o pentecostalismo tem mantido o centro de sua mensagem religiosa intacta, isto é, a promessa de integrar indivíduos subintegrados à dinâmica central da sociedade em que estavam instalados. Nele, o modelo soteriológico é desenvolvido em consonância com o desenvolvimento da sociedade moderna capitalista. Ele toma para si, via linguagem religiosa, a realização das principais promessas modernas que não se efetivaram para uma parcela significativa da população. Para além de confortos psicológicos oferecidos por quase todas as religiões, as noções de inclusão (o valor moderno de igualdade), ascensão social (mobilidade) e modelos de vida individual (individualismo) aparecem como o pano de fundo das promessas salvíficas do pentecostalismo. Desenvolve-se aí um modelo de salvação intramundana em que a força de Deus se confirma na vida cotidiana e na promoção das promessas modernas para uma gente que a modernidade não integrou plenamente.[264]

O que atesta isso é a constatação que a força da expansão pentecostal ocorre mais nitidamente em países marcados por uma larga desigualdade social, ou pela presença de grandes grupos subintegrados à dinâmica social, aliada a um discurso moderno de trajetória de ascensão individual.[265] No de-

264 ARENARI, Brand. *Pentecostalism As Religion of Periphery* – An Analysis of Brazilian Case [on-line]. Berlim, E-doc Humboldt University, 2015. Disponível em: <http://edoc.hu-berlin.de/docviews/abstract.php?lang=ger&id=41670>. Acesso em: 7 out. 2019.

265 O pentecostalismo é nitidamente uma religião da periferia do mundo, com destaque para América Latina e África. Ver World Christian Database (disponível em: <http://www.worldchristiandatabase.org/wcd/>, acesso em: 7 out. 2019) e Pew Forum (disponível em: <http://www.pewresearch.org/topics/pentecostals-and-pentecostalism/>, acesso em: 7 out. 2019).

senvolvimento religioso e político do Ocidente moderno, se a burguesia nascente encontrou suporte cognitivo religioso no calvinismo, e a classe trabalhadora inglesa no metodismo, o pentecostalismo tem sido a forma religiosa por excelência dos subintegrados da modernidade, da "ralé estrutural" da modernidade periférica e suas outras frações de classe, tais como os "batalhadores".[266]

Esse projeto de integração e ascensão social do pentecostalismo encontrou, nos meados do século XX, uma teologia específica que tem orientado suas mensagens e práticas religiosas, a saber, a teologia da prosperidade. Ela tem sido a base teológica da última inovação no movimento pentecostal, ou seja, neopentecostalismo, que incorporou essa teologia como a essência de uma nova promessa que iria encantar milhões de crentes ao redor do mundo. A principal e fundamental declaração teológica desse movimento é que os cristãos têm o direito divino de desfrutar as bênçãos do mundo material, o que significa alcançar perfeitas realizações de saúde e riqueza. Os teólogos da teologia da prosperidade dizem que o sacrifício de Jesus Cristo libertou todos seus seguidores dos males deste mundo.

A teologia da prosperidade pode ser inicialmente entendida como a principal manifestação da virada da hegemonia de teodiceia do sofrimento para teodiceia da felicidade.[267] Ela reinterpretou o sentido do sofrimento, dando-lhe um valor sem precedentes na história do cristianismo. O sofrimento não tem mais os valores positivos que foram encontrados nas teodiceias de sofrimento; agora o sofrimento é mais uma

266 ARENARI, *Pentecostalism As Religion of Periphery.*

267 WEBER, Max. *The Protestant Ethic and the Spirit Of Capitalism.* New York: Charles Scribner's Sons, 1976.

vez um sinal de vergonha, raiva ou abandono da divindade em relação a uma pessoa em particular. A cruz não é mais o símbolo do sofrimento de Jesus em seu amor por seres humanos, é agora o símbolo da vitória contra o diabo e todos os males que vêm com ele. A cruz é interpretada apenas como um amuleto mágico na guerra espiritual.

Como resultado dessa nova dinâmica, a luta pelo reconhecimento também toma outra direção. Enquanto as recompensas reservadas para um outro mundo, no céu, depois da morte não ter sido inteiramente abandonada, elas se tornaram secundárias devido ao valor crescente das bênçãos "deste mundo". A prosperidade material e o acesso às maravilhas do consumo do mundo moderno, permitindo uma alegria do "aqui e agora", são procurados como uma recompensa para aqueles que servem ao "Senhor". Por outro lado, a teologia da prosperidade é também um dos produtos da ruptura com o racionalismo religioso e, portanto, o retorno da magia em larga escala no Ocidente. Embora este movimento teológico tenha tomado sua forma quando foi incorporado ao pentecostalismo, as ideias gerais que norteiam suas práticas e sua visão de mundo são quase as mesmas que orientam o que chamamos de religiosidade "nova era". Ela pode ser entendida como a versão da nova religiosidade mágica voltada para as classes mais pobres. Para os argumentos aqui desenvolvidos, o que mais nos interessa a respeito dessa teologia é o conjunto de inovações que ela oferece ao cristianismo, especialmente em seu modelo de promessa salvífica, construindo novos horizontes da ação para setores específicos da expansão moderna.

Os resultados da busca de concretização dessa promessa soteriológica tiveram impactos diversos na vida nacional brasileira. O primeiro deles, e também o mais visível, foi uma transformação avassaladoradora no cenário religioso brasileiro, que implicou no destronamento da Igreja católica, o quase aniquilamento das religiões de matriz afro e a instauração de um mercado competitivo da fé, sobretudo nas camadas populares, algo nunca visto em nosso território. No entanto, um dos impactos mais radicais foi a instauração de uma revolução de consciência entre as classes populares, dentro da qual, o dado mais concreto é a produção de uma disposição para o ganho do "mundo" para si, uma disposição para a competição pelo alcance de espaço e símbolos valorados pelo mundo real, isto é, a integração prometida na sociedade se dá pelo acesso ao dinheiro, ao consumo, ao lazer e à política. O sociólogo Peter Berger afirma que tal fenômeno religioso já se configura como algo intrinsecamente ligado às peculiaridades das modernas formas periféricas de capitalismo, inclusive podendo se postular que "esse tipo de protestantismo robusto tem consequências comportamentais que, em sua maior parte inintencionais, têm uma afinidade com exigências do nascente capitalismo".[268]

Não seria exagero afirmar que o pentecostalismo é o pano de fundo cognitivo dominante nas classes populares brasileiras, o qual tem operado a transmutação de uma energia estática em força dinâmica transformadora, bem ao modo proposto por Mangabeira Unger. Desse modo, substituindo em graus variados a teodiceia do sofrimento cristão-católico por um liberalismo econômico popular mediado pela instituição religiosa, a maneira de uma teodiceia da felicidade.

---

268 BERGER, Peter L. "Reflections on the Sociology of Religion Today". *Sociology of Religion*, v. 62, n. 4, winter 2001.

Nesse desenvolvimento, muitas igrejas pentecostais, criaram redes cooperativas "intramuros", a maneira de um centro das inovações institucionais visando colocá-los em condições de igualdade relativa competitiva, como estufas preparatórias para adentrar um mundo que não os quis receber facilmente. Orientados por uma teologia prática e pragmática, avaliada quase exclusivamente por seus resultados concretos, as denominações evangélico-pentecostais de forma táctil elaboraram mecanismos institucionais para suprir áreas estratégicas em que sua população de fiés eram carentes, tais como: família, mercado e trabalho.

Como foi demonstrado por Jessé Souza e sua equipe no livro *A Ralé Brasileira: Quem É e como Vive* (2009), a desestruturação familiar opera como um dos impedimentos mais perversos contra integração à sociedade, agindo na produção e na reprodução da desigualdade, atingindo as classes populares, retirando-as da competição antes mesmo do jogo começar. A aquisição de atributos necessários à integração na sociedade depende de uma oferta significativa de bens afetivos e cognitivos, normalmente ofertados pela família. A ausência de uma instituição que ofereça recursos afetivos e cognitivos básicos elimina, na maioria das vezes, o indivíduo de competir na sociedade. As igrejas criaram mecanismos substitutivos, equivalentes funcionais, que poderiam suprir tais necessidades. Nesse caso específico, o exemplo mais bem acabado é o mecanismo de "células" das igrejas pentecostais, que operam com certo grau de eficácia, criando certas disposições que não foram ofertadas pela família.[269]

---

269 Para mais detalhes ver: ARENARI, Brand; TORRES, Roberto. "A Religião dos Batalhadores". In: SOUZA, Jessé (org.). *Os Batalhadores Brasileiros*: Outra Visão sobre a nova Classe Média. Belo Horizonte: Ed. UFMG, 2010.

Por outro lado, a criação de redes cooperativas "intramuros", aquilo que Mangabeira Unger chamou de ética da secessão, permite o acesso a redes sociais que facilitam a entrada no mercado de trabalho, como também "alavancam" seus pequenos e médios negócios. Mais uma vez a Igreja funcionando como mediadora de interesses coletivos, no caso em questão, muitas vezes de interesse coletivo de classe.

Na verdade, o núcleo central de inovações institucionais nestas igrejas é a criação de uma oferta de créditos àqueles que têm isso negado pelo mundo formal. Oferece-se créditos de toda ordem: afetivos, cognitvos (noções de disciplina, temporalidade, prospecção etc.), sociais (redes de contato) e financeiro (algumas igrejas emprestam dinheiro e criam redes de empréstimos). Elas funcionam como uma "cabeça de ponte" que permite às tropas de trabalhadores subintegrados aportar na sociedade que negou sua entrada.

A partir dessas constatações, a questão que nos é posta se refere à capacidade de universalização desse movimento, em que medida a receita prática que tem servido a ascenção de grandes setores das classes populares podem transcender os muros de suas igrejas e inspirar movimentos mais amplos? Como que o pragmatismo desse caminho soteriológico intramundano e *secssionista*, e ainda marcado por fortes traços individualizantes, poderia se transformar numa proposta coletiva?

Segundo a perspectiva mangabeiriana, as experiências do passado e as estruturas por ele criadas são incapazes de responder essas perguntas, a história é suficientemente aberta para permitir rearranjos novos, próprios do ineditismo que surge quando as forças espirituais do passado perderam seu vigor.

Referências bibliográficas

ARENARI, Brand. *O Desenvolvimento Cognitivo das Religiões na Sociologia De Max Weber*: Para Compreender Outros Caminhos da Modernização Brasileira. Campo de Goytacazes, 2006. Dissertação (Mestrado em Cognição e Linguagem) – Universidade Estadual do Norte Fluminense Darcy Ribeiro.

_____. "Um Outro Olhar sobre a Modernidade: Breves Apontamentos sobre a Formação da Sociologia Alemã". In: ARENARI, Brand; TORRES, Roberto Dutra; SOBOTKA, Emil; MIGLIEVICH, Adélia (orgs.). *A Modernidade como Desafio Teórico*: Ensaios Sobre o Pensamento Social Alemão. Porto Alegre: Pucrs, 2008.

_____. *Pentecostalism as Religion of Periphery* – An Analysis of Brazilian Case [on-line]. Berlim, E-doc Humboldt University, 2015. Disponível em: <http://edoc.hu-berlin.de/docviews/abstract.php?lang=ger&id=41670>. Acesso em: 7out. 2019.

BELLAH, Robert. *Tokugawa Religion*: The Cultural Roots of Modern Japan. New York: The Free Press, 1985.

BERGER, Peter L. *The Sacred Canopy:* Elements of a Sociological Theory of Religion. Garden City, NY: Anchor Books, 1969.

_____. "Reflections on the Sociology of Religion Today". *Sociology of Religion*, v. 62, n. 4, winter 2001, pp. 443-55.

BERLIN, Isaiah. *El Mago do Norte*: J. G. Hamman y el Origen do Irracionalismo Moderno. Madrid: Tecnos, 1997.

_____. *Vico e Herder*. Brasília: Ed. UnB, 1982.

CAMPOS, Leonildo Silveira. "As Origens Norte-Americanas do Pentecostalismo Brasileiro: Observações sobre uma Relação ainda Pouco Avaliada". *Revista da USP*, São Paulo, n. 67, set./nov. 2005, pp. 100-15.

FRESTON, Paul. *Evangelicals and Politics in Asia, Africa and Latin America*. Cambridge: Cambridge University Press, 2001.

HOLLENWEGER, Walter J. *The Pentecostals*. London: SCM Press, 1972.

LEPENIES, Wolf. *As Três Culturas*. Trad. Maria Clara Cescato. São Paulo: Edusp,

1996.

LEVINE, Donald N. *Visões da Tradição Sociológica*. Trad. Álvaro Cabral, cons. Renato Lessa. Rio de Janeiro: Jorge Zahar, 1997.

LUCKMANN, Thomas. *Das Problem der Religion in der modernen Gesellschaft*: Institution, Person und Weltanschauung. Freiburg: Rombach, 1963.

_____. "Veränderung von Religion und Moral im modernen Europa". *Berliner Journal für Soziologie*, n. 3, 2002, pp. 285-93.

LUHMAN, Niklas. "Society, Meaning, Religion – Based on Self-Reference". *Sociological Analysis*, v. 46, n. I, 1985, pp. 5-20.

____. *Funktion der Religion*. Frankfurt am Main: Suhrkamp, 1990.

MARIANO, Ricardo. *Neopentecostais*: Sociologia do Novo Pentecostalismo Brasileiro. São Paulo, SP: Loyola, 1999.

SOUZA, Jessé. *A Ralé Brasileira*: Quem É e como Vive. Rio de Janeiro: Record, 2009.

_____. *Os Batalhadores Brasileiros*: Outra Visão sobre a Nova Classe Média. Belo Horizonte: Ed. UFMG, 2010.

SANTOS, Eurico G. C. dos. "A Construção Social do Escravo: A Religião do Brasil". In: XXIX Encontro Anual da

Associação Nacional de Pós-Graduação e Pesquisa em Ciências Sociais (Anpocs), Caxambu, MG, outubro 2005. *Anais...*

SCHLUCHTER, Wolfgang. *Rationalismus der Weltbeherrschung*: Studien zu Max Weber. Frankfurt am Main, Suhrkamp, 1980.

_____. *The rise of western rationalism Max Weber's developmental history*. Berkeley and Los Angeles, University California press, 1985.

_____. *Religion und Lebensführung*: Studien zu Max Webers Religions- und Herrschaftssoziologie. Frankfurt am Main, Suhrkamp, 1988.

SWIDLER, Ann. "The Concept of Rationality in the Work of Max Weber". *Sociological Inquiry*, v. 43, n. 1, jan. 1973, pp. 35-42.

TEIXEIRA, Carlos Sávio. "Uma Filosofia Política para a Transformação". *Estudos Políticos*, v. 2, n. 3, 2011.

_____. "Da Cópia Institucional à Vitalidade Organizada: O Brasil de Unger". *Revista da USP*, n. 99 2013.

WEBER, Max. *Economia e Sociedade*: fundamentos da sociologia compreensiva. Trad. Régis Barbosa e Karen Elsabe Barbosa. Brasília: Ed. UnB, 2000.

_____. *Gesammmelte Ausätze zur Religionssoziologie*. Tübingen: [s.n], 1988.

UNGER, Roberto Mangabeira. "Cinco Teses sobre Religião e Política". *Estudos Avançados*, v. 13, n. 35, jan./abr. 1999.

_____. "O Futuro da Religião". *Estudos Políticos*, n. 3, fev. 2011.

_____. "A Religião do Futuro". *Estudos Políticos*, n. 3, fev. 2011.

4 - O Que É mais Importante para uma Democracia: Constituição ou Instituições? A Resposta de Unger[270]

Carlos Sávio Teixeira[271*]
Vitor Pinto Chaves[272**]

Introdução

A discussão sobre a concretização de direitos sociais ganhou força no direito brasileiro, em especial entre os constitucionalistas, após a promulgação da Constituição de 1988. Os temas principais dos debates, que perduram ainda hoje, são os instrumentos e os métodos interpretativos dos direitos sociais e o papel da separação de poderes na tarefa de implementação de políticas públicas a partir do disposto no texto constitucional. A perspectiva implícita sempre foi referente à capacidade ou não de a nova Constituição transformar a realidade social brasileira.

Nesses debates pouco ou quase nada é discutido sobre as opções institucionais referentes às políticas públicas relacio-

270 Este texto foi publicado originalmente na revista *Parlamento e Sociedade*, v. 4, n. 7, 2016.

271 * Professor do Departamento de Ciência Política da Universidade Federal Fluminense (UFF). Doutor em Ciência Política pela USP. Organizador do livro sobre Roberto Mangabeira Unger na Coleção Encontros, da Editora Azougue.

272 ** Procurador Federal (AGU) e mestre em Direito pela UNB. Autor do livro *O Direito à Assistência Social no Brasil.*

nadas aos direitos discutidos em abstrato. O raciocínio implicitamente parece ser o seguinte: é possível definirmos as melhores interpretações do texto constitucional, e a partir desse exercício podemos verificar se uma regulamentação setorial concreta é adequada ou não aos princípios extraídos, direta ou indiretamente, da Constituição. A questão é vista como um problema semântico. O problema das alternativas institucionais, em nossa avaliação, central, acaba sendo relegado como um tema para outras disciplinas, como a economia e a ciência política. A questão subjacente é saber em que medida a Constituição dirige ou não o país a um modelo de Estado social.

Passados, porém, trinta anos, apesar de avanços pontuais em algumas áreas, as promessas constitucionais estão ainda muito longe de serem cumpridas. Em razão disso surge uma questão plausível: será que o problema seria ainda a falta de discussão sobre as possibilidades semânticas do texto constitucional? Ou seja, o problema é a necessidade de construção de uma metodologia própria para o direito brasileiro? Essas questões, todavia, são encaradas de formas distintas por correntes interpretativas que compartilham visões diversas sobre o papel do Estado e da Constituição brasileira, como aqueles que podemos denominar de formalistas, substancialistas e procedimentalistas. Em comum, essas perspectivas compartilham a dificuldade de explicar convincentemente a relação entre direito constitucional e transformação das estruturas sociais.

Entre os juristas progressistas, em geral, considera-se a tese da Constituição dirigente a perspectiva em que essa relação seria mais bem explicitada. Argumentaremos que não. Debatemos neste artigo, a partir do contexto brasileiro, que o dirigismo constitucional, assentado nas premissas de um Estado social, não consegue enxergar e enfrentar adequadamente essa relação. A questão central nesse cenário é a seguinte: é possível pensarmos em um projeto constitucional transformador que não se restrinja às incongruências de um dirigismo constitucional ou de um procedimentalismo vazio de ideias institucionais? Essa parece ser uma indagação fundamental para o direito constitucional brasileiro. Para desenvolvermos essa questão, valemo-nos da crítica ao que Roberto Mangabeira Unger denominou como uma das heranças weimarianas (segundo ele um weimarismo truncado e tardio) da nossa atual Constituição: a constitucionalização de expectativas sociais redistributivas sem a preocupação com a construção dos meios e instrumentos de sua realização.[273] Discutimos aqui se a proposta de Unger consegue enfrentá-la adequadamente.

Para levar a termo nossa empreitada, dividimos o texto em três partes. Na primeira, apresentaremos a Teoria da Constituição Dirigente, sua relação com a ideia de Estado social, e

---

273 O sentido do termo "weimarismo" usado por Unger não pretende enxergar similitudes entre a sociedade alemã do inicio dos anos 20 do século passado e sua respectiva ordem constitucional e a sociedade brasileira e sua última carta constitucional. O que ele pretende mostrar é a inspiração que muitas constituições como a brasileira tiveram na concepção expressa pelo constitucionalismo que orientou Weimar: "este artigo analisa e critica a tradição constitucional brasileira como resultado de duas tradições maiores: o constitucionalismo protodemocrático dos Estados Unidos e o weimarismo tardio, característico das constituições europeias do século XX, com sua dedicação a direitos econômicos e sociais, desfalcados de instrumentos de efetivação, e com sua ambivalência em relação ao poder político". UNGER, Roberto Mangabeira. "A Constituição do Experimentalismo Democrático". *Revista de Direto Administrativo*, v. 57, 2011, p. 57.

as limitações dessa proposta e de outras, como a baseada no constitucionalismo liberal e a perspectiva deliberacionista baseada nas ideias de Jürgen Habermas, que pretendem ser alternativas. Na segunda parte, procuraremos situar as ideias constitucionais de Unger em um quadro conceitual extraído de algumas obras representativas de seu pensamento acerca de como entende a democracia. E na terceira parte, buscaremos refletir se as propostas apresentadas realmente orientam uma perspectiva de análise constitucional adequada aos desafios do direito constitucional brasileiro, em especial, no que se refere a relação entre direitos constitucionais sociais e políticas públicas transformadoras.

A frágil promessa de transformação do dirigismo constitucional

A ideia de uma Constituição dirigente é típica do Estado social. O dirigismo constitucional pressupõe uma concepção de Estado e de seu modelo de regulação social, econômica e cultural que busca racionalizar a política e impor-lhe uma direção, uma dimensão material.[274] Uma Constituição dirigente seria, assim, uma alternativa ao constitucionalismo formalista do Estado liberal, vinculada a uma proposta de legitimação do paradigma de Estado social, que considera os direitos sociais como imposições constitucionais legitimadoras de transformações econômicas e sociais.

No Brasil, a defesa teórica do dirigismo constitucional iniciou-se com a Constituição de 1988. A principal referência para essa defesa foi o constitucionalista português

274 CANOTILHO, José. "O Estado Adjetivo e a Teoria da Argumentação". *Revista Latino-Americana de Estudos Constitucionais.* Belo Horizonte, Del Rey, n. 5, jan./jun. 2005.

Canotilho, que, em 1982, publicou *Constituição Dirigente e Vinculação do Legislador – Contributo para Compreensão das Normas Constitucionais Programáticas*. Nesse livro, o autor procurava fornecer teoricamente as bases para uma fundamentação dos limites materiais-constitucionais vinculativos do legislador, com foco na Constituição portuguesa de 1976. Esse trabalho serviu, e ainda serve, como guia de juristas brasileiros defensores de uma concepção material de Constituição, que se posicionam pela necessidade de um Estado social centrado na implementação de políticas públicas, sobretudo, em prol de uma juridicidade ativa das chamadas normas constitucionais programáticas.

Contudo, já a partir da década de 1990, Canotilho passou a publicar textos em que questionava sua posição original. Como ápice desse movimento de mudanças de suas ideias, publicou, em 2001, um segundo prefácio à sua obra seminal sobre o dirigismo constitucional, no qual apresenta a reformulação do seu posicionamento anterior. O autor coloca em dúvida e, em alguns pontos, critica diretamente as próprias bases de seu pensamento anterior. Duas frentes argumentativas são centrais nessa "virada" do pensamento de Canotilho: i) uma de índole filosófico-constitucional, relacionada à "morte" do sujeito histórico transformador e ii) outra referente ao que denomina de "interconstitucionalidade", que trata das influências dos fenômenos da globalização, especialmente a emergência do constitucionalismo europeu.[275]

275 Para Canotilho, a expressão Constituição dirigente revelou-se um termo equivocado. Um dos motivos foi o fato de que a Constituição dirigente passou a ser identificada com o dirigismo programático-constitucional. Ela se relacionava diretamente com o desenvolvimento de um determinado projeto de modernidade. Um projeto vinculado, historicamente datado e, sobretudo, com a forte marca de

Aí se encontra o cerne do que Canotilho denomina de "morte" da Constituição "metanarrativa" e o sumiço do sujeito projetante no âmbito do direito constitucional.[276] No entanto, ressalta que o principal problema da Constituição dirigente não está apenas na utopia do sujeito projetante. Destaca que surgiu uma superconfiança no *medium* do direito na tarefa de regular de forma intervencionista a política e outros setores da sociedade. Com isso, o dirigismo constitucional teria arrastado o direito e o Estado para uma crise regulatória.[277] A Constituição dirigente, em sua leitura, pressupunha uma "autossuficiência normativa" indiscutida. Assentava-se na premissa de que suas imposições adquiririam força normativa por si só: "o texto constitucional deixava de ser uma lei para se transformar numa 'bíblia de promes-

---

um sujeito transformador, um sujeito moderno, autocentrado e autoconstitutivo. Daí porque o problema da Constituição dirigente ser, no fundo, um problema da filosofia do sujeito e de uma teoria da sociedade focada no voluntarismo e na utopia da subjetividade projetante. A frase do autor é interessante para se verificar o que está sendo dito: "Se a Constituição programática fosse tão somente o rosto normativo da utopia daí não adviria grande mal ao mundo". *Id.*, *"Brancosos" e Inconstitucionalidade*: Itinerários dos Discursos sobre a Historicidade Constitucional. Coimbra: Almedina, 2006, p. 106.

276 Canotilho, entretanto, se diz mal compreendido por seus interlocutores. Nesse sentido, asseverou que "uma boa parte dos nossos interlocutores não compreende o que significa a *perda do sujeito* na nova problematização do dirigismo constitucional". Porém, em seguida, afirma categoricamente: "Morreu a 'Constituição metanarratina' da transição para o socialismo e para uma sociedade sem classes. O *sujeito* capaz de contar a récita e empenhar-se nela também não existe". *Id.*, "O Estado Adjetivo e a Teoria da Argumentação", pp. 151-2.

277 *Id.*, *Constituição Dirigente e Vinculação do Legislador*: Contributo para a Compreensão das Normas Constitucionais Programáticas. 2 ed. Coimbra: Coimbra Editora Limitada, 2001, p. XX.

sas"".[278] Tal mudança no pensamento de Canotilho, porém, não foi bem recebida por grande parte dos juristas que se debruçam sobre o tema dos direitos sociais.[279]

O principal argumento dos seguidores de Canotilho no Brasil é o de que as mudanças apresentadas por ele eram relativas e restritas à realidade europeia. Ou seja, não se aplicariam ao Brasil. O Brasil ainda necessitaria de uma Constituição dirigente "apta a explicitar condições de possibilidade da implementação de políticas de desenvolvimento constantes – de forma dirigente e vinculativa – no texto da Constituição".[280] E, por sua vez, essa teoria não poderia abrir mão de estar ao lado de uma teoria do Estado que corroborasse com tais condições de vinculação. É nesse sentido que, por exemplo, Streck chega a formular a hipótese de uma "Teoria da Constituição Dirigente Adequada a Países de Modernidade Tardia (TCDAPMT)" em contraposição de uma Teoria "Geral" da Constituição, cujo conteúdo seria inadequado à realidade brasileira.[281]

---

278 *Id.*, *"Brancosos" e Inconstitucionalidade*, p. 32.

279 Para ilustrar essa afirmação, em 2002, foi realizada na Universidade Federal do Paraná, sob a organização do professor Jacinto Nelson de Miranda Coutinho, videoconferência que contou com a presença de mais vinte juristas brasileiros. Nessa ocasião, discutiram com Canotilho, que falava de Portugal, o espectro das mudanças das ideias desse autor em sua Teoria da Constituição Dirigente. Nesse evento, ficou patente a irresignação e inconformismo de parcela dos participantes com as mudanças no pensamento do autor. COUTINHO, Jacinto (org.). *Canotilho e a Constituição Dirigente*. Rio de Janeiro: Renovar, 2003.

280 STRECK, Lenio. "Intervenções e Perguntas". In: COUTINHO, Jacinto (org.). *Canotilho e a Constituição Dirigente*. Rio de Janeiro, Renovar, 2003.

281 *Ibid.*

É bastante questionável se o Brasil teve ou não um modelo de Estado de bem-estar social. Porém, independentemente disso, é também questionável a necessidade de adotarmos o modelo estatal que vigorou nos países desenvolvidos de meados do século passado até mais ou menos a sua década de 1980. A denominada crise do modelo de Estado de bem-estar social afetou também os países periféricos, como o Brasil. O crescimento econômico da década de 1970, que, entre nós, representou otimismo, transformou-se em crise na década de 1980. O cenário era de alta inflação e uma sequência malsucedida de planos monetários. Essa década, inclusive, ficou conhecida, do ponto de vista econômico, como a "década perdida".

Mesmo num cenário que deveria ser de grande pessimismo, o período não foi de desesperança. Foi justamente na década de 1980 que o Brasil iniciou e consolidou um processo de (re)democratização que culminou em 1988 na chamada "Constituição Cidadã". Seria romântico dizer que o processo constituinte dos anos de 1986/1987 contou com a participação plena do "povo" brasileiro. Porém, não é incorreto afirmar que este processo ampliou o significado de participação na tradição político-constitucional nacional. Como resultado dele, a Constituição de 1988 constitucionalizou um conjunto de expectativas sociais redistributivistas maior que as Constituições anteriores. Ampliou o leque de direitos sociais e as respectivas obrigações estatais.[282]

---

282 Entretanto, esse ideário constitucional foi limitado na década de 1990. O agravamento da crise e de seus efeitos para os países periféricos resultou em programas de ajuda, capitaneados pelo Fundo Monetário Internacional, cuja contrapartida era a adoção de conjunto de diretrizes formuladas pelo denominado Consenso de Washington. A adoção, ainda que incompleta, desse receituário representou ameaça

Alguns juristas, sobretudo os de inspiração progressista, adotaram, ainda que com diferentes nomenclaturas e inspirações teóricas, o cerne das propostas do que seria a implementação no Brasil de um Estado social, algo que estaria previsto na Constituição de 1988. Uma das ideias que, por exemplo, permeiam atualmente o debate diz respeito à inauguração no Brasil de um neoconstitucionalismo social. Luis Roberto Barroso, por exemplo, assevera que, após a segunda metade do século XX, teria se desenvolvido na Europa, a partir do pensamento pós-positivista, um novo direito constitucional – o qual denomina de neoconstitucionalismo. No Brasil, segundo ele, esse movimento apenas teria se concretizado após a Constituição de 1988. Entre os principais elementos desse neoconstitucionalismo, estaria o reconhecimento de força normativa à Constituição, a expansão da jurisdição constitucional e a elaboração das diferentes categorias da nova interpretação constitucional.[283]

Todos esses elementos têm em comum o fato de refletirem debates oriundos do direito constitucional europeu, especialmente o alemão, entre as décadas de 1960 e 1970. Refletem percepção de que o Brasil seria atrasado em relação a esse debate. Essa compreensão é explicitada, por exemplo, por Andréas Krell:

---

real aos interesses materializadores presentes na Constituição Federal. O cenário apresentado era o de escolha entre dois caminhos: a incorporação do projeto neoliberal ou a resistência, representada pela defesa de um Estado social.

283 BARROSO, Luis Roberto. "Neoconstitucionalismo e Constitucionalização do Direiro". *Revista de Direiro Administrativo*, Rio de Janeiro, n. 240, 2005.

> As condições culturais, políticas e socioeconômicas vigentes no Brasil no final do século XX não exigem uma exaltação de teorias liberalistas e internacionalistas, mas um desenvolvimento firme e contínuo em direção ao Estado social, preconizado pela Carta de 1988, com todas as suas consequências. Nesse processo, o poder público tem necessariamente um outro papel do que na Europa unificada, onde o nível de organização e atuação da sociedade civil é incomparavelmente mais alto.[284]

É necessário, todavia, estar claro o sentido de Estado social para falar que o Brasil não o vivenciou e/ou que precisa vivenciá-lo. Por um lado, se Estado social significar um modelo normativo de organização do Estado, que constitucionaliza direitos sociais e organiza burocracia racionalizadora e centralizadora voltada para esse fim, é possível identificarmos o seu desenvolvimento, ainda que incompleto, há várias décadas no Brasil. Por outro lado, se Estado social identificar um conjunto de instituições que promovam efetivamente a redistribuição, como mecanismo de limitar os efeitos dos imperativos econômicos e materializar a igualdade e o gozo efetivo de direitos, é possível dizer que um Estado social no Brasil é um projeto historicamente inexistente ou fracassado.

O processo de transição de um modelo formalista de Estado de Direito para um modelo de Estado materializador não foi, do ponto de vista normativo, exclusivo dos países de economias centrais – basta lembrar que a Constituição mexicana de 1917 é uma das precursoras do constitucionalismo social. As Constituições brasileiras também incorporaram

---

284 KRELL, Andreas. "Realização dos Direitos Fundamentais Sociais Mediante Controle Judicial da Prestação dos Serviços Públicos Básicos: Uma Visão Comparativa". *Revista de Informação Legislativa*, Brasília, v. 144, 1999, p. 249.

os novos requisitos de justiça social que justificavam um rol de direitos sociais antes inexistentes. Um sistema de direitos sociais cuja finalidade seria a de materializar a liberdade e a igualdade já existe no Brasil desde a Constituição de 1934.[285] É o que afirma José Murilo de Carvalho: "apesar de tudo, porém, não se pode negar que o período de 1930 a 1945 foi a era dos direitos sociais. Nele foi implantado o grosso da legislação trabalhista e previdenciária".[286]

No regime militar, período em que o Brasil experimentou grande crescimento econômico, sobretudo entre o final da década de 1960 e a primeira metade da década de 1970, esse crescimento se traduziu em investimentos voltados a expansão de direitos sociais: "Ao mesmo tempo em que cerceavam os direitos políticos e civis, os governos militares investiam na expansão dos direitos sociais. O que Vargas e Goulart não tinham conseguido fazer, em relação à unificação e universalização da previdência, os militares e tecnocratas fizeram após 1964".[287] A criação do Instituto Nacional de Previdên-

---

285 Nesse sentido, destacam Bonavides e Amaral: "A Constituição de 1934 não assinalava apenas cronologicamente o advento de uma nova República senão que fundava ao menos em bases programáticas um Estado social, ilustrativo, sem dúvida, da primeira versão nacional desse tipo, cuja consolidação era possível acompanhar no constitucionalismo ocidental da Segunda Guerra Mundial e por toda a segunda metade desse século. A Constituição de 1934 legislou uma forma de Estado social que veio a incorporar em nosso sistema os direitos da segunda geração, aqueles direitos relativos a matérias de ordem econômica e social, ou referentes a família, educação e cultura, objeto de títulos e capítulos do novo texto, inteiramente desconhecidos à Carta Liberal de 1891" (BONAVIDES, Paulo. *Curso de Direito Constitucional.* v. VI. São Paulo: Malheiros, 2002, pp. 127-8).

286 CARVALHO, José Murilo. *Cidadania no Brasil*: O Longo Caminho. Rio de Janeiro: Civilização Brasileira, 2004, p. 123.

287 *Ibid.*, p. 170.

cia Social (INPS), do Fundo de Assistência Rural (Funrural) e do Fundo de Garantia por Tempo de Serviço (FGTS) são construções institucionais desse período que exemplificam a lógica do constitucionalismo social. Lido sob essa ótica, o "desenvolvimento firme e contínuo em direção ao Estado social" no Brasil já estaria traçado normativamente há mais de setenta anos. Estava traçado na medida em que se enxerga nitidamente na base do constitucionalismo social brasileiro aquilo que Habermas denominou de a faceta substantiva do projeto de Estado social: "os restos da utopia de uma sociedade do trabalho".[288] Além dos exemplos de uma regulação do mundo do trabalho, observados em figuras como o INPS, o Funrural e o FGTS, temos a expressão dessa utopia de uma sociedade do trabalho em momento anterior, no corporativismo da era Vargas.[289]

Porém, o ideário de um Estado social brasileiro seria um projeto inacabado se observarmos o que de fato foi uma

---

288 HABERMAS, Jürgen. "A Nova Intransparência: A Crise do Estado de Bem-Estar Social e o Esgotamento das Energias Utópicas". *Novos Estudos Cebrap*, São Paulo, n. 18, 1987, p. 107.

289 Um exemplo radical do corporativismo do período é o artigo 23 da Constituição de 1934 que previa a eleição, ao lado de representantes do povo de forma geral, de representantes das organizações profissionais, que eram regulamentadas e fiscalizadas pelo poder Executivo, para o poder Legislativo. Nesse sentido, é interessante a definição de Wanderley Guilherme dos Santos para a cidadania no período: "Por cidadania regulada entendo o conceito de cidadania cujas raízes encontram-se, não em um código de valores políticos, mas em um sistema de estratificação ocupacional, e que, ademais, tal sistema de estratificação ocupacional é definido por norma legal. Em outras palavras são cidadãos todos aqueles membros da comunidade que se encontram localizados em qualquer uma das ocupações reconhecidas e definidas em lei" (SANTOS, Wanderley Guilherme. *Cidadania e Justiça*. Rio de Janeiro: Campus, 1979, p. 75).

singularidade no processo de modernização brasileiro.[290] O Estado modernizador se consolidou, mas não conseguiu incluir, sob o signo da solidariedade artificial de uma sociedade do trabalho – como ocorreu no início do século XX, sobretudo, em países da Europa ocidental – parte significativa da população brasileira. Essa parcela da população compõe-se, ainda que sem a exclusividade do aspecto racial, dos legatários históricos do abandono do escravo liberto que formam um núcleo duro da pobreza que se reproduz socialmente, quase sem ser visto. É o que Jessé Souza chamou da constituição de uma "ralé" estrutural.[291]

Essa interpretação ajuda a explicar o porquê de a pretensão de um Estado social materializador, importada sem a correta contextualização, não ter sido suficiente para se enxergar o problema da pobreza e da desigualdade social, gerando um grande contraste aparente entre textos constitucionais que previam liberdade, igualdade e direitos sociais, e a realidade.[292] Explica também o porquê de a pobreza no Brasil sempre ter possuído uma feição naturalizada, o que impossibilitou a institucionalização adequada de estratégias aptas a enfrentá-la, como a assistência social. É reducionismo, dessa forma, afirmar que esse nível de materialização dos direitos não foi implementado apenas por razão econômicas. A visão de Jesse Souza é, mais uma vez, pertinente:

---

290 SOUZA, Jessé. *A Modernização Seletiva*: Uma Reinterpretação do Dilema Brasileiro. Brasília: Ed. da UNB, 2000.

291 *Id.*, *A Ralé Brasileira*: Quem É e como Vive. Belo Horizonte: Ed. UFMG, 2009.

292 Desde a Constituição de 1934, com exceção da Constituição de 1937, os textos constitucionais brasileiros trouxeram a ideia de justiça, ou ainda, a partir de 1946, de justiça social, como um princípio norteador da ordem econômica e social.

> Existe, em países como o Brasil, uma crença "fetichista" no progresso econômico, que faz esperar da expansão do mercado a resolução de todos os nossos problemas sociais. O fato de o Brasil ter sido o país de maior crescimento econômico do globo entre 1930 e 1980 (período no qual deixou de ser uma das mais pobres sociedades do globo para chegar a ser a oitava economia global), sem que as taxas de desigualdade, marginalização e subcidadania jamais fossem alteradas radicalmente, deveria ser um indicativo mais do que evidente do engano dessa pressuposição.[293]

O problema do Estado social no Brasil, portanto, não é (foi) apenas de ordem semântica ou uma questão exclusiva da aplicação do direito, no sentido de que os juízes e juristas poderiam criar categorias interpretativas para resolver os problemas estruturais. O problema é (foi) de democratização de acesso às prioridades de materialização. Portanto, o argumento de que as condições culturais, políticas e socioeconômicas do Brasil exigem outro papel do poder público (no sentido da ampliação das atribuições do poder Judiciário como garantidor e implementador de políticas públicas) em relação à Europa unificada, onde o nível de organização e atuação da sociedade civil seria incomparavelmente mais alto, não faz jus à complexidade da sociedade brasileira. Apesar do grande e principal problema da desigualdade, o Brasil possui uma sociedade tão complexa – e talvez até mais em razão dessa peculiaridade – quanto às outras sociedades ocidentais. Além do mais, o modelo organizacional de um Estado social centralizador, que oferece produtos padronizados como se fosse uma empresa fordista,[294] não consegue

---

293 *Ibid.*, p. 59.

294 SABEL, Charles; SIMON, Willian. "Minimalism and Experimentalism in the Administrative State". *Georgetown Law Journal*, v.

dar conta das novas demandas. Daí o porquê de se falar na insuficiência do modelo de Estado social também no Brasil.

O dirigismo constitucional, neoconstitucionalismo social e as demais interpretações no sentido de que o Brasil precisaria, por força da Constituição de 1988, consolidar um Estado social como a Europa de décadas atrás revelam um déficit sociológico referente à incompreensão do processo de modernização brasileiro. Acreditam que o problema brasileiro seria o atraso. Não compreendem a relação entre a estrutura social brasileira e as instituições. Adotam, implicitamente, o que Unger denomina de tese da convergência. Ou seja, uma leitura praticamente determinista que, implícita ou explicitamente, considera que a evolução institucional do mundo moderno ocorreu, por tentativa e erro, rumo às únicas instituições políticas e econômicas que seriam capazes de conciliar prosperidade econômica e liberdade política.[295]

Nessa leitura, para corrigir seu atraso, o Brasil deveria importar formas institucionais concretas que lhe encaminhasse a um trilho de desenvolvimento. A alternativa específica do neoconstitucionalismo brasileiro, por exemplo, nada tem de nova: é o modelo de jurisdição constitucional desenvolvido pelo tribunal constitucional alemão da década de 1970, cuja ênfase é no papel do judiciário como garantidor da Constituição, entendida como uma ordem concreta de valores. As limitações dessa visão para vida democrática é o risco, descrito por Ingeborg Maus[296] ao tratar do tribunal constitu-

---

100, n. 1, nov. 2011.

295 UNGER, Roberto Mangabeira. *O Direito e o Futuro da Democracia*. São Paulo: Boitempo, 2004, pp. 18-9.

296 MAUS, Ingeborg. "Judiciário como Superego da Sociedade: O Papel da Atividade Jurisprudencial na 'Sociedade Órfã'". *Novos Estudos Cebrap*, São Paulo, n. 58, 2000.

cional alemão e sua prática que enxergava direitos suprapositivos baseados em valores, de uma posição paternalista do Judiciário em uma sociedade democrática. Em nosso caso, o risco dessa aposta é, em vez de uma "cidadania regulada", que Wanderley Guilherme dos Santos identificou nos governos autoritários brasileiros, o surgimento de uma espécie de "cidadania judicializada", na qual as lutas voltadas à materialização de direitos tenham no Judiciário a sua principal arena e no juiz o principal protagonista.[297]

É nesse sentido que, por exemplo, a estratégia, compartilhada por vários constitucionalistas brasileiros, de interpretar direitos sociais como expressão da dignidade da pessoa humana é limitada para a implementação efetiva desses direitos. A filtragem dos direitos sociais pelo princípio totalmente abstrato da dignidade da pessoa humana acaba reduzindo a efetivação desses direitos a um mínimo de dignidade, um mínimo existencial referente a condições minimamente aceitáveis de fruição material. O grande problema é que a definição sobre quais seriam esses mínimos existenciais não passa, necessariamente, para aqueles que defendem essa visão, por um controle democrático. Em última análise, a definição desses critérios deverá ser feita pelo Judiciário, em caso da não existência de programas políticos ou da existência de programas julgados como insuficientes. Essa interpretação é problemática porque, no fim das contas, em nome da defesa de um "valor" fundamental (dignidade da pessoa humana), acaba transferindo a definição do significado concreto dos direitos sociais de uma administração pública burocratizada para um Judiciário burocratizado.

297 SANTOS, *Cidadania e Justiça.*

As alternativas às correntes "substancialistas" do direito constitucional também não parecem ser atrativas. Esse é o caso do formalismo e do procedimentalismo. Na perspectiva do formalismo, os direitos sociais, ainda que textualmente positivados, não se traduziriam em uma imposição real para os poderes estatais. Estariam limitados aos imperativos do mercado e da política. Seriam, por conseguinte, direitos vazios de qualquer conteúdo, que apenas poderiam ser preenchidos na arena política, observadas as condições fáticas. Não há, para um formalista, o porquê se falar em autoaplicabilidade de direitos sociais, já que eles careceriam de aplicabilidade imediata e titularidade subjetiva.[298] No fundo, essa perspectiva representa a reação jurídica, de matriz liberal clássica, à social-democracia constitucionalizada. O direito constitucional não possui a função de transformar a estrutura social. O Estado deveria ter funções mínimas.[299]

A segunda corrente supostamente alternativa é o denominado procedimentalismo. Inspirada, sobretudo, na teoria discursiva do direito do filósofo alemão Jürgen Harbermas,

298 FERREIRA FILHO, Manoel Gonçalves. *Constituição e Governabilidade*: Ensaio sobre a (In)Governabilidade Brasileira. São Paulo: Saraiva, 1995, pp. 34-8.

299 A alternativa formalista, no entanto, parece não fazer sentido – ainda mais quando o objeto de nossas discussões é um país cujo principal problema é sua enorme desigualdade social, que acaba se revertendo em uma camisa de força para a maioria de nossa população que não possui oportunidades. Subordinar totalmente a adoção de políticas públicas às contingências político-econômicas, sobretudo se consideramos as deficiências de nosso sistema político, é um escárnio. Se por muito se discute no mundo inteiro as alternativas ao modelo de Estado social burocratizado, certamente a melhor opção para o Brasil não seria a adoção de um aparelho estatal minimalista desconectado das tarefas urgentes de geração de oportunidade.

essa linha argumenta que os direitos sociais não são fins em si mesmos. Suas funções se referem à necessidade de, sob igualdade de chances, possibilitar o uso de competências comunicativas, já asseguradas do ponto de vista formal.[300] Direitos sociais referem-se à viabilização equânime das esferas de autonomia individual, que pode ser subdividida entre autonomia pública e autonomia privada. São, portanto, mecanismos de capacitação para o efetivo exercício de uma cidadania que é expressa por possibilidades de comunicação legítimas. A constitucionalização e a implementação dos direitos sociais a partir de políticas públicas necessitam de um processo de deliberação democrática. Essa não é a tarefa de um Estado social burocratizado, em crise gerada por sua falta de legitimidade democrática. Uma democracia constitucional é livre para tratar da melhor forma institucional cabível em um contexto histórico sobre os limites de sua agenda política, desde que preserve o direito a participação mais ampla dos cidadãos a partir da garantia de suas esferas de autonomia. Não cabe, por exemplo, ao Judiciário, em nome de uma interpretação valorativa da Constituição, definir o conteúdo da agenda política. O papel do juiz, e do jurista em sentido amplo, é o de resguardar, procedimentalmente, o lugar do debate democrático.

Essa leitura procedimental, apesar de não ter o inconveniente receio da democracia, tem por deficiência apostar todas as suas fichas em um papel idealizado da participação, minimizando a influência dos constrangimentos econômicos e sociais mais amplos. A ampliação de oportunidades não pode prescindir da uma reconstrução democratizan-

---

300 HABERMAS, Jürgen. *A Inclusão do Outro*: Estudos de Teoria Política. São Paulo: Loyola, 2002, p. 334.

te da economia de mercado, por exemplo. Sem inovações institucionais é muito difícil esperar que os procedimentos democráticos por si só gerassem mais inclusão. Assim, a social-democracia legitimada por procedimentos democráticos necessita de conteúdos institucionais que, na maioria das vezes, não são derivados desses procedimentos.

O caminho proposto por Unger é bem diferente desses três sinteticamente citados anteriormente. O constitucionalismo experimentalista por ele proposto não apresenta qualquer tensão ou paradoxo com a construção de uma vida democrática ativa e intensa. Ao contrário de grande parte das teorias constitucionais que enxergam o constitucionalismo como um limitador necessário aos riscos da democracia, a proposta teórica de Unger acena em sentido bem diferente: o constitucionalismo deve ser um instrumento potencializador das transformações democráticas.[301] No lugar de um modelo constitucional que reduz a velocidade da política, ajudando a manter a sociedade em um nível relativamente baixo de mobilização política, Unger aposta no que denomina de um "constitucionalismo da política acelerada".[302] O objetivo é inverter a lógica institucional conservadora legatária do constitucionalismo protodemocrático norte-americano, teorizado por James Madison, cuja intenção maior é frear o potencial transformador da política, estimulando, por exemplo, os impasses entre os poderes do Estado.

A visão de Unger sobre o direito e sobre o Estado de direito é construída em estreita ligação com uma teoria da democracia, cuja característica definidora está em sua natureza

301 TEIXEIRA, Carlos Sávio. "Experimentalismo e Democracia". *Lua Nova*, São Paulo, n. 80, 2010.

302 UNGER, *O Direito e o Futuro da Democracia*, pp. 169-72.

experimentalista. A ideia geral é a de intensificar a flexibilidade das instituições de modo que se tornem instrumentos efetivos de ação individual e coletiva. Explicaremos na sequência as bases de sua proposta de experimentalismo institucional para em seguida discutirmos sua alternativa para a análise jurídica.

Democracia e alternativas institucionais

A questão da democracia surge no pensamento de Unger atrelada ao problema do desenho de instituições que possibilitem a convergência entre as condições de emancipação individual e as condições do progresso material. Nesta perspectiva, a democracia tem por objetivo possibilitar o engrandecimento da pessoa comum. E, para se realizar esse intento no contexto das sociedades contemporâneas, exige-se a renovação das formas institucionais e discursivas, hoje circunscritas a um repertório muito restritivo.[303] No âmbito das discussões contemporâneas podemos identificar duas perspectivas fortes: de um lado, aquela que se confunde com a ciência política norte-americana, cuja defesa do individualismo em oposição ao compartilhamento do mundo coleti-

303 Uma boa parte da reflexão sobre democracia durante a maior parte do período de surgimento e expansão do sufrágio universal até hoje teve como um de seus principais eixos o esforço de separar a democracia da luta por igualdade. Primeiro, foram os liberais que a definiram apenas como igualdade perante a lei; em seguida os socialistas, que, ao denunciarem o formalismo da igualdade liberal, condenaram também a democracia a um papel secundário; e, em terceiro, o elitismo antirrepublicano que dominou a chamada "teoria democrática" contemporânea. Sobre o assalto elitista à teoria democrática ver MIGUEL, Luís Felipe. "A Democracia Domesticada: Bases Antidemocráticas do Pensamento Democrático Contemporâneo". *Dados - Revista de Ciências Sociais*, Rio de janeiro, v. 45, n. 3, 2002.

vo caminha lado a lado às visões que interpretam a política como um assunto de líderes tecnocráticos ou carismáticos ou, ainda, como questões para organizações partidárias que dirigem massas despreparadas e indiferentes; de outro lado, as filosofias políticas que pretendem formular as condições procedimentais para a obtenção de critérios de legitimação da ação política.[304]

Um dos principais temas do projeto intelectual ungeriano, e que lhe empresta interesse teórico além de prático, é o da indefinição institucional do mundo econômico e do mundo político. A premissa é que não se deve identificar a ideia abstrata de uma economia de mercado ou de uma democracia representativa com conjunto específico de instituições, tais como aquelas que vieram a prevalecer nas sociedades ricas da atualidade. Pelo contrário, a ideia de uma economia de

---

304 Este é o caso, por exemplo, da abordagem de Habermas. Para esse autor uma ordem democrática é aquela na qual estão presentes as condições potenciais para a produção dos consensos fundados na comunicação entre sujeitos livres. É uma perspectiva em que o debate sobre o conteúdo institucional da democracia está ausente. Este raciocínio, como observou Perry Anderson, fornece subsídios para uma crítica de esquerda a Habermas. Para o autor de *Direito e Democracia: Entre Facticidade e Validade*, as sociedades modernas são caracterizadas pelo desacoplamento do mundo da vida, no qual se dá a reprodução simbólica, intersubjetiva e comunicativa da sociedade, e os sistemas estatal e econômico, reino da ação estratégica operada pelos meios do dinheiro e do poder, no qual se garante sua reprodução material. Esse desacoplamento, tecnicamente incontornável, seria um impeditivo às pretensões de uma reapropriação pelos cidadãos e produtores da ordem política e econômica. Essa demarcação rígida é totalmente rejeitada, por exemplo, pela perspectiva desenvolvida por Unger. Para o brasileiro, as fronteiras entre o mundo vivido e o sistema são mutáveis e transponíveis. ANDERSON, Perry. *Afinidades Seletivas*. São Paulo: Boitempo, 2002, pp. 189-90.

mercado ou de uma democracia representativa pode revestir grande variedade de formas institucionais, bastante diferentes daquelas que hoje predominam nos Estados Unidos e nos países centrais da Europa ocidental.[305]

A ideia de indefinição institucional da economia e da política pode desdobrar-se em várias preocupações mais específicas. Ela é uma das noções-chave do experimentalismo de Unger. Responder, por exemplo, se no Brasil o regime presidencialista será o mesmo dos norte-americanos, desenhado por James Madison, pelo sistema de pesos e contrapesos para acautelar a política, ou se será um tipo de presidencialismo com instrumentos que permitam uma espécie de "parlamentarização" das relações entre os poderes, resolvendo de forma rápida muitos de seus impasses rotineiros no presidencialismo clássico, tem enorme significado. Para Unger, é a resposta a indagações institucionais como esta que determina o destino de uma sociedade. E, ao se introduzirem questões como essas, a dimensão institucional e a de suas alternativas assumem papel de destaque no debate público.

Dessa forma, o foco na análise institucional é um componente central do projeto intelectual de Unger e de sua reflexão sobre a democracia. Posta em outros termos analíticos, a questão é a seguinte: podemos distinguir dois tipos de atividades na experiência social. Há as atividades rotineiras que compõem as ações que realizamos dentro de uma estrutura

---

305 No centro do projeto teórico de Unger, está a ideia da formulação de alternativas institucionais. O método analítico desenvolvido para pensar a formulação dessas alternativas institucionais consiste em abordar a estrutura de uma sociedade a partir da compreensão do repertório institucional estabelecido. A genealogia das instituições existentes, entendidas como a organização construída da sociedade, deve desembocar na análise das alternativas institucionais.

definida por arranjos e suposições institucionais e ideológicos tomados como naturais, e há as atividades extraordinárias por meio das quais se questiona e, eventualmente, se revê parte dessa estrutura. A questão nevrálgica diz respeito a se saber qual a relação entre esses dois tipos de atividades. A resposta de Unger é a extensão radical da "plasticidade". A condição suprema do progresso material torna-se a plasticidade da vida social: a relativa facilidade com que as pessoas podem sujeitar suas formas de intercâmbio, de produção e organização do trabalho à lógica de resolução de problemas. Assim, a qualidade da plasticidade é uma pré-condição para a qualidade da democracia.

No pensamento de Unger, a tese é que essa relação em vez de ser encarada como um fato constante e "natural" é um dos objetos em luta no processo histórico. Pode-se querer transformar a relação entre aqueles dois tipos de atividades de tal modo a diminuir a distância entre elas e fazer com que as atividades que a questionam e a transformam resultem de forma mais constante das atividades rotineiras realizadas dentro das estruturas. Por isso a construção dos entendimentos, dos interesses e dos ideais ocorre no processo de organização daquela relação. Portanto, somente ao organizá-las é que descobrimos as suas ambiguidades e somos obrigados a fazer as escolhas. Dessas escolhas fazem parte as instituições.[306]

---

306 Essa ideia um tanto óbvia é rejeitada pelos "herdeiros de Kant" como John Rawls: "os teóricos supõem que a separação do projeto institucional dos princípios normativos seja necessária para assegurar a transcendência da teoria normativa do contexto histórico". E por isso, paradoxalmente, "esses filósofos políticos racionalistas se entregam completamente nas mãos de sua situação histórica. Não é de admirar que sua especulação continue apenas um polimento filosó-

O problema é que o exemplo dessa dialética entre ideias e instituições proposta por Unger apareceu na história do pensamento moderno maculada por um conjunto de limitações intelectuais: o "fetichismo institucional" e o "fetichismo estrutural". O fetichista institucional supõe que os sistemas institucionais, como o capitalismo, são indivisíveis e que têm uma lógica - ou se aperfeiçoa esse sistema ou se substitui, mas o sistema é o sistema.[307] Sua obra de teoria social e política é toda ela a sustentação de que uma das grandes questões em jogo na história é a nossa relação com os contextos que construímos e que podemos construir ordens institucionais que não são apenas diferentes em seu conteúdo das ordens anteriores, mas são diferentes principalmente em sua qualidade: sejam capazes de diminuir a distância entre as ações

---

fico das práticas características tanto da redistribuição por meio de impostos e transferências quanto da proteção dos direitos individuais nas democracias industriais do pós-guerra". UNGER, Roberto Mangabeira. *Democracia Realizada*: A Alternativa Progressista. São Paulo: Boitempo, 1999, p. 22.

307 A definição desses desvios conceituais por Unger é a seguinte: "O fetichismo institucional é a crença em que conceitos institucionais abstratos, como as ideias de democracia representativa, economia de mercado ou sociedade civil livre, têm uma expressão natural e necessária em um conjunto particular de estruturas legalmente definidas. O fetichismo estrutural é a contraparte de ordem superior do fetichismo institucional: a ideia de que, apesar de podermos ser capazes de revisar uma ordem institucional particular, e até mesmo de substituir, vez por outra, um sistema institucional por outro diferente, não podemos alterar o caráter da relação entre as estruturas institucionais e a liberdade dos agentes que as ocupam de contestar e transcender essas estruturas". Ibidem, p.91.

realizadas dentro da estrutura existente da vida social e as ações realizadas para resistir e reorganizar a estrutura.[308]

O conceito fundamental da inovação teórica de Unger no tratamento da questão institucional chama-se "contexto formador". Ele representa o grau de "suscetibilidade à revisão" de uma ordem social. Um contexto formador é um arranjo institucional e ideológico relativamente acidental que regula as expectativas corriqueiras e as disputas regulares com relação à distribuição dos principais recursos da sociedade. Unger sustenta que, embora não possamos evitar completamente que nossas rotinas sofram as restrições de um "contexto formador", pode-se desenhá-lo de forma a abri-lo a contestações e revisões. Esse movimento promove a quebra do clássico antagonismo entre reforma e revolução, pois o

---

308 Esse ponto é particularmente interessante porque permite perceber a sutileza da comparação que Unger faz do Brasil com os Estados Unidos. Segundo ele, o Brasil é o país do mundo mais parecido como os Estados Unidos, mas entre as diferenças uma é especialmente importante e tem a ver com a visão básica sobre as instituições. Os Estados Unidos sofrem na sua cultura pública da tentação permanente da idolatria institucional, agravada pela suposição de que descobriram a fórmula definitiva de uma sociedade livre no momento da fundação da república. E, principalmente, que essa fórmula teria apenas de ser ajustada de tempos em tempos sob a pressão das crises – no âmbito das discussões constitucionais, essa visão encontra respaldo na teoria de Ackermann (ACKERMAN, Bruce. *Nós, O Povo Soberano*: Fundamentos do Direito Constitucional. Belo Horizonte: Del Rey, 2006) sobre os momentos constitucionais. Nós, brasileiros, segundo Unger, sofremos do defeito inverso: a rendição institucional. A maioria de nossas instituições é importada. Por isso o método da imaginação institucional proposto por ele procura simultaneamente superar esses dois defeitos, o fetichismo da idolatria e a rendição da cópia, ambos igualmente graves. Graves, entre outros motivos, porque sustentam as sociedades de classe mais desiguais do mundo. Os Estados Unidos entre as ricas e o Brasil entre as emergentes.

experimentalismo institucional proposto pode ser radical, a ponto de transformar as estruturas básicas da sociedade. Daí seu caráter revolucionário. E fazê-lo, lidando com uma parte dessa estrutura por vez, passo a passo, cumulativamente. Daí o seu caráter reformista.[309]

Nas discussões sobre casos concretos de contextos contemporâneos, Unger se esforça por revelar o caráter fetichista das análises sobre seu desenvolvimento. A "história mítica da democracia" talvez seja o exemplo mais revelador de fetichismo institucional. O constitucionalismo liberal do século XVIII, por exemplo, esforçou-se ao limite para garantir que o governo não saísse das mãos da classe dos notáveis e financeiramente capazes, os únicos em condição de impedir que o mundo da ralé e as artimanhas dos "demagogos" pudessem dominar o governo. O liberalismo constitucional esteve, para Unger, desde seu início, separado da democracia. O surgimento do sufrágio universal foi um desafio indesejado a este constitucionalismo, assim como a domesticação do

309 Neste ponto em particular, a argumentação de Unger sofre várias críticas. Sua tese de que o desenvolvimento histórico de algumas formas institucionais conhecidas evidencia a dinâmica de abertura progressiva do mundo é considerada insustentável. Segundo Unger, as castas hereditárias na Índia antiga, as corporações da Europa feudal, as classes sociais contemporâneas e os "grupos de opinião" do futuro são expressões da presença de contextos formadores progressivamente mais abertos ou "plásticos" (UNGER, Roberto Mangabeira. *Política*: Os Textos Centrais. São Paulo: Boitempo, 2001, pp. 88-91). Diante dessa visão, alguns chegam a se perguntar como ele explica, em sua narrativa da evolução progressista da humanidade, o ressurgimento de fenômenos como o fascismo, ou como se explica que o movimento de plasticidade institucional na história, em vez de resultar em formas variadas de organização social, alcançou enorme uniformidade (ANDERSON, *Afinidades Seletivas*, pp. 185-6).

voto da massa é um enigma mal explicado para os defensores da "história mítica da democracia".[310]

Unger combina ao tema geral de sua genealogia da falsidade do fetichismo institucional todo um detalhado programa institucional para inverter a lógica constitucional "preservadora" do liberalismo. O sentido dessa concepção é o de "imbricação" de poderes, ao invés de separação. A ideia é que, a partir dessa reorientação, as condições de abertura da democracia representativa para a coexistência com formas de democracia direta sejam facilitadas. Um dos instrumentos da progressiva aceleração democrática é o uso de plebiscitos. A inspiração histórica do modelo imaginado por Unger são as chamadas "constituições dualistas", por exemplo, a constituição portuguesa de 1976.[311]

As maiores implicações teóricas das análises e das críticas de Unger a respeito dos diversos fetichismos que marcam o pensamento sobre as instituições são a possibilidade de uma

---

310 UNGER, *Política*, pp. 137-45.

311 Constituições dualistas são aquelas que, num registro genérico, combinam o aspecto plebiscitário do presidencialismo com o elemento consensual e regulador do parlamentarismo. Mas o projeto constitucional de Unger incorpora outros elementos como "a multiplicação de poderes e funções superpostas", "a formação e resoluções de conflito de poderes", "o centro de decisão", "a elaboração de miniconstituições", "a preocupação com a estabilidade política numa democracia de alta intensidade", "as formas de descentralização" e "as estruturas de associação voluntárias". Mas para essa institucionalização funcionar, é preciso a economia se transformar, pois "uma democracia como essa não pode se desenvolver se o mundo do trabalho e trocas estiver organizado de forma que não apenas sejam diferentes dos princípios do governo democrático, mas limitem seu alcance, solapem sua influência e rompam seus mecanismos". Embora observe a necessidade dessa convergência, Unger não estabelece nenhuma prioridade causal entre as mudanças nessas distintas esferas. *Ibid.* pp. 307-37.

explicação causal que incorpore o contingente. E que dessa forma "torne estranho o familiar". Em suas palavras:

> A genealogia institucional mostra que o que se tomou inicialmente por disposições governamentais, econômicas e legais fortemente determinadas por uma combinação de exigências técnicas inexoráveis e influências sociais irresistíveis revela-se, a um exame mais cuidadoso, ter sido uma série de acordos complicados e precários, resultados de muitas linhas vagamente interligadas de invenção e hábito, acomodação e coerção, percepção e ilusão. Assim que nos libertamos dos dogmas de teóricos liberais, marxistas e modernistas, começamos a reconhecer a variedade impressionante de notas institucionais esquecidas, suprimidas ou subordinadas, silenciadas pela fanfarra da marcha triunfal que nos trouxe até a mistura contemporânea de economia e democracia parlamentar. A fanfarra, tal como o triunfo, sempre foi maior nos livros do que na vida real.[312]

Imaginação institucional e políticas públicas

Ao tratar de uma perspectiva experimentalista do direito constitucional, as ideias de Unger não podem ser dissociadas do pano de fundo de seu pensamento teórico sobre a organização institucional das sociedades e a democracia, discutido anteriormente. O direito – e o direito constitucional – não é autônomo no sistema teórico de Unger. O direito, em seu projeto de experimentalismo democrático, é visto como um instrumento para a imaginação de instituições alternativas aptas a alterar as estruturas sociais. Nessa perspectiva, o direito é o instrumento para a tradução de ideais e interesses

312 *Ibid.*, p. 147.

em instituições. Esse sentido de direito adotado é, explicitamente, de inspiração hegeliana, visto como a "organização da vida de um povo em instituições". Esse significado institucional guarda relação direta com a vocação não explorada do pensamento jurídico: a imaginação institucional.[313]

As reflexões de Unger sobre o direito ocupam-se em desmistificar os métodos contemporâneos de análise jurídica. Para ele, apesar de toda a crítica construída ao longo do século XX ao formalismo jurídico, ela foi limitada, pois o formalismo, em sua nova versão (a idealização de princípios e políticas públicas) continua vivo nas principais correntes interpretativas do direito. Isso não ocorre sem razão. Tem a ver com o que ele denomina de desenvolvimento interrompido da análise jurídica, ocorrida na passagem do projeto de direito do século XIX para o projeto de direito do século XX e em seu desenvolvimento.[314]

A essência do direito do século XIX foi sua organização em torno de direitos privados que normativamente pretendiam representar a natureza intrínseca da liberdade. O direito livre tinha conteúdo político predeterminado e deveria ser neutro do ponto de vista de concepções de redistribuição. Esse projeto foi substituído, ao longo do século XX, por outro que reconhecia que a liberdade, para ser efetiva e real, deveria observar as condições fáticas e materiais. O direito, em

---

313 UNGER, *O Direito e o Futuro da Democracia*.

314 "Tais conflitos estão muito aquém do cânone hermético de argumentação e de dedução que os formalistas afirmam ser a análise jurídica. Este formalismo considera a combinação de princípios idealizados com objetivos e políticas públicas impessoais como componentes indispensáveis do raciocínio jurídico" (*id.*, *The Critical Legal Studies Moviment*. Cambridge: Harvard University Press, 1986, p. 1, tradução nossa).

especial o direito constitucional, deveria preocupar-se em materializar a igualdade. Assim, as constituições do século passado, a começar pela Constituição mexicana de 1917 e, principalmente, pela Constituição de Weimar, de 1919, inovaram ao trazer em suas redações rol de direitos sociais que definiam a necessidade de uma ação institucional do Estado. Além disso, no âmbito do direito privado ficaram nítidas as mudanças interpretativas (função social da propriedade e dos contratos, por exemplo, sinalizavam para uma transformação mais profunda do papel do direito).

Dessa forma, uma das conquistas teóricas centrais do pensamento jurídico no século XX foi a descoberta gradativa da indeterminação do direito. Entretanto, para Unger, ainda não se compreendeu completamente o significado profundo desta descoberta da análise jurídica nem no campo do direito nem em áreas vizinhas, como a economia política. Embora possa parecer de significado restrito, a tese da indefinição institucional da economia de mercado – ou da democracia representativa – continua a ser incompatível com algumas das ideias mais básicas do pensamento contemporâneo.

No entanto, para Unger, o desenvolvimento do direito do século XX apresentou um enigma, pois esse desenvolvimento não avançou no terreno da construção de suas formas institucionais. Isso porque as condições factuais da liberdade são sempre controvertidas – é sempre possível encontrar diferentes maneiras de interpretá-las. E, também, há diversas formas institucionais de assegurar o gozo efetivo dos direitos. Dessa forma, segundo o autor, o desenvolvimento do direito moderno no século XX deveria ter levado a um experimentalismo institucional: à busca de formas alternativas de organizar a economia de mercado, o Estado democrático e a sociedade civil.

Unger identifica o motivo para o não desenvolvimento experimental do direito do século passado. Para ele, apesar do reconhecimento da indeterminação do direito, a razão para a interrupção de um desenvolvimento que poderia potencializar a análise jurídica como imaginação institucional tem a ver com a relação entre o projeto de direito do século XX e um grande compromisso de economia política que dominou grande parte do século XX: a social-democracia. Para Unger, esse compromisso se dá à custa do avanço rumo a um modelo de ampliação de oportunidades e, por conseguinte, do potencial de engrandecimento das pessoas comuns, oprimidas por estruturas sociais que reproduzem hierarquias rígidas e limitações materiais.[315]

Em sua concepção, a tradição constitucional existente nas democracias ocidentais funciona como inibidora das transformações estruturais necessárias. A chave dessa inibição está na rígida separação entre atividades rotineiras e transformadoras. Nesse cenário, as mudanças necessárias requerem crises. A constitucionalização de expectativas por meio de direitos sociais, desacompanhadas de uma reconstrução do modelo econômico e social, tem a função de reduzir crises do que servir às tarefas que se propõe discursivamente. Para ele, portanto, não basta discutir normativamente as condições de implementação de políticas e os instrumentos e métodos jurídicos se não se discutir os modelos institucionais.[316] A grande questão para este capítulo é saber se de fato

315 UNGER, *O Direito e o Futuro da Democracia*, pp. 51-3.

316 Para uma abordagem sobre as possibilidades jurídico-institucionais em políticas públicas com inspiração na abordagem proposta por

as críticas e propostas de Unger fazem sentido para a realidade constitucional brasileira. Parece-nos que sim.

Para Unger, seria necessário pensar mecanismos institucionais que visassem a reduzir o papel da crise como elemento necessário para a inovação. O constitucionalismo da política acelerada, em sua visão, é alternativa para resgatar o papel da democracia como procedimento para criar o novo, característica bloqueada pela tradição constitucional liberal (liberalismo protodemocrático) e apenas suavizada pelas promessas não cumpridas de um constitucionalismo social (weimarismo tardio). Teóricos como Cass Sunstein tecem duras críticas à perspectiva de Unger. Para ele, o sistema teórico de Unger, ao propor mecanismos institucionais que visam reduzir ou até mesmo eliminar a dicotomia entre rotina e revolução dos contextos estruturais, subestima os perigos de se colocar tudo para revisão, os riscos de fragmentação da sociedade, as possibilidades da democracia deliberativa e a função facilitadora do constitucionalismo. Em síntese, Sustein assevera que Unger não consegue compreender a importância da relação entre constitucionalismo e democracia.[317]

Unger, por sua vez, afirma que: "Alguns podem objetar que a mudança estrutural é um subproduto de forças que não podemos esperar dominar ou guiar [...]. Dessa ideia surge a visão de que mudança jurídico-institucional, em particular, e mudança social, em geral, ocorrem em momentos excepcionais de renovação frenética e gerada por crises". Mas

---

Unger, ver CHAVES, Vitor. "Politicas Públicas e Reconstrução do Federalismo Brasileiro". *Revista Interesse Nacional*, São Paulo, v. 3, 2010.

317 SUNSTEIN, Cass. "Routine and Revolution". In: LOVIN, Robin; PERRY, Michael (eds.). *Critique and Construction*: A Symposium on Roberto Unger's Politics. Cambridge: Cambridge University Press, 1990.

a defesa da rotinização de mudanças não implica, necessariamente, o abandono da ideia de direitos fundamentais e imunidades pelo pensamento de Unger.[318] Porém, em seguida, destaca que

> [...] um experimentalista democrático não vai ficar esperando pelo próximo momento mágico. Em vez de nos ver coroados pela história, ele vai insistir que nos coroemos a nós mesmos [...] a experiência reconstrutiva não é um episódio misterioso e impenetrável. Ideias a informam e moldam seu legado. A menos que lutemos por ideias alternativas sobre as formas institucionais práticas de realização de nossos interesses e ideais, nos encontraremos presos às ideias que por acaso estejam à mão no momento da oportunidade transformadora.[319]

Conclusão

A metodologia dominante no direito constitucional, que procura, nas mãos da figura de um juiz – ou de juristas que simulam a posição de um magistrado –, extrair "racionalmente" princípios que supostamente refletiriam valores qua-

---

318 "Outro grande horizonte do direito da social-democracia ampliada, por contraste à prática da iniciativa descentralizada, é a provisão social do indivíduo. O indivíduo deve gozar de um conjunto de proteções e imunidades relativamente isoladas dos riscos do conflito político de curto prazo. A essência prática da linguagem metafísica de direitos fundamentais da tradição anglo-americana mantém sua força: chamar determinada proteção de direito fundamental significa dizer que não devemos expô-la a perigo e perturbação frequentes no curso normal do conflito político. A proteção se torna um direito fundamental de fato quando adquire certa medida de imunidade a esses riscos" (UNGER, *O Direito e Futuro da Democracia*, pp.173-4).
319 *Ibid.*, pp. 32-3.

se que consensuais da sociedade, é mais um problema do que a solução – principalmente em países como o Brasil. A tentativa frustrada de reduzir o grau de indeterminação dos direitos constitucionais a partir de exercícios semânticos inibe a tarefa de imaginar formatos institucionais alternativos.

A título de exemplificação propomos uma questão sobre a política pública de saúde a partir de caminho proposto por Unger. O artigo 196 da Constituição Federal descreve a saúde como um direito de todos, cujo acesso deve ser universal e igualitário, e um dever do Estado, em suas várias esferas. Entre suas diretrizes está "atendimento integral, com prioridade para as atividades preventivas, sem prejuízo dos serviços assistenciais" (inciso II do art. 198). Todavia, o que significa atendimento integral em um modelo de saúde pública? Que deve ser garantida mediante políticas públicas sociais e econômicas, organizada como um setor da seguridade social? Significa que o Estado deve prover todos os tratamentos cabíveis aos indivíduos que demandam a administração pública ou o Judiciário independentemente dos custos e das possibilidades reais de universalização? Ou significa que o Estado deve garantir um conjunto de ações básicas para todos, com prioridade para as atividades preventivas, e no caso da ausência de recursos as ações de maior complexidade devem ser sacrificadas?

No lugar de esperarmos que o poder Judiciário venha amenizar individualmente, caso a caso, as mazelas da saúde pública nacional, talvez fosse o caso de os juristas abandonarem a tentativa de buscar respostas a partir de métodos interpretativos do texto constitucional e enfrentarem o desafio de pensar variações institucionais que apresentem, experimentalmente, modelos mais eficientes e transformadores da realidade do cidadão comum brasileiro. Para tanto, a metodologia de se pensar o direito constitucional e o direito em geral deve ser outra. Deve se preocupar menos com a tentativa de encontrar, à revelia do processo democrático, princípios e valores constitucionais implícitos na ordem constitucional e explorar, sem preconceitos, comparações e analogias entre formas institucionais.

Na discussão sobre a integralidade das políticas públicas de saúde, por exemplo, o experimentalismo democrático provavelmente recomendaria ao jurista que não perdesse tempo com a discussão de fórmulas vazias como a definição de mínimos existenciais ou de cálculos de metodologia controversa sobre uma reserva do economicamente possível e se aprofundasse no mapeamento das alternativas, na crítica do modelo atual e na imaginação institucional de alternativa a ele. No lugar de mínimos existenciais e reservas do possível, entrariam a motivação de máximas garantias a partir da experimentação de novas instituições a serem definidas no debate democrático. O jurista, em vez de ser um assessor de juízes hipotéticos, passaria a ser um assistente técnico da cidadania.

A perspectiva trazida por Unger apresenta alternativa de compreensão do direito constitucional que enfatiza o papel da imaginação institucional – e, por conseguinte, das inúmeras variações institucionais – como estratégia para a mudança estrutural, operada de forma cumulativa. Nesse cenário, o foco das discussões deixa de ser a centralidade do poder Judiciário e os métodos que buscam racionalizar o direito a partir de idealizações normativas em torno do texto constitucional. O tema central passa a ser a crítica da ordem institucional e a imaginação democrática de novas formas institucionais.

Referências bibliográficas

ACKERMAN, Bruce. *Nós, o Povo Soberano*: Fundamentos do Direito Constitucional. Belo Horizonte: Del Rey, 2006.

ANDERSON, Perry. *Afinidades Seletivas*. São Paulo: Boitempo, 2002.

BARROSO, Luis Roberto. "Neoconstitucionalismo e Constitucionalização do Direito". *Revista de Direito Administrativo*, Rio de Janeiro, n. 240, 2005.

BONAVIDES, Paulo. *Curso de Direito Constitucional*. São Paulo: Malheiros, 2001.

CANOTILHO, José Joaquim Gomes. *Constituição Dirigente e Vinculação do Legislador*: Contributo para Compreensão das Normas Constitucionais Programáticas. Coimbra: Coimbra Editora, 1994.

_____. *Constituição Dirigente e Vinculação do Legislador*: Contributo para Compreensão das Normas Constitucionais Programáticas. Coimbra: Coimbra Editora, 2001.

_____. "O Estado Adjetivo e a Teoria da Constituição". *Revista Latino-Americana de Estudos Constitucionais*, Belo Horizonte, Del Rey, n. 5, jan./jun. 2005.

_____. *"Brancosos" e Interconstitucionalidade*: Itinerários dos Discursos sobre a Historicidade Constitucional. Coimbra: Almedina, 2006.

CARVALHO, José Murilo de. *Cidadania no Brasil*: O Longo Caminho. 6 ed. Rio de Janeiro: Civilização Brasileira, 2004.

CHAVES, Vitor Pinto. "Políticas Públicas e Reconstrução do Federalismo Brasileiro". *Revista Interesse Nacional*, v. 3, 2010.

COUTINHO, Jacinto Nelson de Miranda (org.). *Canotilho e a Constituição Dirigente*. Rio de Janeiro, Renovar, 2003.

FERREIRA FILHO, Manoel Gonçalves. *Constituição e Governabilidade*: Ensaio sobre a (In)Governabilidade Brasileira. São Paulo: Saraiva, 1995.

HABERMAS, Jürgen. "A Nova Intransparência: A Crise do Estado de Bem-Estar Social e o Esgotamento das Energias Utópicas". *Novos Estudos Cebrap*, n. 18, 1987.

_____. *Direito e Democracia*: Entre Facticidade e Validade. v. I e II Rio de Janeiro: Tempo Brasileiro, 1997.

_____. *A Inclusão do Outro*: Estudos de Teoria Política. São Paulo: Loyola, 2002.

MAUS, Ingeborg. "Judiciário como Superego da Sociedade: O Papel da Atividade Jurisprudencial na 'Sociedade Órfã'". *Novos Estudos Cebrap*, n. 58, 2000.

MIGUEL, Luis Felipe. "A Democracia Domesticada: Bases Antidemocráticas do Pensamento Democrático Contemporâneo". *Dados – Revista de Ciências Sociais*, Rio de Janeiro, v.45, n. 3, 2002.

KRELL, Andreas. "Realização dos Direitos Fundamentais Sociais Mediante Controle Judicial da Prestação dos Serviços Públicos Básicos: Uma Visão Comparativa". *Revista de Informação Legislativa*, Brasília (DF), v. 144, 1999.

SABEL, Charles; SIMON, Willian. "Minimalism and Experimentalism in the Administrative State". *Georgetown Law Journal*, v. 100, n 1, nov. 2011.

SANTOS, Wanderley Guilherme. *Cidadania e Justiça*. Rio de Janeiro: Campus, 1979.

SOUZA, Jessé. *A Modernização Seletiva*: Uma Reinterpretação do Dilema Brasileiro. Brasilia: Editora UnB, 2000.

_____. *A Ralé Brasileira: Quem É e como Vive*. Belo Horizonte: Editora UFMG, 2009.

STRECK, Lenio Luís. "Intervenções e Perguntas". In: COUTINHO, Jacinto Nelson de Miranda (org.). *Canotilho e a Constituição Dirigente.* Rio de Janeiro: Renovar, 2003.

SUNSTEIN, Cass. "Routine and Revolution". In: LOVIN, Robin W.; PERRY, Michael (eds). *Critique and Construction*: A Symposium on Roberto Unger's Politics. Cambridge: Cambridge University Press, 1990.

TEIXEIRA, Carlos Sávio. "Experimentalismo e Democracia em Unger". *Lua Nova*, São Paulo, n. 80, 2010.

UNGER, Roberto Mangabeira. *The Critical Legal Studies Movement.* Cambridge: Harvard University Press, 1986.

_____. *Democracia Realizada*: A Alternativa Progressista. São Paulo: Boitempo, 1999.

_____. *Política*: Os Textos Centrais. São Paulo: Boitempo, 2001.

_____. *O Direito e o Futuro da Democracia*. São Paulo: Boitempo, 2004.

5 - Os Erros que Unger não Cometeu

Caio Farah Rodriguez[320]

Introdução

Para reconhecer o caráter inovador e a relevância do pensamento jurídico de Roberto Mangabeira Unger, é preciso mais do que ler sua obra jurídica mais citada e conhecida, *Law in Modern Society* (1976). Esse trabalho pode ser utilmente descrito como a sistematização e, em alguns pontos, a antecipação, das questões a que se voltavam a teoria e a sociologia jurídica europeia do final da década de 1970: a caracterização do direito na sociedade liberal e da passagem ao Estado social, com o enunciado dos dilemas daí resultantes para a teoria e prática do direito.

Entretanto, é sobretudo no denso e pouco discutido volume *False Necessity: Anti-Necessitarian Social Theory in the Service of Radical Democracy* (1986), complementado pelos especificamente jurídicos *The Critical Legal Studies Movement* (1986) e *What Should Legal Analysis Become?* (1996), que o cerne da produção jurídica mais interessante de Unger é encontrável.

O direito, nesses outros trabalhos, é entendido, de maneira ampla, como a organização institucional da vida em socie-

320 Doutor em Direito pela Universidade de São Paulo (USP) e Professor do Insper. Autor do livro *Juizo e Imaginação: Da Indeterminação Jurídica à Imaginação Institucional.*

dade, e a tarefa principal da análise jurídica é intensificar as práticas de invenção, discussão e detalhamento das formas alternativas dessa organização institucional, especialmente aquelas formas que mais se prestem a tornar suscetível de revisão a própria organização que ajudam a definir.[321]

O preço de concepção tão abrangente do direito é a dificuldade em distingui-lo da política. Pior para a distinção entre direito e política. Desde que, evidentemente, não se restrinja a política aos conflitos político-partidários de curto prazo, cujo objetivo é apenas a (legítima, se democrática) ocupação dos centros de poder oficial, mas se estenda seu sentido e alcance para exatamente abranger a discussão irrestrita sobre os termos básicos da vida em sociedade.

Mesmo com essas considerações preliminares, suponho que, no melhor cenário, o artigo "A Constituição do Experimentalismo Democrático", de Roberto Mangabeira Unger, publicado na *Revista de Direito Administrativo*, será tomado como exercício de ciência ou filosofia política e, do ponto de vista jurídico, no máximo, como exprimindo conjunto amplo de propostas de *lege ferenda* para reforma da constituição.

Não é possível saber ao certo qual seria o pior cenário, mas imagino que dificilmente deixaria de caracterizar o artigo como exemplo de voluntarismo político e estilo hiper-

---

321 *False Necessity* é particularmente rico em exemplos e raciocínios ilustrativos dessas ideias, além de contar, diferentemente de outros trabalhos recentes do autor, com uma nota bibliográfica pormenorizada, destinada não apenas a registrar dívidas intelectuais, mas, sobretudo, a facilitar o trabalho de pesquisadores com objetivos comuns, compartilhando com eles um "plano de estudo". Vide UNGER, Roberto Mangabeira. *False Necessity*: Anti-Necessitarian Social Theory in the Service of Radical Democracy. Cambridge: Cambridge University Press, 1987, p. 604.

bólico. Entre o pior cenário e o melhor, a indiferença é seu destino mais provável. Em meu entendimento, o artigo é, substancialmente, uma suma de ideias mais bem desenvolvidas em *False Necessity*. Trata-se, nesse sentido, de uma peça de instigação – algo como "tome essas sugestões rudimentares e investigue, leitor, por conta própria, aonde levariam". Ou, talvez mais próximo às intenções de seu autor, tome o fato de que ideias como essas são concebíveis como demonstração do fato de que é possível imaginar um exercício de raciocínio jurídico que não se restringe a pensar o direito no contexto jurisdicional (isto é, como instrumentalizando uma decisão judicial) e, sim, estende-se às características e variações possíveis de complexos institucionais mais amplos.

Como peça de instigação, parece-me evidente que o artigo não pode senão falhar. Pouco é explicado, mas, como quem o escreve já cumpriu a tarefa em outro lugar, as afirmações ali registradas aparecem como proposições tratadas como autoevidentes a qualquer leitor, o que mais afasta o interesse dos leitores do que os impulsiona a avaliar se as ideias são mesmo boas, como deveria ser.

Por essas razões, neste comentário, tratarei de explicitar o que me parece mais inovador e relevante no pensamento jurídico de Unger por outra via. Minha intenção é indicar em que direção a apropriação do pensamento de Unger produzira implicações ricas ao debate jurídico brasileiro, a partir da descrição de um conjunto de práticas analíticas que diverge fundamentalmente da abordagem proposta por Unger.

Parece-me que uma das maiores dificuldades na compreensão dos escritos jurídicos de Unger está, comumente, na falta de identificação, pelos leitores, do tipo de prática analítica que pretendem substituir e as implicações dessa substituição. É como se suas criticas ao pensamento jurídico, tanto o convencional quanto aquele que se pretende progressista, fossem apenas mais um lance em um embate intelectual entre intelectuais, relevante, quando muito, a um grupo restrito de iniciados em teoria do direito. Entretanto, a meu ver, o que ele propõe se contrapõe de maneira frontal a um entendimento da prática do direito que nos parece tão obviamente importante a ponto de ficarmos cegos à sua existência.

De fato, de forma a romper essa dificuldade, proponho-me, neste artigo, a formular uma descrição de um tipo de prática analítica no direito, crescentemente predominante no Brasil, que designo de "estratégia interpretativista", cujos pressupostos, se explicitados, representam uma forma de pensamento jurídico antípoda àquela de Unger. *A contrario sensu*, portanto, espero estabelecer distinções úteis entre o pensamento de Unger e o que se faz de mais sério e importante ao teorizarmos sobre o direito no Brasil hoje.

Os traços da estratégia interpretativista, identificados a seguir, expressam a sistematização dos resultados de uma investigação, a que procedi há alguns anos,[322] de caráter quase empírico: exame detido da produção intelectual de vários

---

322 O contexto da investigação foi a necessidade de considerar o que deveria ser objeto de aprendizado no curso "Introdução ao Estudo do Direito", da Escola de Direito do Rio de Janeiro da Fundação Getulio Vargas, formulado em colaboração com Marcio Soares Grandchamp. As perguntas que fizemos foram: como se pratica o direito no Brasil hoje? Quais as formas preponderantes de raciocínio jurídico? Quais seus pressupostos? A resposta, surpreendentemente ou não, foi uma tendência unificada nas características da "estratégia interpretativista", que, em boa medida, coincidiu com o que Unger chamou de "rationalizing legal analysis" em *What Should Legal Analysis Become?*. Desnecessário dizer que Grandchamp não é responsável pela descrição nem pelo uso que faço das conclusões daquela investigação.

juristas brasileiros contemporâneos, os quais, não obstante muito diversos em vários aspectos, inclusive temáticos, compartilham de maneira surpreendente conjunto relevante de premissas teóricas. Valho-me, para facilitar o raciocínio, da exploração de um problema específico tipicamente encontrável entre aqueles que subscrevem, conscientemente ou não, à estratégia interpretativista: o desenvolvimento da noção de "mínimo existencial".

O "ponto cego" intelectual na relação entre problemas sociais e o direito[323]

A chamada indeterminação do direito – que, intuitivamente, corresponde à percepção quanto à insuficiência do mecanismo dedutivo da subsunção e à convicção de que motivações "subjetivas" são significativamente determinantes na tomada de decisões judiciais – tem encontrado ressonância, em vários teóricos recentemente, no desejo de enfrentamento de problemas sociais, de caráter eminentemente distributivo,[324] por intermédio do direito. A dita indeterminação do direito no contexto da decisão judicial passa a ser, ao mesmo tempo,

---

323 O restante deste artigo corresponde a versão ligeiramente modificada de trechos da minha tese de doutoramento, *Sentido, Valor e Aspecto Institucional da Indeterminação Jurídica* (USP, 2011).

324 Sobre o caráter distributivo de determinados conflitos sociais, vide LOPES, José Reinaldo de Lima. *Direitos Sociais* – Teoria e Prática. São Paulo: Método, 2006, especialmente pp. 119-83, e os exemplos constantes do item "A Estratégia Interpretativista" deste artigo. Utilizo a expressão abreviada "problema social" (ou "conflito social") para designar questões transindividuais de caráter distributivo, no sentido a que se acaba de referir.

o pretexto e o veículo para o que se poderia chamar de uma *estratégia interpretativista* de melhoramento social.[325]

De fato, atualmente, o principal instrumento utilizado por juristas (estudiosos e profissionais do direito) para enfrentar problemas sociais é a elaboração de propostas interpretativas, sobre parcelas do direito estabelecido, que possam ser aproveitadas pelo órgão competente para aplicar o direito, quando este se encontrar diante de um conflito que exija uma decisão particular para um caso que ilustre o problema social geral.

Tome-se, como exemplo, o problema do déficit de moradia digna para pessoas de baixa renda na sociedade brasileira.[326] O conjunto de possibilidades normalmente divisado por juristas que desejam contribuir para o enfrentamento desse problema costuma consistir em proposições sobre (i) a correta interpretação do princípio da função social da propriedade (e institutos constitucionais correlatos) e/ou sobre (ii) as próprias características jurídicas dos prin-

---

325 Vide as referências e características mencionadas no item "A Estratégia Interpretativista" deste artigo.

326 Segundo os dados publicados, em junho de 2009, pelo Ministério das Cidades, o déficit habitacional no Brasil que, embora contemple habitações precárias como parte da falta de estoque, desconsidera do cálculo as "habitações inadequadas" (aquelas em que há carência de infraestrutura, como serviços básicos de saneamento, adensamento excessivo de moradores, problemas de natureza fundiária, cobertura inadequada, sem unidade sanitária domiciliar exclusiva ou em alto grau de depreciação), equivalia a aproximadamente 6,3 milhões de habitações, em 2007. Se acrescido apenas um critério para definição de habitações inadequadas (já que somá-los não é cientificamente adequado), a necessidade habitacional brasileira sobe para aproximadamente 17 milhões de habitações. Vide BRASIL. *Déficit Habitacional no Brasil 2007*. Brasília: Ministério das Cidades, Secretaria Nacional de Habitação, 2009.

cípios na Constituição brasileira, tendentes a conformar a atividade do aplicador do direito (por exemplo, que também se qualificam como normas jurídicas, que se definem pela possibilidade de serem "mais" ou "menos" consideradas, que determinam ou afastam a aplicação de determinadas regras expressas etc.).

Essa atividade de e sobre a interpretação, voltada para a instrumentalização da tarefa jurisdicional, é, inegavelmente, fundamental.[327] Ela não é, contudo, infensa a certas limitações pouco reconhecidas, exploradas no item a seguir. Ao mesmo tempo que tem por pretensão superar as características marcadamente limitadoras do "formalismo", "objetivismo" e "positivismo", por exemplo, informando que o jurista, ao intepretar/aplicar o direito, vale-se de princípios, objetivos, diretrizes e valores constitucionalmente consagrados, ela busca a relegitimação de tais critérios ao justificá-los como também fazendo parte "do direito" e, portanto, passíveis de servir como fundamento admissível – e mesmo preponderante – em decisões judiciais.

Não se pode fugir à reflexão sobre tais limitações, simplesmente porque essa fuga permitiria que nos juntássemos ao coro de críticas ao "formalismo", "objetivismo" e "positivismo" e outros "-ismos" de valor similar e duvidoso. Ocorre que o principal problema dessa estratégia interpretativista é que ela não deixa entrever as alternativas a ela existentes.

327 E a constatação de que deveria ser bem feita e, em grande parte, não o é, como fartamente documentado em ACCA, Thiago dos Santos. *Análise da Doutrina Brasileira dos Direitos Sociais*: Saúde, Educação e Moradia entre os Anos de 1964 e 2005. São Paulo, 2009. Dissertação (Mestrado em Direito) – Faculdade de Direito da Universidade de São Paulo, apenas o confirma.

Por exemplo, seria preciso nada menos do que uma revolução no conteúdo da interpretação do princípio da função social, e no entendimento do alcance do papel de juízes ao aplicá-lo, para que se pudesse esperar, da decisão de casos concretos, solução, ou ao menos rudimento de solução abrangente, ao problema do déficit de moradia para pessoas de baixa renda na sociedade brasileira. Porém, a esse extremo a estratégia interpretativista não chega. Por quê? A intenção que subjaz à estratégia interpretativa, portanto, é, ao mesmo tempo que expansiva, autolimitadora, sem que esclareça em que condições pode ser uma ou outra.

O problema não é que, ao abandonar o formalismo (se é que o abandonamos de fato) ficamos sujeitos a interpretações "forçadas", nas quais a retórica de princípios e valores constitucionalmente consagrados institui um "vale-tudo"; o problema é subscrevermos, sem saber, a determinado pressuposto sobre o papel do direito e sobre sua organização institucional, descritiva e normativamente específico.

O aspecto curioso da situação, do ponto de vista intelectual, é que essa limitação tornou-se, para nós, interessados no estudo do direito, praticamente invisível. Temos dificuldades, inclusive, para imaginar outro papel para o jurista, fora do contexto jurisdicional e interpretativo. E essa dificuldade, mesmo quando se chega a expô-la, de qualquer forma, é comumente defendida como natural, a partir de uma oposição abstrata entre direito e política, a legitimar a contenção da atividade do jurista a "questões jurídicas", em oposição à sua intervenção em "questões políticas".

No que segue, pretendemos tornar visíveis (e, portanto, passíveis de discussão) as limitações mencionadas.

A estratégia interpretativista

O objetivo deste tópico é ilustrar, por intermédio do exame de problema exemplar da teoria jurídica e do direito brasileiro contemporâneo – o chamado "mínimo existencial" – as características principais da estratégia interpretativista.

Antes uma ressalva. O propósito da descrição não é sugerir que se requer *menos* atuação do judiciário do que a estratégia interpretativista reclama, nem, por outro lado, *mais*. O propósito é examinar quais os pressupostos subjacentes à sua intenção e prática e a que impasses ele conduz, impasses que não são necessariamente resolvidos pela simples autocontenção ou expansão da atuação judicial, para nos valermos das alternativas usuais em que o problema costuma ser posto.

Poder-se-ia objetar que a tarefa de formulação de soluções interpretativas do direito posto não é incompatível com outras atividades – por exemplo, movimentos de pressão popular, organização de debates – e que ambos poderiam trabalhar paralela e simultaneamente. Entretanto, a plausibilidade não é suficiente para conferir realidade à hipótese. Para adiantar a conclusão: a estratégia interpretativista, tal como aqui caracterizada, é intrinsecamente inibidora, por exemplo, de esforços de inovação institucional. Ela naturaliza exatamente o que a inovação institucional pressupõe como contingente.

Em poucas palavras, parece-nos que a estratégia interpretativista consiste, sobretudo, em esforço de idealização do direito, que ela toma como a expressão institucionalizada de determinados valores morais ou éticos. Fundamentalmente, busca se valer de elementos, no ordenamento jurídico posto, que permitam aperfeiçoar os efeitos do direito posto, ao aplicá-lo segundo valores humanistas[328] ou progressistas, sem que para isso seja preciso revolucioná-lo. Poucas coisas parecem mais sensatas e importantes.

É necessário entender, entretanto, o funcionamento desse tipo de perspectiva, as consequências jurídicas que representa para o entendimento e a aplicação do direito brasileiro hoje. Inicialmente, propomos fazê-lo pela identificação dos elementos comuns a essa iniciativa intelectual, ainda que os esforços teóricos que a representam possam ser muito díspares em seu objeto. Há, curiosamente, muita proximidade de método e resultado em trabalhos produzidos em contextos intelectuais bastante segregados.[329]

Tomemos, por exemplo, o artigo "Caracterização Jurídica da Dignidade da Pessoa Humana", de Antonio Junqueira de Azevedo, e o livro *Teoria dos Contratos – Novos Paradigmas*, de Teresa Negreiros. O que os une? Em nossa visão, há, pelo menos, cinco temas e abordagens em comum. Em primeiro lugar, há de comum aquilo contra que se insurgem: a crítica e a superação do "modelo dogmático-formal" de entendimento e aplicação do direito. Por isso, entendem, fundamentalmente, a descrição weberiana do direito racional moderno.[330] Em segundo lugar, nota-se em comum aquilo

---

328 O próprio "valor" do humanismo não é, entretanto, algo incontroverso. Fazemos referencia aqui, entre vários, à crítica de Foucault ao humanismo. Vide, por exemplo, apenas por ser a manifestação formal mais recente, FOUCAULT, Michel. "Qu'est-ce que les Lumières". In: *Dits et Écrits*. v. II. Paris: Gallimard (Quarto), 1984.

329 Consideramos, para nossos propósitos, os trabalhos de autores tão diversos quanto Luis Roberto Barroso, Antonio Junqueira de Azevedo e Teresa Negreiros.

330 A referência a Weber é minha, não dos autores citados. A combinação entre características formais e raciocínio lógico-dedutivo seria a expressão sumária da racionalidade típica do direito, em sua forma

que propõem em substituição ao que criticam: a consagração de um valor moral ou ético como valor supremo a ser protegido pela ordem jurídica. No contexto dessa discussão, não há dúvidas de que o valor ou ideal máximo a merecer proteção jurídica é o valor da dignidade humana, de resto, constitucionalmente consagrado. Em terceiro lugar, tema comum é a ideia de que essa visão deve ser juridicamente concretizada por intermédio de método que permita extrair as consequências a que a consagração desse valor leva para o entendimento global de áreas específicas do direito – isto é, a adoção desse valor como princípio de unificação e rein-

---

atualmente mais rigorosa, conforme a descrição feita por Weber em *Economia e Sociedade*, e cuja síntese se encontra nos cinco postulados a seguir: "A ciência jurídica atual, pelo menos quando assumiu as formas mais avançadas de racionalidade metodológica e lógica, como na Pandectista, tem como ponto de partida os seguintes cinco postulados: 1) toda decisão jurídica concreta representa a 'aplicação' de um preceito abstrato a um 'fato' concreto; 2) que seja possível encontrar, em relação a cada caso concreto, por meio da lógica jurídica, uma solução que se baseie nos preceitos jurídicos abstratos em vigor; 3) o direito objetivo vigente é um sistema, real ou latentemente, 'sem lacunas' de preceitos jurídicos ou, pelo menos, deve ser tratado como tal para fins de aplicação deste a casos concretos; 4) tudo o que não seja possível 'construir', de forma racional, em termos jurídicos carece de relevância para o direito; e 5) a conduta dos homens que formam uma comunidade deve ser necessariamente concebida como a 'aplicação' ou 'execução' ou, ao contrário, como uma 'infração' ou 'violação' de preceitos jurídicos, pois, como consequência da 'ausência de lacunas do sistema jurídico', o direito representa a ordenação jurídica de toda a conduta social (essa última conclusão foi tirada de Stammler, que não chegou a enunciá-la explicitamente)". Vide WEBER, Max. *Economy and Society*. v. II. Berkeley: University of California, 1994, p.657, tradução nossa a partir da comparação entre as versões em inglês e espanhol.

terpretação sistemática do direito, unificação, portanto, de caráter eminentemente axiológico.

Esse tema comum é complementado pela ideia segundo a qual as normas jurídicas atuais são veiculadas segundo terminologia "geral", "vaga" e "aberta" –[331] a indeterminação ou, de maneira menos ambiciosa, inespecificidade dos enunciados normativos – e que cabe ao intérprete conformar seu sentido, de acordo com o princípio unificador eleito. Por exemplo, Junqueira de Azevedo defendeu que a dignidade humana, entendida como "intangibilidade da vida humana", *implica*, por exemplo: (i) a proibição do aborto; (ii) a impossibilidade de introdução da pena de morte no direito brasileiro; e (iii) a proibição da eutanásia. É o valor da dignidade humana que dá fundamento e sentido para a legislação específica que trata dessas matérias, inclusive os dispositivos constitucionais expressos que tratam dos temas acima.

Não precisamos abordar em detalhes cada um dos argumentos de Junqueira de Azevedo. Vale apenas a indicação do raciocínio de alguns deles. Assim, como mencionado acima, a proibição do aborto no direito brasileiro (Código Penal de 1940) deve ser entendida como uma decorrência da proteção da dignidade humana, prevista na Constituição Federal de 1988. Corolário desse raciocínio é que a exceção à criminalização ao aborto, no Código Penal, para casos de gravidez re-

---

331 Como o exprime, paradigmaticamente, Barroso, "Na medida em que cabe [aos juízes] atribuir sentido a expressões vagas, fluidas e indeterminadas, como dignidade da pessoa humana, direito de privacidade ou boa-fé objetiva, tornam-se, em muitas situações, coparticipantes do processo de criação do fireito" (BARROSO, Luis Roberto. "Judicialização, Ativismo Judicial e Legitimidade Democrática". *Revista da OAB*. Disponível em: <http://www.oab.org.br/oabeditora/users/revista/1235066670174218181901.pdf>. Acesso em: 5 jan. 2011.

sultante de estupro, deve ser entendida não como tornando o aborto menos "ilícito" (já que, segundo Junqueira, a eliminação do feto elimina a dignidade do feto, mas somente "fere" [não elimina] a dignidade da mulher), apenas um ato que não será punido. Já no caso de gravidez de risco (a outra exceção à criminalização do aborto prevista no Código Penal), o ato não seria ilícito, já que estaria em jogo "vida humana *versus* vida humana".

Além da intangibilidade da vida humana, a proteção da dignidade humana também pode ser entendida, segundo Junqueira de Azevedo, como respeito à integridade física e psíquica da pessoa humana. Nesse caso, por exemplo, Junqueira de Azevedo reinterpreta a obrigação de segurança do consumidor (prevista nos arts. 8º, 9º e 10 do Código de Defesa do Consumidor) como tendo fundamento constitucional, o que tornaria a responsabilidade de fornecedores, em matéria de danos à pessoa, sempre objetiva como regra, e subjetiva apenas como exceção. O corolário disso é que, em qualquer relação de consumo, somente haverá responsabilidade subjetiva quando houver lei expressa (por exemplo, em caso responsabilidade médica e, mesmo nesse caso, o ônus da prova deve ser entendido com inverso, isto é, do médico). Mais uma parcela do direito reinterpretada.

Além da intangibilidade da vida humana e do respeito à integridade física e psíquica da pessoa humana, Junqueira entende que a proteção da dignidade humana também resulta no respeito às *condições mínimas de vida*. Assim, entre vários casos, Junqueira trata da consequência contratual do princípio: contratos não devem ser cumpridos quando sua execução leva a gastos excessivos não previstos que resultam em dificuldades de sobrevivência ou subsistência do obrigado.[332]

Por comparação, Teresa Negreiros se insere de maneira mais autoprofessada do que Junqueira no movimento intelectual de melhoramento social por intermédio do direito, especificamente na área do direito privado, que busca dar unidade sistemática ao direito a partir de valores constitucionalmente consagrados, especialmente, novamente, o valor da dignidade humana.

A preocupação inicial de Negreiros é identificar qual o sentido global das transformações a que se sujeitaram as categorias de direito privado no século XX. Esse sentido ela encontra no "centro axiológico" da dignidade humana, entendida não meramente como a proteção da esfera de individualidade de indivíduos autossuficientes e autônomos, mas como o "compromisso social de erradicar a pobreza e as desigualdades regionais que ferem essa dignidade", espelhando a dicção constitucional dos objetivos da República. Assim, ela afirma ser sua ambição: "sustentar que o sentido unificante, capaz de articular tantas e tão numerosas transformações ocorridas no direito civil contemporâneo e de lhes conferir coerência valorativa, se constrói por meio da permanente remodelação do direito civil à imagem da Constituição Federal e do projeto social ali plasmado".[333]

---

332 Obviamente, essa conclusão pode colidir com outros valores constitucionalmente consagrados (e também extraíveis, ao menos nominalmente, da dignidade humana, como a liberdade de contratar, por exemplo) e que são considerados essenciais ao direito contratual, mas a preocupação não é tratada por Junqueira de Azevedo.

333 NEGRIROS, Teresa. *Teoria do Contrato*: Novos Paradigmas. Rio de Janeiro: Renovar.

Como exemplos das transformações do direito civil a que se refere (e cuja "unidade axiológica", reiteramos, encontra na consagração de princípios constitucionais, como a solidariedade social, o valor social da livre iniciativa, a dignidade da pessoa humana e a igualdade material), Teresa Negreiros menciona disposições do Código do Consumidor e as cláusulas gerais (boa-fé, equilíbrio econômico e função social) do novo Código Civil brasileiro e de outros conjuntos normativos.[334] Dessa estrutura argumentativa retira consequências práticas, como uma classificação dos contratos segundo seu caráter "existencial" ou "patrimonial", para fins de evitar a aplicação estrita de textos contratuais ("mitigação de sanções") contra pessoas em situação de vulnerabilidade, e de classificação de bens segundo sua essencialidade, sobretudo para fins da discussão quanto à sua penhorabilidade e excussão (e quanto à extensão dos efeitos da qualificação como "bem de família").

A ideia de mínimo existencial

Surpreendentemente ou não, a defesa de uma ideia como a do mínimo existencial segue, quase como em um espelho, a mesma estrutura de raciocínio acima. Examinemos em mais detalhes do que se trata e como se desenvolve o argumento. Optamos por examinar os elementos de maneira sistemática, a partir do pensamento de vários autores que se dedicaram ao tema, e não vinculada a único autor.[335] Deixamos as

334 Por exemplo, no parágrafo único do art. 116 e no art. 154 da Lei das S/A (6.404/76) e no ainda vigente art. 5º da Lei de Introdução ao Código Civil.

335 Para fins da discussão que segue, tomamos como exemplares do melhor desenvolvimento da ideia de mínimo existencial a obra de Ricardo Lobo Torres, Ingo Sarlet e Ana Paula Barcellos, citada a

duas características restantes da estratégia interpretativista para o final deste tópico.

"Mínimo existencial" consiste em conjunto de bens e serviços que devem ser mantidos à disposição de qualquer pessoa (aqui, no sentido de indivíduo, pessoa humana) que deles necessite para conduzir vida condigna. A extensão das utilidades incluídas no "mínimo existencial" varia, conforme o autor que a descreve. Em todos, inclui, ao menos, os requisitos indispensáveis à sobrevivência, como alimento, moradia, vestuário. Em alguns, inclui o conjunto de prestações previsto na Constituição brasileira como serviços públicos ou bens de interesse público: educação, saúde (no sentido de assistência clínica ou de infraestrutura, como saneamento básico), previdência social (por desemprego e aposentadoria), assistência social, acesso a bens culturais ("mínimo existencial sociocultural") e, instrumentalmente, acesso à justiça, assim como distribuição de recursos diretamente a indivíduos ou a instituições assistenciais (subvenções) e abstenções que impeçam a fruição de tais bens e serviços (por exemplo, imunidades tributárias).

---

seguir: TORRES, Ricardo Lobo. *O Direito ao Mínimo Existencial.* Rio de Janeiro: Renovar, 2009; SARLET, Indo Wolfgang. "Direitos Fundamentais Sociais, 'Mínimo Existencial' e Direito Privado: Breves Notas Sobre Alguns Aspectos da Possível Eficácia dos Direitos Sociais nas Relações entre Particulares". In: SARMENTO, Daniel (org.). *Direitos Fundamentais*: Estudos em Homenagem ao Professor Ricardo Lobo Torres. Rio de Janeiro: Renovar, 2006. pp. 551-602; *id.*, "Reserva do Possível, Mínimo Existencial e Direito à Saúde: Algumas Aproximações". In: SARLAT, Ingo; TIMM, Luciano (orgs.). *Direitos Fundamentais*: Orçamento e "Reserva do Possível". Porto Alegre: Livraria do Advogado, 2008. pp. 11-53; e BARCELLOS, Ana Paula. *A Eficácia Jurídica dos Princípios Constitucionais*: O Princípio da Dignidade da Pessoa Humana. Rio de Janeiro: Renovar, 2008.

Sua garantia implica deveres (comissivos e omissivos) do Estado e posições de sujeição de particulares, juridicamente exigíveis e reconhecíveis perante o Judiciário, embora os autores divirjam quanto aos beneficiários cujo "estado de necessidade" os legitima a pleitear a atuação judicial: apenas os miseráveis (pobreza absoluta) ou também aqueles em situação de pobreza relativa, definida a pobreza absoluta e relativa unicamente segundo parâmetros monetários (renda inferior a determinado patamar, oficial ou estipulado) ou também segundo parâmetros mais amplos de vulnerabilidade (mulheres grávidas solteiras, por exemplo). Segundo o raciocínio, aqueles que não são elegíveis como beneficiários, nos termos acima, não podem exigir o mínimo existencial judicialmente e devem se submeter às decisões do processo político (políticas públicas implementadas pelo Executivo ou disposições legais editadas pelo Legislativo).

A medida judicial pleiteada pode abranger desde a determinação à autoridade competente para prover ao indivíduo aquele elemento do mínimo existencial de que necessita, incluindo a ordem para prática dos atos orçamentários daí decorrentes, até o sequestro de recursos públicos. Adicionalmente, com efeitos no âmbito privado, pode incluir a revisão de contratos (por exemplo, para evitar que indivíduo em situação de vulnerabilidade tenha sua situação agravada pelos ônus do cumprimento contratual estrito, como no caso de prestações em pagamento a financiamento de moradia, ou, de outro ângulo, para obrigar empresas privadas a prestar serviços necessários à preservação de condições existenciais mínimas de indivíduos, ainda que não contratualmente previstos, como no caso de planos de saúde) e a declaração de inconstitucionalidade de legislação tomada como base para realização de negócios jurídicos (por exemplo, invertendo a expressa previsão legal que admite a penhora de bem de família dado em garantia de locação ou cuja liquidação sirva para saldar dívidas condominiais).

O fundamento do dever estatal é, tipicamente, a proteção da dignidade humana e da liberdade (para fazer opções, permitindo que a pessoa não se sujeite a situações de indignidade), previstas na Constituição brasileira. Em formulações mais ambiciosas, o fundamento é: "pré-constitucional [...], ancorad[o] na ética e [fundamentado] na liberdade, ou melhor, nas condições iniciais para o exercício da liberdade, na ideia de felicidade, nos direitos humanos e nos princípios da igualdade e da dignidade humana".[336]

Do ponto de vista dogmático, implica a criação e a defesa da noção de princípio como espécie de norma jurídica e sua atribuição de posição hierárquica superior no rol de normas jurídicas, conformadora do sentido das demais, inclusive porque o mínimo existencial, enquanto tal, não está expressamente previsto na Constituição brasileira – "a garantia (e direito fundamental) do mínimo existencial independe de expressa previsão constitucional para ser protegida, visto que decorre já da proteção da vida e da dignidade humana".

Adicionalmente, a justificativa dogmática inclui a noção de que direitos sociais são também "fundamentais", "autoaplicáveis", "imediatamente exigíveis" de "eficácia plena", independentemente de sua posição no texto constitucional (isto é, constem ou não do art. 5º ou mesmo do Título II da Constituição). O alcance da "autoaplicação" deve, por sua

---

336 As formulações que seguem são de TORRES, *Direito ao Mínimo Existencial*, livro em que coligiu seus estudos sobre o tema, produzidos ao longo de vários anos.

vez, ser estabelecido "contextualmente", segundo "sopesamento" das "circunstâncias concretas".

A argumentação também é, em geral, acompanhada pela atenuação da distinção conceitual entre "direitos negativos" ou "de cunho defensivo", que demandariam do Estado a abstenção e que estariam associados às chamadas "liberdades públicas" ou "direitos fundamentais de primeira geração" (por exemplo, deixar de criar empecilhos à liberdade de expressão), e "direitos positivos", que demandariam prestação estatal ativa e que estariam associados ao desenvolvimento do Estado de bem-estar social (por exemplo, criar sistema previdenciário público e prestar serviços de saúde). A atenuação se faz pela demonstração, por um lado, de que direitos sociais também têm dimensão "negativa" (por exemplo, direito de greve e liberdade de associação sindical) e, por outro lado, que "liberdades públicas" têm dimensão "positiva" (por exemplo, a necessidade de criação e manutenção de estrutura judicial e policial para sua preservação). O propósito da atenuação da distinção é, fundamentalmente, mostrar que direitos fundamentais tipicamente liberais também representam custos ao Estado, de maneira a antecipar a objeção de que preservar direitos sociais em geral, e o mínimo existencial em particular, seria muito caro.

Ainda do ponto de vista dogmático, a garantia do mínimo existencial demanda a qualificação de ações possíveis entre aquelas previstas no regramento processual, sobretudo partes legítimas para pleitear perante o judiciário (indivíduos e organizações públicas ou privadas), meios possíveis de ação (ação civil pública, mandado de injunção e mandado de segurança e remédios passíveis de obtenção.

Adicionalmente, costumam ser acrescidas à discussão do mínimo existencial argumentos (sobretudo de autoridade) de caráter filosófico e moral relativamente à necessidade de preservação de mínimo existencial nas diversas sociedades. Não se chega, entretanto, a especificar como as pretensões filosóficas se transformam em direito vinculante.

Características complementares

Os três elementos em comum definidores da estratégia interpretativista, descritos em "Características Iniciais" já mereceriam estudo específico, pela sua raridade: inimigo intelectual (modelo dogmático-formal do direito), proposta (eleição de um valor moral ou ético, constitucionalmente consagrado, como princípio unificador e explicativo do direito posto) e método (reinterpretação sistemática do direito posto a partir do valor eleito) comuns são eventos singulares no mundo jurídico, cuja existência deve ser celebrada, inclusive.

Entretanto, a descrição da discussão sobre mínimo existencial ajuda a tornar saliente outros dois temas comuns. Um quarto tema em comum é o tema da legitimação – o entendimento de que as consequências extraídas da concretização do valor em questão não são meras "criações" ou "manipulações conceituais" do profissional do direito, mas consequências legítimas da interpretação do direito. Isto é, não são consequências que resultam apenas da vontade dos autores que elas estivessem presentes, são consequências reconhecíveis como propriamente "jurídicas". Para tanto, entende-se como necessária a superação de alguns obstáculos, vinculados, sobretudo, à ideia de separação de poderes e de legitimidade democrática. Esse caminho teórico também é trilha comum.

Tipicamente, o que se procura mostrar é a incapacidade da ideia de separação de poderes, considerada em sua versão trinitária clássica (atribuída a Montesquieu), para dar conta das transformações da sociedade, sobretudo no século XX. Descreve-se, sobretudo, o processo de "desneutralização" do Judiciário, coetâneo à emergência do Estado de bem-estar social, e sua correspondente associação a programas finalísticos. Não é o caso de repetir, aqui, os traços principais dessa transformação, já bem consolidada em estudos conhecidos.

A descrição da mudança do papel do Judiciário – algo praticamente incontroverso – que é formulada para antecipar críticas de invasão de competência e ilegitimidade, vem acompanhada por conclusão que alguns poderiam qualificar de *non sequitur*, mas que, em geral, se tem seguido: a expansão da atuação do Judiciário não apenas foi inevitável mas é, também, desejável, ainda que "dentro de alguns limites". O que se procura mostrar é que a expansão da atuação do Judiciário e a consequente "flexibilização" da separação de poderes é necessária para fazer face às demandas do direito contemporâneo (por exemplo, o reconhecimento da "normatividade da constituição", sobretudo da constituição que compreende direitos sociais) e que essa atuação pode, sim, implicar certa preponderância do Judiciário por comparação ao Executivo e Legislativo, mas que esse novo "balanço de forças" seria justificável. Ou seja, a tese é a de que a separação de poderes, em sua versão convencional, é tanto descritiva quanto normativamente insuficiente. E a alternativa explorada – a "flexibilização" – implica, ao menos, uma equalização dos pesos dos três elementos da equação.

Admitida a flexibilização da chamada "separação de poderes", a expansão da atuação do poder Judiciário precisa enfrentar a objeção segundo a qual sua incursão em questões propriamente políticas (definição de prioridades do Estado, respectivas formas de financiamento e de distribuição de gastos, por exemplo) seria desprovida de legitimidade democrática, uma vez que, em poucas palavras, os membros do Judiciário não são eleitos pelo povo.

Nesse ponto, duas justificativas costumam ser enunciadas: de um lado, a fragilidade da assimilação, *tout court*, entre democracia e voto majoritário. O que se afirma, sinteticamente, é que o voto majoritário, na democracia, não tem (por exemplo, no nosso caso, por intermédio de expressa determinação constitucional), e não deveria ter, alcance para suprimir ou mitigar o respeito a direitos fundamentais. Em segundo lugar, responde-se que a composição do Judiciário, ao menos nos órgãos de cúpula, dá-se mediante a indicação e a aprovação pelos poderes eleitos, ou seja, seus membros seriam dotados de representatividade, ainda que indireta.

Além dos esforços de legitimação acima descritos, é possível identificar um quinto elemento comum, que é menos visível, quanto ao papel característico do profissional do direito, e que, para nossos fins, é o que mais importa. O tema comum é a defesa do papel do profissional do direito (seja um juiz, seja um jurista, seja um advogado que deve persuadir um juiz) como colaborador para a melhoria gradual das condições sociais, mediante a execução da tarefa de reinterpretação sistemática do direto estabelecido, pela "concretização jurídica" de valores como o valor da dignidade humana (e outros a ele associados). Mas, qual a tarefa do profissional do direito que emerge dessa discussão? Quais os limites dessa maneira de entender a tarefa do profissional do direito?

A tarefa que emerge da tarefa interpretativista é clara: mais interpretação ou, em termos menos simplórios, a criação de critérios, *standards* e parâmetros (sinônimos, para esse fim) mais robustos que possam auxiliar o juiz na sua tarefa de aplicação do direito nos complexos conflitos e circunstâncias sociais que enfrenta. É isso que cabe ao profissional do direito, que, ao fazê-lo, aperfeiçoa o direito.

Aliás, o conjunto dos elementos acima representa tarefa que não é considerada relevante apenas para autores teóricos e doutrinadores, mas informa o trabalho dos profissionais em direito em geral (juízes, juristas e advogados que têm que convencer um juiz de algum argumento), que, na solução de casos jurídicos, devem justificar-se de acordo com tais critérios. A força atrativa dessa atitude para o profissional jurídico é quase irresistível e representa o modelo de boa atuação profissional.

O acerto de Unger

E qual o problema com isso?

Fundamentalmente, o problema é que o esforço interpretativo precisa, por definição, pressupor uma determinada configuração institucional dos órgãos incumbidos da aplicação do direito a ser interpretado. E, normalmente, essa configuração reflete as formas conhecidas de separação de poderes, como se esta tivesse alguma característica essencial e expressão institucional necessária (Executivo, Legislativo e Judiciário), bastando, ocasionalmente, equilibrar seus pesos relativos. Ocorre que a configuração institucional da função de aplicação do direito pode, ela mesma, variar enormemente, com consequências sensíveis ao tipo de solução que se pode esperar para os problemas sociais que se deseja enfrentar por seu intermédio.

Para não ficarmos nos exemplos de Unger e mostrarmos como o exercício de inovação institucional pode ser ampliado, usemos um exemplo de Ackerman.[337] Segundo ele, o objetivo de concretizar os compromissos constitucionais fundamentais de justiça distributiva deve ser realizado sob uma instituição específica, não judicial, inclusive porque a assunção, pelo Judiciário, do papel, por exemplo, de realocar verbas orçamentárias em nome da concretização dos direitos sociais pode se revelar contraprodutiva, pois, dado que dificilmente esse papel poderá se tornar prevalecente, sua frustração poderia colocar a legitimidade do Judiciário como um todo em questão e contribuir para reforçar a impressão de que direitos sociais, e a constituição em que estão inscritos, seriam meras "aspirações". Para evita-lo, é melhor, segundo Ackerman, simplesmente desafiar o "trinitarismo" ou, em outras palavras, a fixação teórica no direito com "*big chunky objects called legislature, the executive, and the judiciary*".

Como funcionaria, então, essa instituição específica, que Ackerman denomina de poder distributivo? Para ele, é muito importante que, qualquer que seja a forma institucional, ela represente compromisso crível, que aumente a legitimidade do sistema como um todo, não a mine. Assim, na proposta de Ackerman, seria poder dotado de parcela pré-fixada do orçamento, com prioridade no recebimento de verbas em comparação a quaisquer outras rubricas ou poderes, mas não para alocar recursos projeto a projeto ou caso a caso (de maneira a evitar possíveis desvios do dinheiro público em

337 ACKERMAN, Bruce. "The New Separation of Powers". *Harvard Law Review*, v. 113, 2000, pp. 633-729.

sua implementação). Sua competência seria a organização e implementação de um programa sistemático de distribuição de renda, um "*minimum cash grant to the target population*".

A proposta de distribuição de dinheiro de Ackerman – que fontes devem ser utilizadas para seu financiamento, que valores devem ser distribuídos, a quem, qual seu uso etc. – foi detalhada em outro trabalho do autor, com o nome de *stakeholding*.[338] (Em sua versão mais pura, consiste em conceder 80 mil dólares a cada indivíduo que completar 18 anos, para que use segundo seu próprio critério.)

O que nos interessa, entretanto, é entender a relação entre essa configuração institucional e o papel do Judiciário. Como resultado da organização de poderes de Ackerman, o Judiciário fica restrito à aplicação profissional e técnica do direito estabelecido (sem maiores aspirações) e à avaliação de constitucionalidade de leis, sobretudo segundo o padrão típico de direitos liberais. Essa restrição do papel do Judiciário somente é feita, entretanto, sob uma condição. A condição é um tipo de relação hidráulica.

De fato, de um lado, o Judiciário não teria uma atuação particularmente estrutural e poderia quase que se restringir a defender direitos fundamentais de matiz "liberal", não tendo disposição ou capacidade para implementar os chamados "direitos a prestações positivas". Mas, por outro lado, haveria um poder diretamente encarregado do esforço de redistribuição. O papel de um só faz sentido no contexto da existência do outro. Em outras palavras, no âmbito de sua proposta ampla de reformulação da separação de poderes, o Judiciário pode ter um papel menos "ativo" na exata medida em que

338 ACKERMAN, Bruce; ALSTOTT, Anne. *The Stakeholder Society*. New Heaven: Yale University, 1999.

outro poder executa a função antioligárquica e emancipadora, por assim dizer. Assim, "Exorto os constitucionalistas a transcender o foco tradicional centrado na corte", convoca Ackerman.[339] Mas a estratégia interpretativista depende do contexto jurisdicional, e segundo uma configuração peculiar, para veicular suas pretensões de transformação.

Poderíamos admitir que as propostas de inovação institucional de Unger – encontráveis no artigo "A Constituição do Experimentalismo Democrático" e mais bem desenvolvidas em *False Necessity* – fossem frágeis ou inconsequentes. Entretanto, mais do que sua avaliação em detalhes, a finalidade de nossa discussão é apontar que a prática analítica do direito – mesmo aquela voltada à instrumentalização do direito no contexto jurisdicional – depende da consideração abrangente das opções institucionais disponíveis, existentes ou imagináveis.

Quanto mais pormenorizadas as descrições de tais opções, mais visível a variação de configurações institucionais possíveis e mais interessante o tipo de avaliação que se possa fazer dessas configurações. O estudo detalhado das variações institucionais e das possibilidades de ampliação das opções institucionais disponíveis é, portanto, a tarefa.

A crítica ao direito, tomado como forma de preservação do *status quo*, não é a novidade do que estou a afirmar. A novidade, entendo, é a percepção de que o mesmo efeito de preservação advém, ainda que de modo subliminar, da restrição das formas de crítica juridicamente admitidas à interpretação do direito posto, no contexto jurisdicional, sustentadas

---

339 ACKERMAN, "The New Separation of Powers", p. 402, tradução nossa. "*I urge constitutionalists to transcend their traditional court-centered focus.*"

pela inespecificidade dos enunciados normativos. Ainda que segundo valores humanistas. A essa situação cumpre resistir, sob pena, inclusive, de abdicarmos do uso de mecanismos já existentes no direito para o exercício da transformação.

O artigo de Unger ora comentado não se presta a outra coisa senão exemplificar esse esforço de resistência. Seus erros, se houver, estão em algum outro lugar.

6 - Entre Ideias e Instituições: Considerações sobre Unger e a "Situação Constitucional" do Brasil

Diego Werneck Arguelhes[340]

I.

O projeto intelectual de Roberto Mangabeira Unger para o pensamento social e jurídico vem sendo construído há mais de três décadas e é imenso em escopo e ambições. Unger procura identificar, colocar em perspectiva e afinal rejeitar um conjunto de impulsos do pensamento social e jurídico consolidado nas democracias ocidentais que têm estruturado nossas teorias e práticas políticas desde a primeira metade do século XX. Entre os vários fios condutores desse projeto, encontramos a ideia de que as principais vertentes do pensamento social contemporâneo, qualquer que seja seu conteúdo específico, são fundadas em premissas conservadoras quanto às instituições existentes. Tratamos nossas instituições e os ideais que as inspiraram como pontos fixos não porque seu valor seja direta e recorrentemente confirmado por razões práticas ou teóricas, mas porque nossas práticas e teorias foram suprimindo nossa capacidade de imaginar instituições e ideais alternativos. Nesse ambiente intelectual,

340 Professor do Insper. Doutor em Direito pela Universidade de Yale (EUA). Artigo publicado originalmente na *Revista de Direito Administrativo*, n. 257, 2011.

consolidou-se um estilo de pensamento jurídico que contribui para congelar no tempo nossos ideais e instituições. A prática do direito e o pensamento sobre o direito se contentam em humanizar pontualmente as instituições jurídicas vigentes, abrindo mão de seu potencial experimentalista e transformador. A proposta maior de Unger no campo do direito consiste em reorientar o pensamento jurídico rumo ao que chama de imaginação institucional: um processo de identificação e exploração de futuros institucionais alternativos implícitos nas ambiguidades e contradições de nossas instituições e aspirações coletivas.

No texto "A Constituição do Experimentalismo Democrático", Unger faz avançar esse projeto intelectual em dois níveis diferentes. Primeiro, apresenta razões para justificar a necessidade de reorientarmos, sob a forma de imaginação institucional, o pensamento sobre o direito constitucional no Brasil. Segundo, dá-nos exemplos concretos de aplicações desse exercício de imaginação institucional quanto a alguns aspectos centrais da nossa "situação constitucional". Neste comentário, não tenho a pretensão de fazer críticas gerais ao projeto ungeriano de reorientação do pensamento jurídico ou da teoria social. Meus objetivos são bem mais modestos. Primeiro, tentarei inserir essa dúplice abordagem que Unger faz da "situação constitucional" do Brasil – defesa de um método de pensamento e aplicação desse método a alguns temas e estruturas do direito constitucional brasileiro – na perspectiva mais ampla de seu pensamento sobre o direito. Segundo, a partir de critérios extraídos do método que Unger propõe como alternativa à modalidade dominante de pensamento jurídico, procurarei levantar algumas perplexidades quanto às propostas de reforma da imaginação institucional esboçadas no texto. A meta, portanto, é contribuir para explicitar algumas características centrais do método de pensamento proposto por Unger e ilustrar sua operação, ao mesmo tempo que aponto possíveis dificuldades em sua aplicação em casos específicos de redesenho institucional.

II.

Em trabalhos anteriores, Unger procura mostrar que as transformações pelas quais o pensamento ocidental sobre instituições passou do século XIX até os dias de hoje têm ocorrido por supressão, e não exploração, de futuros alternativos. Assim, ao mesmo tempo que nosso pensamento sobre nossas instituições se transforma, o espaço para transformações nessas mesmas instituições diminuiu. Essa restrição do leque de possibilidades de transformação institucional se dá por uma série de premissas que, embora originalmente contestadas, foram se naturalizando com o passar do tempo. Para Unger, a mais central dessas premissas é a afirmação de que um determinado conjunto de arranjos políticos (a democracia representativa) e econômicos (o mercado livre) teria sido validado pela história e/ou seria o único capaz de atender a ideais de justiça e igualdade compartilhados por sociedades do Ocidente. Essa crença expressa o que Unger chama de "fetichismo institucional" e dá origem a diversas formas de se pensar as instituições existentes e suas possibilidades de reforma. Essas diferentes formas de pensar, porém, acabam sendo variações de um mesmo tema "reformista-pessimista": se já sabemos quais são nossos ideais e aspirações, e se sabemos que nenhum outro arranjo institucional é tão ou mais capaz de atender a esses ideais e aspirações quanto a democracia representativa e a economia de mercado, então toda reforma radical é desnecessária, inviável e/ou perigosa.

Nesse cenário, a convergência entre instituições em diferentes sociedades contemporâneas se torna uma profecia autorrealizável. Como nossas ideias são incompatíveis com mudanças profundas – tanto em nossos ideais, quanto em nossas instituições –, essas grandes transformações tendem a se tornar cada vez mais raras. Na melhor das hipóteses, ocorrem apenas em momentos de crise. É nesse sentido que, segundo Unger, a crise se torna "parteira da mudança". Como resultado, nossas instituições refletem um repertório cada vez menor de variação, reforçando assim a noção de que sucessivos movimentos históricos, com repetidas tentativas, erros e correções de rumo, teriam "selecionado" os arranjos institucionais existentes como os mais aptos a promover ideais coletivos como justiça social, eficiência, desenvolvimento e legitimidade.

O pensamento jurídico não tem sido exceção nesse estado de ideias antiexperimentalista. Dentro desse discurso geral de convergência, e partindo das mesmas premissas institucionais "fetichistas", consolida-se como forma dominante de pensamento jurídico no século XX o que Unger chama de "análise jurídica racionalizadora".[341] Essa prática resulta da combinação das aspirações humanas por progresso e justiça social (que exigem mudança) com o "fetichismo institucional" descrito acima (que considera nocivas ou inviáveis

---

341 As considerações sobre a análise jurídica racionalizadora feitas nesta seção se baseiam em larga medida na obra *What Should Legal Analysis Become?* (Verso, 1996), de Roberto Mangabeira Unger. Há tradução para o Português: *O Direito e o Futuro da Democracia*, São Paulo: Boitempo Editorial, 2004 (traduzido por Caio Farah Rodriguez e Marcio Soares Grandchamp).

mudanças radicais nos arranjos políticos e econômicos existentes). A análise jurídica racionalizadora opera por meio da neutralização das contradições políticas nos materiais jurídicos existentes – ainda que estes sejam o resultado de conflitos e negociações políticas e, portanto, necessariamente contraditórios e em larga medida indeterminados.

Quando atuam nessa perspectiva, os juristas reforçam o clima intelectual dominante de aversão ao experimentalismo. Investem suas energias na busca da "melhor interpretação possível" do direito que temos, com vistas a torná-lo marginalmente mais palatável aos ideais contemporâneos de justiça e progresso social.[342] Esse tipo de atuação tem certos benefícios. Humaniza o direito vigente e, ao fazê-lo, pode inclusive apontar caminhos para um relativo aprimoramento de nossas instituições. Mas há também riscos envolvidos. O preço dessa operação de racionalização/humanização do direito vigente é a progressiva eliminação de oportunidades de efetiva transformação, já que qualquer desvio, ou contradição, é visto como ameaça. Na verdade, propostas de transformações radicais são um corpo estranho em um tipo de empreendimento intelectual que, para ganhar o poder de propor pequenas humanizações, precisa-se comprometer com a permanência do contexto institucional maior em que está inserido. Nesse sentido, em vez de contribuir para alargar nossa percepção sobre o que é ou não possível em termos institucionais, o pensamento jurídico dominante tem sido apenas uma ferramenta para gerenciar e conter os impulsos humanos de transformação e mudança. Ao mes-

342 A teoria do direito de Ronald Dworkin é provavelmente o mais influente e famoso exemplo de análise jurídica racionalizadora nos termos de Unger. Ver, por exemplo, *Law's Empire* (Harvard University Press, 1986).

mo tempo que é sustentado pelo "fetichismo institucional", o pensamento jurídico em sua forma racionalizadora reforça essa premissa conservadora sobre a possibilidade e a desejabilidade de mudança.

No lugar do "fetichismo institucional", Unger propõe um fundamento diferente para o pensamento sobre instituições – incluindo o pensamento jurídico. Trata-se da ideia de que há uma relação "dialética" entre ideais e instituições. O termo "dialético" é aqui usado em um sentido específico. Para Unger, instituições são criadas para organizar e concretizar ideais e aspirações coletivas, mas seu próprio processo de concretização nos revela implicações de nossos ideais e aspirações até então ignorados. No desenho e na implementação de instituições políticas para atender a um vago ideal abstrato de "soberania popular", por exemplo, podemos perceber contradições entre soberania popular – na concretização institucional que temos diante de nós – e certos aspectos da ideia de igualdade, ou de justiça social, ou de proteção a determinadas formas de expressão cultural. Assim, por nunca atenderem completamente a todos os nossos ideais, nossas instituições nos forçam a refinar nossas aspirações e a relação entre elas, podendo inclusive gerar ideais totalmente novos. Nesse processo, não há um ponto final; não se chega a um estado de equilíbrio definitivo entre uma lista taxativa de ideais e aspirações, de um lado, e as melhores instituições possíveis para realizá-los, de outro. Com o passar do tempo, a tentativa de eternizar nossos ideais em instituições necessariamente nos levará a adaptar e mudar os nossos ideais.[343]

---

343 Ver também UNGER, Roberto Mangabeira. *False Necessity*: Anti-Necessitarian Social Theory in the Service of Radical Democracy. Cambridge: Cambridge University Press, 1987, pp. 451-2, original seguido de tradução nossa: "*Each step forward in the application of*

Essa relação sempre incompleta entre nossos ideais e as instituições que criamos para concretizá-los (e que acabam nos colocando diante da necessidade – ou oportunidade – de redefini-los) parece ser o recurso mais poderoso e importante da proposta ungeriana para o pensamento jurídico. Quando essa relação "dialética" ou "interna" entre instituições e aspirações humanas passa despercebida, há uma reação em cadeia que elimina de nossos campos de visão, ação e pensamento variações institucionais. Uma vez instalada, essa cegueira institucional cria terreno fértil para o desenvolvimento de metodologias de análise que irão sistematicamente conduzir a resultados substancialmente conservadores, por serem incapazes de dar conta de propostas de mudanças estruturais em nossas instituições *e em nossos ideais.*

Exemplos desse problema podem ser encontrados no que Unger chama de "metodologias reconstrutivas", frequentemente empregadas na teoria política e no pensamento jurídico.[344] Uma "metodologia reconstrutiva" é uma abordagem de um dado problema jurídico, politico, filosófico ou histórico que tenta identificar os compromissos centrais da prática social em exame para, a partir daí, construir critérios para decidir quando e como nossas instituições se desviam

---

an ideal to social life reveals new ambiguities in its content and new disharmonies between it and established social practice. Even a well-defined and seemingly limited reconstructive project never ends: each new occasion for its realization reveals both new ambiguities in its meaning and new requirements. [Cada passo adiante na aplicação de um ideal à vida social revela novas ambiguidades em seu conteúdo e novas desarmonias entre ele e a prática social estabelecida. Mesmo um projeto reconstrutivo bem definido e aparentemente limitado nunca termina: cada nova ocasião para sua realização revela novas ambiguidades em seu significado e novos requisitos.]"

344 *Id., What Should Legal Analysis Become?*, p. 182.

das aspirações e promessas que supostamente justificariam sua criação. De maneira geral, essas abordagens são unilaterais: descartam a influência de transformações institucionais sobre nossos ideais, que ficam assim congelados no tempo. Mais ainda, quando análises reconstrutivas se tornam dominantes como orientação à tomada de decisões práticas, fossilizam também as instituições. O que aparece, sob lentes reconstrutivas, como desvio da implementação de ideais com uma forma fixa, estável e previamente dada seria visto por Unger como uma oportunidade de mudar os ideais e, com isso, perseguir futuros alternativos – com ideais e instituições igualmente abertos a reinterpretação e transformação.

A análise jurídica racionalizadora, forma dominante de pensamento jurídico, é um tipo de metodologia reconstrutiva. Ela vê o direito como resultado de duas genealogias distintas. De um lado, "luta partidária e faccional organizada dentro das regras básicas da democracia"; de outro, "um sistema de requisitos práticos ou de concepções normativas", "no espírito da reconstrução racional".[345] Diante dessas genealogias radicalmente divergentes, a tarefa/impulso fundamental que a análise jurídica racionalizadora se coloca é o de neutralizar as contradições políticas fundamentais resultantes dos conflitos que levaram à criação de instituições jurídicas, bem como o de domesticar ou eliminar as ambiguidades deixadas em aberto por ideais abrangentes como "igualdade perante a lei" e "soberania popular".[346] Essa forma de pensa-

345 *Ibid.*, pp. 178-9, tradução nossa: "*organized partisan and factional fighting within the ground rules of democracy*"; "*a system of practical requirements or of normative conceptions*"; "*in the spirit of rational reconstruction*".

346 É por este motivo que, na concepção de Unger, o medo da mobilização popular é um dos "segredos sujos" da análise jurídica racio-

mento jurídico encara as estruturas básicas do direito vigente como se fossem expressão de um plano – um conjunto predeterminado, coerente e intocável de promessas que podem e devem ser cumpridas, ainda que de forma gradual. Por sua vez, o pensamento jurídico organizado como imaginação institucional – um empreendimento intelectual fundado na indeterminação essencial da relação entre aspirações e instituições humanas – enxerga no direito vigente tão somente os resíduos ou passos iniciais de múltiplos e conflitantes planos, nenhum dos quais é necessário.[347] Assim, na perspectiva Ungeriana, o estilo de pensamento jurídico dominante nos dias de hoje congela simultaneamente nossos ideais e nosso direito, imunizando-os contra o que poderia ser uma relação dinâmica.

III.

O núcleo da perspectiva ungeriana sobre o pensamento jurídico está, portanto, na relação entre dois níveis da nossa experiência: o nível da instituições e da prática institucional, de um lado, e o nível das ideias e ideais sobre as instituições, de outro. As instituições corporificam um conjunto de ideais; mas, como vimos, essa correspondência é, na melhor das

---

nalizadora. Esforços de mobilização política em larga escala não têm resultados predeterminados, nem estão necessariamente limitados por qualquer concepção específica e consensual de propriedade, separação de poderes ou igualdade. Nesse cenário, o impulso da análise jurídica racionalizadora é o de transformar os debates sobre reforma institucional em tarefas "técnicas", que, convenientemente, só podem ser enfrentadas por uma elite professional treinada em métodos jurídicos de cunho reconstrutivo. Dessa forma, elimina-se da arena política a indeterminação radical que, para Unger, deveria ser característica da democracia.

347 *Ibid.*, p. 178.

hipóteses, imperfeita. Os ideais humanos são indeterminados e inerentemente ambíguos. Não podem ser capturados de uma vez por todas, em definitivo, em uma dada tentativa de institucionalização. Ao contrário, esse processo de institucionalização força nossos ideais a se apresentarem em um nível de detalhamento que não estava predeterminado no ideal ou na aspiração que levaram à adoção de uma dada instituição. Quando prestamos atenção nos detalhes de uma instituição jurídica aparentemente monolítica e que supostamente concretiza alguns de nossos ideais, encontramos falhas, ambiguidades, contradições e possibilidades até então desconhecidas. Às vezes, procuramos ajustar a instituição tendo em vista os ideais com que a abordamos. Mas, em outros momentos, o que muda diante dessa discrepância é o ideal, e não a instituição. Quando se institucionalizam certos ideais, ambiguidades e contradições até então ocultas nos colocam diante da possibilidade (e, às vezes, da necessidade) de reinterpretar, refinar ou até transformar completamente os próprios ideais.

Justamente por trabalhar com um nível de detalhamento institucional muito maior do que disciplinas como a filosofia política, o pensamento jurídico tem um grande potencial de transformar esse ambiente intelectual conservador, em vez de ser mero instrumento de propagação e reforço do fetichismo institucional. Juristas lidam diariamente com os muitos exemplos de discrepâncias e conflitos entre as práticas e os conceitos que supostamente deveriam descrevê-las e justificá-las. Se, diante dessas tensões, juristas se voltassem para apontar e explorar os futuros institucionais sugeridos por essas contradições e incompletudes, contribuiriam de forma decisiva para substituir o fetichismo institucional pelo compromisso com o experimentalismo democrático. Dar esse passo – da neutralização de contradições via humanização do direito vigente à promoção das condições para inovação institucional – significa reorientar nossas práticas e ideias sobre o direito no sentido do que Unger chama de "imaginação institucional".

Apesar de seu tom deliberadamente radical e da inequívoca intenção de ruptura com práticas de pensamento, a proposta ungeriana de imaginação institucional não implica mudanças radicais nas instituições vigentes, por pelo menos dois motivos. Primeiro, o experimentalismo democrático defendido por Unger exige abertura para a *possibilidade* de mudança radical, mas não determina o horizonte de tempo em que essas mudanças devem acontecer. Imaginação institucional consiste em identificar e propor, a partir de contradições e ambiguidades na relação entre as instituições e os ideais que temos, medidas factíveis de alteração no desenho institucional que nos permitam caminhar rumo a futuros alternativos. O ritmo, a direção e a intensidade dessas transformações institucionais nunca estarão a mais que alguns passos de distância dos ideais que temos hoje – que são, ao menos em parte, moldados pelas instituições existentes. O contexto intelectual e institucional em que estamos inseridos necessariamente integra a matéria-prima da imaginação institucional.[348] Há, portanto, certos limites para o quanto um

348 Essa é, na verdade, uma propriedade geral do pensamento de Unger sobre instituições. Nesse sentido, ver UNGER, *False Necessity*, p. 469, original seguido de tradução nossa: "*New solutions must begin as attempts to extend an already existing deviant principle or organization or imagination – we can usually translate even the boldest vision intro proposals that work with familiar and intelligible materials* [Novas soluções devem começar como tentativas de estender um princípio,

dado arranjo institucional pode estar aberto a se transformar em algo completamente diferente. Pelo simples fato de existir, um dado desenho institucional torna impossível vislumbrar de forma imediata todas as possibilidades de aspiração e formas de associação humanas. Por essa razão, como reconhece Unger, nenhum sistema constitucional pode ser perfeitamente elástico em relação a todas as formas possíveis de organização da vida em sociedade.[349] Entretanto, cada passo possível dentro do sistema vigente pode levar à transformação de nossos ideais e, com isso, abrir caminho para novas mudanças. Embora seja certo que cada transformação será progressivamente mais diferente do ponto em que nos encontramos, nenhuma delas é necessariamente radical em relação ao desenho institucional imediatamente anterior. O radicalismo da proposta de Unger é antes de mais nada intelectual: diz respeito apenas à afirmação da possibilidade permanente de mudança, não ao conteúdo em si das propostas de reforma.

---

uma organização ou uma imaginação desviantes já existentes – geralmente podemos traduzir até as visões mais ousadas de introdução de propostas que funcionam com materiais familiares e inteligíveis]").

349 *Ibid.*, p. 461. De forma mais geral, para além dos arranjos constitucionais, todo pensamento sobre instituições precisa levar em conta o que o autor chama de "imperativo da contextualidade": "*We must in the end inhabit a particular social world, and we can never perform the act of denial often or quickly enough to prevent individual and social experience from being largely, though not entirely or ultimately, governed by the practices and assumptions of the world we live in* [No final, devemos habitar um mundo social específico e nunca podemos realizar o ato de negação com frequência ou rapidez suficiente para impedir que as experiências individual e social sejam amplamente, embora não totalmente ou finalmente, governadas pelas práticas e suposições do mundo que habitamos]" (*ibid.*, p. 510, original seguido de tradução nossa).

Além disso, mesmo que essas pequenas adaptações e reorientações institucionais acabem levando, no tempo de vida de uma única geração, a mudanças profundas em relação às instituições que temos hoje, há certos limites para o experimentalismo democrático. Mais precisamente, há condições necessárias para que esse experimentalismo seja expressão de liberdade, e não de opressão. Todo arranjo institucional, por mais aberto que seja à possibilidade de mudança, deve assegurar um conjunto básico de direitos e prerrogativas sem os quais as pessoas temerão pelo seu futuro.[350] Ao protegerem da deliberação política de curto prazo uma esfera mínima de segurança individual, esses direitos fundamentais tornam os membros da comunidade minimamente independentes uns dos outros e, portanto, aptos a se envolver em esforços de transformação social.[351] A liberdade para participar abertamente desse projeto de reconstrução requer que os indivíduos tenham certeza de que os conflitos políticos sobre a forma institucional da comunidade não colocarão em risco sua segurança física, seu acesso a recursos materiais básicos, ou sua autonomia em relação a quaisquer poderes públicos ou privados.[352]

---

350 Para uma discussão detalhada do papel de um sistema de direitos em um regime de experimentalismo democrático, ver *ibid.*, p. 464 e seguintes e p. 513 e seguintes.

351 *Ibid.*, p. 513.

352 Nas palavras de Unger, "*security requires that the individual feel assured that overwhelming practical need will not periodically threaten him with poverty or force him to submit to a superior power* [A segurança exige que o indivíduo se sinta seguro de que uma necessidade prática esmagadora não o ameaçará periodicamente com a pobreza nem o forçará a se submeter a um poder superior]" (*ibid*, pp. 513-4, original seguido de tradução nossa).

Fica claro, portanto, que nem toda proposta de reforma institucional é um exercício de imaginação institucional nos termos de Unger. Não se trata simplesmente de propor alterações no desenho institucional vigente, atribuir um valor positivo à mudança e/ou reconhecer que é sempre possível mudar as instituições. A prática da imaginação institucional deve se caracterizar pela atenção a algumas condições, dentre as quais, já destaquei duas. Primeiro, cada proposta de reforma deve ser apresentada como um passo em uma direção que, de alguma forma, já pode ser vislumbrada nos ideais e instituições vigentes. A direção pode apontar para um estado de coisas futuro radicalmente diferente do cenário institucional atual, mas o caminho até lá precisa ser um desdobramento de passos já indicados nas aspirações de hoje e já viabilizados pelas instituições que temos. Aliás, a contribuição fundamental do jurista nesse projeto é precisamente a de perceber e explicitar esses caminhos alternativos já contidos, ao menos em parte, nas instituições existentes. Segundo, toda proposta do gênero deve explicitar sua própria compatibilidade com a necessidade de garantir um mínimo de segurança individual, nos termos descritos acima.

Por fim, há um terceiro elemento a ser enfatizado. Toda proposta que se pretenda um exercício de "imaginação institucional" deve manter aberta – não apenas conceitualmente, mas sobretudo em termos práticos – a possibilidade de sua própria revisão como uma tarefa possível no curto prazo e a qualquer momento. Como observa Unger no texto em análise, "temos que organizar todas as instituições, em particular as instituições constitucionais, para que a transformação se torne impulso endógeno, interno, e deixe de depender das crises como sua circunstância favorecedora".[353] A propriedade mais importante que essa estruturas institucionais precisam ter é a capacidade de facilitar as inovações, inclusive a sua própria, sem depender das crises.[354]

IV.

Nas seções anteriores, discutiu-se o método que Unger defende e procura aplicar no texto "A Constituição do Experimentalismo Democrático". Tendo em vista as dimensões e ambições da obra do autor, as considerações feitas até aqui são, na melhor das hipóteses, um simples resumo dos principais componentes da imaginação institucional. Entretanto, no texto em análise, Unger não apenas defende em tese o pensamento jurídico como imaginação institucional, como também o pratica. Nesta seção, procurarei discutir se e como algumas das propostas concretas de reforma institucional mencionadas por Unger no texto atendem a expectativas geradas pelo método que descreve, defende e procura empregar. Ainda que o método em si seja defensável, é perfeitamente possível que um dado esforço de imaginação institucional (a) seja radical demais, no sentido de não estar totalmente justificado em termos de possibilidades já existentes nos ideais e instituições que temos hoje; e/ou (b) diminua, em vez de potencializar, as possibilidades de sua própria revisão e experimentação; e/ou (c) ameace um conjunto mínimo de direitos individuais e expectativas sociais que são condições necessárias do experimentalismo democrático.

---

353 *Id.*, Roberto Mangabeira. "A Constituição do Experimentalismo Democrático". *Revista de Direto Administrativo*, v. 57, 2011, p. 61.
354 *Loc. cit.*

Entre as várias ideias apresentadas no texto, meu foco será uma sugestão apresentada por Unger para promover o engajamento da cidadania na resolução rápida de impasses entre os poderes do Estado. Ele sugere que esse duplo objetivo (superação imediata de impasses políticos por meio de mobilização política do cidadão) seja atingido com uma reforma nos seguintes termos:

> [Quando] houver impasse entre o presidente e o Congresso, ambos os poderes poderiam convocar eleições antecipadas. As eleições, porém, seriam sempre bilaterais para ambos os poderes. Por conseguinte, o poder que exercesse a prerrogativa teria de pagar o preço do risco eleitoral. Por meios relativamente simples como este, a lógica do presidencialismo madisoniano, desenhada para desacelerar a política, poderia ser invertida. Transformar-se-ia em máquina para acelerar a política, sem diluição das garantias individuais.[355]

Esta proposta de reforma fornece uma excelente oportunidade para vermos a imaginação institucional em ação. Para começar, a trajetória da Presidência no sistema constitucional dos Estados Unidos é um bom exemplo da relação dialética entre ideais e instituições que sustenta o projeto do experimentalismo democrático. Em mais de duzentos anos desde sua criação, houve poucas, mas significativas mudanças nas competências e no funcionamento da instituição. Entre as alterações mais importantes, proibiu-se a reeleição; a eleição passou a ser direta; e reconheceu-se certos poderes normativos da Presidência da República que não estavam

---

355 *Ibid.*, p. 68.

na pauta dos *founding fathers.*[356] Mas houve transformação muito maior nas *ideias e aspirações* relativas à instituição da Presidência. Unger observa que, embora essa instituição tenha sido originalmente desenhada para dificular tentativas de transformar a sociedade por meio da política, um(a) presidente eleito(a) pelo voto direto possui um grande "potencial plebiscitário". A concepção original do regime de separação de poderes ligava dois elementos que não precisam coexistir: fragmentação do poder e desacelaração da política. Com vistas a reorientar a "situação constitucional" do Brasil no sentido do experimentalismo democrático, Unger quer manter apenas o primeiro desses elementos. No cenário proposto pelo autor, o poder ainda estaria dividido por instituições diferentes, dificultando assim o uso opressivo do aparato estatal, mas possibilidade de eleições antecipadas em caso de impasse reduziria ao mínimo o componente de desaceleração da política.

Trata-se de um engenhoso exercício de reorientação de ideais e instituições que, em alguma medida, já são familiares. A ideia de que a Presidência da República no sistema dos Estados Unidos pode "facultar marcha direta ao centro do poder" assustaria os membros da convenção que formulou o texto constitucional de 1787.[357] Hoje, porém, essa expectativa transformadora é parte corrente das aspirações coletivas em relação à Presidência. Conforme vai se consolidando,

356 Para um modelo explicativo geral quanto a esse processo de incremento de poder presidencial ao longo da história dos Estados Unidos, ver MOE, Terry; HOWELL, William. "The Presidential Power of Unilateral Action". *Journal of Law, Economics and Organization,* v. 115, n. 1, 1999.

357 Sobre o tema, ver ACKERMAN, Bruce. *The Failure of the Founding Fathers.* Cambridge: Belknap/Harvard, 2005.

esse novo ideal "plebiscitário" alimenta, justifica e estimula novas alterações na instituição da Presidência no sentido de intensificar seu potencial plebiscitário e transformador. Unger considera fundamental manter, em nosso sistema constitucional, um presidente eleito diretamente devido ao potencial transformador que a instituição vem consolidando desde sua concepção original. Esse mesmo potencial, porém, faz surgir certas perplexidades quando tentamos compatibilizar a proposta de eleições antecipadas com os contornos maiores do método da imaginação institucional.

Imaginemos o seguinte cenário, que é basicamente compatível com a política e com as instituições que temos hoje no Brasil. Um presidente é eleito e apresenta um programa político transformador, de significativos efeitos redistributivos. Uma maioria de membros do Congresso não vê a medida com bons olhos. Entretanto, receosos de perder seus cargos caso novas eleições sejam convocadas – uma possibilidade real, já que o Presidente em questão acabou de ser eleito por mais da metade da população do país –, esses parlamentares preferem aprovar o projeto do Presidente, em troca de algumas concessões pontuais, a pagar o preço do risco eleitoral. Nesse cenário, que está longe de ser improvável, a alteração imaginada por Unger ficaria exposta a problemas que pareciam estar resolvidos na descrição *em tese* do pensamento jurídico como imaginação institucional como método.

Primeiro, fortalecido pela deliberada e estratégica omissão do Congresso, o presidente possivelmente avançará sobre as competências dos outros entes federativos. Como a experiência do *New Deal* nos Estados Unidos na década de 1930 sugere, um forte ímpeto transformador no nível federal não é facilmente compatibilizado com um alto grau de autonomia legislativa no nível estadual. Em sua análise do *New Deal*, Unger reconhece um momento de grande potencial transformador, ainda que as mudanças afinal implementadas tenham ficado aquém das possibilidades originais daquela mobilização política. Por outro lado, lamenta que o potencial experimentalista do federalismo seja cada vez mais contido por uma crescentemente rígida repartição de competências. Na verdade, a redução do espaço de experimentação dos estados federados norte-americanos em relação à União foi um dos resultados *deliberados* do movimento de inovação institucional do *New Deal*. Ou seja, a abertura intelectual e a abertura à revisão de ideais e de instituições foram utilizadas pela coalizão do *New Deal* para construir um arranjo institucional que é potencialmente menos aberto ao experimentalismo, por suprimir a liberdade de variação e experimentação no nível estadual. Trata-se de um interessante exemplo de como propostas experimentalistas podem levar a arranjos institucionais mais "conservadores" do que o esperado ou desejado. De maneira semelhante, no cenário que descrevi acima (em que o presidente é fortalecido por uma omissão estratégica do Congresso em convocar eleições antecipadas), o potencial experimentalista concretizado na figura do presidente transformador pode ser predatório do experimentalismo no âmbito estadual. Embora Unger defenda mudanças pró-experimentalismo em *ambas* as esferas, não está inteiramente claro de que forma se pode compatibilizar um presidente transformador com uma grande liberdade legislativa nas esferas estaduais. O cobertor parece ser curto demais para abranger simultaneamente esses dois "*fronts*" de experimentalismo.

Em segundo lugar, precisaríamos saber em detalhes porque esse presidente hiperlegitimado não seria uma ameaça para direitos e garantias individuais. Como já observado, Unger afirma que, em sua proposta, a Presidência seria transformada em um mecanismo de aceleração da política, mas "*se*m diluição das garantias individuais". No contexto do artigo, porém, essa ressalva soa mais como uma aspiração ou uma expectativa. Não vem acompanhada de uma explicação mínima de como exatamente esses direitos e garantias não estariam ameaçados. Não é evidente que, no caso dessa proposta, o desenho institucional resultante vá "acelerar" a política sem prejuízo da fragmentação de poder e, consequentemente, da proteção a direitos fundamentais. Se o Congresso estrategicamente preferir não se arriscar a passar por novas eleições em caso de impasse, o que impediria o Presidente de avançar contra o conjunto de liberdades e garantias materiais essenciais para o projeto do experimentalismo democrático?

Em uma obra anterior, Unger sugere que, sempre que uma instituição tenta ampliar seu poder, é possível autorizar essa expansão sem prejuízo da integridade da ordem constitucional desde que o pedido ou tentativa de ampliação de poder venha acompanhado de uma proposta detalhada de uma estrutura capaz de monitorá-lo e supervisioná-lo. Assim, paralelamente a cada incremento no poder da Presidência, por exemplo, deveríamos imaginar estruturas – que Unger chama de "poderes-sombra" – capazes de controlar o uso desses poderes ampliados.[358] Seria possível, em princípio, pensar no

358 Nas palavras de Unger, "*thus every special power, under the exceptional constitutional regime, has a shadow power in its pursuit. The shadow power grows longer in proportion to the dimensions of the special power it follows* [assim, todo poder especial, sob regime constitucional excepcional, tem um poder-sombra que o segue. O poder-sombra

Supremo Tribunal Federal como um possível poder-sombra desse presidente fortalecido pela acquiescência do Congresso. Na verdade, essa possibilidade está no *mainstream* do ideário constitucional global dos anos 1950 para cá. A solução institucional típica para colocar certas garantias fundamentais fora da deliberação política de curto prazo tem sido alguma espécie de instituição judicial ou quase-judicial com o poder de declarar inconstitucionais atos de outros poderes que violem esses direitos. Hoje, de modo geral, o vocabulário da proteção a direitos fundamentais é quase indissociável da figura do tribunal constitucional que força a política a encarar a constituição e a se adaptar às suas normas.[359]

Entretanto, atribuir um papel relevante às instituições judiciais no âmbito da proposta de reforma institucional de Unger não é tarefa simples. Nos poucos momentos do texto em que dialoga com instituições e ideais relativos à função judicial, Unger expressa ceticismo quanto à desejabilidade e à viabilidade de tribunais enfrentarem problemas políticos complexos em um regime democrático. É certo que, no cenário maior do projeto do experimentalismo democrático, diminuir expectativas em relação ao potencial político transformador do judiciário é um necessário antídoto contra a influência da análise jurídica racionalizadora. Mas esse antídoto traz dois problemas significativos para a proposta de eleições antecipadas. Primeiro, tendo em vista que há dúvidas quando a capacidade judicial de resistência a movimentos políticos intensamente organizados, que conquistaram

---

cresce mais em proporção às dimensões do poder especial que segue]" (UNGER, *False Necessity*, p. 462, original seguido de tradução nossa).

359 Ver, por exemplo, SWEET, Alec Stone. *Governing with Judges*: Constitutional Politics in Europe. Oxford: Oxford University Press, 2000.

a Presidência e têm o apoio da opinião pública, o Supremo Tribunal Federal só teria chance de ser um "poder-sombra" efetivo em uma comunidade que apoiasse a participação de tribunais no processo decisório político. Ocorre, porém, que esse tipo de discurso judicializante é exatamente um dos elementos que Unger deseja remover do centro do imaginário constitucional contemporâneo.

Além disso, essa tentativa de se distanciar radicalmente de um pensamento institucional "judicializante" gera dúvidas sobre o quanto esse silêncio de Unger não expressaria um afastamento excessivo de nossos ideais e instituições vigentes. Afinal, parece ser um fato do mundo contemporâneo – e também no Brasil – que a jurisdição constitucional é cada vez mais uma peça fundamental do processo político decisório. Podemos gostar ou não dessa tendência, é claro. Mais ainda, no contexto do projeto do experimentalismo democrático, Unger certamente tem bons motivos para propor mudanças na visão contemporânea sobre o papel político dos tribunais. Mas a importância das instituições judiciais no conjunto de ideais e arranjos que efetivamente temos no Brasil de hoje não pode ser ignorada em um exercício de imaginação institucional. Afinal, segundo a leitura da obra de Unger que procurei desenvolver neste comentário, o método da imaginação institucional precisa ocorrer, em larga medida, em diálogo com as instituições e ideais de hoje. Caso contrário, corre o risco de se tornar apenas um discurso político normativo sobre quais instituições deveríamos ter em um mundo ideal.

V.

Como procedimento para o pensamento jurídico, a imaginação institucional se apresenta como um poderoso rival da análise jurídica racionalizadora que é dominante nos dias de hoje. Entretanto, para que não seja simplesmente um tipo genérico de discurso normativo sobre reforma institucional, a imaginação institucional precisa atender a algumas condições. As propostas de reforma precisam dialogar de forma significativa com ideais e instituições que existem hoje. Devem também preservar um alto grau de possibilidade de revisão institucional e de contínuo experimentalismo. Por fim, não podem ameaçar o conjunto básico de liberdades e garantias materiais necessárias ao engajamento individual em um projeto de reconstrução coletiva. Neste comentário, procurei mostrar que, ao menos no contexto do artigo em exame, não é evidente que todas as propostas mencionadas por Unger atendam a esses requisitos. Essa conclusão, porém, não deve ser interpretada como indicativa de problemas no projeto ungeriano de reorientação do pensamento jurídico. Ao contrário, a possibilidade de se usar critérios gerados pela própria teoria de Unger para criticar sua aplicação reforça a solidez da imaginação institucional como método de pensamento, além de enfatizar a distância existente entre esse de pensamento jurídico e discursos políticos genéricos sobre reforma das instituições.

7 - Imunidade, Desestabilização e Propriedade: O Sistema de Direitos em Unger

Rafael A. F. Zanatta[360]

Introdução

No Brasil, a literatura jurídica pouco se debruçou sobre a análise crítica de Roberto Mangabeira Unger, como já constatado, por exemplo, por juristas nacionais.[361] Ao contrário do que ocorreu nos Estados Unidos da América e na Inglaterra, onde o conteúdo das obras de Mangabeira Unger foi criticado por diferentes perspectivas - e por autores de peso no debate jurídico contemporâneo como Cass Sunstein, Jeremy Waldron, Lawrence Lessig e Emilios Christodoulidis -, no Brasil este ainda é um trabalho a ser feito. Como observou Carlos Sávio Teixeira, "quando se consulta as principais publicações acadêmicas em língua portuguesa, se constata

---

360 Doutorando pelo Instituto de Energia e Ambiente da Universidade de São Paulo. Mestre em Direito e Economia Política pela Universidade de Turim. Mestre em Direito pela Universidade de São Paulo.

361 GODOY, Arnaldo Sampaio de Moraes. *Direito & Utopia*. Em Roberto Mangabeira Unger. São Paulo: Quartier Latin, 2010; MENDES, Gilmar; MUDROVITSCH, Rodrigo B. *Jurisdição Constitucional, Direitos Fundamentais e Experimentalismo Institucional*. Brasília: Instituto Brasiliense de Direito Público, 2012.

uma quase total falta de discussão de sua obra",[362] seja na ciência política, no direito ou na filosofia.

Não pretendo investigar os motivos para a ausência de discussão da obra de Mangabeira Unger, como feito por Caio Farah Rodriguez em um instigante ensaio publicado aqui nesta coletânea. Pretendo, neste texto, avançar na investigação crítica da obra do professor Unger e analisar uma questão bastante pontual: o significado e a consistência do "sistema de direitos", tal como apresentado em *Politics.*[363]

Como se trata de uma coletânea de ensaios sobre a teoria social construtivista e a filosofia de Mangabeira Unger, presumo que o leitor possui acesso a textos que explicam o desenvolvimento de seus principais conceitos. O que me interessa, mais precisamente, é a investigação sobre a formulação do "sistema de direitos" dentro da obra *False Necessity* (1987), analisando seu significado e sua conexão com os argumentos programáticos para uma "democracia empoderada". Afinal, o que são os "princípios generativos do sistema de direitos" formulados por Mangabeira Unger? O que são "direitos de mercado", "direitos de imunidade", "direitos de desestabilização" e "direitos de solidariedade"? Por que Unger acredita que tal sistema de direitos é capaz de "diminuir a qualidade narcoléptica da vida social rotineira" e implementar uma "visão de empoderamento individual

---

362 TEIXEIRA, Carlos Sávio. "Da Cópia Institucional à Vitalidade Organizada: o Brasil de Unger", *Revista USP*, n. 99, 2013, p. 193.

363 *Politics: a Work in Constructive Social Theory* não é um livro, mas um conjunto de três obras distintas, porém profundamente conectadas, publicadas simultaneamente em 1987.

e coletivo"?[364] Por que essa construção teórica foi criticada por diferentes autores?

Diferentemente de análises feitas por outros juristas, como a discussão de Lucas Amato sobre o sistema de direitos de Unger em comparação com a obra de Niklas Luhmann,[365] ofereço neste ensaio uma interpretação problematizante e não comparativa. Ao realizar um mapeamento dos críticos de Unger, pretendo levantar questões para uma agenda de investigação crítica da teoria ungeriana no Brasil, capaz de ir além da descrição e da importação de conceitos. Argumento, por fim, que a reconfiguração institucional dos direitos de propriedade – aquilo que Amato chamou de "indeterminação institucional dos direitos de propriedade e a possibilidade de reconfigurá-los" – representa o coração do sistema de direitos de Mangabeira Unger.

O texto está dividido em duas partes. Na primeira, discuto o significado do *system of rights* apresentado no quinto capítulo de *False Necessity*, intitulado "The Program of Empowered Democracy: The Remaking of Institutional Arrangements", no tópico "The System of Rights.[366] Na segunda parte, destaco as tensões existentes na ideia de "direitos de imunidade" e "direitos de desestabilização" e concentro a discussão em um tema central no pensamento de Unger: a reconfiguração conceitual dos direitos de propriedade – um

364 UNGER, Roberto Mangabeira. *False Necessity:* Anti-Necessitarian Social Theory in the Service of Radical Democracy. Cambridge: Cambridge University Press, 1987, p. 510.
365 AMATO, Lucas F. "Sociologia dos Direitos Humanos: Diferenciação Funcional e Experimentalismo Democrático". In: VIII Encontro Anual da Associação Nacional De Direitos Humanos, Pesquisa e Pós-Graduação (Andhep), 2014. *Anais...*, pp. 3611-29.
366 UNGER, *False Necessity*, pp. 508-69.

tema central para novas agendas políticas, como a do "bem comum" e da economia colaborativa no século XXI.[367]

Reconstrução institucional e sistema de direitos

No sistema filosófico de Mangabeira Unger, direito, economia e política não podem ser vistos por matrizes disciplinares compartimentalizadas. Tampouco seria o direito uma mera subdivisão da filosofia moral ou da ética. Uma leitura minuciosa de sua obra, em especial as diferenças entre *Knowledge and Politics* e *The Critical Legal Studies Movement* relevam que o direito (*Law*) não é algo separado, mas uma expressão da sociedade e da cultura. Nas palavras de Mangabeira Unger, o direito é a "forma institucional da vida de um povo e um local onde interesses encontram ideais e onde o espírito luta com a estrutura".[368]

Há, no entanto, uma diferença conceitual entre "direito" e "sistema de direitos" em sua obra e na teoria do direito contemporânea. Em sua crítica à teoria liberal, Mangabeira Unger nega concepções naturalistas de direitos inatos. Em nenhum momento, defende a existência de "direitos fundamentais" em uma matriz de filosofia política liberal. Em sua teoria "ultraliberal", parafraseando Michael Walzer,[369] Man-

367 Entendo que a agenda do "bem comum" é uma tentativa de superar as lógicas do público e do privado, construindo categorias conceituais novas que permitam formas colaborativas de governança de bens de acesso comum (naturais, físicos ou digitais). Como síntese desse debate, ver MATTEI, Ugo. *Beni Comuni*: Un Manifesto. Roma: Laterza, 2011.

368 A citação é da página do prof. Mangabeira Unger, na seção "Legal Theory". Disponível em: <http://www.robertounger.com/en/category/legal-theory/>. Acesso em: 14 out. 2019, tradução nossa.

369 WALZER, Michael. "The Communitarian Critique of Liberalism". *Political Theory*, v. 18, n. 1, pp. 6-23.

gabeira Unger radicaliza a ideia de instituições como artefatos e os direitos como *entitlements*,[370] entendendo-os como um conjunto de cristalizações da política capazes de gerar um emaranhado de obrigações, deveres e imunidades.

A reconstrução de um "sistema de direitos" é vista por Mangabeira Unger como expressão indissociável da tarefa de reconstrução institucional. Em *False Necessity*, reformulou a tese apresentada em *The Critical Legal Studies Movement* e afirmou que a redefinição dos direitos não é uma ação subsequente à tarefa de "mudança da forma constitucional de governo, o estilo de conflito sobre o controle e usos do poder governamental, o regime de capital, [e] a organização do trabalho".[371] Ela deve ocorrer *ao mesmo tempo*. A análise jurídica deve estar a serviço da imaginação institucional.[372]

Considerando a indissociabilidade do "sistema de direitos" da agenda construtivista de Unger, pretendo explicar em que consistem os *direitos de imunidade* (proteção contra excessos e violações pela maioria eleita democraticamente), *direitos de mercado* (direitos ao capital e fundos rotativos), *direitos de desestabilização* (direito à execução de políticas e mobilização dos poderes) e *direitos de solidariedade* (complexo regime de proteção contra a discricionariedade, que reforça relações comunais e de boa-fé) redefinidos em *Poli-*

370 WILLIAMS, Robert A. "Taking Rights Aggressively: The Perils and Promise of Critical Legal Theory for Peoples of Color". *Law & Inequality*, n. 5, 1987, p. 118.

371 UNGER, *False Necessity*, p. 510, tradução nossa.

372 Essa tese posteriormente serviu de eixo central para a obra *What Should Legal Analysis Become*, publicada em 1996. Para uma análise crítica da análise jurídica como imaginação institucional (ou as limitações da "análise positiva" do direito), ver WALDRON, Jeremy. "Dirty Little Secret". *Columbia Law Review*, v. 98, n. 2, 1998, pp. 510-30.

tics (1987). Argumento que é preciso um empreendimento cooperativo de análise crítica do sistema de direitos de Unger no Brasil e ofereço, nessa seção, alguns possíveis roteiros para essa tarefa.

O embrião do argumento de Mangabeira Unger

Até a publicação de *The Critical Legal Studies Movement* (*CLSM*, 1986), Mangabeira Unger não havia utilizado a expressão *system of rights* em seus trabalhos.[373] A expressão surge como resposta construtiva a um ideal de comunidade que, segundo Unger, não encontra adequação nas teorias liberais do direito, em especial o direito privado e contratual. Em *CLSM*, Unger defendeu que o sistema de direitos estabelecido nas democracias liberais sofre de um problema central: a ausência de princípios e *entitlements* capazes de informar a "vida comunal" – áreas da existência social onde as pessoas permanecem em relação de elevada vulnerabilidade

373 Tenho como hipótese que Mangabeira Unger apoia-se em Émile Durkheim para utilizar a expressão "sistema de direitos". Essa expressão encontra-se não somente nos textos de Durkheim, mas também em ensaios de antropólogos influenciados pela sociogia durkheiminiana, como Alfred Radcliffe-Brown, que defendeu ser o sistema de direitos a junção de "direitos divididos, conjuntos e comuns sobre uma pessoa ou coisa" (RADCLIFFE-BROWN, Alfred R. "Patrilineal and Matrilineal Succession". *Iowa Law Review*, v. 20, 1934, p. 286, tradução nossa). Em Durkheim, a visão liberal da propriedade como direito natural é negada: "os direitos são reais e positivos para Durkheim, e não somente defensivos e negativos como eram para os liberais; a solidariedade cria um sistema de direitos e deveres e não somente um fórum para trocas" (JONES, Susan Stedman. *Durkheim Reconsidered*. Cambridge: Polity Press, 2001, p. 51, tradução nossa).

mútua e responsabilidade uns para os outros.[374] Para ele, as teorias que explicam as fontes das obrigações (atos perfeitos da vontade ou imposições unilaterais de um dever pelo Estado) são marginais quando comparadas com a experiência humana.

Segundo o argumento ungeriano, "a maioria dos nossos deveres morais [...] surgem de relações de interdependência que foram parcialmente articulados pela vontade e pouco influenciados pelo Estado".[375] Novos modos de experiência comunal deveriam ser pensados em categorias jurídicas e protegidos por "direitos legais".[376] Ao tratar desses modos de experiência comunal, Unger tem em mente seu ideal de democracia empoderada: uma sociedade civil muito próxima do Estado, atuando na resolução de problemas de forma colaborativa e descentralizada; uma economia de mercado voltada às práticas de vanguarda, na qual times de empreendedores, técnicos e trabalhadores possuem acesso a um fundo rotativo de capital; e uma cidadania voltada ao conflito, que luta pela diminuição das hierarquias e funções sociais rígidas.

Ao levar ao extremo a ideia de reorganização do governo – com intensificação do conflito e sobreposição de competências entre diferentes poderes –, Unger argumenta que o sistema de direitos seria uma "salvaguarda à segurança individual sem imunizar grandes áreas da prática social contra as lutas da democracia".[377] Para Unger, o conceito de direito

---

374 UNGER, Roberto Mangabeira. *The Critical Legal Studies Movement*. Cambridge: Harvard University Press, 1986.

375 *Loc. cit.*, tradução nossa.

376 Na tradição anglo-americana, Unger utiliza o conceito de *legal rights* sem oferecer uma definição precisa.

377 *Ibid.*, p. 32, tradução nossa.

subjetivo (*right*)[378] seria subsidiário ao sistema de direitos, que "descreve[ria] as posições relativas de indivíduos e grupos dentro de um quadro juridicamente definido de arranjos institucionais".[379] A função desses arranjos, segundo Unger, seria "encorajar certas negociações instrumentais ou passionais entre pessoas e desencorajar outras".[380]

A definição do sistema de direitos é feita em apenas duas páginas em *CLSM*. Nesse trecho, Unger explica o que são os direitos de imunidade, desestabilização, mercado e solidariedade.[381] Para Unger, esses direitos são arranjos políticos

---

378 Assim como Émile Durkheim, Unger nega a teoria liberal do século XVIII dos direitos naturais por seu caráter não histórico. Na interpretação de Susan Jones, Durkheim "argumentou que direitos são reivindicações reconhecidas pela sociedade e afirmou que os indivíduos possuem direitos positivos de livre disposição por meio da história; os direitos positivos que os indivíduos conquistam contra e sobre o Estado devem ser protegidos por grupos secundários" (JONES, *Durkheim* Reconsidered, p. 51, tradução nossa). Para Unger, direitos também são reivindicações reconhecidas pela sociedade em determinado contexto histórico – o que distinguiria Unger dos filósofos adeptos de visões do "direito como prerrogativa" (*right as entitlements*). Para uma distinção analítica entre *right as entitlements* e *rights as claims*, ver AZEVEDO, Marco Antonio. "Rights as Entitlements and Rights as Claims". *Veritas*, Porto Alegre, v. 55, n. 1, 2010, pp. 164-82.

379 UNGER, *The Critical Legal Studies Movement*, p. 38

380 *Loc. cit.*, tradução nossa. É também interessante observar o caráter planejador do argumento de Unger nesse ponto, pois ele assume que o sistema de direitos é capaz de influenciar o comportamento humano e encorajar certas ações. Não fica claro se esse incentivo é gerado por uma visão interna (compreensão e aceitação das regras pelos indivíduos por meio da linguagem) ou por uma visão externa (receio de sanções e cálculo de custo-benefício por cumprimento ou descumprimento), típico do raciocínio de Oliver Wendell Holmes Jr. sobre o "homem mau" – o que também é utilizado por Richard Posner.

381 Solidariedade, para Unger, é "nosso sentimento de responsabilidade com aqueles cujas vidas tocam, de alguma forma, nossas

congelados e aceitos pela comunidade para avançar o ideal de aprofundamento da experiência democrática. A reorganização do sistema de direitos - que poderiam ser "[direitos] fundamentais ou não" -[382] ocorreria conjuntamente à reorganização dos poderes constitucionais. Assim, Unger articula uma série de poderes ou *entitlements* que seriam demandáveis por cidadãos. Apesar de argumentar pelo caráter antinaturalista desses direitos - que não seriam necessariamente "direitos humanos" -, há no pensamento de Unger uma teoria da personalidade que oferece valores que estruturam certa concepção de direitos, afirmam alguns críticos.[383] Como notado por Allan Hutchinson e Patrick Monaham, poderia-se argumentar que a teoria de Unger não é capaz de superar as antinomias do pensamento liberal, oferecendo uma concepção do bem e da natureza humana que, no fundo, demanda alguma concepção normativa capaz de estruturar uma teoria dos direitos.[384]

---

próprias e nossa maior ou menor disposição de compartilhar seus destinos" (*id.*, *Law in Modern Society*: Towards a Criticism of Social Theory. New York: New York Press, 1976, p. 206).

382 AMATO, "Sociologia dos Direitos Humanos", p. 17.

383 Hutchison e Monaham criticam a resposta de Unger às antinomias do liberalismo. Para eles, a noção de "bem como realização da natureza humana" é complicada, pois depende de uma concepção do que é a natureza humana. Descrever tais atributos já seria uma tarefa normativa. Eles reconhecem que Unger não propõe uma teoria da personalidade essencialista, mas sim formada pelo contexto e pelo *desejo de transcendência.* Unger propõe a compreensão dessa natureza humana de forma histórica, a partir dos problemas e dos ideais que surgem para resolvê-los no tempo e espaço. No entanto, para eles, o método ungeriano não supera o vão entre fatos e valores (HUTCHINSON, Allan; MONAHAN, Patrick. "The 'Rights' Stuff: Roberto Unger and Beyond". *Texas Law Review*, v. 62, 1984, pp. 1496-7).

384 *Ibid.*, p. 1490.

Não é meu objetivo aprofundar essa crítica teórica nesse momento, pois fugiria ao escopo do texto. O que pretendo discutir é como Unger explica seu "sistema de direitos" e quais as reações a essa proposta na literatura jurídica. Ainda, pretendo discutir adiante se a pretensão de Unger de criar novas categorias não peca ao deixar de explicar melhor um elemento central de sua teoria: os direitos de propriedade.

O sistema de direitos na análise jurídica de Politics

Talvez um bom ponto de partida para a compreensão do sistema de direitos em Unger seja a própria definição do "método desviacionista"[385] que deveria reestruturar a análise jurídica. Esse é um argumento presente em diversos textos de Mangabeira Unger sobre as possibilidades de um novo modo de discurso sobre o direito. O que Unger pretende combater é um modelo dominante de racionalização da análise jurídica, ora concentrada na compreensão de um conjunto coerente de regras e princípios, ora concentrada na análise sistemática de decisões judiciais para construção de um arcabouço teórico sobre "o que é o direito".[386] Nesse sentido, Unger pretende afastar os juristas de uma determinada

---

385 UNGER, *The Critical Legal Studies Movement*.

386 Em outro texto, ofereço uma análise mais detalhada do método de mapeamento e crítico na análise jurídica, tal como proposto por Unger (ZANATTA, Rafael A. F. *Direito, Desenvolvimento e Experimentalismo Democrático*: Um Estudo sobre o Papel do Direito nas Políticas Públicas de Capital Semente no Brasil. São Paualo, 2014. Dissertação (Mestrado em Direito) – Faculdade de Direito da Universidade de São Paulo, pp. 36-48).

visão sobre o que é a doutrina e o que é a construção de conhecimento jurídico.[387]

O objetivo de Mangabeira Unger é fazer com que a análise jurídica se transforme na "identificação das estruturas normativas e assunções históricas que formam a base do pensamento jurídico.[388] O exercício crítico de análise jurídica é o debate sobre as escolhas de (i) como a sociedade deve se organizar e (ii) se esses arranjos institucionais correspondem aos ideais normativos da sociedade, diante de problemas e desafios históricos.[389] É nesse sentido que Unger defende a análise jurídica como análise institucional.[390] Compreendida essa visão particular sobre a análise jurídica e sobre a doutrina – uma produção de conhecimento voltada aos cidadãos de uma comunidade política e não somente aos juízes e ad-

---

387 Evidentemente, Mangabeira Unger "rema contra a maré" dos modos de discurso sobre o direito no Brasil. Nossa análise jurídica é claramente "racionalizadora" e busca algum tipo de consistência interna entre o direito positivado (criado formalmente por processos legislativos) e o direito interpretado nas Cortes. É uma análise jurídica que "olha para trás" para buscar coerência e construir uma sistematização dogmática.

388 HUTCHINSON; MONAHAN, "The 'Rights' Stuff", p. 1513, tradução nossa.

389 A escola de "direito e desenvolvimento" contemporânea parece incorporar, de um certo modo, essa visão. Diogo Coutinho, por exemplo, defende que é possível "conceber e operar o direito econômico como uma tecnologia para moldar arranjos institucionais legítimos e efetivos no plano das políticas públicas", e que, em sua interação com a economia política, o direito é "discutido desde as perspectivas de análise, diagnóstico e aperfeiçoamento institucional" (COUTINHO, Diogo R. "O Direito Econômico e a Construção Institucional do Desenvolvimento Democrático". *Revista Estudos Institucionais*, v. 2, n. 1, 2016, pp. 215-53).

390 UNGER, Roberto Mangabeira. *What Should Legal Analysis Become?*. London: Verso, 1996.

vogados –, é possível analisar criticamente o argumento do "sistema de direitos" em *CLSM* e *Politics*. Ele é um componente do argumento programático para reconfiguração das democracias contemporâneas e emancipação dos indivíduos em relações comunais, enfraquecendo as hierarquias e aumentando o potencial de criação humana.[391]

O sistema de direitos é parte do programa de reconstrução institucional formulado por Unger e não pode ser discutido fora desse quadro geral.[392] Tal programa, em seu argumento original, propõe a descentralização do governo e novas práticas de colaboração e transparência, a multiplicação dos poderes para além do modelo clássico de tripartição, a criação de um fundo rotativo de capital gerido pelo governo em colaboração com a sociedade civil e a intensificação dos conflitos para eliminação das relações de hierarquia e dominação.[393] Tal programa de experimentalismo

391 Para Hutchinson e Monahan, Unger tira as ideias de emancipação de Karl Marx (HUTCHINSON; MONAHAN, "The 'Rights' Stuff", p. 1519).

392 Uma minuciosa análise do programa de Unger de reconstrução constitucional aplicado ao Brasil foi feito por William Simon. Ele destaca as propostas de Unger de reforma do modelo presidencialista (com ênfase nos poderes do presidente), a transformação da administração pública, a reorganização das instituições de auto-organização em ambientes de trabalho e comunidades residenciais, a reforma do modelo federalista e um conjunto de normas desenhadas para impedir e desestabilizar a concentração de poder (SIMON, 1986, pp. 320-327).

393 Não discutirei aqui até que ponto o programa de reconstrução institucional de Unger, que possui características detalhadas de arranjo constitucional e molduras jurídicas de uma forma de governo, não colide com a própria ideia de constante revisão e transcendência contextual, que pressupõe a eliminação de qualquer roteiro pré-determinado das formas constitucionais de como devemos viver em socie-

democrático poderia levantar algumas questões difíceis de responder; afinal, se a ideia da sociedade como artefato é levada ao limite, que garantias existem que novos arranjos jurídicos não terão potencial de opressão a determinados grupos incapazes de disputar a criação de tais arranjos pela política? Se o direito é política, como evitar a repetição de experiências históricas catastróficas de expansão dos poderes estatais e grupos políticos? Quais as consequências do completo abandono de uma visão pós-positivista do direito, atualmente influenciada por teorias de direitos humanos e direitos fundamentais?[394]

Direitos de imunidade

A formulação do sistema de direitos por Unger pode ser vista como uma tentativa de resposta a essas perguntas. A ideia dos "direitos de imunidade", por exemplo, funciona como uma espécie de limitação ao modo de atuação do Estado e do governo, bloqueando situações de opressão a determinados grupos ou indivíduos em situação de vulnerabilidade. Nos termos de Unger, "os direitos de imunidade protegem o indivíduo contra a opressão por concentrações de poderes públicos ou privados, contra a exclusão de importantes decisões coletivas que influenciam sua vida e contra privações econômicas e culturais extremas".[395] Os direitos de imunidade também seriam um instrumento para que indivíduos participem de processos de tomada de decisão, reivindican-

dade. Para uma crítica às "pretensões de neutralidade" de Unger, cf. HUTCHINSON; MONAHAN, "The 'Rights' Stuff", p. 1523.

394 Uma discussão semelhante é feita no capítulo "Deep Freedom: The Politics of the Religion of the Future" na obra *The Religion of the Future* (2014, pp. 290-9). Sou grato a Lucas Amato pela referência.

395 UNGER, *False Necessity*, p. 524, tradução nossa.

do oportunidades para compreensão e discussão de políticas públicas, por exemplo.[396]

Como reconhecido pelo próprio Unger, os direitos de imunidade – direcionados à proteção das "indispensáveis salvaguardas da liberdade" – impõem uma "rigidez mínima sobre a organização da sociedade".[397] Unger, ao reconhecer as liberdades fundamentais de expressão e livre associação, cria limites abstratos ao experimentalismo institucional, preservando os elementos de uma organização social que se pretenda democrática. Nesse aspecto específico – o do reconhecimento de liberdades fundamentais –, ele não se distancia profundamente de teóricos liberais do direito como Ronald

396 De certo modo, os mecanismos de deliberação e participação em âmbito local (ex: formas de participação para discussão do Plano Diretor da cidade) são concretizações dos direitos de imunidade. Tais direitos existem e estão institucionalizados (AVRITZER, Leonardo. "Instituições Participativas e Desenho Institucional: Algumas Considerações sobre a Variação da Participação no Brasil Democrático". *Opinião Pública*, v. 14, n. 1, 2008, pp. 43-64). Talvez a diferença do modelo de Unger seja o mecanismo de invalidação de decisões tomadas sem consulta pública ou formas de participação na formulação de políticas. Não fica claro no modelo de Unger quais seriam esses instrumentos.

397 UNGER, *False Necessity*, p. 527, tradução nossa.

Dworkin,[398] apesar de sua concepção muito própria do que seja uma "sociedade livre".[399]

Unger também adota uma concepção de direitos como prerrogativas (*entitlements*) no âmbito social. Ele afirma expressamente que os direitos de imunidade também consistem em "prerrogativas de bem-estar",[400] como garantia a recursos materiais e culturais – alimentação, moradia, saúde

---

398 Em sua obra de síntese, *Justice for Hedgehogs*, Dworkin apresentou uma teoria acabada do direito como integridade, definindo os limites de legitimidade de um governo dentro de uma moldura constitucional (DWORKIN, Ronald. *Justice for Hedgehogs*. Cambridge: Harvard University Press, 2011). Trabalhos em teoria do direito da USP, como os de Luciana Reis e Leonardo Gomes da Rosa, apresentam análises minuciosas das premissas metodológicas de Dworkin e sua visão do direito como parte da moral (o respeito ao outro) e da ética (o viver bem). Ao leitor brasileiro interessado em Dworkin, recomendo o trabalho do professor Ronaldo Porto Macedo Júnior (MACEDO JÚNIOR, Ronaldo Porto. *Do Xadrez à Cortesia*: Dworkin e a Teoria do Direito Contemporânea. São Paulo: Saraiva, 2013).

399 A exposição definitiva de "sociedade livre" aparece em *The Religion of the Future* (2014), no capítulo "Deep Freedom". Unger critica a ideia liberal clássica de liberdade do século XIX, que combina o empoderamento individual com um programa de reconstrução institucional da sociedade e "que se apoia em um sistema de direitos privados e direitos públicos" para evitar a opressão governamental (UNGER, Roberto Mangabeira. *The religion of the future*. Cambridge: Harvard University Press, 2014, p. 295, tradução nossa). Para Unger, "a concepção de uma sociedade livre requer que os indivíduos não sejam sujeitos a nenhuma forma de coerção por outros, seja diretamente nas mãos dos indivíduos ou indiretamente nas mãos de um Estado agindo como seus instrumentos [...] Um homem ou uma mulher livre não podem ser coagidos materialmente ou espiritualmente. Seu atributo humano de transcendência deve ser respeitado e encorajado a todo momento" (*ibid.*, p. 297).

400 *Id.*, *False Necessity*.

e educação – para que o indivíduo possa "fazer sua vida".[401] A métrica para definir o acesso a tais direitos sociais seria o estabelecimento de padrões proporcionais à riqueza da sociedade. Tais direitos, no entanto, não envolveriam estabilidade em carreiras ou serviços públicos ou privados, uma vez que tal continuidade seria, para Unger, contrária ao experimentalismo democrático, eliminando a recombinação de papeis sociais e o constante aprendizado.[402]

O conceito de "direitos de imunidade" tem sido objeto de crítica na teoria social. Em um ensaio crítico a *Politics*, Cass Sunstein discutiu o problema mal resolvido da calibragem dos direitos de imunidade. Se forem muitos restritos, o programa das facções permanece e permite que determinados grupos imponham suas vontades e levem a "batalhas sobre os termos da vida social de uma forma destrutiva para a identidade individual". Por outro lado, se os direitos de imunidade forem muito amplos, o próprio programa institucional de Mangabeira Unger é ameaçado. Para Sunstein, um sistema de direitos seguro – estruturado a partir de amplas liberdades civis e direitos sociais como direitos de imunidade – não é compatível com um sistema no qual as questões fundamentais estão "*up for grabs*" –[403] um termo caro a Unger.

William Connolly, na resenha de *Politics* publicada no *The New York Times* em 1988, argumentou que os direitos de

---

401 *Loc. cit.*

402 *Loc. cit.* É bastante temerário assumir que a revisão dos papéis sociais e das posições de trabalho é algo desejável. Professores universitários, por exemplo, dedicam-se por anos a determinados projetos intelectuais, pois sabem que há estabilidade em seus empregos. A desestruturação de tais planos de carreira, aliás, é um dos pontos sensíveis para os movimentos sindicais de docentes.

403 SUNSTEIN, 1987, P. 888

imunidade poderiam "proteger cada pessoa da coerção não democrática", mas não seriam capazes de "proteger contra a plastificação por meios democráticos".[404] Para Connolly, a ideia de "liberdade pelo domínio radical" (*radical mastery*) pressupõe um "mundo plástico habitado por pessoas elásticas". Essa ideia da recombinação dos papéis sociais e "das prioridades escolhidas democraticamente" poderia levar a uma ordem na qual microestruturas de regulação e de vigilância transformariam indivíduos resistentes em figuras dóceis e responsivas a normas cambiantes.[405]

Direitos de mercado

Os "direitos de mercado" são compreendidos dentro do argumento programático de reconstrução institucional da economia e estímulo às práticas de vanguarda por meio de um fundo rotativo de capital, acessível a times de empreendedores, técnicos e trabalhadores. No argumento de Unger, os direitos de mercado são "direitos utilizados para trocas econômicas no setor de comércio da sociedade".[406] O argumento de Unger tem como eixo gravitacional sua proposta de incentivo à associação entre inovadores e trabalhadores em busca de capital. Nessa proposta, empreendedores teriam direito a um capital gerido democraticamente. No entanto, esse tipo de contrato de financiamento não seria molda-

404 CONNOLLY, William. "Making the Friendly World Behave". *The New York Times*, 2 fev. 1988, tradução nossa. Disponível em: <https://www.nytimes.com/1988/02/07/books/making-the-friendly-world-behave.html>. Acesso em: 14 out. 2019.

405 Para uma análise do "tecido social de interdependência" e do estreitamento entre regulação e vigilância, ver CONNOLLY, William. *Democracy, Pluralism and Political Theory*. [S.l]: Routledge, 2008.

406 UNGER, *False Necessity*, p. 520.

do pelas categorias jurídicas existentes de propriedade. As características distributivas do direito regulatório seriam transpostas às "normas básicas do contrato e da propriedade",[407] politizando-as.

Conforme explica Unger, no modelo de tomada de capital por times de empreendedores, os direitos de mercado "teriam as características operacionais básicas das prerrogativas contratuais e de propriedade do direito privado contemporâneo".[408] No entanto, a propriedade seria desagregada "em uma série de poderes distintos atribuídos a diferentes entidades de possuidores de direito [*rightholders*]: agências representativas centrais da democracia, fundos de investimento, e tomadores de capital que possuem acesso ao fundo em termos explicitamente temporários e limitados".[409] Em outras palavras, o procedimento de tomada de capital não implicaria no domínio irrestrito de determinado bem. Na concepção experimentalista de Unger, a propriedade do capital seria desmembrada por vários "poderes" que seriam atribuídos a diferentes atores. A dificuldade de explicar tal arranjo consiste no fato de que não há exemplos históricos concretos para demonstrá-lo.

Direitos de desestabilização

Os "direitos de desestabilização" são "direitos à provocação, por meio do apelo a um quarto setor do governo, para desestabilização e reconstrução de organizações e práticas cujas estruturas de autoridade e participação conflitem com as exigências mínimas de uma ordem democrática e que se tor-

---

407 *Ibid.*, p. 521, tradução nossa.
408 *Ibid.*, p. 522, tradução nossa.
409 *Ibid.*, p. 523, tradução nossa.

naram imunes às formas normais de mudança eleitoral".[410] Assim como os direitos de imunidade, os direitos de desestabilização oferecem a qualquer cidadão uma ferramenta para evitar situações de excesso de poder e opressão antidemocrática.[411] A execução de tais direitos, para Unger, deve ser garantida de forma separada das funções legislativas e judiciárias.[412] Daí a exigência de novos poderes e setores do governo, como um conselho que poderia ser formado pelo Presidente da República, membros eleitos e membros apontados por outros órgãos públicos.[413] No modelo de Unger, "o sistema de *checks and balances* é abandonado em favor de um que facilita a transformação em larga escala".[414]

Na abstrata exposição sobre os direitos de desestabilização, Unger afirma que cidadãos podem fazer uso de tal direito contra diversas formas de práticas sociais, não limitadas

---

410 Simon, 1986, p. 326

411 Os exemplos poderiam ser vários: uma empresa pública com uma gestão antidemocrática e não transparente, uma escola que recusa a inscrição de muçulmanos, um hospital que se recusa a oferecer o serviço gratuito para uma pessoa carente etc. Para uma aplicação concreta do conceito de Unger, ver SABEL, Charles; SIMON, William H. "Destabilization Rights: How Public Law Litigation Succeeds". *Harvard Law Review*, v. 117, n. 4, 2004, pp. 1015-101.

412 UNGER, *False Necessity*, pp. 530-2.

413 Em uma resenha de *Politics*, Bernard Yack afirmou que os direitos de desestabilização seriam a expansão do direito antitruste de uma forma capaz de abranger todas as formas de colusão e monopolização do poder (YACK, Bernard. "Toward a Free Marketplace of Social Institutions: Roberto Unger's 'Super-Liberal' Theory of Emancipation". *Harvard Law Review*, v. 101, n. 8, 1988, pp. 1961-77).

414 SUNSTEIN, Cass R. "Routine and Revolution". In: LOVIN, Robin W.; PERRY, Michael J. (eds.). *Critique and Construction*: a Symposium on Roberto Unger's Politics. Cambridge: Cambridge University Press, 1990, p. 48.

a órgãos do governo. A reivindicação pela desestabilização poderia ser direcionada a organizações não governamentais e, "de forma subsidiária", ao governo.[415] O exemplo concreto dado por Unger - os *civil rights injunctions* do direito estadunidense -[416] é a intervenção judicial em escolas ou hospitais para reconstrução institucional "em nome de ideais democráticos que inspiram corpos complexos do direito".[417] No entanto, Unger diferencia sua proposta dos mandados de injunção existentes no direito constitucional em dois termos: (i) a competência para realizar tal desestabilização (que não seria do Judiciário, mas sim *de um novo poder*) e (ii) e a abrangência e finalidade de tais direitos, direcionados à garantia da constante revisão e modificação institucional. O exemplo hipotético desse "novo tipo de injunção" seria a forma como empreendedores negociam o acesso ao fundo rotativo de capital. Em caso de formação de grupos de pressão que conseguem modificar as políticas de acesso a tais fundos junto ao governo – órgão responsável pela definição de quem terá acesso ao capital e sob quais condições –, Unger defende a utilização dos direitos de desestabilização para evitar a permanência dos arranjos existentes e concretizar os "direitos de mercado" por times de técnicos e trabalhadores.[418]

---

415 UNGER, *False Necessity*, p. 531.

416 FISS, Owen. *The Civil Rights Injunction*. Indiana: Indiana University Press, 1978.

417 UNGER, *False Necessity*, p. 532, tradução nossa.

418 *Ibid.*, pp. 534-5. Esse trecho é extremamente abstrato e pouco convincente para um leitor mais cético e pouco afeito à imaginação. Unger não oferece exemplos concretos de como essas disputas poderiam se dar na realidade e quais seriam os critérios utilizados para tomada de decisão para "desestabilização de tal prática social". Em termos concretos, em quais casos seria possível modificar as políticas de distribuição temporária de capital pelo fundo rotativo? A ausência

A proposta do "poder de desestabilização" evidentemente não ficou isenta de críticas na literatura jurídica. Cass Sunstein, no ensaio "Routine and Revolution", questionou o problema de como os membros desse "novo poder" seriam indicados e o problema da permanente influência política das indicações presidenciais para agências reguladoras modernas. "Dar autoridade a uma entidade encarregada de quebrar as estruturas institucionais de acordo com sua própria agenda independente é algo repleto de riscos".[419] Para Sunstein, o desenho deste novo poder poderia simplesmente gerar os mesmos problemas de um ativismo judicial agressivo que tenta, a qualquer custo, obter largas transformações sociais.

Direitos de solidariedade

Por fim, Mangabeira Unger defende a criação de "direitos de solidariedade", que dariam "forma jurídica a relações sociais de dependência e confiança".[420] Para Unger, a afirmação de tais direitos teria um efeito cultural e revolucionário nas relações pessoais, empoderando a democracia. A articulação desses direitos é talvez o ponto mais abstrato da exposição de Unger em *Politics*. Ele afirma que os direitos de solidariedade aplicam-se nas relações familiares e contratuais que envolvem fidúcia e confiança. Porém, os direitos de solidariedade "não podem ser confundidos como reivindicações a estados subjetivos da mente por parte daquele que deve

---

de critérios poderia levaria a uma disputa constante entre partes interessadas, tornando a proposta insustentável. No entanto, Unger quer instigar o pensamento programático e experimental e não prescrever programas políticos detalhados e seguros.

419 SUNSTEIN 1987, P. 892

420 UNGER, *False Necessity*, p. 535, tradução nossa.

ao possuidor de direito [*rightholder*] uma obrigação".[421] Para Unger, tais direitos objetivam o inverso do que os direitos de propriedade consolidados oferecem: "as pessoas vinculadas aos direitos de solidariedade não podem tomar abrigo em uma área de absoluta discricionariedade, dentro da qual elas podem permanecer surdas às reivindicações que os outros fazem".[422] A partir de teorias do direito privado de "boa-fé" e "abuso de direitos", Unger tenta rearticular as fontes das obrigações nos direitos de solidariedade, afirmando que elas não surgem de acordos negociados entre duas partes ou pela imposição unilateral de um dever pelo Estado, mas sim pelas "relações de interdependência".[423]

De certo modo, a sustentação dos direitos de solidariedade remonta ao debate italiano sobre as relações sociais de dependência e confiança entre cidadãos, em especial os trabalhos desenvolvidos por Stefano Rodotà. Para Rodotà, assim como para Unger, mesmo que a solidariedade não possa ser exigida juridicamente, sua existência como norte jurídico nos garante um ideal de comunidade a ser perseguido, fomentando relações sensíveis aos outros e amorosas.[424]

O que é problemático no argumento de Unger em *Politics* é que não há nenhuma definição concreta de como os direitos de solidariedade podem ser exercidos, pois, segundo ele, as relações de disparidade de poder e de interdependência variam de acordo com casos específicos. Unger afirma que a determinação da posição do possuidor do direito "dentro

421 *Ibid.*, p. 537, tradução nossa.

422 *Loc. cit.*, tradução nossa.

423 *Loc. cit.*

424 Rodotà fala expressamente na relação entre direito e amor em *Diritto d'Amore* (Roma, Ed. Laterza, 2015). Sua obra dedicada ao problema da solidariedade é *Solidarietà: Un'utopia Necessaria* (2013).

do espectro de proteção legal depende, em cada instância, da análise de sua relação pré-jurídica em face da pessoa contra a qual ele pretende avançar seu direito".[425] O que é ainda mais curioso é o fato de que tais direitos, para Unger, "não devem ser executados coercitivamente"[426] e não devem ser supervisionados pelos mesmos órgãos responsáveis pelos direitos de imunidade e desestabilização. Unger afirma, primeiramente, que tais direitos podem ser melhor executados por "meios informais de mediação, com ampla participação das partes, famílias, comunidades e times de trabalhos".[427] Logo em seguida, Unger afirma que tais direitos devem permanecer não executáveis, simplesmente como a afirmação de um ideal.[428]

As críticas ao sistema de direitos de Unger: Por que observá-las?

A exposição de Unger sobre o sistema de direitos não é isenta de críticas. Longe de realizar um mapeamento completo de tais críticas acadêmicas, destaco algumas reações pontuais com o objetivo de reforçar o argumento deste texto: a ne-

425 UNGER, *False Necessity*, p. 538, tradução nossa.

426 *Loc. cit.*, tradução nossa.

427 *Loc. cit.*, tradução nossa.

428 Unger tenta antecipar críticas a sua teoria, afirmando que é um erro enxergar a linguagem dos direitos como "prerrogativas inatas e eternas" ou como "positivismo da coerção governamental". A saída articulada por Unger é afirmar que seu sistema de direitos é "fundamentalmente a parte institucionalizada da vida social, suportada por uma visão de associações humanas possíveis e desejáveis. [...] Os direitos que o governo ou outras instituições não executam permanecem como uma declaração pública de uma visão pública, estendendo, qualificando e clarificando os ideais incorporados em outras, executáveis, do sistema de direitos" (*ibid.*, p. 539).

cessidade de uma análise mais rigorosa do trabalho de Unger na literatura jurídica brasileira.

Uma das reações ao sistema de direitos de Unger foi a identificação de possíveis contradições na sua teoria. Para Horst Eidenmüller, por exemplo, o sistema de direitos ungeriano apresenta contradições e conflitos que são expressões de visões contrastantes: "ungerianos supostamente devem mostrar um forte sentimento comunitário (direitos de solidariedade), mas ao mesmo tempo devem agir de forma individualista e sair das relações sociais (direitos de imunidade) ou desestabilizá-las (direitos de desestabilização)".[429] Assim, "uma sociedade ungeriana supostamente deve exibir alguma estabilidade política e econômica (direitos de mercado e governo forte), mas ao mesmo tempo essas zonas delineadas de estabilidade são permanentemente sujeitas ao ataque de ungerianos agressivos (direitos de desestabilização)".[430] Para Eidenmüller, além de contraditório, o sistema de direitos de Unger seria também impraticável e custoso.[431]

Cass Sunstein também criticou as teses de Unger sobre direitos de desestabilização, porém sem apontar para uma contradição interna do sistema de direitos. O argumento de Sunstein é outro. Ele discorda das premissas normativas do sistema de direitos, que consideram a "esmagação de con-

---

429 EIDENMÜLLER, Horst. "Unger's System of Rights: Part 2". *Law and Philosophy*, v. 10, n. 2, may 1991, p. 120, tradução nossa.

430 *Loc. cit.*

431 Conforme discuti com Lucas Amato, Eidenmüller parece não enxergar que as tensões são necessárias para as transformações e que as "contradições" seriam freios e contrapesos do projeto de plasticidade institucional. Os níveis básicos de bem-estar, direitos de mercado e Estado forte são medidas para evitar que o experimentalismo se volte contra os mais fracos.

texto" (*context smashing*) e a "confiança em si mesmo" (*self-assertion*) como bens intrínsecos.[432] Para Sunstein, definir se desejamos reconstruir as instituições depende de uma "concepção substantiva entre contextos que promovem autonomia, bem-estar ou virtude e aqueles que não".[433] Em tom pessimista, Sunstein acredita que um cenário em que questões fundamentais estão constantemente abertas à luta e ao conflito pode ser minado por grupos privados poderosos e muito bem organizados. O desafio maior, para Sunstein, seria aprimorar abordagens deliberativas e desenhar mecanismos para limitar o poder de facções.[434] Sunstein defende, enfim, uma abordagem conservadora e descrente do potencial de emancipação.

Um ataque vigoroso ao sistema de direitos também foi feito por Emilios Christodoulidis em um ensaio minucioso sobre as contradições dos "direitos de solidariedade" em Unger. Para Christodoulidis, existe uma incompatibilidade que traz um paradoxo teórico em *Politics*: "sacrifícios feitos em solidariedade para companheiros e membros de uma

---

432 SUNSTEIN, "Routine and Revolution", p. 69. Para Sunstein, assim como para outros críticos (HUTCHINSON; MONAHAN, "The 'Rights' Stuff"; DEVLIN, Richard F. "On the Road to Radical Reform: a Critical Review of Unger's Politics". *Osgood Hall Law Journal*, v. 28, n. 3, 1990, pp. 641-721; VAN DOREN, John. "Understanding Unger". *William Mitchel Law Review*, v. 16, n. 1, 1990, pp. 57-106), esses são valores de Roberto Mangabeira Unger e não de todos nós. Em outras palavras, esse seria um "mundo ungeriano".

433 SUNSTEIN, "Routine and Revolution", p. 69.

434 Esse debate também é mapeado por Carlos Sávio Teixeira. Ao simular como Unger reagiria às críticas de Sunstein, Teixeira afirma que a ordem não experimentalista seria um "constitucionalismo protodemocrático" (TEIXEIRA, Carlos Sávio. "Filofosia Política e Experimentalismo Democrático: Alternativa para Realizar a Justiça". *Ethica*, Florianópolis, v. 13, n. 1, jun. 2014, pp. 220-1).

comunidade devem ser voluntários se eles pretendem expressar solidariedade; a sua execução, seja por uma corte ou na sombra do direito, torna tal direito o oposto da solidariedade".[435] Se a solidariedade se tornar um direito ou uma regra executável, não se torna mais solidariedade. Assim, para Christodoulidis,

> [...] um direito que *não deve* ser executado não é um direito de forma alguma, uma vez que mesmo seu valor simbólico – a declaração de um ideal – é desmontado pela falta de vontade de executá-lo, pois retira a sanção [*sanctioning*] que é específica do direito e é, portanto, anterior a qualquer valor simbólico que o direito pode possuir como direito.[436]

Conforme a crítica de Christodoulidis, a lógica do direito (meio para litigar reivindicações que competem entre si) é incompatível com a lógica da solidariedade.[437] Para ele, Unger "abandona o legal pelo extralegal" em momentos de dificuldade e é incapaz de oferecer uma teoria adequada para os direitos de solidariedade. Especificamente, critica a ideia de que a interdependência é o fator de geração das obrigações e que os elementos que dão origem aos direitos de soli-

---

435 CHRISTODOULIDIS, Emilios A. "The Inertia of Institutional Imagination: A Reply to Roberto Unger". *The Modern Law Review*, v. 59, n. 3, 1996, p. 380, tradução nossa.

436 *Ibid.*, p. 381, tradução nossa.

437 Esse argumento é completamente refutado por Stefano Rodotà, que discute o caráter transformador da solidariedade como *princípio* no direito (como demarcação de ideal, em termos semelhantes a Unger). Rodotà destaca o direito imigratório e o meio ambiente como áreas que exigem a produção da solidariedade em termos jurídicos (RODOTÀ, *Solidarietà*, pp. 110-8). Para ele, a lógica da solidariedade é incompatível com a lógica do mercado e não do direito (*ibid.*, pp. 48-56).

dariedade definem-se contextualmente em casos concretos. Segundo afirma, "o direito não pode tomar a interdependência social dessa forma, considerando que, nele, tal interdependência, seja como cooperação ou conflito, é arquitetada por meio de categorias que pré-ordenam suas formas e conteúdos, demarcam os problemas e predefinem o que pode ser dito sobre eles".[438] A complexidade das relações sociais leva à proliferação de normas que pretendem diminuir as possibilidades políticas, institucionalizando-as. Seguindo as lições de Niklas Luhmann, Christodoulidis afirma que a solidariedade tal como teorizada por Unger é impossível, pois a interdependência social adquire uma forma específica no direito, com a exclusão de outras possibilidades (incluindo uma *fully-fledged solidarity*).[439]

O que há de importante nas críticas de Eidenmüller, Sunstein, Christodoulidis e outros autores não apresentados detalhadamente aqui – como Jeremy Waldron e John Finnis – é o diálogo crítico com Unger. A construção de uma agenda de pesquisa no Brasil, dentro ou fora do direito, passa necessariamente por esse método de análise. O que quero dizer, em outros termos, é que o tipo de leitura que devemos fazer de Unger não é o de "catequese" ou pura repetição de conceitos e dogmas. Por mais profético e inspirador que seja o tom dos textos de Mangabeira Unger – e ele certamente é –, é preciso um grau saudável de desconfiança e verificação da consistência dos argumentos apresentados. Só assim podemos aproveitar verdadeiramente a complexa teoria apresentada

438 CHRISTODOULIDIS, "The Inertia of Institutional Imagination", p. 382, tradução nossa.

439 Para a estruturação do argumento com base nos conceitos luhmannianos, ver *ibid.*, pp. 383-7

em *Politics* e refinada, com enfoques distintos em política e filosofia, em textos recentes.[440]

O legado de Unger para o debate sobre direitos de propriedade

Desde a publicação de *The Critical Legal Studies Movement*, Mangabeira Unger tem repetido uma mesma tese em seus livros: a possibilidade de "desmontar e recombinar direitos de propriedade" de forma que os agentes econômicos possam ter mais acesso a recursos produtivos.[441] Essa tese é um elemento central que perpassa todas as categorias do "sistema de direitos", tal como discutido nas seções anteriores. Nas discussões sobre os direitos de imunidade e os direitos de desestabilização, a desagregação e recombinação dos direitos de propriedade são assumidas como componentes do programa de reorganização institucional.

O sistema de direitos em Unger só faz sentido se houver uma compreensão do que ele entende por direitos de propriedade – o que, muitas vezes, passa despercebido em sua explicação sobre os direitos de mercado.[442] Sem a articulação de uma teoria que permita a desmembralização do direito de propriedade como "*bundle of rights*",[443] Unger não

---

440 UNGER, Roberto Mangabeira. *Democracy Realized*. London: Verso Books, 2000; *id.*, *The Self Awakened: pragmatism unbound*. Cambridge: Harvard University Press, 2007; *Id.*, *The Religion of the Future*. Cambridge/London: Harvard University Press, 2014.

441 *Id.*, *False Necessity*, p. 501, tradução nossa.

442 *Ibid.*, pp. 520-4.

443 O trecho mais citado pelos acadêmicos estadunidenses é o de John R. Commons: "a propriedade, portanto, não é um único direito absoluto, mas um *feixe de direitos* [*bundle of rights*]. Os diferentes direitos que compõem podem ser distribuídos entre o indivíduo e a sociedade – alguns são públicos e outros são privados, alguns são de-

seria capaz de formular uma teoria do experimentalismo democrático como suposta alternativa às democracias liberais capitalistas e ao socialismo real tal como experimentado na União Soviética. Propriedade é sempre uma relação social sobre recursos protegida pelo direito. Nessa visão, os direitos de propriedade são privilégios (*entitlements*) para diferentes ações, que podem ser recombinados entre pessoas físicas e jurídicas, incluindo pessoas jurídicas "de direito público". Unger claramente baseia-se em Wesley C. Hohfeld para argumentar que os direitos de propriedade podem ser divididos em prerrogativas de *liberty* (utilizar e possuir), *claim-rights* (exclusão de outros para que não possuam o recurso), *immunities* (outros não podem dissolver o dever de não possuir) e *powers* (criação de novas *liberties* ou limitação de *claim-rights*).[444] Propriedade não é uma relação social que envolve *uma prerrogativa*, mas um *conjunto de prerrogativas* feito de constituintes mais simples, que podem ser redistribuídos entre duas ou mais partes.

---

finidos e alguns são indefinidos" (COMMONS, John R. *The Distribution of Wealth*. London: Macmillan and Co, 1893, p. 92). Para uma discussão da visão de John Commons aplicada aos estudos de Elinor Ostrom (*resource control rights*), ver FENNELL, Lee Anne. "Ostrom's Law: Property Rights in the Commons". *International Journal of the Commons*, v. 5, n. 1, 2011, p. 9-27.

444 O argumento pode parecer complexo. Hohfeld divide essas "relações jurídicas" (o que ele chama de *jural relations*) entre relações de "primeira ordem" (*liberty* e *claim-rights*) e "segunda ordem" (*power* e *immunity*). Essas relações seriam as prerrogativas básicas da propriedade. Ver HOHFELD, Wesley Newcomb. "Some Fundamental Legal Conceptions as Applied in Judicial Reasoning". *Yale Law Journal*, v. 23, n. 1, 1913, pp. 16-59. Disponível em: <https://digitalcommons.law.yale.edu/ylj/vol23/iss1/4>. Acesso em: 15 out. 2019.

Talvez essa reconstrução jurídica da propriedade seja um ponto de vantagem para uma teoria social construtivista, tal como apresentada em *Politics*. Um trabalho de pesquisa a ser avançado é compreender quais as fontes realmente utilizadas por Mangabeira Unger em sua visão dos direitos de propriedade e como esses conceitos podem ser adaptados na cultura jurídica brasileira.[445] Ao realizar tal tarefa, um primeiro cuidado que o leitor brasileiro deve ter é a própria utilização do termo "direitos de propriedade" nos Estados Unidos da América, que difere da concepção da propriedade como "direito real" do Código Civil brasileiro.[446] Como notado por Maria Tereza Mello e Heloísa Esteves, a doutrina do direito civil no Brasil faz uma distinção entre direitos reais e pessoais, sendo os primeiros definidos pelo poder direto e imediato de uma pessoa sobre uma coisa[447] ou pela "existência de uma

---

445 Esse trabalho de identificação de fontes é obstacularizado em *Politics* por dois motivos. Primeiro, Unger afirma expressamente que sua obra não é pautada por revisão de literatura e não tem por objetivo apresentar a sistematização de um campo de ideais. Segundo, o estilo de escrita de Unger é bastante peculiar, dando a impressão que, a todo momento, assume como premissa que seus leitores possuíram acesso as mesmas fontes que ele. Ao discutir *property rights*, por exemplo, Unger supõe que os leitores possuem um conhecimento mínimo (qual seria?) em direito privado e direito contratual (UNGER, *False Necessity*, pp. 480-521).

446 Lei 10.406/2002, art. 1225 (definindo os direitos reais) e art. 1226 (estabelecendo as faculdades de uso, gozo e disposição da coisa).

447 Essa é uma visão tipicamente romanista. Karl Marx, ao analisar o trabalho de Hegel, notou que, para os romanos, "o direito da propriedade privada é o *jus utendi et abutendi*, o direito do *arbítrio* sobre a coisa. O principal interesse dos romanos consiste em desenvolver e determinar as *relações* que se dão como relações *abstratas* da propriedade privada" (MARX, Karl. *Crítica da Filosofia do Direito de Hegel*. Trad. Rubens Enderle e Leonardo de Deus. 2 ed. São Paulo: Boitempo, 2010, p. 125).

obrigação passiva universal, imposta a todos os membros da sociedade, que devem respeitar seu exercício por parte do seu titular ativo".[448] Na literatura institucionalista econômica,[449] notam as autoras, os direitos de propriedade são vistos como direitos subjetivos socialmente reconhecidos que se relacionam à fruição de um bem ou de um recurso.[450] Há, portanto, uma confusão entre direitos reais e pessoais nessa literatura que precisa ser lida com cautela.[451] Mangabeira Unger parece utilizar a expressão, em termos amplos, como um conjunto político de prerrogativas (*entitlements*). De forma alguma, enxerga os direitos de propriedade do mesmo modo que a literatura da análise econômica do direito. A visão de economistas como Harold Demsetz e Ronald Coase é pré-hohfeldiana. A visão de Mangabeira Unger é, sem dúvidas, pós-hohfeldiana.

Sua concepção aproxima-se da definição de Michael Heller do direito de propriedade como "feixe de direitos no qual cada direito representa relações entre dois atores sobre o uso

---

448 MELLO, Maria Tereza; ESTEVES, Heloísa. *Direito e Economia na Noção de Direitos de Propriedade.* Rio de Janeiro, [2011]. Texto para Discussão 1.111, p. 6. Disponível em: <http://ie.ufrj.br/datacenterie/pdfs/seminarios/pesquisa/texto1111.pdf>. Acesso em: 14 out. 2019.

449 Para as autoras, a falta de rigor jurídico seria uma característica dos trabalhos de Coase, Alchian, Demsetz e Williamson, que definem direitos de propriedade como direito *de fazer algo* em sentido amplo (*ibid.*, pp. 9-10).

450 *Ibid.*, p. 6.

451 Em traduções para o português, defendem as autoras, seria preferível utilizar o conceito de "direitos subjetivos" como "interesses juridicamente protegidos, aos quais corresponde um direito de ação, no sentido de poderem ser defendidos no Judiciário" (*ibid.*, p. 7), ou, como prefere Ronaldo Fiani (apud MELLO; ESTEVES, *Direito e Economia na Noção de Direitos de Propriedade*, p. 7), "direitos dos indivíduos associados ao uso, extração de renda e transferência de recursos".

e controle de um recurso".[452] No arranjo do sistema de direitos de Unger, um mesmo bem ou recurso teria seu uso e controle compartilhados por diversos atores, incluindo instâncias políticas de supervisão. Na ausência de exemplos concretos ou empíricos, é difícil discutir se esse modelo poderia sofrer com a "tragédia dos *anticommons*" explicada por Heller, em que há um excesso de propriedade no qual "muitos tomadores de opinião podem bloquear [o uso do recurso]".[453] É notável, aliás, distanciamento de Mangabeira Unger sobre o debate travado por economistas e cientistas políticos contemporâneos - como Harold Demsetz e Elinor Ostrom - sobre a "teoria da propriedade privada" e a necessidade de positivação de normas de propriedade para manejo de recursos comuns.[454]

A concepção de "direitos de propriedade" de Mangabeira Unger parece estar mais alinhada com o "Statement of Progressive Property" escrito pelos professores Gregory Alexander, Eduardo Peñalver, Joseph William Singer e Laura Underkuffer. Nele, eles declaram que "propriedade confere

---

452 HELLER, Michael. "The Tragedy of the Anticommons: Property in the Transition From Marx to Markets". *Harvard Law Review*, v. 111, n. 3, 1998, p. 622, tradução nossa.

453 *Ibid*., p. 624, tradução nossa.

454 Schlager e Ostrom, por exemplo, defendem que direitos de propriedade (acesso, retirada, gestão, exclusão e transferência) podem originar entre usuários de recursos independentemente do Estado ou categorias jurídicas criadas pela lei: "em algumas situações, usuários de recursos cooperam para definir e executar direitos entre eles próprios. Tais direitos são *de facto* enquanto não forem reconhecidos pelas autoridades. Usuários de um recurso que desenvolveram direitos *de facto* agem como se possuíssem direitos *de jure* ao executar tais direitos entre eles" (SCHLAGER, Edella; OSTROM, Elinor. "Property Rights Regimes and Neutral Resources: A Conceptual Analysis". *Land Economics*, v. 68, n. 3, ago. 1992, p. 254).

poder" e que "os direitos de propriedade deveriam promover a habilidade de cada pessoa de obter recursos materiais necessários para a completa participação social e política".[455]

Creio que uma das grandes contribuições teóricas de Mangabeira Unger ao pensar a desagregação de componentes dos direitos de propriedade – e suas recombinações e novas formatações institucionais – é o resgate ao pensamento de Wesley Newcomb Hohfeld (1879-1918) e seu influente artigo "Some Fundamental Legal Conceptions as Applied in Judicial Reasoning" (1913). Ao tentar descrever conceitos jurídicos básicos como "relações de formas jurídicas", Hohfeld chegou a díades de relações formadas por correlativos. Em sua famosa análise das relações jurídicas fundamentais, Hohfeld estabeleceu a identificação dos *opostos jurídicos* direitos-não direito, privilégios-dever, poderes-impotência e imunidades-sujeição,[456] bem como dos *correlativos jurídicos* direito-dever, privilégio-não-direito, poder-sujeição, imunidade-importência. Nesse pensamento dialético, uma relação jurídica fundamental possui sempre um opositor e um correlativo. Por exemplo, um *privilégio* é o oposto a dever e correlativo a não direito. Se um sujeito A tem um direito (pretensão) em face de um sujeito B de que este fique fora de sua propriedade, então o sujeito A tem o direito de usufruir

---

455 ALEXANDER, Gregory S.; PENALVER, Eduardo M.; SINGER, Joseph William; UNDERKUFFLER, Laura S. "Statement of Progressive Property". *Cornell Law Review*, v. 94, 2008, pp. 743-4.

456 Acompanho aqui as traduções do prof. André Luiz Freire no artigo "A Teoria das Posições Jurídicas de Wesley Newcomb Hohfeld" publicada em *Teoria Geral e Filosofia do Direito* e disponibilizada na Enciclopédia Jurídica Virtual da PUCSP. Disponível em: <https://enciclopediajuridica.pucsp.br/verbete/1/edicao-1/a-teoria-das-posicoes-juridicas-de-wesley-newcomb-hohfeld>. Acesso em: 14 out. 2019.

sua propriedade. O que significa que o sujeito A não tem o dever de ficar fora da propriedade.[457] Negar tal dever é ter privilégio.

Hohfeld desenvolveu teses que influenciaram o modo de pensar os direitos *in rem* e a propriedade. Ele defendia que não há direito *contra uma coisa*. O direito sempre disciplina a conduta humana. Na propriedade, há inúmeras relações multitais de direito/dever, privilégio/não direito, poder/sujeição e imunidade/impotência. Hohfled pensava a propriedade como um complexo agregado de relações jurídicas (*jural relations*). Como explicado por Pierre Schlag, essa noção foi fortemente seguida pelos pensadores do realismo jurídico da década de 1920 e 1930 nos Estados Unidos e por aqueles que se dedicaram à elaboração de uma teoria da propriedade. Arthur Corbin (1874-1967), por exemplo, rejeitou a noção de propriedade como "*res* ou objeto" e a reconfigurou como uma conjunto de relações jurídicas (agregação de *entitlements* e *disablements*). Posteriormente, no movimento *Critical Legal Studies*, Hohfeld foi profundamente lido por autores como Duncan Kennedy e Frank Michelman (1980). É notória a influência de Hohfeld em Mangabeira Unger por meio da influência do realismo jurídico no *Critical Legal Studies* fermentado em Harvard.

Talvez a abstração de *Politics* seja um dos motivos para a ausência de trabalhos sobre a desagregação da propriedade (privada ou pública) e o sistema de direitos de Unger. No Brasil, são poucos os textos que se dedicam à análise dos direitos de propriedade de Mangabeira Unger, incorporando a exemplos práticos argumentos especulativos. Uma exceção é

457 Como resume Freire: "o privilégio de entrar na propriedade é a negação do dever de dela ficar fora".

o ensaio de Joaquim Falcão sobre as transgressões coletivas e o direito à moradia no país. Ao investigar soluções políticas e econômicas para um problema persistente (milhões de pessoas em "moradias ilegais"), Falcão apoia-se em Unger para defender a criação de "novos tipos legais de direito de propriedade, além do atual, capazes de compatibilizar o perfil da demanda dos beneficiados da universalização do direito de moradia com a disponibilidade dos orçamentos públicos e interesses do mercado imobiliário".[458] Apesar de não oferecer propostas concretas de como desmembrar os direitos de propriedade, Falcão defende "criar novos tipos legais sem substituir ou flexibilizar os atuais, mas limitando sua ambição monopolista", diversificando a legislação "de acordo com o progresso da complexidade e diferenciação das relações sociais".[459]

Os trabalhos críticos sobre direito de propriedade no Brasil tendem a se concentrar nas discussões sobre "função social da propriedade" ou nas finalidades sociais desse direito – discussões presentes desde os tempos de Orlando Gomes em meados do século XX. A proposta de Mangabeira Unger, no entanto, parece ser muito mais abrangente do que a socialização do direito privado ou a superação de uma concepção exclusivista (*dominium*) da propriedade. A organização diversificada da propriedade teria consequências para empresas, trabalhadores e governos no sistema de direitos de Unger. Na proposta teórica dos fundos rotativos de capital, times de empreendedores e trabalhadores formariam uma

458 FALCÃO, Joaquim. "Transgressões Coletivas e Justiça por Amostragem". In: CARDOSO, Fernando; MOREIRA , Marcilio Marques (orgs.). *Cultura das Transgressões no Brasil*: Lições da História. 2 ed. São Paulo: Saraiva, 2008, p. 8.
459 *Ibid.*, p. 21.

empresa (*holding company*) e teriam o "direito de mercado" de acesso ao capital por meio de fundos que competem entre si. No entanto, "os interesses de propriedade adquiridos na empresa pertenceriam a diferentes tipos de proprietários e, para um desses tipos, esses direitos teriam um significado diferente e diferentes consequências".[460] Tal modelo seria completamente distinto do atual modelo de investimento de capital de risco existente no país, no qual o Estado possui cotas de fundos e possui direitos de controle nas empresas investidas por meio de gestores privados.[461] Os "direitos de controle" da propriedade seriam reconfigurados, em diferentes categorias jurídicas, para diferentes grupos. Tal proposta exigiria a pluralização dos conceitos e categorias jurídicas existentes no direito privado – o que demandaria uma exaustiva agenda de pesquisas nessa área.

Novas formas de colaboração público-privada não precisam ser moldadas por uma concepção exclusivista da propriedade como direito de exclusão.[462] O legado de Mangabeira Unger, nesse sentido, consiste mais em um método de liberação da imaginação do que propriamente em teorias prontas. Esse exercício de imaginação institucional aplicado

460 UNGER, *Democracy Realized*, p. 101, tradução nossa.

461 Cf. ZANATTA, *Direito, Desenvolvimento e Experimentalismo Democrático* para um estudo aplicado de um fundo público gerido em colaboração com o setor privado para investimento em empresas nascentes (ainda mediado por categorias jurídicas do direito privado e societário e distante do sistema de direitos de Unger).

462 Existe toda uma tradição crítica em estudos sobre *property* que se relaciona com o trabalho de Unger direta ou indiretamente. Em minhas leituras, identifiquei algumas afinidades, especialmente com relação à crítica ao "modelo exclusivista" e monolítico, nos textos de Margaret Radin, Carol M. Rose, Joseph Singer, Ugo Mattei e Anna di Robillant.

à propriedade privada ou pública pode gerar excelentes frutos. Fabrício Oliveira, Clarisse Farhat e Leonardo Alves Corrêa, ao discutirem o potencial de democratização do sistema brasileiro de fomento às inovações tecnológicas, por exemplo, propõem "um sistema de governança que substitua a propriedade exclusiva por regras de responsabilidade, como já experimentado pelo sistema de *software livre*, criando uma rede compartilhada e horizontal, em substituição ao sistema tradicional fundado na verticalidade da propriedade".[463] No exemplo prático oferecido pelos professores de Juiz de Fora, as inovações resultantes de projetos colaborativos entre empresas e universidades não dariam direito à propriedade sobre a invenção, mas sim um direito pessoal e temporário à exploração, condicionado por contrapartidas sociais determinadas por conselhos multissetoriais e participativos. Tais contrapartidas, definidas pela comunidade, poderiam ser acesso à tecnologia ou mesmo cursos de formação e capacitação.[464] Eis um exemplo prático de reconfiguração da propriedade em novas bases, identificando uma série de prerrogativas (direitos e deveres) atribuídas a diferentes atores.

O legado de Mangabeira Unger, nesse sentido, é o de provocação à criação. Ele oferece algo como uma postura para que os juristas se tornem criativos ou "artistas das instituições".[465] Não há em *Politics* uma discussão minuciosa sobre novas formas de direitos de propriedade privada e social,

463 OLIVEIRA, Fabrício S.; FARHAT, Clarisse Stephan; CORRÊA, Leonardo Alves. "A Democratização do Sistema Brasileiro de Fomento às Inovações Tecnológicas no Âmbito da Lei 10.973/2004". *Ética e Filosofia Política*, v. 1, n. 16, jun. 2013, p. 48

464 *Ibid.*, p.54.

465 VARGAS, Daniel. "Jurista Criativo". *Cadernos FGV Direito Rio*, Educação e Direito, v. 9, 2014, p. 95.

mas sim uma tentativa de superação de uma visão conservadora que nega a própria possibilidade de criação. O desafio, portanto, continua com nossa geração.

Conclusão

São muitas as perguntas que podem ser formuladas a partir de uma leitura atenta de *Politics* e, em especial, o sistema de direitos explicado nesse texto.[466] A compreensão do projeto de reconstrução programática oferecido por Unger nos permite discutir o sistema de direitos como um componente de um programa maior de imaginação institucional. O detalhamento do sistema de direitos pode atender a duas finalidades. A primeira, problematizar as propostas de Unger à luz de alguns de seus críticos, identificando suas virtudes e fraquezas. A segunda, destacar o potencial de aprofundamento das investigações sobre o desmembramento da propriedade privada em regimes colaborativos e experimentais.

466 Para um leitor cético, as teorias propostas por Roberto Mangabeira Unger em *Politics* podem parecer muito arriscadas, pouco convincentes ou mesmo inconsistentes. Com relação ao sistema de direitos, o leitor brasileiro pode se incomodar com as possíveis incoerências dos direitos de solidariedade ou a ausência de exemplos concretos com relação aos direitos de imunidade e desestabilização. Alguns poderiam se perguntar: ao garantir o acesso à informação e a transparência do Judiciário, o Conselho Nacional de Justiça já não estaria provocando um tipo de desestabilização? Outros, desconfiados com a ideia da multiplicação de poderes, poderiam se perguntar: a intervenção no Executivo para garantia de direitos sociais não seria adequada no Judiciário uma vez que audiências públicas sejam realizadas e as decisões sejam monitoradas pela sociedade civil? Por que não democratizar as instituições existentes em vez de imaginar novas?

Aos poucos, está se formando no Brasil uma agenda de pesquisa robusta sobre a obra de Mangabeira Unger.[467] Como busquei evidenciar neste ensaio, o potencial para aprofundamento desse tipo de pesquisa é enorme e não limitado ao campo teórico.

Novas formas de sociabilidade e organização social - nas quais indivíduos desenvolvem relações mais conectadas, colaborativas, flexíveis e dinâmicas - exigem institucionalizações e formas jurídicas. Um exemplo está na chamada "economia do compartilhamento", que coloca em debate noções tradicionais do direito de propriedade e questiona a existência de arranjos mais complexos de direitos, poderes e imunidades rearranjados em quadros mais comunitários e não apenas bilaterais.[468] Outro exemplo está na discussão contemporânea sobre bens comuns e direitos de gestão coletiva temporária de espaços urbanos e bens de acesso comum em grandes cidades.[469]

O sistema de direitos, em especial a desagregação dos direitos de propriedade, poderiam servir como matriz de análise e de reconstrução institucional para essas novas realidades. Se a literatura jurídica nacional for capaz de ir além da "análise racionalizadora" que domina os ambientes universitários e a prática jurídica, é possível que a fermentação das ideias de Mangabeira Unger gere boas investigações e

---

467 Carlos Sávio Teixeira é diretamente responsável por iniciativas de reunião de acadêmicos interessados na obra de Mangabeira Unger. No exterior, um dos pontos de encontro é o grupo virtual "Ungerian Thought and Action", organizado por Pete David e Macabe Keliher.

468 Sobre o assunto, ver ZANATTA, Rafael A. F.; DE PAULA, Pedro; KIRA, Beatriz (orgs.). *Economias do Compartilhamento e o Direito.* Curitiba: Juruá, 2017.

469 MATTEI, *Beni Comuni.*

criações jurídicas. Há potencial, se forem vencidos obstáculos e superadas velhas lentes de análise do direito.

Referências bibliográficas

ALDORD, William. "The Incrustable Occidental? Implications of Roberto Unger's Uses and Abuses of the Chinese Past". *Texas Law Review*, v. 64, 1978, pp. 915-72.

AMATO, Lucas F. "Sociologia dos Direitos Humanos: Diferenciação Funcional e Experimentalismo Democrático". VIII Encontro Anual da Associação Nacional De Direitos Humanos, Pesquisa e Pós-Graduação (Andhep), 2014. *Anais...*, pp. 3611-29.

_____. "Os Direitos de Propriedade como Instituição para o Desenvolvimento Democrático". *Revista da Faculdade de Direito da UERF*, n. 30, dez. 2016, pp. 322-38.

ARRUDA, Thais Nunes. *Como os Juízes Decidem os Casos Difíceis?* A Guinada Pragmática de Richard Posner e as Críticas de Ronald Dworkin. São Paulo, 2011. Dissertação (Mestrado em Direito) – Faculdade de Direito da Universidade de São Paulo.

AVRITZER, Leonardo. "Instituições Participativas e Desenho Institucional: Algumas Considerações sobre a Variação da Participação no Brasil Democrático". *Opinião Pública*, v. 14, n. 1, 2008, pp. 43-64.

AZEVEDO, Marco Antonio. "Rights as Entitlements and Rights as Claims". *Veritas*, Porto Alegre, v. 55, n. 1, 2010, pp. 164-82.

CONNOLLY, William. "Making the Friendly World Behave". *The New York Times*, 2 fev. 1988. Disponível em: <https://www.nytimes.com/1988/02/07/books/making-the-friendly-world-behave.html>. Acesso em: 14 out. 2019.

_____. *Democracy, Pluralism and Political Theory*. [S.l.]:Routledge, 2008.

COMMONS, John R. *The Distribution of Wealth*. London: Macmillan and Co, 1893.

COUTINHO, Diogo R. "O Direito Econômico e a Construção Institucional do Desenvolvimento Democrático". *Estudos Institucionais*, v. 2, n. 1, 2016, pp. 215-53.

CHRISTODOULIDIS, Emilios A. "The Inertia of Institutional Imagination: A Reply to Roberto Unger". *The Modern Law Review*, v. 59, n. 3, 1996, pp. 377-97.

DELANEY, Cornelius F. "Unger's Critique of Liberalism". *The Review of Politics*, v. 39, n. 4, 1977, pp. 540-8.

DEVLIN, Richard F. "On the Road to Radical Reform: A Critical Review of Unger's Politics". *Osgood Hall Law Journal*, v. 28, n. 3, 1990, pp. 641-721.

DWORKIN, Ronald. *Justice for Hedgehogs*. Cambridge: Harvard University Press, 2011.

EIDENMÜLLER, Horst. "Unger's System of Rights: Part 2". *Law and Philosophy*, v. 10, n. 2, may 1991, pp. 119-59.

EWALD, William. "Unger' Philosophy: A Critical Legal Study". *Yale Law Journal*, v. 97, n. 5, 1988, pp. 665-756.

FALCÃO, Joaquim. "Transgressões Coletivas e Justiça por Amostragem". In: CARDOSO, Fernando; MOREIRA, Marcilio Marques (orgs.). *Cultura das Transgressões no Brasil*: Lições da História. 2 ed. São Paulo: Saraiva, 2008.

FENNELL, Lee Anne. "Ostrom's Law: Property Rights in the Commons". *International Journal of the Commons*, v. 5, n. 1, 2011, pp. 9-27.

FINNIS, John. "On The Critical Legal Studies Movement". *The American Journal of Jurisprudence*, v. 30, 1985, pp. 20-42.

FISS, Owen. *The Civil Rights Injunction*. Indiana: Indiana University Press, 1978.

GODOY, Arnaldo Sampaio. "O Critical Legal Studies Movement de Roberto Mangabeira Unger". *Revista Jurídica*, Brasília, v. 8, n. 82, dez./jan. 2007, pp. 49-63.

GORDON, Robert. "Critical Legal Studies". *Legal Studies Forum*, v. 10, n. 3, 1986, pp. 335-40.

HAWTHORN, Geoffrey. "Practical Reasons and Social Democracy: Reflections on Unger's *Passion* and *Politics*". In: LOVIN, Robin W.; PERRY, Michael J. (eds.). *Critique and Construction*: A Symposium on Roberto Unger's Politics. Cambridge: Cambridge University Press, 1990. pp. 90-114.

HELLER, Michael. "The Tragedy of the Anticommons: Property in the Transition from Marx to Markets". *Harvard Law Review*, v. 111, n. 3, 1998, pp. 621-88.

HUTCHINSON, Allan; MONAHAN, Patrick. "The 'Rights' Stuff: Roberto Unger and Beyond". *Texas Law Review*, v. 62, 1984, pp. 1477-539.

JONES, Susan Stedman. *Durkheim Reconsidered*. Cambridge: Polity Press, 2001.

KELMAN, Mark. *A Guide to Critical Legal Studies*. Cambridge: Harvard University Press, 1990.

KENNEDY, David. "Critical Theory, Structuralism and Contemporary Legal Scholarship". *New England Law Review*, v. 21, n. 2, 1985, pp. 209-89.

KENNEDY, Duncan; MICHELMAN, Frank. "Are Property and Contract Efficient". *Hofstra L. Rev.*, v. 8, 1979, p. 711.

KRONMAN, Anthony. "Knowledge and Politics: Book Review". *Minnesota Law Review*, v. 61, 1976, pp. 167-99.

LEFF, Arthur A. "Unger: Knowledge and Politics". *Stanford Law Review*, v. 29, 1976, p. 879-94.

LESSIG, Lawrence. "Unger and Ackerman on Transformation". *Yale Law Journal*, v. 98, n. 6, 1989, pp. 1173-92.

LOVIN, Robin W.; PERRY, Michael J. (eds). *Critique and Construction*: A Symposium on Roberto Unger's Politics. Cambridge: Cambridge University Press, 1990.

MACEDO JÚNIOR, Ronaldo Porto. *Do Xadrez à Cortesia*: Dworkin e a Teoria do Direito Contemporânea. São Paulo: Saraiva, 2013.

MARX, Karl. *Crítica da Filosofia do Direito de Hegel*. Trad. Rubens Enderle e Leonardo de Deus. 2ª ed. São Paulo: Boitempo, 2010.

MATTEI, Ugo. *Il Modelo di Common Law*. Terza Edizione. Torino: Giappichelli Editore, 2010.

_____. *Beni Comuni: un manifesto*. Roma: Laterza, 2011.

MELLO, Maria Tereza; ESTEVES, Heloísa. *Direito e Economia na Noção de Direitos de Propriedade*. Rio de Janeiro, [2011]. Texto para Discussão 1.111. Universidade Federal do Rio de Janeiro. Disponível em: <http://ie.ufrj.br/datacenterie/pdfs/seminarios/pesquisa/texto1111.pdf>. Acesso em: 14 out. 2019.

MENDES, Gilmar; MUDROVITSCH, Rodrigo B. *Jurisdição Constitucional, Direitos Fundamentais e Experimentalismo Institucional*. Brasília: Instituto Brasiliense de Direito Público, 2012.

OLIVEIRA, Fabrício S.; FARHAT, Clarisse Stephan; CORRÊA, Leonardo Alves. "A Democratização do Sistema Brasileiro de Fomento às Inovações Tecnológicas no Âmbito da Lei 10.973/2004". *Ética e Filosofia Política*, n. 16, v. 1, jun. 2013, pp. 47-56.

PARSONS, Talcott. "Law in Modern Society: Book Review", *Law & Society Review*, v. 12, 1976, pp. 145-49.

PERRY, Michael. "Preface: Politics Symposium". *Northwestern University Law Review*, v. 81, n. 4, summer 1987, pp. 589-94.

PROGREBINSCHI, Thamy. "Democracia Pragmática: Pressupostos de uma Teoria Normativa Empiricamente Orientada". *Dados - Revista de Ciências Sociais*, n. 53, n. 3, 2010, pp. 657-93.

RADCLIFFE-BROWN, Alfred R. "Patrilineal and Matrilineal Succession". *Iowa Law Review*, v. 20, 1934, pp. 286-303.

RODOTÀ, Stefano. *Solidarietà*: Un'utopia Necessaria. Roma: Laterza, 2014.

RORTY, Richard. "On Human Conduct". *Social Theory and Practice*, v. 4, n. 1, 1976, pp. 107-15.

_____. "Unger, Castoriadis and the Romance of a National Future". *Northwestern University Law Review*, v. 82, 1987, pp. 335-78.

SABEL, Charles; SIMON, William H. "Destabilization Rights: How Public Law Litigation Succeeds". *Harvard Law Review*, v. 117, n. 4, 2004, pp. 1015-101.

SCHLAGER, Edella; OSTROM, Elinor. "Property Rights Regimes and Neutral Resources: A Conceptual Analysis". *Land Economics*, v. 68, n. 3, ago. 1992, pp. 249-62.

SIMON, William H. "Social Theory and Political Practice: Unger's Brazilian Journalism". In: LOVIN, Robin W.; PERRY, Michael J. (eds.). *Critique and Construction*: A Symposium on Roberto Unger's Politics. Cambridge: Cambridge University Press, 1990. pp. 297-332.

STEINER, Henry J. "Legal Education and Socio-Economic Change: Brazilian Perspectives". *The American Journal of Comparative Law*, v. 19, n. 1, 1971, pp. 39-90.

SUNSTEIN, Cass R. "Routine and Revolution". In: LOVIN, Robin W.; PERRY, Michael J. (eds.). *Critique and Construction*: A Symposium on Roberto Unger's Politics. Cambridge: Cambridge University Press, 1990. pp. 46-70.

TEIXEIRA, Carlos Sávio. *A Esquerda Experimentalista*: Análise da Teoria Política de Unger. São Paulo, 2009. Tese (Doutorado em Ciência Política) –Faculdade de Filosofia, Letras e Ciências Humanas da Universidade de São Paulo.

_____. "Da Cópia Institucional à Vitalidade Organizada: o Brasil de Unger". *Revista USP*, n. 99, 2013, pp. 193-203.

_____. "Filofosia Política e Experimentalismo Democrático: Alternativa para Realizar a Justiça". *Ethica*, Florianópolis, v. 13, n. 1, jun. 2014, pp. 204-22.

TRUBEK, David M. "Max Weber and the Rise of Capitalism". *Wisconsin Law Review*, v. 720, n. 3, 1972, pp. 720-53.

_____. "Toward a Social Theory of Law: An Essay on the Study of Law and Development". *Yale Law Journal*, v. 82, n. 1, 1972, pp. 1-50.

_____. "Where the Action Is: Critical Legal Studies and Empiricism". *Stanford Law Review*, v. 36, jan. 1984, pp. 575-622.

UNGER, Roberto Mangabeira. "Isonomy and Justice". *ARSP: Archiv für Rechts-und Sozialphilosophie/Archives for Philosophy of Law and Social Philosophy*, 1970, pp. 181-87.

_____. *Knowledge and Politics*. New York: New York Press, 1975.

_____. *Law in Modern Society*: Towards a Criticism of Social Theory. New York: New York Press, 1976.

_____. *Social Theory*: Its Situation and its Task. Cambridge: Cambridge University Press, 1987.

_____. *False Necessity*: Anti-Necessitarian Social Theory in the Service of Radical Democracy. Cambridge: Cambridge University Press, 1987.

_____. *Plasticity Into Power*: Comparative-Historical Studies on the Institutional Conditions of Economic and Military Success. Cambridge: Cambridge University Press, 1987.

_____. *What Should Legal Analysis Become?* London: Verso, 1996.

_____. *Democracy Realized*. London: Verso Books, 2000.

_____. "O Pensador da Esperança: Entrevista". *Revista Caros Amigos*, pp. 18-25, 1999.

_____. *The Self Awakened*: Pragmatism Unbound. Cambridge: Harvard University Press, 2007.

VAN DOREN, John. "Understanding Unger". *William Mitchel Law Review*, v. 16, n 1, 1990, pp. 57-106.

VARGAS, Daniel. "Jurista Criativo". *Cadernos FGV Direito Rio*, Educação e Direito, v. 9, 2014, pp. 83-104.

YACK, Bernard. "Toward a Free Marketplace of Social Institutions: Roberto Unger's 'Super-Liberal' Theory of Emancipation". *Harvard Law Review*, v. 101, n. 8, 1988, pp. 1961-77.

YASAKI, Mitsukuni. "Formative Elements of American Legal Theory: An Impressionistic Note on the Subject Developed at Harvard Law School". *Osaka University Law Review*, n. 23, 1976, pp. 2-14.

WALDRON, Jeremy. "Dirty Little Secret". *Columbia Law Review*, v. 98, n. 2, 1998, pp. 510-30.

WEINRIB, Ernest. "Enduring Passion". *Yale Law Journal*, v. 94, n. 7, 1985, pp. 1825-41.

WILLIAMS, Robert A. "Taking Rights Aggressively: The Perils and Promise of Critical Legal Theory for Peoples of Color". *Law & Inequality*, v. 5, 1987, pp. 103-47.

WEST, Cornel. "Critical Legal Studies and a Liberal Critic". *Yale Law Journal*, n. 97, v. 5, 1988, pp. 757-71.

ZANATTA, Rafael A. F. "Desmistificando a Law & Economics: A Receptividade da Disciplina Direito e Economia no Brasil". *Revista dos Estudantes de Direito da UnB*, n. 10, 2012, p 25-53.

_____. *Direito, Desenvolvimento e Experimentalismo Democrático*: Um Estudo sobre o Papel do Direito nas Políticas Públicas de Capital Semente no Brasil. São Paulo, 2014. Dissertação (Mestrado em Direito) – Faculdade de Direito da Universidade de São Paulo.

_____. "O Caso das Creches em São Paulo: Mobilização Civil e Inovação Institucional Responsiva". *e-mancipação*, 4 maio 2014. Disponível em: <https://rafazanatta.blogspot.com/2014/05/o-caso-das-creches-em-sao-paulo.html>. Acesso em: 14 out. 2019.

_____.; DE PAULA, Pedro; KIRA, Beatriz (orgs.). *Economias do Compartilhamento e o Direito*. Curitiba: Juruá, 2017.

8 - Capital e Trabalho na Teoria de Unger

Marcos Teixeira Ceia[470]

Roberto Mangabeira Unger não pode ser considerado um dos mais árduos defensores de qualquer ortodoxia. Sua atitude preferida em relação a qualquer *caminho* (pretensamente) *certo* não pode ser caracterizada propriamente como oposição; mais acertado seria caracterizá-la como *atravessamento*, isto é, o tratamento de conceitos ossificados como obstáculos a serem transpostos em direção a um projeto político holístico que realize todo o potencial humano latente, promessa última do iluminismo como pensamento emancipatório secular.

Essa transposição da ortodoxia como costume pode ser notada não apenas em sua obra, como também em seu tempo como ator político, quando incumbido com a Secretaria de Assuntos Estratégicos, em dois momentos, nos governos Lula e Dilma. Sem medo de contrariar tradições acadêmicas e políticas de décadas, investiu contra os principais obstáculos teóricos e institucionais para um projeto ao mesmo tempo emancipatório e desenvolvimentista. Uma destas frentes, iniciada em 2007, intentou justamente, nas palavras do então ministro, *reconstruir* as relações entre capital e trabalho.

---

470 Graduado em Direito e mestre em Ciência Política pela Universidade Federal Fluminense (UFF). Doutorando em Ciência Política pela UFF.

Este esforço, que contou com diálogos entre sindicatos, governo Lula e o Tribunal Superior do Trabalho, entre outros atores, pode ser considerado como exemplar do "método" de atravessamento da ortodoxia de Unger: ao identificar a questão premente que deve ser ultrapassada – a economia brasileira correria o risco de ficar presa, nas relações entre outros Estados nacionais, entre economias de trabalho barato e economias de tecnologia altas, sem oferecer nenhum dos dois – foi identificada também a avenida de solução, ou, mais propriamente, os limites impostos para a solução deste dilema: nosso interesse como nação seria escapar dessa prensa graças ao uso de tecnologia, e não do barateamento da mão de obra. Nosso destino não estaria em ser uma "China com menos gente".[471]

O trespassar da ortodoxia, neste caso, não se dá no diagnóstico, mas sim no que se deveria deixar de lado para a solução desta questão: a certeza da universalidade do regime contratual e da organização sindical conforme estabelecidos há mais de setenta anos na Consolidação das Leis do Trabalho por Getúlio Vargas, e defendidos aguerridamente por grande parte da esquerda – que em discurso integrava a espinha dorsal dos governos Lula e Dilma – como teto máximo de suas expectativas. Torna-se claro, com a leitura do documento em questão, que o objetivo não é a genuflexão aos ideais de flexibilização precarizante das relações de trabalho, nem à defesa conservadora do direito adquirido, expressa pelo *status quo*. Mais que situar-se em uma disputa entre ortodoxia econômica e social-democracia compensa-

471 SECRETARIA DE ASSUNTOS ESTRATÉGICOS (SAE). *Reconstrução Institucional das Relações entre Capital e Trabalho.* Brasília: SAE, 2009, p. 7.

tória, Mangabeira Unger *atravessou* o debate teórico e político conforme estabelecido, sem, com isso, abrir mão de seu posicionamento político por meio de um centrismo evasivo tão em voga nestas primeiras duas décadas do século XXI.

Essa característica de seu pensamento deve ser levada em consideração quando da análise de sua obra, e de suas propostas de transformação de sociedade. Englobadas dentro de um "projeto experimentalista democrático", as propostas compartilham desse movimento de atravessamento de posições estabelecidas há tempos, em todos os seus passos: da descoberta dos entraves principais, passando pelo projeto experimentalista-emancipatório, até a proposta de avenidas de ação para a construção institucional, a obra de Mangabeira Unger faz questão de se livrar de quaisquer conceitos considerados inquestionáveis.

Quando tratamos da visão experimentalista democrática acerca das relações entre capital e trabalho, analisamos como a organização do trabalho é encarada dentro da teoria antinecessitária de Mangabeira Unger. O complexo organizacional das relações de trabalho é considerado, dentro da teoria ungeriana, como um exemplo ímpar de um contexto formador da vida social. Um contexto formador, dentro da teoria experimentalista democrática, é o que é possível distinguir como o que "dá forma a acordos, discussões e conflitos rotineiros, ao mesmo tempo permanecendo em grande parte indiferente aos efeitos desestabilizadores"[472] dessa mesma rotina. O contexto formador exerce forte influência sobre a forma e o curso das rotinas sociais, sendo de difícil

472 UNGER, Roberto Mangabeira. *False Necessity*. New York: Verso, 2001, p. 58.

contestação, revisão ou identificação no meio das preocupações diárias.

Como parte de sua crítica conjunta ao que denomina "ciência social positivista" e "teoria social de estrutura profunda",[473] Unger recupera da última a distinção entre contexto formador e rotina formada, mas rejeita as consequências teóricas desses conceitos na teoria social de estrutura profunda, isto é, a classificação desses contextos como tipos reproduzíveis e indivisíveis, e sua ordenação segundo uma ordem linear predefinida. Com essa distinção, afasta-se também da ciência social positivista, que não distinguiria contexto e rotina.[474]

Assim, o contexto formador não é tão inflexível quanto as estruturas profundas do marxismo, por exemplo, com a definição de um sistema indivisível, como o capitalismo, com leis distintas de conservação e mudança. Ao mesmo tempo, não é tão flexível quanto uma rotina desvinculada de qualquer modo de legitimação, sendo praticamente impenetrável a tentativas de desestabilização que não a tenham como

---

473 A teoria social de estrutura profunda tinha como principal ambição a criação de uma ciência da história, com explicações cada vez mais semelhantes a leis. Unger escolhe como maior exemplo deste pensamento social o pensamento de Marx, embora também atribua a este grupo o pensamento de Durkheim e Weber. Já a ciência social positivista foi o resultado do abandono gradual das teorias sociais de estrutura profunda em face de novos conhecimentos históricos e experiências práticas que as colocaram em cheque; esta, então, caracteriza-se pela rejeição da busca de leis históricas e sociais abrangentes em prol da busca de explicações mais limitadas, passando a enxergar a sociedade como um amontoado amorfo "de interesses conflitantes de indivíduos ou grupos, e exercícios de acomodação desses interesses, de problemas práticos e episódios de solução de problemas" (*ibid.*, pp. 25-6).

474 CUI, Zhiyuan. "Prefácio". In: UNGER, Roberto Mangabeira. *Política*: Os Textos Centrais. São Paulo: Boitempo, 2001.

prioridade. Assim, o contexto formador é tanto relativamente incontestável enquanto não identificado, quanto passível de desestabilização e revisão quando identificado e escolhido como foco de ação de inovação institucional.

Um contexto formador da vida social é composto de duas partes: em sua parte tangível, é formado por conjuntos estendidos de arranjos institucionais, tanto os organizados por normas explícitas quanto os menos articulados. Seu outro componente é o imaginativo: um conjunto de pré-concepções decretadas sobre formas possíveis e desejadas de associação humana; suposições sobre como as relações entre pessoas deveriam ser em diferentes domínios da existência social.

O contexto formador coloca uma versão em particular de sociedade no lugar das possibilidades indeterminadas da vida social; ele dá forma a uma textura complexa de rotinas práticas e argumentativas que ganham, pela sua continuidade, uma aura de naturalidade e necessidade. Assim, uma visão em específico de como uma sociedade deve agir e pensar se torna a única maneira possível de tal sociedade agir e pensar. Todas as visões alternativas, que batalharam e batalham para contestar esta *Weltenschauung*, são reduzidas a protoformas de organização da sociedade que não possuíam os requisitos necessários para se estabelecerem como a visão reinante e possível da sociedade. Constrói-se, assim, uma história mítica da construção dos contextos formadores, ao mesmo tempo reforçando e explicando sua naturalidade e necessidade por meio das falhas, estruturais ou conjunturais, de visões de mundo concorrentes.

A mais importante dessas rotinas formadas por contextos formadores, de acordo com Unger, são os conflitos sobre a posse e o domínio dos recursos que estabelecem os termos do acesso de uma pessoa ao trabalho e à lealdade de outrem, e que permitem aos ocupantes de algumas posições sociais a controlar as atividade dos ocupantes de outras posições sociais.[475] Em outras palavras, o complexo organizacional do trabalho e a divisão entre capital e trabalho moderna.

A gênese do complexo organizacional do trabalho

Uma questão importante sobre o conceito de contexto formador nas obras de Mangabeira Unger ser destacada: ele, mais que uma estrutura institucional indivisível e imutável em suas interações com a sociedade, é um arranjo frouxo de componentes de ordem institucional e imaginativa, com estrutura desigual se comparado com arranjos institucionais similares, não podendo ser repetido ou repetível.[476] Assim, o processo de composição e interação entre os componentes específicos que compõem o contexto formador em questão deve ser objeto de análise mais pormenorizada.

Tal análise se faz necessária para desvelar a aura de naturalidade e necessidade que envolve o arranjo institucional que rege as relações entre capital e trabalho de modo geral. Demonstrando a história de conflitos e incertezas que circundaram a adoção de práticas institucionais específicas, evidencia-se que a estrutura que surge não é necessária nem natural, apenas fruto dos "interesses e ilusões, ou as conquistas e fracassos táticos que explicaram sua consolidação inicial e evitaram sua derrota posterior".[477]

---

475 UNGER, *False Necessity*, p. 58.

476 *Id.*, *Política*, p. 28.

477 *Ibid.*, p. 109.

A forma dominante de organização das relações de trabalho nas sociedades ocidentais se caracteriza pelo trabalho coletivo racionalizado, organizado de forma rígida nos ramos principais da indústria, e pelo confinamento da forma flexível de produção à indústria de vanguarda.[478] Por indústria de vanguarda, entende-se o setor da economia que se encaixa, em maior ou menor grau, dentro do conceito de *vanguarda produtiva*, isto é, empresas que contenham um conjunto de atributos físico-econômicos tanto quanto espirituais: amplos compromissos de capital por trabalhador, tecnologia próxima à fronteira do desenvolvimento tecnológico existente e acesso a amplos mercados regionais e globais, assim como a aproximação do processo de produção do aprendizado.[479] A forma de "retaguarda", ou rígida, de produção em massa, por sua vez, acentua o contraste entre atividade de definição e de execução de tarefas, produzindo produtos padronizados por meio de processos de produção rígidos, máquinas específicas para determinado produto ou tarefa e grandes concentrações centralizadas de capital e trabalho.

A prevalência desse modelo de produção em massa, mais que o mais eficiente historicamente para perseguir os objetivos pretendidos, deve-se sobremaneira a condições institucionais favoráveis nacional e internacionalmente. Esse modelo de organização do trabalho, comumente denominado de caminho inglês para o crescimento industrial, foi identificado como a rota necessária de desenvolvimento industrial, para sua manutenção ou pela sua substituição por um estágio mais avançado de desenvolvimento. Esta *história mítica*

478 *Ibid.*, p. 110.

479 *Id.*, *Democracia Realizada*: A Alternativa Progressista. São Paulo: Boitempo, 1999, pp. 34-5.

das sociedades de mercado industrializadas e do capitalismo, da trajetória do desenvolvimento econômico universalizado a partir de um exemplo particular, é utilizada como justificativa de manutenção do controle centralizado do trabalho, do capital e do poder governamental tanto pelas elites hereditárias conservadoras quanto pelos seus combatentes radicais do século XIX, exemplificados por Marx e seu *O Capital*.

Essa história mítica das sociedades de mercado industrializadas, teoricamente baseadas no modelo inglês de desenvolvimento industrial, encontra dificuldades teóricas praticamente insuperáveis, se examinada à curta distância. A busca por uma explicação completa para a ascensão desse tipo de modelo de desenvolvimento industrial como pré-requisito para expansão capitalista esbarra em problemas de ordem prática: no momento em que um historiador propõe uma lista minuciosa para tentar explicar porque somente algumas economias se moveram em direção ao capitalismo industrial, são encontrados exemplos de economias que se circunscrevem à lista pormenorizada de causas e mesmo assim falharam neste processo de desenvolvimento industrial; outras economias não preenchem os pré-requisitos enumerados, e mesmo assim se desenvolvem economicamente. A solução – adicionar mais características à lista de pré-requisitos para o desenvolvimento industrial – tem a consequência última de transformar uma explicação para o desenvolvimento industrial em mera descrição dos pioneiros industriais, violando o princípio contra a explicação do desenvolvimento econômico por meio de acidentes políticos.[480]

480 SABEL, Charles; ZEITLIN, Jonathan. "Historical Alternatives to Mass Production: Politics, Markets and Technology in Nineteenth-Century Industrialization". *Past & Present*, n. 108, ago. 1985, p. 139.

O grau de desvio e conflitos de interesses geradores desse complexo organizacional, dentro dessa leitura mítica da gênese da organização do trabalho moderna, seria minimizado como idiossincrasias regionais devido a imperativos do desenvolvimento industrial. Unger argumenta, por outro lado, que esses "desvios" não foram tão marginais quanto preconizado anteriormente, nem tão intrinsecamente desfavorecidos competitivamente em relação à organização centralizada de produção em massa como defendido outrora. Entre as causas para o sucesso desse modelo em detrimento dos outros, são listadas razões mais prosaicas que uma eficiência intrínseca: o efeito realimentador dos primeiros e precários sucessos, como projetos de máquinas e práticas organizacionais, e mesmo a própria análise das teorias sociais de estrutura profunda, que, ao formarem uma visão restritiva da possibilidade histórica, acabou por agravar, ao invés de limitar, o sentido de naturalidade aos acordos e às soluções vitoriosas que levaram à propalada hegemonia do modelo de produção em massa.[481]

Dentre esses "desvios" históricos do ramo principal de desenvolvimento industrial, destaca-se uma pletora de rotas alternativas de desenvolvimento industrial que fogem dessa história mítica. Por toda a Europa ocidental, regiões tiveram seu desenvolvimento econômico atrelado a empreendimentos industriais que, apesar de suas diferenças de ordem estrutural e institucional, assemelhavam-se em algumas características diametralmente opostas às propaladas como intrinsecamente eficientes pelos teóricos da protoindustrialização e da "história mítica" da organização do trabalho: a escala relativamente pequena; a utilização de processos fle-

481 UNGER, *Política*, pp. 111-2.

xíveis de produção para acomodar necessidades específicas e sazonais, ao invés de processos rígidos de organização e execução para atender a demandas padronizadas; e a organização do trabalho de maneira a permitir uma interação mais próxima entre supervisão e execução. Curiosamente, características em comum com o setor de vanguarda das economias ocidentais contemporâneas. Ou, de maneira não tão fortuita, os antecessores institucionais e históricos do setor de vanguarda dessas economias, não totalmente desenraizados pela hegemonia institucional da organização centralizada para produção em massa, e evidência inconteste da ainda atual luta pelos recursos de capital e institucionais que uma análise baseada em estruturas profundas minimiza ou ignora. Esses modelos, embora considerados antecessores institucionais e imaginativos dos setores de vanguarda, não conseguiram, em sua totalidade, resistir ao desaparecimento e à assimilação pelo modelo industrial dominante. O desenvolvimento particular de cada um deles, seus sucessos e fracassos estratégicos, deve ser analisado individualmente para se poder afirmar essa genealogia organizacional.

Em concordância com a visão de Unger, Charles Sabel e Jonathan Zeitlin demonstraram que economias com mão de obra especializada e máquinas universais emergiram em vários locais da Europa ocidental e América do Norte no fim do século XVIII.[482] Esse sistema de manufatura, chamado pelos autores de especialização flexível, continuou a ser tecnologicamente vital até meados do século XX. Quando tais regiões foco do processo de desenvolvimento industrial baseado na especialização flexível sucumbiram, as razões foram mais de

482 SABEL; ZETLIN, "Historical Alternatives to Mass Production", pp. 133-76.

natureza social e condições de fundo desfavoráveis que consequência da exaustão de possibilidades tecnológicas.

Estas economias de especialização flexível, localizadas em Lyon, Roubaix, Saint-Etienne e Alsácia, na França; Solingen e Remscheid, na Alemanha; Sheffield, no Reino Unido; e Rhode Island e Filadélfia, nos Estados Unidos, para citar algumas regiões industriais com economias baseadas nesses modelos alternativos de produção flexível, produziram também seus defensores intelectuais, propagadores da ideia de uma república de artesãos independentes ligados uns aos outros por dependência de suas especialidades: Pierre-Joseph Proudhon, Hermann Schulze-Delitzsche e Terence Powderly, na França, Alemanha e Estados Unidos, respectivamente.[483] Por seus trabalhos estarem imiscuídos dentro do contexto de regiões com desenvolvimento econômico alternativo ao que se propalou hegemônico, calcado no cooperativismo e na competição, seus textos e ideias careceram da inteligibilidade mais universal de economistas como Marx e Adam Smith.

Esses distritos industriais de especialização flexível necessitavam de arranjos institucionais específicos: que balanceassem cooperação e competição para encorajar a inovação permanente; que possibilitassem uma relação flexível com mercados inconstantes em gostos e demandas; e que encorajassem o uso de tecnologia cada vez mais produtiva e largamente aplicável.[484] Os arranjos institucionais específicos de cada uma dessas regiões variava largamente: desde um sistema municipal, combinando fragmentação industrial com coordenação comercial de confederações de pequenas firmas especializadas em uma fase da produção, com o mu-

---

483 *Ibid.*, p. 142.

484 *Ibid.*, p. 144.

nicípio garantindo a mobilidade de recursos e a proteção de pequenas empresas dos choques do mercado, como no caso da indústria têxtil de Lyon e Saint-Etienne, ou da indústria de cutelaria de Solingen e Remscheid; até um sistema de agrupamento da produção em grandes fábricas organizadas por cooperativas de artesãos com o objetivo de cotizar custos de máquinas caras demais para as empresas pequenas, como no caso da indústria química de Mulhouse, na Alsácia; passando por arranjos intermediários, baseados na firma familiar federada, como no caso da indústria têxtil de Roubaix e o seu "sistema Motte".[485]

Independente do arranjo institucional adotado dentro desse feixe de alternativas de especialização flexível, os distritos industriais compartilhavam instituições para a manutenção desses sistemas de desenvolvimento industrial. Experiências e atitudes características que foram desenvolvidas e mantiveram esse ímpeto para a inovação, como a constante educação das novas gerações dentro desse ambiente da indústria local, de certa maneira diminuindo a distância entre educação e trabalho. Desde cedo, os jovens dessas regiões eram treinados e acostumados com o *ethos* de cooperação e competição das pequenas indústrias, aprendendo sobre produtos e métodos de produção; adquirindo a intuição de julgar se um parceiro comercial em potencial respeitaria todas as regras não escritas que governavam as transações, instáveis demais para permitir a formalização por meio de contratos.[486]

O destino dessas regiões industriais baseadas na especialização flexível foi variado, mas em nenhuma delas a impossibilidade de desenvolvimento tecnológico para aumentar a

---

485 *Ibid.*, pp. 148-52.

486 *Ibid.*, p. 153.

produtividade e assegurar a flexibilidade do modelo de industrialização figurou como causa para seu declínio.[487] Assim, a tese de que o modelo institucional baseado na produção em massa foi bem-sucedido por alguma característica inerente a esse modo – e ausente em seus competidores – para a hegemonia dos recursos governamentais e estruturas institucionais cai por terra.

Alguns dos distritos industriais citados, por exemplo, tiveram seu modo de produção característico substituído pela produção em massa por decisão dos próprios produtores, em virtude da diminuição do passo de inovação necessário à efetiva competitividade com outras regiões: a indústria têxtil de Saint-Ettiene e a de cutelaria de Sheffield, por exemplo, foram vítimas de inconstâncias do mercado ou decisões estratégicas equivocadas.[488] Outras regiões, como Lyon, mantiveram-se centros de inovação até a segunda metade do século XX, quando governos nacionais, motivados mais pelos arautos da superioridade inerente da produção em massa do que pelos resultados práticos conquistados por esses distrito industriais, decidiram por políticas públicas e barreiras institucionais contra as indústrias de especialização flexível.[489] Assim, mesmo as histórias de sucesso das regiões que adotaram a especialização flexível como modo de produção foram, no máximo, histórias de fracasso evitado por um período. Isso por não terem tido sucesso em alterar as estruturas institucionais que possibilitassem transformar essas narrativas marginais em regra, graças a mudanças na forma institucional definidora dos mercados e das políticas

487 *Ibid.*, p. 156.
488 *Ibid.*, pp. 158-9.
489 *Ibid.*, pp. 156-7.

públicas, ou por meio de uma nova divisão internacional do trabalho, que pudessem permitir uma alteração mais drástica do processo de industrialização ocidental.

Essas alternativas ao modelo de industrialização de produção em massa e, em especial, estruturas institucionais que poderiam ter sido criadas por meio de uma história mais bem-sucedida da especialização flexível como método de industrialização são a base para as propostas de inovação institucional para as relações de trabalho de Roberto Mangabeira Unger. Mais que a reconstrução de um caminho perdido pelo simples saudosismo de eras passadas, no entanto, esse esforço de ligação entre propostas para o futuro e experiências passadas tem mais relação com o antropofagismo de ideias ou arranjos institucionais históricos; isso por se assemelhar com os ideais esposados pelo experimentalismo democrático de Unger, desfeito o véu de necessidade e naturalidade dos arranjos institucionais vigentes. Assim, mais que mera cópia de modelos passados, a proposta imaginativa de arranjo institucional do experimentalismo democrático é um construto teórico independente e digno de ser analisado por seus próprios méritos.

Reorganização da ordem econômica: capital

Para uma melhor compreensão da visão de Unger sobre as relações de trabalho e suas propostas de alternativas institucionais para esta área, decido apresentá-las divididas entre capital e trabalho; isto é, as propostas para a reorganização do modo de produção e das empresas dentro do experimentalismo democrático, e as propostas para os cidadãos enquanto trabalhadores e seus direitos garantidos dentro do programa da democracia radical.

Essas propostas, embora presentes em maior ou menor grau em toda sua bibliografia, podem ser encontradas em maior densidade em dois volumes em específico. O primeiro, *False Necessity: Anti-Necessitarian Social Theory in the Service of Radical Democracy*, foi parcialmente traduzido como parte do livro *Política: Os Textos Centrais*; os capítulos referentes à organização da economia e do sistema de direitos foram incluídos neste último. O segundo, *Democracy Realized: The Progressive Alternative* foi traduzido integralmente para o português.

Apesar de divididos para propósitos didáticos, as duas partes complementares, Capital e Trabalho, encontram-se entrelaçadas tanto em relação a seu objetivo quanto ao método. Como objetivo comum das duas partes, integrantes fundamentais do programa experimentalista democrático, está a generalização das oportunidades de experimentação para todo o conjunto da sociedade, ao mesmo tempo capacitando o indivíduo e garantindo seu pleno desenvolvimento, tanto material quanto espiritualmente. O programa experimentalista democrático como um todo é fundamentado em duas esperanças, unidas pela prática de pensamento e ação: a primeira, que é possível encontrar uma área de coincidência entre as condições do progresso prático, isto é, o progresso material, com as exigências de emancipação do indivíduo; a segunda, é que o trabalho de persecução desta área coincidente responda às necessidades e aos anseios sentidos por homens e mulheres comuns, não sendo apenas uma "dádiva não reconhecida de uma história astuta por uma nação relutante".[490]

490 UNGER, *Democracia Realizada*, pp. 13-7.

Como método comum à reorganização da estrutura institucional do capital e do trabalho, é utilizado um reformismo revolucionário gradual, usando o ímpeto revolucionário de mudança institucional para uma reforma contínua. Nas fases iniciais do projeto radical-democrata, o programa deve trabalhar dentro dos limites das estruturas institucionais herdadas e já estabelecidas, subvertendo-as gradualmente para, por fim, ultrapassar os limites definidos por essas estruturas e estabelecer um arranjo institucional ao mesmo tempo profundo em sua complexidade, permeável à correção de rumos e à inovação institucional constante.[491]

Assim, as primeiras condições para a realização de qualquer das partes do programa relativo às relações entre capital e trabalho no projeto radical-democrata tem relação com a capacidade de investimento do Estado. Neste primeiro passo, o nível da poupança pública e privada deve ser elevado, e estruturas institucionais que direcionem grande parte da poupança para investimentos produtivos devem ser desenvolvidas, de maneira a possibilitar uma "escora" para o desenvolvimento econômico, não se tornando o país tão dependente do capital estrangeiro para o desenvolvimento nacional.[492] Um segundo pré-requisito para o programa radical-democrata é a ampliação do escopo de ação governamental, para além das severas restrições impostas à ação governamental pelo neoliberalismo. O governo deve servir ao triplo objetivo de ajudar a desenvolver a vanguarda produtiva, a moderar a divisão entre vanguarda e retaguarda e

---

491 *Ibid.*, p. 47.

492 *Ibid.*, p. 110.

sustentar as práticas de um aprendizado coletivo que torne a riqueza possível e a liberdade efetiva.[493]

Esses dois requisitos se entrelaçam para a elaboração do programa radical-democrata para o estímulo da vanguarda produtiva. Com uma taxa de poupança interna alta e um Estado livre das amarras do neoliberalismo, é possível o desenvolvimento de instituições econômicas que fortaleçam a tradução de poupança social em investimento produtivo, e nas formas de organização entre esses dois polos que aumentem as oportunidades de investimento na retaguarda produtiva e atinjam os excluídos da economia e da sociedade.[494] O estabelecimento de instituições econômicas que ajudem a promover a ampliação de práticas vanguardistas, graças à produção como aprendizado, para toda a economia, em vez de isolar tais práticas em ilhas de vanguarda, também deve ser o objetivo do programa da democracia acelerada.

Esses dois focos do desenvolvimento industrial da vanguarda produtiva e a sua integração com os setores da retaguarda necessitam de iniciativas que transcendam as fronteiras de empresas isoladas, ou do Estado dissociado do capital produtivo. As iniciativas entre empresas agindo em cooperação, assim como a aliança entre empresas e os governos regionais e nacional, devem ser preferidas, em especial as que adotem um modelo descentralizado de administração. Esse rearranjo da parceria entre governos e empresas deve necessariamente criar organizações econômicas intermediárias – fundos sociais e centros de apoio – entre empresas, governos municipais, estaduais e nacional.[495]

---

493 *Ibid.*, p. 111.
494 *Ibid.*, p. 149.
495 *Ibid.*, p. 150.

É imaginada, então, uma alternativa institucional ao imobilismo atual do Estado em relação a estes dois focos de desenvolvimento econômico pela reorganização da interação entre governos e empresas. Dentro de um regime experimentalista democrático, deve haver uma resistência constante e ativa à sujeição do capital ao controle de titulares predeterminados, ao mesmo tempo que se leva a economia em direção à perpetuidade da inovação. Para tanto, é formulado o maior motor dessa inovação constante: o fundo rotativo de capital e seus mecanismos de controle democrático.[496] A principal ideia para essa proposta institucional é a quebra do controle do capital em variados níveis e categorias de tomadores e fornecedores de capital. O fornecedor último do capital seria um fundo de capital social, administrado pelo centro de decisões governamental e com fundos originários de um imposto abrangente sobre valor agregado de alíquota única.[497] Os tomadores na escala final seriam grupos de trabalhadores, técnicos e empreendedores, que teriam controle temporário e condicional de parcelas divisíveis. O fundo central de capital, no entanto, não faria empréstimos diretamente aos usuários primários; os recursos seriam alocados para uma pletora de fundos de investimento parcialmente independentes. Cada fundo de investimento se especializaria em um setor da economia e em um tipo de investimento; ao centro decisório governamental cabe o controle final sobre as formas e taxas de acumulação econômica e de distribuição de renda, a criação ou o fechamento desses fundos, injeções ou retirada de capital, cobrando-lhes juros.[498] Aos

---

496 *Id.*, *False Necessity*, pp. 491-506.

497 *Id.*, *Democracia Realizada*, p. 119.

498 *Id.*, *False Necessity*, p. 491.

fundos de investimento seria permitido tomar recursos uns dos outros, formando de maneira efetiva um mercado de capitais competitivo, cujas operações também seriam fiscalizadas pelos centros decisórios governamentais.

Os fundos de investimento, por fim, alocariam seus recursos para os tomadores de capital primários: empreendedores, técnicos e trabalhadores.[499] Os tomadores primários pagariam juros aos fundos de investimento, assim como este o faz ao fundo social central. Dentro dos limites estabelecidos tanto pelo governo quanto pelos fundos de investimento, os tomadores finais de capital também poderiam alocar recursos para compra ou venda, disputando-os e cooperando por eles. Assim, os tomadores lucram com o sucesso do empreendimento, ou têm prejuízo quando este falha, mas não adquirem direitos individuais permanente ao capital que recebem. Ao mesmo tempo, não lhes é garantido o direito à expansão contínua, à compra de outros empreendimentos ou a introduzir em seus próprios empreendimentos uma categoria de trabalhadores com mais desvantagens ou com menos voz; o sucesso de seus empreendimentos se traduz apenas em aumento de renda.

Os três níveis de fornecedores e tomadores de capital e seu equilíbrio preciso de poder econômico, portanto, serão um dos maiores focos de conflito político dentro do programa da democracia acelerada. Conquanto o maior definidor desse arranjo institucional seja a pulverização do feixe de direitos de propriedade, será possível conciliar responsabilidade social e economia de mercado, de maneira mais profunda que o sistema que pretende substituir. A maior responsabilidade social é assegurada por meio de revisão

---

499 *Ibid.*, p. 492.

coletiva dos arranjos e resultados da vida econômica integrados na ordem institucional, em vez de dependerem de um arranjo fortuito e fracamente integrado como o existente. O aprofundamento da economia de mercado é conseguido ao prometer aumentar o grau absoluto de descentralização econômica e a capacidade de revisão das condições organizacionais da produção e das trocas, sob o custo de limitar o escopo das reivindicações de capital individuais, tanto em tempo quanto em grau de absolutismo.[500]

O fundo central de capital, sob o controle do centro decisório governamental – executivo e representativo – é o responsável pela criação e pelo fechamento dos fundos de investimento individuais, assim como a realocação de recursos entre estes. Sua função precípua, no entanto, é estabelecer os limites de operação dos diversos fundos de investimento. Esses limites serão prioritariamente sobre as formas de organização permissíveis em relação à produção e à troca, com normais legais restringindo o emprego do capital e os requisitos máximos de disparidade de salários e autoridade para a autorização de empréstimos aos tomadores finais de capital. Outro poder outorgado ao fundo central de capital será o de limitar o tamanho absoluto e relativo de cada um dos fundos, assim como a taxa básica de juros cobrados por eles, de maneira a estabelecer limites para a competição produtiva entre eles.

O poder discricionário do fundo central de capital deve ser usado de maneira equilibrada: muitas regras minuciosas e intrusivas e a eventual desintegração da propriedade graças a um dirigismo microgerencial podem eviscerar os níveis inferiores de investimento produtivo e transferir *de*

500 *Ibid.*, p. 493.

facto toda a propriedade para o Estado. A recusa à responsabilidade decisória, no entanto, equivaleria a transferir seu poder decisório aos fundos de investimento e aos tomadores finais de capital, não havendo meios efetivos de reivindicar um controle coletivo democrático sobre tanto a direção e a taxa de crescimento quanto as relações de igualdade e desigualdade, responsabilidade coletiva e distribuição dos benefícios da produção e trocas, por fim sendo consolidado um novo sistema de direitos de propriedade a serviço desse novo plano de divisão social e hierarquia organizado pelos fundos de investimento mais bem-sucedidos.[501]

Os fundos de investimento intermediários teriam uma função política equiparável à sua dimensão econômica: existiriam para impedir o relacionamento direto entre fundo central de capital e tomadores finais de capital, e os riscos do desenvolvimento de um clientelismo *ad hoc* da administração dos recursos de maneira centralizada. Com estrutura jurídica equiparável aos bancos centrais ou fundações filantrópicas em sua semi-independência do governo, teria a alocação de cargos dividida entre os advindos do setor ou função produtiva específica de cada fundo e cargos indicados pelo governo. Para incentivar a descentralização e a competição produtiva, suas áreas de atuação definidas pelo fundo central de capital devem supor alguma superposição e interseção, de maneira a criar competição dentro de um mesmo setor ou função da economia para condições mais favoráveis aos tomadores finais de capital.[502]

Cada fundo possuiria discricionariedade para alocar seus recursos a financiadores dentro de limites estipulados

501 *Ibid.*, p. 494.
502 *Ibid.*, p. 495.

pelo fundo central de capital.[503] Os empréstimos poderiam ser realizados sob dois regimes: o leilão ou o racionamento de capital, cada qual com características específicas. A escolha obrigatória por parte do fundo de investimento sob qual regime autorizar todos seus empréstimos teria, portanto, consequências de longo prazo tanto para o papel desse fundo na economia quanto na sua interação com os outros fundos intermediários.

O regime de leilão de capital teria por maior característica a possibilidade dos tomadores finais de capital comprarem os recursos um dos outros, oferecendo ao fundo de investimento um maior retorno do capital em questão, seja graças a resultados mais rápidos, maior produtividade ou avanços tecnológicos maiores. Se o valor dos recursos do fundo subir, esse acréscimo pode ser transferido em parte aos tomadores de capital no momento.[504] Para se resguardar de ter seus ativos desperdiçados por muitas aventuras empreendedoras fracassadas, o fundo que utilize o regime de leilão de capital deve ter um processo de triagem rígido, assim como a limitação da distribuição de lucros a seus tomadores de empréstimos e uma regulamentação detalhada

---

503 Unger admite que poderiam existir casos de empreendedores que não conseguiriam financiamento para seus projetos, mesmo levando em consideração que a competição entre diversos fundos abriria um leque de opções para o empreendedor. Mesmo assim, em comparação com a estrutura institucional existente, em que o empreendedor deve, de antemão, possuir o capital ou ser bem-sucedido em conseguir empréstimos sem nenhuma garantia para sua parte que esse empréstimo será concedido, ou mesmo se é rotineiramente concedido em situações similares.

504 Cabe ressaltar que esse bônus do valor do empréstimo seria sujeito a alta tributação, de maneira a restringir a desigualdade econômica resultante.

de reintegração da posse do capital perdido em caso de fracasso do empreendedor.[505]

O processo de racionamento ou rotação de capital, por sua vez, limita a compra e a venda do capital cedido por parte dos empreendedores, sendo sua titularidade intransferível dentro dos limites temporais e condicionais impostos pelo fundo de investimento. Por ser um regime de concessão de capital mais estável que o leilão, ele deve ser extensamente regulado pelo fundo de investimento em questão, o que não seria possível dentro do regime de leilão de capital. Seria responsabilidade do fundo de capital dentro do regime de racionamento a criação de *pools* de recursos de maior porte para a formação de estabelecimentos de longo prazo e larga escala, por meio da cooperativização de grupos de trabalhadores, técnicos e empreendedores. Também caberia ao fundo de investimento sob esse regime a redistribuição do capital para novos grupos de empreendedores dentro desses estabelecimentos de longo prazo, assim como criar incentivos positivos e negativos para os tomadores cooperativados. Assim como no regime anterior, não seria permitido a empresas bem-sucedidas a incorporação de outros empreendimentos, ou a construção de um "império" industrial; o lucro, após um dado limite estabelecido pelo fundo central de capital, passa a retornar ao fundo de investimento originário para ser reutilizado em outros empréstimos. Mais neste regime que no de leilão de capital, no entanto, as empresas seriam alvo de escrutínio pormenorizado, com o declínio continuado do empreendimento tendo como consequência a intervenção direta do fundo de investimento, com a substituição do centro gerencial original por um indicado pelo fundo, a

---

505 *Ibid.*, pp. 495-6.

realocação do capital originalmente cedido à empresa e o treinamento para reentrada dos trabalhadores no mercado de trabalho, de maneira a diminuir os efeitos de uma falência para estes.[506]

Em cada um dos regimes de concessão de capital, haveria vantagens e desvantagens específicas e complementares, que poderiam ser aproveitadas por setores diferentes da economia. Sob o regime de leilão de capital, seriam encorajadas as oportunidades para a tentativa e erro de decisões empresariais, tanto organizacionais quanto em relação ao objetivo da empresa; as técnicas e objetivos bem-sucedidos poderiam dispor de mais recursos para novas aventuras e expansão como recompensa por seu sucesso. Em contrapartida, o regime de racionamento de capital teria o perfil oposto, de encorajar empreitadas mais tradicionais tanto em método quanto em objetivo, ao premiar a constância de lucros com o manejo de recursos por parte dos fundos de investimento e limitar o fracasso dos tomadores de capital com a tomada administrativa das empresas não lucrativas por parte do fundo concessor do empréstimo.

Em relação ao controle social sobre a acumulação e a desigualdade econômicas, o papel se inverte: sob o regime de leilão de capital, esse controle seria mínimo – apenas na forma de impostos sobre capitais conseguidos como bônus pela valorização do capital – o que poderia causar em longo prazo o aumento da desigualdade econômica em dada sociedade que privilegie esse regime; sob o regime de racionamento de capital, por outra vez, o controle social sobre a desigualdade econômica seria bem maior, com os fundos de investimento em parceria e monitoramento constante dos tomadores de

506 *Ibid.*, p. 496.

capital em suas empreitadas, e mesmo a já citada retomada do "controle acionário" para permitir a reentrada dos empregados no mercado de trabalho de maneira suavizada e com treinamento. Assim, fundos de investimento que atuassem em segmentos mais padronizados da economia provavelmente operariam sob o regime de racionamento de capital, por ter riscos e recompensas mais previsíveis; pelo controle maior dos fundos de investimento sobre o capital investido, é possível imaginar seu desenvolvimento em confederações industriais, sob pressão tanto dos confederados partícipes quanto do fundo central de capital. Já setores econômicos mais experimentais, ou de vanguarda, se beneficiariam do regime de leilão de capital, com os fundos de investimento separados do dia a dia dos tomadores de empréstimo, em função equivalente aos fundos de investimento hodiernamente existentes, com a diferença maior sendo a que nenhuma das partes integrantes dessa relação teria o controle absoluto sobre qualquer porção do capital.

O papel dos tomadores finais de capital também seria condicional ao regime de empréstimo sob o qual trabalhariam. Se sob o regime de leilão de capital, os tomadores dos empréstimos, seu poder de organização da produção é maior; os fundos de investimento estariam mais interessados em taxas de retorno de longo prazo e inovações organizacionais ou tecnológicas que na manutenção de um sistema organizacional de trabalho específico. Sob o regime de racionamento de capital, no entanto, a independência dos tomadores é limitada, com a contrapartida de uma maior participação na governança do fundo de investimento do qual fazem parte.[507]

507 *Ibid.*, p. 497.

Para ambos os casos, é possível traçar algumas características em comum. A primeira seria a que os tomadores de capital, de modo geral, trabalhariam sob um regime de livre mercado, sendo livres – dentro dos limites de cada regime de empréstimo – para estabelecer transações entre si. Ademais, sob ambos os regimes, os tomadores de capital são considerados uma equipe indistinta, que recebe fundos ou os compra de outros tomadores; sua organização interna deverá ser definida por cada grupo de tomadores de capital. Deve ser ressaltado, no entanto, que a ordem econômica de propriedade pulverizada não permite às empresas de produção em massa os instrumentos com os quais rotineiramente se protegem da instabilidades de preços de seus produtos, capital ou força de trabalho, favorecendo assim a extensão para o todo da economia de um estilo organizacional previamente confinado à vanguarda experimental da economia.[508]

Deve ser asseverado novamente que os clientes dos fundos de investimento não se tornam proprietários do capital emprestado sob nenhuma hipótese, individual ou coletiva; a empresa ou grupo de trabalhadores não têm nenhum direito absoluto ou permanente de livre disposição do lucro acumulado durante o período de usufruto do capital, sendo este limitado pela estrutura arrecadatória de impostos para o financiamento de programas de renda mínima e bem-estar social.

Um perigo iminente nesse modelo de reorganização econômica para o experimentalismo da vida econômica e a integração da vanguarda produtiva ao todo da economia é a tendência ao entrincheiramento dos privilégios dos grupos e modelos com sucesso mais rápido. Essa tendência pode vir

508 *Ibid.*, p. 498.

tanto dos tomadores de capital quanto por parte do próprio Estado. No primeiro caso, os tomadores bem-sucedidos em suas empreitadas, interessados em manter seus privilégios temporários do usufruto do capital, organizar-se-iam para ter suas demandas atendidas por governos simpáticos à sua causa. No segundo, a tendência burocrática do aparato estatal, se não controlada pelos princípios de transparência e mobilização coletiva perpetuada da democracia radical, pode subverter o apelo ao experimentalismo e estabelecer parâmetros de concessão dos empréstimos cada vez mais restritos a um seleto grupo de opções, com as alternativas possíveis sendo excluídas durante esse processo. Para os dois casos, o antídoto previsto pelo autor é a necessidade de se imaginar um Estado com a tendência embutida de auto-organização da sociedade, por meio de sociedades civis autônomas e separadas do Estado, mas com capacidade de mobilização e alteração das disposições governamentais.[509]

Reorganização da ordem econômica: trabalho

Se na parte anterior foi analisada a reorganização do feixe de direitos de propriedade dentro do programa radical-democrata e seus efeitos para a ordem econômica sob a guisa da alcunha "capital", nesta parte se continuará a utilizar a nomenclatura da divisão das relações de ordem econômica em dois polos opositores, para facilitar o entendimento, embora já seja visível a inadequação desses dois conceitos para as relações de trabalho dentro do programa apresentado por Unger.

O papel do salário no programa radical-democrático pode ser apresentado em duas partes, como um programa inicial e uma onda avançada de uma alternativa progressis-

509 *Ibid.*, pp. 504-6.

ta: numa primeira parte, o principal instrumento de redistribuição compensatória seria a crescente participação dos salários na renda nacional e o uso de altos níveis de taxação para sustentar o alto nível de gasto social pelo governo; como um segundo passo, o investimento em pessoas não deixaria de ser prioridade, embora o principal motor para a promoção da igualdade passasse a ser o desenvolvimento de uma economia política antidualista, preenchendo a lacuna entre vanguarda e retaguarda produtiva.[510]

O papel do trabalhador dentro do programa experimental-democrático de Unger é um completamente diferente do existente dentro da estrutura econômica vigente; um dos princípios gerais do experimentalismo democrático é o desintrincheiramento dos dogmas e posições atribuídos à natureza ou necessidade. Esse princípio é utilizado, sobretudo, quando da análise da sociedade, e em mais específico quando submetido a escrutínio a organização da ordem econômica. Resgatando, novamente, as alternativas institucionais ao modelo de produção em massa abortadas pelo curso da história nos séculos XIX e XX, Unger apresenta a diferenciação em classes, tão fundamental à teoria social de estrutura profunda tanto de Marx quanto de Weber, muito mais fluida dentro do programa radical-democrata. Empregadores e empregados ocupariam essas funções temporariamente, se isto, dentro dos limites daquela empreitada, bem-sucedida ou não. Com a fragmentação dos direitos de propriedade consolidados e a possibilidade de qualquer grupo de trabalho requerer empréstimos para a consecução de seu objetivo econômico, assim como os programas de reintegração à força de trabalho em conjunto com uma educação libertadora

510 *Id.*, *Democracia Realizada*, p. 136.

e experimentalista, que misture a prática do trabalho com o aprendizado constante, não haveria nenhum impedimento, econômico ou de desvantagem educacional, social ou de predisposições incorporadas à prática individual,[511] para os antigos empregados se unirem e pleitearem um empréstimo aos fundos de investimento intermediário, ainda mais com o acompanhamento próximo do corpo técnico desses fundos para o máximo aproveitamento do capital emprestado.

Como consequência dessa fluidez e desintrincheiramento característicos do programa ungeriano, as consequências práticas das classes, isto é, a criação de formas de vida distintivas baseadas na ocupação permanente de posições estereotipadas na divisão social do trabalho, não seriam possíveis de criarem raízes. Com isso, a própria organização do trabalho por sindicatos correlatos à sua atuação dentro da divisão social do trabalho e por setor econômico poderia existir, por ter perdido sua razão de ser. A ocupação de postos específicos seria temporária, no pior dos casos, ou inexistente, no melhor. Uma vantagem conexa à inexistência das condições possíveis de criação de representação política por classe advinda da fragmentação dos direitos de propriedade seria a limitação profunda da autoridade gerencial discricionária que confunde os requisitos de coordenação técnica com o direito de ação no nome dos detentores da

511 No caso, refiro-me ao conceito de *habitus* e à discussão, aplicada à sociedade brasileira, da incorporação de dois *habitus* distintos, com graus de contato e assimilação. Para uma análise mais aprofundada deste tema, cf. BOURDIEU, Pierre. *Outline of a Theory of Practice.* Cambridge: Cambridge University Press, 1977; SOUZA, Jessé. *A Construção Social da Subcidadania.* Belo Horizonte: Ed. UFMG, 2003; *id.*, *Os Batalhadores Brasileiros.* Belo Horizonte: Ed. UFMG, 2010.

propriedade, uma vez que esta não estaria mais concentrada na figura dos empreendedores.[512]

Outro benefício da pulverização dos direitos de propriedade em três níveis de titularidade é a impossibilidade da empresa contratar trabalhadores precários ou subcontratar empregados com limitações ou desvantagens em relação aos trabalhadores iniciais, sob o risco de incorrer em competição desleal com as outras empresas e ter seu crédito, ou mesmo seu poder gerencial, removido pelos fundos de investimento ou pelo fundo central de capital, preocupados com a manutenção de uma ordem com o menor nível possível de desigualdade econômica e detentores de poder de intervenção pela pulverização do direito da propriedade absoluta. Conquanto o Estado, por meio do fundo central de capital ou de seus fundos de investimento associados, garanta a igualdade de condições econômicas dentro de limites dignos, e que tais limites sejam vigiados e postos em prática pelo controle acionário das empresas ou grupos industriais que abusem de seus direitos de propriedade restritos, não há a necessidade de regulamentação específica para as relações de trabalho como separadas das relações interpessoais.[513]

A separação entre direitos trabalhistas e direitos interpessoais, ou civis, é uma consequência do contexto formador do sistema de direitos conforme atualmente configurados. Um sistema de direitos pode ser entendido, em sua raiz, como uma versão institucionalizada de uma sociedade, isto é, uma forma de vida social deliberadamente delineada e estabilizada que gera um grupo de expectativas específicas e representa a expressão de um esquema defensível de associação

---

512 UNGER, *False Necessity*, p. 499.

513 *Ibid.*, p. 498.

humana.[514] Assim, essa separação entre a esfera do trabalho –ascendida à condição de legislável graças a alteração estrutural do sistema legal relativamente recente – é uma consequência do sistema de direitos conforme estabelecido, com seu enfoque na primazia prática e imaginativa do direito de propriedade consolidada: o princípio de descentralização econômica que consiste na alocação de titularidade praticamente irrestrita (tanto pela cadeia de sucessão temporal quanto no escopo de uso permitido) a porções divisíveis de capital social.[515]

Conforme apresentado anteriormente, o objetivo maior desse sistema de direitos reconstruídos é a pulverização da titularidade dos direitos de propriedade, de maneira que sua utilização e transmissão temporal seja severamente reconstruída para que desigualdades e a subjugação de uma pessoa por outra seja minimizada ao máximo possível. Assim, o sistema reconstruído de direitos relativos ao programa radical-democrata é fundamentado por dois princípios: o estabelecimento da segurança do indivíduo para que se minimize tanto a imunidade dos arranjos institucionais ao conflito e a redução de indivíduos à dependência de outrem; e o esforço de afirmar direitos que sejam adequados às obrigações de interdependência que caracterizam a vida comunal.[516]

Entre os quatro feixes de direitos fundamentais desse sistema legal da democracia radical – direitos de mercado, direitos de imunidade, direitos de desestabilização e direitos de solidariedade –, cabe uma explicação dos pertinentes à atividade laboral, ou as consequências de direitos diversos

514 *Ibid.*, p. 508.

515 *Ibid.*, p. 511.

516 *Ibid.*, p. 513.

para a vida laboral. O principal efeito dos feixes de direitos de mercado, além da condicionalidade do direito de propriedade de maneira a descentralizar e relativizar no tempo a titularidade de capital social aumentando a competitividade entre atores econômicos, é acabar com o contraste tradicional entre leis privadas ou regulatórias (ou, no caso brasileiro, entre o direito civil, privado e contratual, e direito do trabalho, de caráter público e incondicional) . Assim, a separação entre lei contratual, teoricamente "não política" e a lei laboral, criada como dispositivo estranho à transação comercial "pura", seria substituída por uma ordem em que as normas básicas de contratos e propriedade não fosse vista como menos "política", ou mais natural, que as questões distributivas delas resultantes como maneira de amenizar seus efeitos.[517] Como efeito do fim dessa distinção, a lei contratual-regulatória, civil e trabalhista conjuntas, estabeleceria simplesmente áreas de "direito" e "não direito", com os limites bem definidos como a condicionalidade temporal e discricionária dos direitos de propriedade e a impossibilidade de subjugação de um indivíduo pelo outro: dentro da área do "direito", os indivíduos podem agir como quiserem, com menos restrições à sua ação do que, inclusive, no sistema corrente de direitos; na área do "não direito", não há nenhuma expectativa de proteção ao indivíduo.[518]

O feixe de direitos mais correlato à experiência individual do trabalhador com os direitos trabalhistas assegurados constitucionalmente conforme hodiernamente configurados seria dos direitos de imunidade, que salvaguardariam dois tipos de interesses vitais do indivíduo: a segurança contra

517 *Ibid.*, pp. 520-1.

518 *Ibid.*, p. 523.

a opressão, tanto privada quanto governamental, contra a exclusão de decisões coletivas importantes que possam influenciar a vida do indivíduo e a proteção contra os extremos da privação econômica e cultural.[519]

Em relação ao primeiro grupo de direitos, ele não diferiria muito das liberdades individuais, cívicas e políticas, protegidas pela prática democrática convencional: liberdade de expressão, liberdade contra a prisão arbitrária ou por atividade subversiva, liberdade de associação. Já o segundo grupo de direitos de imunidade, contra a privação econômica ou cultural, assemelhar-se-ia aos direitos de bem-estar social: garantias de acesso a recursos materiais e culturais necessários para viver, ou seja, moradia, saúde e educação, com padrões absolutos definidos de acordo com a riqueza de cada nação. O principal desses benefícios sociais é providenciar uma quantia mínima, razoável e igual de recursos, seja de maneira monetária ou por meio de serviços, a todos, em vez de associá-la à necessidade de vinculação à relação de trabalho. Seriam universais exatamente para impedir que a associação de tais direitos a lugares específicos na cadeia produtiva ou na sociedade possa debilitar o programa de democratização profunda e a abertura cumulativa da vida social à revisão e à recombinação.[520]

Outro feixe de direitos conexo ao direito do trabalho conforme atualmente consolidado seria dos direitos de solidariedade. Esse feixe de direitos fazem parte de um grupo de relações sociais que possibilitaria às pessoas uma visão de comunidade mais defensível, em que o conflito não estaria necessariamente excluído. Em vez de considerar a

---

519 *Ibid.*, pp. 524-6.
520 *Ibid.*, pp. 528-9.

vida comunal como área livre da interferência dos direitos e, principalmente, do Estado, o programa institucional radical-democrata substitui a dicotomia mundo *versus* casa ou sociedade *versus* refúgio por uma gradação da mistura entre Estado e sociedade civil. Assim, as relações intrasindicais poderiam ser enquadradas nesse conjunto de direitos, mas também as transações comerciais rotineiras de longo prazo, o conceito de boa-fé e mesmo direitos de vizinhança, que a doutrina jurídica atual tenta representar como interesses comunais ao mesmo tempo que defende a representação da sociedade como um mundo de estranhos.[521]

Referências bibliográficas

BOURDIEU, Pierre. *Outline of a Theory of Practice.* Cambridge: Cambridge University Press, 1977.

CUI, Zhiyuan. "Prefácio". In: UNGER, Roberto Mangabeira. *Política*: Os Textos Centrais. São Paulo: Boitempo, 2001.

SABEL, Charles; ZEITLIN, Jonathan. "Historical Alternatives to Mass Production: Politics, Markets and Technology in Nineteenth-Century Industrialization". *Past & Present*, n. 108, ago. 1985.

SECRETARIA DE ASSUNTOS ESTRATÉGICOS da Presidência da República (SAE). *Reconstrução Institucional das Relações entre Capital e Trabalho.* Brasília: SAE, 2009.

SOUZA, Jessé. *A Construção Social da Subcidadania.* Belo Horizonte: Ed. UFMG, 2003.

_____. *Os Batalhadores Brasileiros.* Belo Horizonte: Ed. UFMG, 2010.

521 *Ibid.*, p. 537.

UNGER, Roberto Mangabeira. *False Necessity*: Anti-Necessitarian Social Theory in the Service of Radical Democracy. New York: Verso, 2001.

______. *Democracia Realizada*: A Alternativa Progressista. São Paulo: Boitempo, 1999.

9 - O Direito Tributário como Meio de Reorganização Econômica ao invés de Compensação Social: A Perspectiva de Unger[522]

Paulo R. dos S. Corval[523]

Considerações iniciais

Na sétima alternativa progressista para a realização democrática - ou, simplesmente, na sétima tese - Mangabeira Unger provoca o pensamento que se quer institucionalmente imaginativo e construtivo nas finanças públicas. Traz ponderações que dizem respeito não apenas aos desafios relacionados ao processo de construção da política fiscal no país como provoca, ainda que implicitamente, a reflexão crítica daqueles que se debruçam sobre a normatividade jurídico-financeira. Quanto a esse segundo aspecto - que, neste trabalho, não será objeto de atenção - vale registrar que perdura um vigoroso

522 Parte substancial deste trabalho - que, agora, conta com pequenas modificações - acha-se publicada no artigo "A Sétima Tese: Uma Contribuição ao Pensamento Jurídico-Financeiro no Brasil", na *Revista Tributária e de Finanças Públicas*, v. 22, 2014, pp. 67-90.

523 Professor de Direito Financeiro e Tributário da Faculdade de Direito da Universidade Federal Fluminense (UFF). Doutor em Ciência Política pela Universidade Federal Fluminense (UFF). Autor do livro *Teoria Constitucional e Exceção Permanente: Uma Categoria para a Teoria Constitucional do Século XXI.*

recorte ontológico, epistemológico e metodológico no campo da reflexão jurídica atinente às finanças públicas.[524]

O fenômeno da existência social a que se dedicam os juristas das finanças no Brasil (e não somente aqui), fortemente arraigados à base kelsiana ou ao positivismo analítico, é a norma. Por conseguinte, aquilo a que se propõe conhecer os estudiosos do direito financeiro pouco se distancia de um esforço compreensivo da construção da norma jurídica financeira, de sua ordenação de sentido a partir dos textos constitucionais e legais, de sua interpretação e de sua aplicação no âmbito Executivo, Legislativo e, preponderantemente, Judicial.

O que se supõe haver de mais avançado, nos últimos anos, seria a abertura dos sistemas objetivos e científicos do direito financeiro aos valores e interesses que transporiam a norma em sua compreensão e aplicação, dando ensejo a uma pretendida renovação quanto à construção estrutural e funcional das normas financeiras. Passou a se aceitar, embora com alguma relutância, a existência de um conjunto plural de normas que se diferenciam pelas suas estruturas, eficácias jurídicas e conexões de sentido com valores constitucionalizados, além de uma maior sofisticação nos processos argumentativos que constroem as proposições que disputam, caso a caso, de ordinário na instância Judicial, a preponderância da "verdade" (validade).

---

524 Tenho em mente, em especial, os três pontos de vista teóricos que encontro no direito financeiro tributário sob a insígnia do avanço em relação à escola financista do formalismo lógico erigida na academia paulista: o funcionalismo de Marco Aurélio Greco, o pós-positivismo axiológico de Ricardo Logo Torres e o pós-positivismo estruturante realista-argumentativo de Humberto Ávila.

Os métodos e as estratégias para atuar no direito financeiro, enfim, acabam igualmente recortados, centrando-se no instrumental analítico que a hermenêutica e a argumentação podem ofertar (quando se encontra um bom trabalho), e, sempre presente, no vezo nem sempre bem elaborado e exitoso dos excursos genealógicos de conceitos, institutos e decisões judiciais.

A delimitação do campo do direito financeiro e do trabalho do jurista das finanças, nesses termos, não é boa nem má. Todavia, como todo recorte noutros tempos erguidos sob o desejo da pureza científica, resulta daí inequívoca retração na "divisão de trabalho" que ainda hoje segmenta tradições e práticas nas ciências sociais e humanas, ceifando ao jurista, a partir de seu campo epistêmico, um pensamento mais amplo e socialmente relevante sobre a atividade financeira pública, suas questões e sua regulação normativa. O fértil campo em aberto, inevitavelmente, acaba ocupado por outras áreas de reflexão, notadamente, no que tange às finanças públicas, pela economia, pela ciência política, pela sociologia, pela administração e pela contabilidade.

Aceita essa versão dos fatos, não tenho dúvidas de que Roberto Mangabeira Unger, na sua sétima tese, bem exemplifica, em relação ao direito financeiro, toda a sua crítica ao pensamento jurídico. Contra um pensamento jurídico de singela regulação, mediação e solução de conflitos, visualizado pela metáfora do jurista médico das instituições sociais, Unger põe em destaque a engenharia do direito, despertando uma reflexão jurídica criativa e criadora, responsiva às rápidas transformações socioeconômicas e dirigida a toda a gente (não apenas aos especialistas). Um pensamento de igual modo aberto à perene mudança da mente e das instituições.

Convida o jurista das finanças públicas, além do mais, a pensar e trabalhar com os olhos no passado e no futuro, conectando, à semelhança do "dito profético" da tradição judaico-cristã,[525] a compreensão do presente jurídico à denúncia, portanto, à crítica e ao anúncio, à esperança da transformação por meio da interconexão do presente ao passado e ao futuro, fazendo do direito não apenas o receptáculo institucional dos experimentos levados a efeito na história, mas veículo das tentativas atuais de mudança orientadas a um futuro novo e esperançoso para a convivência humana.[526].

Para Mangabeira Unger, a novidade do futuro

---

525 Rápida introdução ao sentido do profetismo pode ser obtida em consulta ao respectivo verbete no *Dicionário Brasileiro de Teologia*, organizado por Fernando Botelho e publicado em 2008 pela editora paulista Aste.

526 A possibilidade ungeriana do "novo" lembra uma das explicações teológicas a repeito do reinado de Deus anunciado por Jesus Cristo: um "já" e um "ainda não". Infere-se dos textos do Novo Testamento que o Reino de Deus consubstanciava, para os primeiros cristãos - e para a teologia integral, de matriz reformada e ortodoxa, hoje - uma nova situação de pertencimento e integração histórica aos planos de Deus, a qual deve ser proclamada e vivenciada, sendo mesmo a principal mensagem atribuída a Jesus nos relatos evangelísticos e inferida dos textos proféticos do Velho Testamento. Essa nova situação pode ser concebida como uma nova fase do Reino de Deus, que já se manifestara no período verotestamentário e que, agora, com Jesus, põe fim à escravidão da maldade imposta por Satanás e abre oportunidades de reencontro com a Trindade até que Jesus retorne e faça nova todas as coisas. O Reino é histórico e escatológico, presencial, dinâmico e coletivo. Estar nele é aderir a Jesus, com ele se identificando tanto em sua vitória quanto em seu sofrimento. Um reino de novas relações advindas da possibilidade de libertação do poderio das trevas e de reinscrição histórica da vontade de Deus para o homem. Reino que emerge não ao toque de cornetas e festas, mas ao som da dedicação,

> [...] não existe antes, como um espectro à espera do momento de entrar no mundo. Ao invés de conceber o possível como uma definição anterior das variações possíveis – como se fosse uma ampliação na imaginação a partir daquilo que já ocorreu – Unger procede de maneira oposta: o conceito do possível ganha maior densidade com respeito sempre ao possível adjacente, aos próximos passos. Assim, entender uma realidade significa compreender o que ela pode vir a ser em determinadas circunstâncias ou dada determinadas intervenções. Mas o conceito geral do possível – o possível distante, o possível remoto – nem na sociedade nem na natureza pode ter uma pré-definição. Na verdade, nesse sentido o que as ciências sociais enxergam é uma mera ampliação especulativa a partir da constatação daquilo que já ocorreu e do entendimento retrospectivo de como funciona o passado.[527]

A capacidade de os homens e mulheres lograrem a novidade, por sua vez, advém da qualidade espiritual da resistência e da transcendência, ou seja, do fato de não se acharem, segundo Unger, aprisionados às finitas estruturas de pensamento, de sociedade e de personalidade que os definem, mas libertos pela infinita capacidade de realizar o resíduo da imagem divina que lhes permite, ao mesmo tempo, resistir ao contexto e transbordá-lo.[528]

Não à toa, portanto, Roberto Mangabeira Unger tem se notabilizado pelo esforço em direção ao pensamento críti-

---

do esforço, do desgaste e da entrega da própria vida por amor ao Rei dos Reis. Por todos, cf. LADD, George Eldon. "Teologia do Novo Testamento". In: *O Reino de Deus*. Trad. Degmar Ribas Júnior. ed. rev. São Paulo: Hagnos, 2003. pp. 83-98.

527 TEIXEIRA, Carlos Sávio. "Uma Filosofia Política para a Transformação". *Estudos Políticos*, Rio de Janeiro, v. 2, n. 3, 2011, p. 24.

528 *Ibid.*, p. 25.

co transformador das instituições sociais, políticas e econômicas e, no direito, pela construção de um novo referencial teórico de análise jurídica. Seu trabalho na seara jurídica, difundido com o movimento *critical legal studies* (1983) e, infelizmente, ainda pouco explorado, avolumou-se e vem aos poucos estimulando renovados caminhos teóricos e práticos nas ciências sociais aplicadas, de modo especial na ciência do direito e na ciência política.[529]

Contrário ao formalismo quanto e ao objetivismo da análise do direito, Unger transita – e a nosso sentir transcendendo – escolas jurídicas positivistas, normativistas, funcionalistas, naturalistas, historicistas e culturalistas em direção a um projeto de organização social que se liberta da dogmática e do fetichismo a respeito do projeto político liberal e da economia de mercado. É, destacadamente, crítico da crença metodológica alheia aos complexos embates sociais, ideológicos e filosóficos subjacentes a todo e qualquer conflito jurídico, bem como da análise limitada a um conjunto de valores ou a um direito posto pela autoridade do Estado e pelos demais mecanismos tradicionais de institucionalização na vida social (decisões judiciais e dogmas doutrinários).

Movendo-se entre a fronteira da descrição e da proposição, o convite de Magabeira Unger aos juristas dedicados às finanças públicas é nomeadamente preocupado com a elaboração de uma doutrina desejosa de promover e participar da reconstrução institucional do Estado e das bases estruturais

529 Representam o pensamento de Unger no direito e na ciência política brasileira, notadamente, os professores Arnaldo Sampaio de Moraes Godoy e Carlos Sávio Gomes Teixeira.

da sociedade, conectando-se, inexoravelmente, à teoria social, à teoria política e à teoria econômica.[530]

Nada obstante a provação que da sétima tese resulta para a reflexão crítica sobre a normatividade jurídica da atividade financeira pública, o seu propósito explícito é outro: apresentar uma alternativa de transformação institucional e democrática do processo de construção da política fiscal no país. Articularemos, por isso, na próxima seção, a sétima tese, anotando, contudo, três princípios ou ideais institucio-

530 As categorias criadas e manejadas por Unger em *Critical Legal Studies Moviment* (1983) e em *What Should Legal Analyses Become?* (1998) para organizar seu pensamento merecem atenção, o que, nestas breves considerações introdutórias, é impossível expor. Registrem-se algumas, ainda assim, a fim de despertar nossa curiosidade e nossa pesquisa: (i) a razão visionária da intuição profética; (ii) o contexto formativo, existente apenas na ação prática, como espécie de pano de fundo institucional e imaginativo incompleto e flexível, portador de ideias sobre a personalidade, a sociedade e a normatividade que condicionam, apenas relativamente, a ação humana; (iii) as capabilidades negativas, como empoderamento espiritual e prático dos sujeitos integrados ao contexto formativo; (iv) *kenosis*, o esvaziamento intencional dos equívocos do ceticismo, do racionalismo das teorias puras, do funcionalismo e do culturalismo a fim de promover, com prontidão, um novo enchimento de ideias capazes de fazer a restauração construtiva daqueles que se renderam e caçam a via do razoável entre a vacuidade do pensamento analógico e a insensatez do pensamento ideologizado; (v) mapeamento (tentativa de descrever em detalhes a microestrutura institucional legalmente definida na sociedade em relação a seus ideais legalmente articulados; encontrar seus dogmas, seus preconceitos, sua estrutura formativa presente) e crítica (tentativa de explorar, para reconstruir, a interação entre as modalidades institucionais da sociedade concretizadas na lei e os ideais professados ou programas que esses arranjos frustram e tornam, de fato, existentes), ambos indissociáveis, como estrutura da análise jurídica de preenchimento do espaço imaginativo aberto pela *kenosis* e transformador do fetichismo estrutural e institucional.

nais que parecem lhe servir de substrato e que Mangabeira Unger sumaria em vídeos e em publicações na imprensa para intervir no debate democrático a respeito dos dilemas que circundam as reformas quase que permanentes quando o assunto são as finanças públicas no Brasil:[531] primeiro, a ideia de que a mudança estrutural na distribuição primária das vantagens (aquela resultante do funcionamento das instituições econômicas) tem primazia sobre esforços redistributivos de compensar a superveniente desigualdade por meio da tributação progressiva e do gasto social; segundo, a ideia de que a correção retrospectiva da desigualdade, a despeito de sua importância, é acessória, sendo certo que, nesta função corretiva, o nível agregado da receita e o perfil do gasto são mais relevantes que a tributação progressiva; terceiro, a ideia de que a tributação progressiva pode funcionar como corretivo se, assegurado o nível agregado de receitas, voltar-se ao combate da hierarquização dos padrões de vida e o acúmulo do poder econômico.

Vamos à tese.

531 Destaco, dentre outros, vídeo em que Mangabeira Unger discorre sobre desigualdade, tributação e gasto social no Brasil, à disposição para consulta no endereço eletrônico <https://www.youtube.com/watch?v=rDr_DdlsjU8&feature=youtu.be>. Igualmente, ponho em relevo três artigos de opinião publicados na *Folha de S.Paulo*, respectivamente, no dia 21 abr. 1998 (disponível em <https://www1.folha.uol.com.br/fsp/opiniao/fz21049807.htm>), no dia 28 abr. 1998 (disponível em <https://www1.folha.uol.com.br/fsp/opiniao/fz28049807.htm>), e no dia 27 fev. 2007 (disponível em <https://www1.folha.uol.com.br/fsp/opiniao/fz2702200706.htm>).

A sétima tese

De certo modo sintetizando seu propósito para o pensamento e a ação progressista, Mangabeira Unger, no livro *Democracy Realized: The Progressive Alternative* (1998), redigiu, na forma de manifesto, treze teses assentadas em quatro eixos de reflexão: a organização constitucional do governo e a estrutura da política eleitoral; a organização da sociedade civil e a proteção dos direitos fundamentais; a organização das finanças públicas e da economia; e a democracia e a esquerda. A sétima tese, que nos ocupará agora, volta-se à transformação do sistema financeiro-tributário e se acha enunciada nos termos que seguem:

> Foi demonstrado que algum elemento significativo da tributação indireta é necessário na maioria das sociedades contemporâneas para garantir receitas tributárias substanciais e, assim, garantir um alto nível de investimento público nas pessoas. O menos regressivo dos impostos indiretos e o menos suscetível de distorcer e interromper as atividades econômicas é um imposto abrangente sobre o valor agregado. Com base na receita segura cobrada por esse imposto, deve haver dois principais impostos diretos. O primeiro é um imposto sobre o consumo no estilo Kaldor, tributando a diferença entre renda e investimentos em poupança, com uma grande isenção para um nível básico de consumo e uma escala progressivamente acentuada. O segundo é um imposto sobre a riqueza, cuja parte mais importante é a tributação pesada de presentes e heranças familiares. Dessa maneira, distinguimos claramente os dois objetivos do padrão de vida (para o imposto sobre o consumo) e do poder econômico (para o imposto sobre a riqueza) e os abordamos diretamente, em vez de aceitar a maquinaria relativamente confusa e ineficaz do imposto de renda. As organiza-

ções da sociedade civil descritas na sexta tese devem se engajar na alocação e na supervisão dos gastos públicos. Em um momento posterior do aprofundamento da democracia, quando, de acordo com a nona tese, os direitos tradicionais de propriedade unificada deram lugar a um sistema de direitos fragmentários, conjuntos e residuais em recursos produtivos, a tributação pode deixar de ser a base das finanças públicas. Em vez de tributar, o governo pode impor taxas diferenciais de retorno pelo uso dos recursos produtivos da sociedade. As organizações semi-independentes responsáveis por ampliar a alocação descentralizada de capital social (nona tese) pagariam esses encargos, recuperando-os das empresas e equipes de trabalho que seriam os usuários finais dos recursos.[532]

---

532 UNGER, Roberto Mangabeira. *Democracy Realized*: The Progressive Alternative. New York: Verso, 1998, pp. 271-2, tradução nossa: "Some *significant element of indirect taxation has been shown to be necessary in most contemporary societies to guarantee substantial tax revenues and thus to ensure a high level of public investment in people. The least regressive of the indirect taxes, and the one least likely to distort and disrupt economic activities, is a comprehensive flat-rate value-added tax. On the secure basis of the revenue collected by this tax there should be two principal direct taxes. The first is a Kaldor-style consumption tax, taxing the difference between income and savings--investments, with a large exemption for a basic level of consumption and a steeply progressive scale. The second is a wealth tax, of which the most important part is heavy taxation of family gifts and inheritance. In this way, we distinguish clearly the two targets of standard-of-living (for the consumption tax) and economic power (for the wealth tax) and address them directly rather than accepting the relatively confused and ineffective machinery of the income tax. The organizations of civil society described in the sixth thesis should be engaged in the allocation and supervision of public spending. At a later moment in the deepening of democracy, when, according to the ninth thesis, traditional unified property rights have given way to a system of fragmentary, joint, and residual rights in productive resources, taxation may cease to be the mainstay of public finance. Instead of taxing, the government may im-*

Há duas partes, etapas ou tempos na tese. Na primeira, Unger apresenta sua hipótese experimental de um sistema tributário que invista nas pessoas e regule de modo mais igualitário e democrático o padrão de vida e o poder econômico. Na segunda, especula de forma imaginativa e programática sobre o aprofundamento da democracia até o momento em que se mostre possível conviver sem a tributação como principal fundamento das finanças públicas. Numa e noutra etapa, de todo modo, é indiscutível a inserção em um regime democrático preocupado, nomeadamente, com a democratização das finanças públicas que, no Brasil, ainda que se possa reputar insuficiente, acha-se em curso com medidas de estímulo à transparência, à correção contábil de registros e dados e à participação dos cidadãos na alocação e na supervisão dos gastos públicos.[533]

A propósito, é por anunciar a democracia como norte de uma sociabilidade e de um arranjo institucional em que o ser humano logre realizar sua potencialidade de vida, bloqueando as pulsões destrutivas, que Unger interpreta a causa democrática, na sua décima primeira tese,[534] como o esforço

---

pose differential rates of return for the use of the productive resources of society. The semi-independent organizations responsible for broadening the decentralized allocation of social capital (ninth thesis) would pay such charges, recovering them from the firms and work teams who would be the ultimate resource users".

533 Exemplo dessa democratização encontra-se quer em diplomas legislativos (a exemplo da Lei de Responsabilidade Fiscal e das iniciativas de orçamento participativo) quer no próprio engajamento ativo de segmentos da administração pública em prol do maior controle pela sociedade (como, durante um tempo, observou-se levar a efeito no governo federal a Controladoria Geral da União).

534 Eis a décima primeira tese: "*The democratic cause is the effort to identify and to realize arrangements exploiting the area of potential*

para identificar e conceber estruturas que aproveitem o potencial da imbricação entre as condições do progresso material e da emancipação do indivíduo, mitigando a desigualdade e fazendo com que sejamos menos desligados uns dos outros, mais atuantes e mais capacitados. A democratização, noutras palavras, é propósito e condição de possibilidade das finanças públicas voltadas à emancipação do ser humano; potência espiritual e institucional para romper a fossilização do cenário de desigualdade e de abuso de poder.

Seja na via da arrecadação seja na via do planejamento, da gestão e da aplicação dos recursos públicos, além do mais, para que se obtenha êxito na primeira etapa de sua sétima proposta e se consiga constituir as condições de possibilidade da passagem à segunda fase, é que o melhoramento da atividade financeira postula o engajamento democráti-

---

overlap between the conditions of material progress and the conditions of individual emancipation. Thus, it moves toward the generalization of experimentalism in social life. It subjects the institutional forms of representative democracy and of the regulated market economy to this same experimentalism. It is not antiliberal; it realizes liberal hopes by changing liberal forms. It refuses to sacrifice the plurality of human interests to a single-minded egalitarianism. It wants us to be less unequal and less disconnected from one another in ways that also make us bigger, energizing and empowering [A causa democrática é o esforço para identificar e realizar arranjos que explorem a área de potencial sobreposição entre as condições do progresso material e as condições da emancipação individual. Assim, avança na generalização do experimentalismo na vida social. Submete as formas institucionais da democracia representativa e da economia de mercado regulamentada a esse mesmo experimentalismo. Não é antiliberal; realiza esperanças liberais mudando formas liberais. Ele se recusa a sacrificar a pluralidade de interesses humanos a um igualitarismo obstinado. Quer que sejamos menos desiguais e menos desconectados um do outro de maneiras que também nos tornam maiores, energizantes e capacitadores]" (*ibid.*, p. 276, original seguido de tradução nossa).

co da sociedade civil e sua reorganização. Tal intento se dá nos moldes da alvissareira sexta tese[535] de Unger, segundo a

535 Da sexta tese, pela extensão, descrevemos apenas os trechos que reputamos centrais: "*[...] We can call the spirits, but they may not come. There are two paths of institutional reform that can strengthen the capacity of civil society for independent self-organization. Call them private law plus one and public law minus one. Far from being mutually exclusive, they can complement each other. Private law plus one accepts the conventional body of contract and corporate law as the basic framework for the self-organization of civil society. However, it supplements this framework by establishing a branch of government responsible for localized intervention in organizations or practices corrupted by entrenched forms of social exclusion or subjugation. [...] The work of the reconstructive branch of government is neither to promulgate general laws like a legislature nor to settle rights disputes among individual litigants like a traditional judiciary. Its work is to repair a localized obstacle to capable economic or political agency. [...] Public law minus one means a public-law framework for the organization of civil society outside the state, around jobs, eighborhoods or shared special concerns (like health care or education). There would be a right to opt out of this framework and fashion alternative arrangements under certain conditions. These readymade public-law provisions should help establish a bias toward inclusive organization in civil society. However, they should remain free from any taint of governmental control or tutelage. [...] People should be able to exit this public-law system of social organization and create alternative arrangements so long as two basic conditions are satisfied. The first condition is that those who withdraw be in a situation of rough equality relative to one another. The second condition is that they not use their power of exiting the framework to establish another little citadel of entrenched subordination* [Podemos chamar os espíritos, mas eles podem não vir. Existem dois caminhos de reforma institucional que podem fortalecer a capacidade da sociedade civil de auto-organização independente. Chame-os de direito privado mais um e direito público menos um. Longe de serem mutuamente exclusivos, eles podem se complementar. O direito privado mais um aceita o corpo convencional de contratos e o direito societário como estrutura básica para a auto-organização da sociedade civil. No entanto, complementa essa estrutura estabelecendo um ramo do governo responsável pela

qual o progresso do experimentalismo democrático exige a constituição vigilante e organizada da sociedade civil e sua regulação por meio de novas estruturações do direito que transcendam as barreiras do público e do privado, constituindo o que Mangabeira Unger denominou "direito privado mais um" e "direito público menos um".

Sobre essa base democrática é que o sistema tributário experimental de Unger, o primeiro tempo, é proposto. Não um sistema apenas de meios ou somente de fins, mas de meios e fins interconectados, ou, talvez, para além dos meios e fins,[536] com o objetivo de ampliar o investimento nas pesso-

---

intervenção localizada em organizações ou práticas corrompidas por formas arraigadas de exclusão ou subjugação social. [...] O trabalho do ramo reconstrutivo do governo não é promulgar leis gerais como uma legislatura, nem resolver disputas de direitos entre litigantes individuais, como um judiciário tradicional. Seu trabalho é reparar um obstáculo localizado a ações econômicas ou políticas capazes. [...] Direito público menos um significa uma estrutura de direito público para a organização da sociedade civil fora do Estado, em torno de empregos, bairros ou preocupações especiais compartilhadas (como assistência médica ou educação). Haveria o direito de optar por sair dessa estrutura e criar acordos alternativos sob certas condições. Essas disposições de direito público prontas devem ajudar a estabelecer um viés em direção a organizações inclusivas na sociedade civil. No entanto, devem permanecer livres de qualquer mancha de controle ou tutela governamental. [...] As pessoas devem poder sair desse sistema de organização social de direito público e criar arranjos alternativos, desde que sejam satisfeitas duas condições básicas. A primeira condição é que aqueles que se retiram estejam em uma situação de igualdade aproximada entre si. A segunda condição é que eles não usem seu poder de sair da estrutura para estabelecer outra pequena cidadela de subordinação entrincheirada" (*ibid.*, pp. 269-71, original seguido de tradução nossa).

536 Unger me lembra, neste ponto, os intentos de Walter Benjamim de promover um código capaz de transcender a disputa ética entre meios e fins para obter a revolução não sanguinária. Cf. BENJA-

as, regulando de modo mais igualitário o padrão de vida e o poder econômico. Sistema que se constitui para cumprir as expectativas do experimentalismo democrático no sentido do progresso material e espiritual do ser humano por meio do crescimento econômico e tecnológico, bem como do empoderamento para mitigar ou mesmo fazer cessar as restrições originadas da escassez de renda, da doença, da fraqueza e da ignorância, libertando os indivíduos do porão dos entrincheirados pelos papéis, divisões e hierarquias sociais.[537]

Nesse sistema, de acordo com a primeira parte da sétima tese de Unger, não se poderá deixar de contar com a supremacia do volume de receita arrecadada com os impostos indiretos em relação aos impostos diretos. Há de se buscar uma combinação entre os dois mecanismos que permita reduzir a quantidade de tributos, garantir o volume de recursos necessários aos misteres governamentais, aliviar as atividades econômicas produtivas e realizar justiça distributiva. Imposto único e supressão da tributação indireta, neste idealizado experimento, é incogitável.

Impostos progressivos e investimentos sociais configurariam instrumentos acessórios, ainda que indispensáveis, à diminuição das desigualdades. Seu funcionamento, no Brasil, deveria ser ativado quando pela via da tributação indireta sobre a atividade econômica se auferisse suficiente capacidade arrecadatória para financiar o Estado e os desejos que a sociedade transmuta em deveres constitucionais dele, Estado, exigíveis.

MIN, Walter. *Para Una Crítica de la Violencia* [on-line]. Disponível em: <http://www.philosophia.cl/biblioteca/Benjamin/violencia.pdf>. Acesso em: 11 jan. 2007.

537 UNGER, *Democracy Realized*, pp. 5-10.

No curto prazo, para Unger, seria mais importante "quanto o Estado tem para gastar, como gasta e como consegue minimizar o efeito prejudicial da tributação sobre os incentivos para trabalhar e investir".[538] Noutras palavras, o foco deveria ser a obtenção de "resultados progressivos (como alguns dos sistemas tributários europeus)" sem homenagens "a princípios progressistas (como o sistema fiscal americano)".[539] A tributação indireta, nessa linha de argumentação, deveria contar com o tributo que Unger reputa menos regressivo e menos prejudicial à atividade econômica, um imposto sobre o valor agregado, abrangente, de alíquota única e, embora ele não diga expressamente, centralizado ou federalizado. As democracias mais igualitárias obteriam a maior parte de sua receita pública, segundo Unger, pela tributação indireta do consumo, compensando-se sua regressividade (impacto maior sobre quem consome parte proporcionalmente maior de sua renda) por se arrecadar nesta via mais recursos com menos desincentivo para a poupança, o investimento e o trabalho. O que se perde de progressividade do lado da receita, alcançar-se-ia na hora do gasto social.[540] A pressuposição empírica utilizada por Unger, entretanto, se em algum momento possa ter sido correta para o que ele reconhece nas suas manifestações como sistema tributário europeu, hoje, por certo, deve ser vista com maior cuidado.

---

538 *Id.*, "Reforma Tributária (1)". *Folha de S.Paulo*, São Paulo, 21 abr. 1998. Disponível em: <https://www1.folha.uol.com.br/fsp/opiniao/fz21049807.htm>. Acesso em: 17 nov. 2018.

539 *Ibid.*

540 *Apud* GODOY, Arnaldo Sampaio de Moraes. *Democracia Radical & Experimentalismo Institucional*: Comentários ao Sumário de Teses Progressistas de Roberto Mangabeira Unger. São Paulo: Minha Editora, 2008, pp. 64-5.

Sem maiores detalhamentos, de 2000 a 2015, de acordo com os dados agregados da Organização para a Cooperação e o Desenvolvimento Econômico (OCDE), os países da África e da América Latina e Caribe, mais empobrecidos, mantém sua base de sustentação tributária tradicional sobre o consumo, enquanto os países mais ricos, como regra, apresentam maior tributação agregada originada da renda e das contribuições à seguridade social.[541]

Ainda estribados na base de informações da OCDE, a média dos impostos sobre o consumo saiu de 8,7% do PIB e 31,1% da receita tributária total em 1975 para 10,3% do PIB e 30,6% da receita tributária total em 2016.[542] Países considerados líderes no processo de desenvolvimento, como Alemanha, França e Inglaterra, pouco se distanciam da média, com participação da tributação sobre o consumo na receita tributária total, em 2016, respectivamente, de 25,5%, 23,7% e 31,1%.[543] O Chile, único país da América do Sul na OCDE, embora em percentagem do PIB apresente receita de tributos na média da organização, em relação à receita tributária total revela perfil típico dos países da região, com 51% originário das incidências sobre o consumo.

Pelas estatísticas da Comissão Econômica para a América Latina e Caribe (Cepal), por sua vez, abrangentes dos anos

---

541 OCDE. *The Global Revenue Statistics Database*: Report. Paris: OCDE, 2015, p. 3 e gráficos. Disponível em: <http://www.oecd.org/tax/tax-policy/about-global-revenue-statistics-database.pdf>. Acesso em: 13 fev. 2019.

542 OCDE. *Consumption Tax Trends 2018*: VAT/GST and Excise Rates, Trends and Policy Issues. Paris: OCDE, 2018, pp. 38-42. Disponível em: <https://read.oecd-ilibrary.org/taxation/consumption-tax-trends-2018_ctt-2018-en#page1>. Acesso em: 13 fev. 2019.

543 *Id.*, p. 38.

de 1990 a 2017, a estrutura tributária da região compõe-se de parcela relativamente alta da receita de impostos sobre bens e serviços (cerca de metade do total das receitas tributárias), sendo o IVA a maior fonte de receita média na região no ano de 2017, seguido das receitas dos impostos sobre receita e lucros (27,1%) e de outros impostos sobre bens e serviços (21,8%).[544]

No Brasil, à vista dos dados mais recentes divulgados pela Receita Federal – e, nisto, a propósito, não disto de sua trajetória histórica de longa duração –, no ano de 2017, 48,44% do total da receita tributária originou-se da incidência sobre bens e serviços, 19,22% da renda das pessoas físicas e jurídicas, 26,12% das contribuições sobre folhas de salários e 4,58% da incidência sobre patrimônio.[545] Noutras palavras, a tributação do consumo já é – por essas bandas sempre foi – a principal fonte de arrecadação. Sob essa perspectiva, portanto, ao menos no que toca ao início da primeira etapa proposta na sétima tese, estaríamos adiantados.

Há mais, entretanto, no esforço construtivo consolidado na sétima alternativa institucional de Unger, para quem a tributação indireta deve ser reestruturada na direção de um imposto sobre o valor adicionado com alíquota única e abrangente. A questão não é nada singela e é há muito es-

---

544 CEPAL et al. *Revenue Statistics in Latin America and the Caribbean*. 2019, p. 20. Disponível em: <https://repositorio.cepal.org/bitstream/handle/11362/44526/RevenueStatsLA1997-2017_mu.pdf?sequence=1&isAllowed=y>. Acessado em: 15 abr. 2019.

545 BRASIL. Ministério da Fazenda. Receita Federal do Brasil. CETAD. *Carga Tributária no Brasil 2017*: Análise Por Tributos e Bases de Incidência. Brasília: Ministério da Fazenda, 2018, p. 23.

tudada nas finanças públicas.[546] Postas de lado as problemáticas técnicas, entretanto, a orientação de política fiscal que se extrai da tese de Mangabeira Unger é no sentido de que se leve a efeito uma ampla reforma da tributação sobre o consumo capaz de manter ou mesmo aumentar os atuais níveis de arrecadação com as menores distorções possíveis no mercado.[547] E mais: que essa ampla reforma não seja pensada de modo setorizado, desconectado do resultado final que se quer alcançar em termos de desenvolvimento do país, de maneira que a preocupação não é apenas com o volume arrecadado, mas com a sustentação equilibrada das finanças e sua reversão a mudanças que afetem a estrutura distributiva, notadamente aquelas que tratam das oportunidades de aprender e trabalhar.

Em artigo de opinião do ano de 2007, Unger, com boa retórica para cativar seu leitor, não deixa de salientar que devemos encaminhar o Brasil para a instituição de um tributo sobre o valor agregado – o IVA, mundialmente utilizado – "abrangente, e de alíquota única", com baixos efeitos sobre o sistema de preços e "instituído no bojo de um projeto maior de desenvolvimento com inclusão".[548] Estruturada essa fonte de receitas, Unger sustenta, na sétima tese, a instituição de dois impostos diretos de caráter redistributivo: um do tipo

546 Por todos, para consulta, vale a lembrança dos livros de Jonathan Gruber, *Finanças Públicas e Políticas Públicas*, e de Joseph Stiglitz, *Economics of the Public Sector*.

547 Correm no Congresso, atualmente, projetos de reforma tributária centrados na reestruturação da tributação do consumo que, de certo modo, alinham-se a algumas das ideias de Unger.

548 UNGER, Roberto Mangabeira. "Impostos e Futuro". *Folha de S.Paulo*, São Paulo, 27 fev. 2007. Disponível em: <https://www1.folha.uol.com.br/fsp/opiniao/fz2702200706.htm>. Acesso em: 17 nov. 2018.

advogado pelo economista Nicholas Kaldor,[549] taxando a diferença entre a receita e o investimento na poupança e com grande isenção para o nível mais básico do consumo por meio da técnica da progressividade; outro sobre o patrimônio, com pesada carga tributária sobre doações e heranças. Esses dois tributos cumpririam o propósito de corrigir a hierarquia altamente desigual dos padrões de vida e o acúmulo do poder econômico. Nas palavras mais diretas que Unger à imprensa:

> [...] assegurada a receita necessária para financiar o gasto social e desenvolvimentista do Estado, a tributação direta e igualizadora pode ter importância crescente. Em vez de recair sobre os salários, como faz o imposto de renda, deve incidir sobre três grandes alvos. O primeiro é o consumo pessoal ou o padrão de vida, medidos pela diferença entre a renda e a poupança investida de cada contribuinte. O segundo é o poder econômico, sobretudo quando

549 A obra de Kaldor sempre lembrada na tributação é *An Expendicture Tax*, de 1955. Há artigos do autor, entretanto, costumeiramente rememorados, como: "Tributação e Desenvolvimento Econômico", publicado na *Revista Brasileira de Economia*, Fundação Getúlio Vargas, ano 11, n. 1, março 1957; "The Role of Taxation in Economic Development", apresentado na Conference on Fiscal Policy of the Organisation of American States em Santiago, Chile, em 1962; e o "Will Underdeveloped Countries Learn to Tax?", de 1963, publicado na edição de janeiro da *Foreign Affairs*. Naquele primeiro artigo, aliás, Kaldor sugeria, para que os países subdesenvolvidos expandissem suas bases tributárias, entre outras medidas, uma "definição restrita das despesas que podem ser deduzidas em declarações de renda", "impostos que incidem sobre a valorização do capital (*capital gains*)", um imposto anual sobre a riqueza; "uma taxa geral sobre doações, substituindo parcialmente o imposto sobre a herança", e "uma taxa sobre a despesa (em substituição parcial das taxas mais elevadas do imposto de renda)". Unger parece estar se referindo a esse último tipo de tributo.

> constituído pela transferência hereditária da riqueza. O terceiro é a apropriação privada, em favor das instituições financeiras, dos lucros produzidos pela expansão dos meios de pagamento e pelas necessidades financeiras do Estado.[550]

Tudo funcionando, na segunda etapa (ou momento) da sétima tese, Unger concebe ser possível o aprofundamento histórico da democracia, quando os direitos de propriedades se achariam reorganizados pela fragmentação das faculdades que, atualmente, compõe sua conceituação jurídica unitária (tema da nona tese),[551] afetando e sendo afetado pela pró-

---

550 *Id.*, "Reforma Tributária (1)".

551 Pela extensão citamos apenas a parte inicial da nona tese: "*The decentralized and democratized partnership between governments and firms described in the eighth thesis can in turn advance through the dismemberment of traditional property rights. The powers now brought together under the label 'property' would be torn apart, step by step, and vested in different tiers of right holders: governments, intermediate organizations, and firms. Democratic governmental institutions may mark the outer limits to inequality of benefit or position in the workplace, shape the alternative means for the decentralized allocation of capital, and set the basic underlying charge for the use of capital. The intermediate organizations social funds and support centers would coordinate access to productive resources under different legal regimes* [A parceria descentralizada e democratizada entre governos e empresas descrita na oitava tese pode, por sua vez, avançar graças ao desmembramento dos direitos de propriedade tradicionais. Os poderes agora reunidos sob o rótulo de 'propriedade' seriam divididos, passo a passo, e investidos em diferentes níveis de titulares de direitos: governos, organizações intermediárias e empresas. As instituições governamentais democráticas podem marcar os limites externos da desigualdade de benefício ou posição no local de trabalho, moldar os meios alternativos para a alocação descentralizada de capital e definir a taxa básica subjacente pelo uso de capital. Os fundos sociais e os centros de apoio das organizações intermediárias coordenariam o acesso aos recursos produtivos

pria organização do pano de fundo econômico (assunto da oitava tese).[552]

---

sob diferentes regimes legais]" (*id.*, *Democracy Realized*, pp. 273-5, original seguido de tradução nossa).

552 De igual modo, transcrevo somente o início da oitava tese: "*The reformation of production along more experimentalist lines need not have democratizing consequences, but it offers democratizing opportunities. The most promising path to the realization of such opportunities lies in a growth strategy combining the following attributes: (a) within firms, the practice of production as learning and the softening of rigid contrasts between task defining and task-executing activities; (b) among firms, cooperative competition small and medium-sized firms, or decentralized divisions of large firms, simultaneously compete and cooperate, pooling financial, commercial, and technological resources; (c) between firms and governments, a wide range of forms of partnership, with decentralized, pluralistic, and socially inclusive forms of strategic coordination between government and business. To prevent such partnership from degenerating into collusion between bureaucratic and entrepreneurial elites and from falling victim to rent-seeking and dogmatism we need to diversify the cast of economic agents and to screen governments from particular firms while affirming, in novel form, the idea of association between public power and private enterprise* [A reforma da produção em linhas mais experimentalistas não precisa ter consequências democratizantes, mas oferece oportunidades democratizadoras. O caminho mais promissor para a realização de tais oportunidades reside em uma estratégia de crescimento que combina os seguintes atributos: (a) nas empresas, a prática da produção como aprendizado e o abrandamento de contrastes rígidos entre as atividades de definição e execução de tarefas; (b) firmas, empresas de concorrência cooperativa de pequenas e médias empresas ou divisões descentralizadas de grandes firmas competem e cooperam simultaneamente, reunindo recursos financeiros, comerciais e tecnológicos; (c) entre empresas e governos, uma ampla gama de formas de parceria, com formas descentralizadas, pluralistas e socialmente inclusivas de coordenação estratégica entre governo e empresas. Para impedir que essa parceria degenere em conluio entre elites burocráticas e empreendedoras e seja vítima de busca de renda e dogmatismo, precisamos diversificar o elenco de agentes econômicos e filtrar governos de empresas parti-

Ainda que não pareça haver em Unger maiores preocupações com a ordem de suas treze teses, soa interessante a sequência da sétima, da oitava e da nona, porquanto, ao primeiro exame, sabedores que a tributação assenta sobre o pano de fundo econômico, poderia-se cogitar vetor inverso: a reordenação da propriedade (nona), a reorganização do sistema produtivo (oitava) e a reestruturação e possível superação do sistema tributário. Mas a falta de intencionalidade, para os interessados na tributação, talvez seja mais produtiva e aproximada das intuições experimentais da tese sétima. Na ordem posta no manifesto ungeriano, a tributação, atividade acessória na luta contra a desigualdade, seja na etapa de sua ordenação seja na de sua mitigação democrática, funcionaria como indutora da transformação da ordem econômica e da ruptura da encarniçada dogmática jurídica da propriedade.

Logrado o aprofundamento democrático, afirma Unger, a tributação daria lugar (ou ao menos mitigaria, cessando de constituir a principal fonte de recursos públicos) à imposição de taxas de retorno sobre o uso dos recursos produtivos da sociedade, a serem pagas por organizações semi-independentes responsáveis pela alocação descentralizada do capital social, como previsto na tese nona, e recuperadas dos usuários finais do capital alocado (empresas e equipes de trabalho). Abrir-se-ia, assim, um mundo independente dos construtos de atividade tributária com os quais temos lidado no último século. O foco deixaria de ser a expropriação soberana da propriedade, como o tributo de regra é visto na perspectiva ortodoxa, e se voltaria a um complexo esquema de socializa-

---

culares, ao mesmo tempo que afirmamos, de forma inovadora, a ideia de associação entre poder público e empresa privada]" (*ibid.*, pp. 272-3, original seguido de tradução nossa).

ção de recursos produtivos gerados na vivência em sociedade e redistribuídos por mecanismos de gasto público.

Exposta a sétima tese, passemos às críticas, melhor mecanismo reflexivo para homenagear um pensamento sério e fecundo.

A crítica na crítica[553]

Existem cinco pontos da tese ungeriana que, associados às considerações que abriram este trabalho, parecem contribuir de forma mais imediata à teoria jurídica voltada à atividade financeira pública e, mais detidamente, à tributação: (i) a artificialidade do sistema tributário, (ii) o enraizamento social, político e econômico da tributação, (iii) a experimentação para transcender as barreiras da dogmática constitucional petrificada, (iv) a tributação plural ao invés de única, (v) a preferência pela tributação do consumo e (vi) a tributação redistributiva do patrimônio e da renda em direção ao mundo de tributação mitigada.[554]

553 Falamos crítica, aqui, em seu sentido ordinário, como a atitude de discernimento criterioso e de avaliação qualitativa. Faz-se a crítica "na" crítica – não "da" crítica –, ademais, porque não se está a discordar, de largada, da potência transformadora ou do referencial teórico manifestado no trabalho de Unger, que, alinhado à tradição crítica da sociedade, toma os homens como produtores de todas as suas formas históricas de vida.

554 A visão filosófica da história, em Unger, parece muito com a percepção do messianismo cristão reformado (menos com o messianismo marxista de Benjamim e Ernest Bloch), elucidado nas cartas de São Paulo que, compondo grande parte do Novo Testamento, forjou seu pensamento na tradição judaica, reconhecendo ser Jesus Cristo o prometido messias. Embebidas num teologia do conflito e da prática, as categorias paulinas nada têm a ver com a herança grega platônica ou gnóstica. Se há algum dualismo em Paulo, trata-se, na verdade, de um dualismo escatológico, voltado principalmente à compreen-

Especialmente na ordem constitucional brasileira, na qual a suposta modernização do sistema tributário constitui herança do autoritarismo militar, e a constitucionalização emerge como a única via do reencontro com as bases democráticas do governo e da proteção dos direitos e da cidadania, ao sistema tributário parece se conferir maior enrijecimento sob o véu da crença empertigada de que a segurança dos cidadãos resulta do exercício juridicamente contido do poder de tributar por meio da reserva absoluta de lei, da jusfundamentalidade e da doutrina alicerçada na força das formas jurídicas ou, quando esta é fragilizada, na força da sistematização (seja a de fundo material axiológico, seja a de fundo material estruturante ou, ainda, a de base normativa funcionalizada).

Segurança, legalidade e direitos fundamentais montariam o conteúdo de um direito tributário de trincheira, crente na vinculação do poder de tributar a limites constitucionais precisos, petrificados mesmo, em muitos de seus aspectos, por se achar inserido no manto protetor das chamadas cláu-

---

são da história, de fundo judaico, na qual a revelação de Deus aponta no sentido da redenção, da instauração de um Reino de Deus que, para Paulo, ainda que venha a se consolidar apenas no futuro, é deflagrado em decorrência do nascimento, da morte e da ressurreição de Jesus, que, sacrificando-se e vencendo a morte, cumpre as antigas prescrições proféticas e antecipa as bênçãos do reino a ser realizado na geração presente. Existe, assim, uma progressão, não um ciclo cujo destino é o próprio início, na dimensão temporal da criação e do mundo constituídos pelos seres humanos. Progressão de uma era presente com falhas e problemas que viriam a ser corrigidos, em definitivo, apenas na era vindoura, mas que a cada geração podem ser enfrentados, reparados e transformados. Sobre o tema: DUNN, James D. G. *A Teologia do Apóstolo Paulo.* São Paulo: Paulus, 2003, pp. 523-64; LADD, George Eldon. *Teologia do Novo Testamento*. ed. rev. São Paulo: Hagnos, 2003, pp. 551-84.

sulas pétreas do parágrafo quarto do artigo 60 da Constituição de 1988. Estatuto do contribuinte e bases legitimadoras da tributação sob a insígnia de um dever fundamental que, a despeito de todo o esforço teórico, não se desvincula de premissas desgastadas da economia e da política.

Tudo isto arrimado na base institucional do que se costuma apelidar Estado Fiscal Democrático de Direito. Essa configuração institucional está comprometida, supostamente, com a realização de uma renovada sociabilidade e é mobilizada para obstar que o sistema tributário ultrapasse o duelo entre aqueles que evocam a segurança, a legalidade e a fundamentalidade com o propósito de conter a tributação na rígida delimitação dos conceitos estruturantes da norma de incidência e aqueles que, antevendo a fragilidade do formalismo e buscando mesmo sua sofisticação técnica por meio de renovada sistemática (aberta, flexível, funcionalizada, atenta à produção da prática dos tribunais, estruturada na mais moderna pluralidade das normas e princípios e mobilizada pela verdade argumentativamente da coerência contra a hierarquia), revelam baixa capacidade de ruptura com os valores legitimadoros da ortodoxia e, quando muito (e nisto há muito méritos), propiciam novas trincheiras conceituais para dar alguma flexibilidade à tributação voltada à equidade distributiva do gasto e à cidadania em detrimento da contenção da incidência sobre a acumulação de propriedade e renda. Movem-se, ambos, no espaço traçado pelas bordas intocadas do sistema.

A *artificialidade* do sistema tributário é pressuposta na tese ungeriana para se insurgir, exatamente, contra esse cenário. Reencontrar a tributação, com maior ou menor enrijecimento (ao sabor da experimentação histórica e geográfica), na sua condição de produto das apostas políticas das pessoas reunidas nos Estados modernos para se permitir a mudança estrutural; para tocar nas bordas do sistema, alargando-as, restringindo-as ou simplesmente modificando seu traçado, com a máxima plasticidade exigida pelas novas apostas que, geração a geração, fazem as gentes de todo o globo. Desafio, portanto, à revisão da crença dogmática na segurança, na legalidade reforçada ou reservada e na jusfundamentalidade, reencontrando-se com a política e a economia para se permitir a reconstrução de sua base de aceitação e de aceitabilidade.[555] E aqui já se enuncia o segundo ponto a merecer destaque na tese: o *enraizamento social, político e econômico* da tributação e da reflexão jurídica a seu respeito construída.

O corte epistemológico do direito financeiro e tributário tradicional não é adequado à empreitada dos engenheiros e profetas da tributação. Ler, entender e rearticular enunciados normativos constitucionais ou infraconstitucionais, atentos à prática judicial ou não, ao mesmo tempo que se mantém

---

555 Habermas atribui a Max Weber o desvendar dessa característica do direito racional que, ele, Habermas, irá utilizar em sua compreensão do direito: "Max Weber faz jus a esse nexo interno entre princípio de ordenação e de fundamentação no nível da teoria da ação" (HABERMAS, Jürgen. *Direito e Democracia*: Entre Facticidade e Validade. v. I. Rio de Janeiro: Tempo Brasileiro, 1997, p. 101). Por ordenação, ressalta-se a dimensão empírica, objetiva, reguladora do agir social. Por fundamentação, volta-se à dimensão subjetiva, axiológica, "justificadora" da ordem. Cf. *ibid.*, pp. 94-112. Na esteira da exposição habermasiana, o direito apresenta tanto uma dimensão de validade social, ou seja, a possível aceitação pelos membros da coletividade do controle de suas condutas, como de legitimidade (ou só validade), medida pela resgatabilidade discursiva de sua pretensão de validade normativa, pela fundamentação das normas: a aceitação da ordem jurídica, assim, é distinta da aceitabilidade dos argumentos sobre a qual ela se apoia.

alheio o restante contexto científico e filosófico, é fechar os caminhos à imaginação criadora e à mudança teórica e institucional da regulação jurídica das finanças. A realidade da atividade financeira pública sempre se mostrou complexa e diretamente carente da reflexão política, econômica e social, de maneira que o pensamento jurídico sobre ela forjado, tudo isto reconhecendo apenas como pano de fundo externo ou pré-compreensão, em homenagem à objetividade e à cientificidade, castrava-se.

A regulação jurídica das finanças, como parece ocorrer simbolicamente na sétima tese ungeriana, é indissociável de uma análise jurídica ampliada, que transcenda as fronteiras da normatividade enunciada para reconstruir o discurso teórico e prático do direito financeiro e tributário em nível transdisciplinar, mais rico e desenvolvido em sua força retórica e argumentativa pelo compromisso, instrumental, com a democratização da sociedade, da política e da economia.

A *experimentação institucional*, o conjunto organizado de ideias e práticas mobilizadas no sentido da ruptura das constrições estruturais no âmbito da regulação jurídica das finanças públicas, é o modelo de ação do direito revigorado pelo reencontro com sua base artificial e transdisciplinar. Enquanto o pensamento jurídico não incorporar a mudança em seu arcabouço teórico, acorrentando-se à crença de que a estabilidade é alcançada somente pela via da dogmática petrificada, confiada em sua própria capacidade de alicerçar e nortear o labor jurídico aplicativo, não passará de instrumento a serviço da dualidade dos interesses arrecadatórios e proprietários, os quais, na imaginada oposição, promovem-se um ao outro. Há de se abrir à novidade, à possibilidade de fazer diferente, à experimentação de novas soluções, mitigando dogmas e constituindo desenhos institucionais que não se bastem na manutenção dos ganhos passados para uma suposta estabilidade presente, mas que permitam, com olhos no futuro, a inovação dos institutos e instituições relacionados ao direito financeiro e tributário.

A regulação das finanças, tradicionalmente, age sob os limites que o contexto social, político e econômico lhes estabelecem. Não à toa costuma-se dizer que a tributação, por exemplo, a despeito dos mergulhos históricos que permite, é fruto do sistema capitalista de base industrial. É a partir daí que, de fato, o Estado passa a manter a si e aos seus misteres pela via dos tributos, notadamente dos impostos. Reformas que se mostrem efetivamente capazes de impactar a realidade política e econômica na área financeira, assim, tem de ser construídas no contínuo diálogo com seu substrato sociopolítico e econômico, permitindo-se experimentar a atuação exemplificada na bipartição da sétima tese: agir entre o "já" e a possibilidade do "ainda não".

É com este olhar no futuro institucionalmente possível que Unger, em sua tese, desenha o presente pela escolha da *tributação plural* contra a ambicionada tributação única, que, no mais das vezes, qual lobo em pele de cordeiro, com as vestes da ousadia experimental apenas esconde o anseio minimalista da baixa arrecadação para um Estado com baixos níveis de comprometimento – e, portanto, de afazeres e ações – com sua realidade social.

Não que a unicidade do imposto não possa constituir legítimo exercício imaginativo e transformador. Todavia, como exsurge do pensamento do próprio Unger, seu experimentalismo crítico em momento algum configura a mudança pela mudança, desconectada da realidade circundante ou desprovida de embasamento empírico. E conceber que de um único ponto do fluxo das rendas e produtos, na sua circularidade, extraia-se todo o conjunto de recursos destinados ao Estado democrático interessado no bem-estar e no desenvolvimento das capacidades de sua gente, crendo-se na máxima equivalência dos tributos, de forma muito especial em países de elevada desigualdade e carentes de ação redistributiva, é acreditar que a arrecadação caminha sempre só, sem recursões econômicas, políticas e sociais, ignorando, ainda, recomendações de equidade no sentido de que a capacidade para suportar o ônus tributário seja mais bem estimada e repartida quando não se aposta, à moda do tudo ou nada, no fluxo (renda ou consumo) ou no estoque (riqueza), mas em combinações redistributivas. Por isso, ao que parece, a sétima tese indica o caminho da tributação plural e, sempre à vista de um futuro social estruturalmente modificado, estabelece seus contornos pragmáticos, a começar pela *tributação do consumo*, que, no atual estado da economia, é adotada, com êxito, pela grande maioria dos países, quer por seu volume arrecadatório quer por sua menor repercussão direta no trabalho e no capital produtivo.[556]

Aqui, é verdade, há certa omissão na tese de Unger. As questões atinentes à tributação do trabalho, do capital e do consumo têm merecido atenção técnica analítica bastante rica (e hermética) no âmbito da economia. Todavia, o estilo discursivo das teses acaba por não se referir diretamentea elas. Ainda assim, não negligencia, a sétima tese, os fundamentos econômicos preditivos que a informam. Só opção

556 Informações gerais, com ampla base empírica internacional, podem ser coletadas nos trabalhos da OCDE. Por todos, a título exemplificativo, confira-se OCDE, *Consumption Tax Trends 2018*.

por tributar o consumo, por exemplo, revela que Mangabeira Unger pressupõe certo balanceamento e opção entre as vantagens (relacionadas à eficiência, à simplicidade e à equidade horizontal) e as desvantagens (atinentes à equidade vertical, à assimetria de informações na fixação da carga tributária, conflito de interesses intergeracionais e problemas gerais de incidência em cascata e de fiscalização) dessa base tributável.

A sétima tese também inverte afirmação econômica corrente no sentido de que a tributação do consumo (em regra o imposto sobre valor agregado) assume efeitos suplementares à tributação da renda.[557] Para Unger, a tributação do consumo, por sua capacidade arrecadatória, é a base posterior-

---

557 Por todos, consulte-se artigo de MCGEE, Robert W. "A Comparative Study of Indirect Taxes in Transition Economies and the European Union". In: *Taxation and Public Finance in Transition and Developing Economies*. New York: Springer, 2008, p. 58: "*In recent years, some commentators in the USA have advocated a VAT not as a replacement for the income tax but as a supplement, because they think that raising more funds via an income tax is not feasible (Organization for Economic Cooperation and Development 1988, p. 32). According to one view, '...consumption taxes alone cannot achieve the ability to pay principle and accordingly could not entirely replace an income tax.' (McLure 1975, p. 175) But, as has been discussed elsewhere (McGee 1998), the ability to pay principle is not a legitimate principle of taxation. In a sense, they are right. If income tax rates are raised beyond a certain point, it will trigger a reaction among taxpayers and some politicians might get voted out of office in the next election. It would be easier to raise revenue if, instead of raising income tax rates, a form of value added tax were used to make up the difference. The reason for this solution is that the value added tax is a hidden form of taxation, in the sense that the people who ultimately pay it do not know precisely what they are paying. In a sense, then, the VAT is an unethical way to raise revenue because the tax is hidden. From an ethical standpoint, visible taxes are to be preferred to hidden taxes (McGee 1993, 1996, 1997)* [Nos últimos anos, alguns

mente suplementada, por razões de ordem distributiva, pela tributação da renda e do patrimônio.

A referência a Nicholas Kaldor é de igual modo importante. Manifesta a simpatia de Unger pelo pensamento econômico neokeynesiano, ainda que o próprio Unger, pelo seu experimentalismo, pareça deixar pressuposta a necessidade de adaptações deste e de qualquer outro modelo à realidade dos países ditos em desenvolvimento.[558] A menção a Kaldor, ademais, aproxima Unger à tese da reforma estrutural, não gradualista, do sistema tributário e à defesa do consumo como importante base tributável, uma vez que Kaldor, nas

---

comentaristas nos Estados Unidos defenderam o IVA não como um substituto do imposto de renda, mas como um complemento, porque acham que não é viável captar mais recursos por meio deste (Organization for Economic Cooperation and Development, 1988, p. 32). De acordo com essa visão, '... os impostos sobre o consumo por si só não podem atingir a capacidade de pagar o princípio e, portanto, não podem substituir inteiramente um imposto de renda' (McLure 1975, p. 175). No entanto, como foi discutido em outro lugar (McGee 1998), o princípio da capacidade de pagamento não é um princípio legítimo de tributação. Em certo sentido, isso é verdadeiro. Se as alíquotas do imposto de renda forem aumentadas além de um certo ponto, provocará a reação dos contribuintes e alguns políticos poderão perder o mandato na eleição seguinte. Seria mais fácil aumentar a receita se, em vez de aumentar as taxas do imposto de renda, fosse usada uma forma de imposto sobre o valor agregado para compensar a diferença. O motivo dessa para isso é que o imposto sobre o valor agregado é uma forma oculta de tributação, no sentido de que as pessoas que o pagam não sabem exatamente o que estão pagando. Em certo sentido, então, o IVA é uma maneira antiética de aumentar a receita,já que o imposto está oculto. Do ponto de vista ético, os impostos visíveis devem ser preferidos aos impostos ocultos (McGee 1993, 1996, 1997)]".

558 Sobre o modelo de desenvolvimento de Kaldor ver síntese de PEREIRA, Bresser. "O Modelo de Desenvolvimento de Kaldor". *Revista de Economia Política*, Rio de Janeiro, v. 2, n. 29, abr./jun. 1975, pp. 51-67.

décadas de 1950 e 1960, defendia a substituição da tributação progressiva da renda pela tributação progressiva do consumo. Enfim, os fundamentos econômicos, ainda que não desenvolvidos na tese, ganham força pela associação – não substituição – da base tributária sobre o consumo com a base distributiva da tributação pessoal da renda e do patrimônio em direção a *um mundo de tributação mitigada*, deixando claro como, para Unger, o pensamento tributário não pode olvidar as escolhas políticas a respeito do que se pretende promover na ordem econômica.

A visão de um novo futuro institucional da economia, aliás, não apenas exemplifica as intenções e os propósitos embutidos no pensamento de Mangabeira Unger como exerce a função de requerer e fomentar a mudança de base da qual não poderia escapar o próprio sistema tributário. Esse futuro possível da forma de produção passa pela maior cooperação entre governo e empresas, pela descentralização e pela valorização das pequenas e médias entidades financeiras e produtivas. A tônica, alinhada à herança socialista, é o controle democrático da economia com afastamento, entretanto, dos perigos da centralização e da repulsa da ação criadora e cooperativa individual e coletiva.

Em "A Organização da Economia: O Fundo Rotativo de Capital e seu Controle Democrático", essas ideias ganham maior concretude, defendendo Unger uma estrutura de controle sobre o capital em diversas categorias de tomadores e fornecedores de capital.[559] No nível superior, maior coletivização e controle. No nível de base, maior liberdade, sem

559 UNGER, Roberto Mangabeira. "A Organização da Economia: O Fundo Rotativo de Capital e seu Controle Democrático". In: *Política*: Os Textos Centrais. São Paulo: Boitempo, 2001, p. 134-45 e 306-37.

possibilidades de excessiva acumulação de capital para preservar a competição e a liberdade.

Em resumo, quer-se a criação de um fornecedor último de recursos: o fundo de capital social controlado pelo sistema de decisões num cenário político de democracia forte. Esse fundo de capital consubstancia, ao que parece, o conjunto do excesso de capital, da mais valia que, hoje em dia, acha-se guardada no sistema financeiro sob a supervisão de instituições como o Banco Central do Brasil. O fundo, sempre democraticamente controlado, com competências decisórias delimitadas, fornece e aloca para tomadores que se constituem como fundos de investimento semi-independentes e que, por sua vez, repassam por leilão ou rotação, capital entre si ou para tomadores primários (trabalhadores, técnicos, empresários etc.). O empréstimo aos tomadores finais ocorre mediante contrapagamento de juros aos fundos semi-independentes, que, por sua vez, também remuneram o fundo social central sem, contudo, um direito adquirido permanente ao capital recebido e sem a possibilidade de expandir, continuamente, sua acumulação de capital pela compra de outras empresas ou pela introdução de categorias de trabalhadores sem voz e sem vantagens. O funcionamento desta estrutura depende da "desintegração da propriedade",[560] acreditando-se que problemas de escala e motivação são razoavelmente tratados no modelo, assim como os problemas de centralização da economia. Neste cenário, resulta evidente, a tributação deixaria de ser o alicerce da provisão de receitas públicas, significando o alcance da segunda etapa enunciada na sétima tese, para o *devenire* do pensamento jurídico financeiro-tributário, a não fossilização dogmática e a

560 *Ibid.*, p. 304.

revitalização da capacidade de imaginar e transcender para recriar as formas jurídicas que a mudança da vida coletiva, historicamente, requer e exigirá.

Considerações finais

O pensamento tributário é histórico e a história é um rio caudaloso que atravessa os mais diversificados ambientes. Conhecemos pouco sobre as fontes de seu nascimento e menos ainda sobre o mar em que irá desembocar. É complexidade. É mudança. É transformação sem garantias de que sejam conservados os sedimentos que arrasta e acaba por depositar ao longo do percurso nos experimentos insulares de maior ou menor extensão e durabilidade. Ilhas que continuam a fornecer sedimentos às águas. Águas que, em sua contínua passagem, forjam novos aglomerados de experiência e vida. Dela, a história, alcançamos um único penhor: a esperança de que a mutação não constitui ode ao percurso, mas aponta no sentido da salvação do desaguar no mar. Cabem-nos a imaginação e a vontade de que o vetor da vida não se transforme, ao fim e ao cabo, num mar e num rio mortos. Nos dizeres sempre encantadores de Walter Benjamin, o passado "leva consigo um índice secreto pelo qual ele é remetido à redenção".[561]

Requer essa história, sem dúvida, agentes; homens e mulheres que mobilizem de forma permanente os sedimentos do caudaloso rio. Mulheres e homens que promovam impacto semelhante àquele que a historiografia cristã registra quando o apóstolo Paulo, percorrendo seu mundo para levar

561 LÖWY, Michael. *Walter Benjamin*: Aviso de Incêndio: Uma Leitura das Teses sobre o Conceito de História. São Paulo: Boitempo, 2005, p. 48.

as ideias que julgava transformadoras, chega à sinagoga da cidade de Tessalônica, abala seus alicerces e ouve dos algozes de seus novos seguidores a confirmação do impacto de sua mensagem: "Estes que têm transtornado o mundo chegaram também aqui".[562] Transtornar, entretanto, exige ações múltiplas e intensas no campo das ideias e dos valores. Cobra a adequada leitura dos tempos e a capacidade de ativar a vontade imaginativa e pôr em movimento a potência humana da reconstrução da realidade.

Experimentar constitui nada mais nada menos do que a própria "interpretação da causa democrática"[563] no micro e no macrocosmo. É a ação mobilizada para encontrar as zonas de coincidência "entre as condições do progresso prático e as exigências da emancipação do indivíduo". Aprendizado histórico direcionado às necessidades e aos anseios de homens e mulheres comuns[564] por meio de caminhos que, sem ignorar a dimensão ambivalente e conflituosa do humano, harmonizam, no campo da política, a sociabilidade responsável e solidária com a defesa dos pontos de vista e interesses de indivíduos, grupos e classes.

O experimentalismo deste modo alicerçado leva ao ajuste motivado, sustentado e cumulativo das estruturas da sociedade, transtornando o mundo com o fim de conduzi-lo à emancipação sem especiais momentos de descontinuidade acompanhados da violência sanguinária, cuja saída, para lembrar mais uma vez Benjamim, carece de um difícil código capaz de transcender a disputa ética entre meios e fins.

---

562 O episódio se acha narrado no livro de *Atos dos Apóstolos*, capítulo 17, dos versos 1 a 8

563 UNGER, Roberto Mangabeira. *Democracia Realizada*: A Alternativa Progressista. São Paulo: Boitempo, 1999, p. 13.

564 UNGER, *Democracia Realizada*, p. 17.

Há de se enxergar nas instituições existentes "suas possibilidades reprimidas e não aproveitadas".[565] Mudar a direção da especulação filosófica sobre a política: do fetichismo institucional e da abstrata colocação de princípios supostamente capazes de conduzir, por dedução, às instituições justas – como se instituições fossem "uma representação verossímil de uma prática de escolha coletiva por indivíduos livres e iguais" –[566] para a postura que leva a sério a "dialética interna fundamental na substância de desejos e instituições: o conflito entre aquelas nossas tendências que pressupõe a ordem institucional e aquelas que, como aspiração, fantasia e resistência, se rebelam contra essa ordem".[567] Com ela, mudar os rumos do pensamento e da análise do direito financeiro.

A via experimentalista de Mangabeira Unger é forte candidata à promoção desses novos caminhos. Candidata, ao menos, a romper a acomodação e a letargia ao apostar na democracia substantiva também no campo do saber acadêmico. Experimentalismo democrático, enfim, que valoriza o conjunto histórico dos esforços no sentido de tornar a sociedade exitosa nas esferas moral e institucional, promove a reconciliação de nossa busca pelo progresso material (libertador da servidão e da incapacidade) com nossa independência individual (libertadora dos esquemas castradores de divisão e hierarquia social) e ativa as possibilidades de mudança dos arranjos fundamentais do viver coletivo, afetando, inexoravelmente, a análise jurídica, de modo especial aquela voltada ao duro âmbito vital das finanças e da tributação.

565 *Id.*, *O Direito e o Futuro da Democracia*. São Paulo: Boitempo, 2004, p. 11.
566 *Ibid.*, p. 13.
567 *Loc. cit.*

Experimentalismo que, no sempre tormentoso campo das finanças públicas, opta de modo claro pela prioridade no processo democrático de transformação das estruturas atinentes à distribuição primária das vantagens sem se ater a dogmas e/ou cultivar o medo das propostas ousadas e aparentemente inusitadas, como o abandono do imposto de renda (ou, ao menos, seu rebaixamento ao segundo plano de importância da política fiscal) e o soerguimento de um Estado pós-fiscal, em que os tributos deixam de ser o cerne da arrecadação do Estado sem, com isso, retroceder-se ao desgastado Estado patrimonial.[568] De fato, como insiste Mangabeira Unger, no Brasil tem sido bastante problemático perceber a tributação como dever fundamental ou como preço a pagar pelo avanço civilizatório:

> Em vez de pagarmos por civilização, pagamos pelos juros da dívida pública interna, pela salvação de banqueiros e empresários falidos e pelos salários e aposentadorias de funcionários que administram aparato público bloqueado. E pagamos, os que recebemos salários, por todos os outros. Como financiar Estado que assegure às pessoas os meios para se tornarem trabalhadores e cidadãos livres e capazes?[569]

---

568 As expressões "Estado patrimonial" e "Estado fiscal" são bastante comuns na recriação discursiva do Estado no direito financeiro. No Brasil, forte contribuição para essa genealogia deu Ricardo Lobo Torres em seus escritos, dos quais, apenas exemplificativamente, destaco o volume primeiro do *Tratado de Direito Constitucional Financeiro e Tributário*.

569 UNGER, Roberto Mangabeira. "Impostos e Paradoxos". *Folha de S.Paulo*, São Paulo, 28 abr. 1998. Disponível em: <https://www1.folha.uol.com.br/fsp/opiniao/fz28049807.htm>. Acesso em: 17 nov. 2018.

É preciso indignação sobre o que aí se encontra para buscar alguma mudança. Nesse arriscado percurso, todavia, não há garantias. E provavelmente não será – como até agora não tem sido – nada fácil esperar dos agentes mudanças quanto a seus modos de ser transformadores. Menos ainda, talvez, entre os agentes que se dedicam ao estudo jurídico das finanças e da tributação, campo que ainda tem de lutar contra características inerentes de ênfase na atividade jurisdicional, temporariedade retrospectiva e de raciocínios aplicativos (não de transformação) do discurso estabelecido.

Será indispensável coragem para superar o diálogo de surdos[570] de todos aqueles que, nos mais variados campos epistêmicos, voltam-se ao fenômeno financeiro público, levando o discurso e a prática para além das posturas extremas e intransigentes. Mais que coragem, será preciso imaginação institucional e esforço propositivo. E isto, sem dúvida, Mangabeira Unger mostra abundar em sua sétima alternativa progressista para a concretização democrática tão ansiada da ordem constitucional de 1988.

Referências bibliográficas

BRASIL. *Constituição da República Federativa do Brasil de 1988*. Disponível em: <http://www.planalto.gov.br/ccivil_03/constituicao/constituicao.htm>. Acesso em: 30 mar. 2019.

______. Ministério da Fazenda. Receita Federal do Brasil. CETAD. *Carga Tributária no Brasil 2017*: Análise por Tribu-

570 À esquerda e à direita, escreve Hisrschman (HISRSCHMAN, Alberto. *A Retórica da Intransigência*: Perversidade, Futilidade e Ameaça. São Paulo: Companhia das Letras, 1992), a retórica é mobilizada pelos agentes da conservação e da mudança com argumentos em torno da perversidade, da futilidade e da ameaça da ação transformadora.

tos e Bases de Incidência. Brasília: Ministério da Fazenda, 2018.

CEPAL et al. *Revenue Statistics in Latin America and the Caribbean*. 2019. Disponível em: <https://repositorio.cepal.org/bitstream/handle/11362/44526/RevenueStats-LA1997-2017_mu.pdf?sequence=1&isAllowed=y>. Acesso em: 15 abr. 2019.

GODOY, Arnaldo Sampaio de Moraes. *Democracia Radical & Experimentalismo Institucional*: Comentários ao Sumário de Teses Progressistas de Roberto Mangabeira Unger. São Paulo: Minha Editora, 2008.

HISRSCHMAN, Alberto. *A Retórica da Intransigência*: Perversidade, Futilidade e Ameaça. São Paulo: Companhia das Letras, 1992.

KALDOR, Nicholas. "Tributação e Desenvolvimento Econômico". *Revista Brasileira de Economia*, Fundação Getúlio Vargas, ano 11, n. 1, março 1957.

OCDE. *The Global Revenue Statistics Database*: Report. Paris: OCDE, 2015. Disponível em: <http://www.oecd.org/tax/tax-policy/about-global-revenue-statistics-database.pdf>. Acesso em: 13 fev. 2019.

_____. *Consumption Tax Trends 2018*: VAT/GST and Excise Rates, Trends and Policy Issues. Paris: OCDE, 2018. Disponível em: <https://read.oecd-ilibrary.org/taxation/consumption-tax-trends-2018_ctt-2018-en#page1>. Acesso em: 13 fev. 2019.

TEIXEIRA, Carlos Sávio. "Experimentalismo e Democracia em Unger". *Lua Nova*, São Paulo, n. 80, 2010, pp. 45-69.

_____. "Uma Filosofia Política para a Transformação". *Revista Estudos Políticos*, Rio de Janeiro, v. 2, n. 3, 2011, pp. 22-34.

_____.; CHAVES, Vitor Pinto. "Transformação Estrutural e Direito Constitucional". *Revista de Direito Administrativo*, Rio de Janeiro, v. 257, maio/ago. 2011, pp. 91-109.

UNGER, Roberto Mangabeira. *The Critical Legal Studies Moviment*. Cambridge: Harvard University Press, 1983.

_____. *What Should Legal Analyses Become?* New York: Verso, 1996.

_____. "Reforma Tributária (1)". *Folha de S.Paulo*, São Paulo, 21 abr. 1998. Disponível em: <https://www1.folha.uol.com.br/fsp/opiniao/fz21049807.htm>. Acesso em: 17 nov. 2018.

_____. "Impostos e Paradoxos". *Folha de S.Paulo*, São Paulo, 28 abr. 1998. Disponível em: <https://www1.folha.uol.com.br/fsp/opiniao/fz28049807.htm>. Acesso em: 17 nov. 2018.

_____. *Democracy Realized*: The Progressive Alternative. New York: Verso, 1998.

_____. *Democracia Realizada*: A Alternativa Progressista. São Paulo: Boitempo, 1999.

_____. "A Organização da Economia: O Fundo Rotativo de Capital e seu Controle Democrático". In: *Política*: Os Textos Centrais. São Paulo: Boitempo, 2001.

_____. *O Direito e o Futuro da Democracia*. São Paulo: Boitempo, 2004.

_____. "Impostos e Futuro". *Folha de S.Paulo*, São Paulo, 27 fev. 2007. Disponível em: <https://www1.folha.uol.com.br/fsp/opiniao/fz2702200706.htm>. Acesso em: 17 nov. 2018.

10 - Os Direitos Humanos em Unger

Pedro Lino de Carvalho Júnior[571]

Introdução

Os direitos humanos são invocados em toda parte e sob as mais diferentes alegações. Pode-se asseverar, inclusive, que a luta para afirmá-los despontou nos últimos decênios como a língua franca na qual se expressam as pretensões emancipatórias de grande parcela da humanidade. Malgrado haja um razoável consenso no que concerne à centralidade que ocupam nas sociedades contemporâneas, esta aparente convergência se dissipa, no entanto, tão logo se pretenda definir no que eles se constituem, qual o fundamento que os alicerçam e o alcance da proteção que oferecem. Com efeito, segundo consenso doutrinário, os grandes problemas dos direitos humanos estão centrados em sua conceituação, fundamentação, determinação e realização. De todos estes, o mais grave, sem dúvida, é a dificuldade em efetivá-los. Os fatos falam por si: milhões de pessoas morrem de fome todos os anos; outras tantas sofrem as mais graves privações e opressões. As guerras se multiplicam, enquanto solenes declarações de direitos são proclamadas. Em suma, há um profundo descom-

571 Professor da Faculdade de Direito da Universidade Federal da Bahia (UFBA). Doutor em Filosofia pela UFBA e mestre em Direito Econômico também pela UFBA. Membro do grupo de pesquisa Poética Pragmática - Para uma Elaboração Filosófica Contemporânea (UFBA).

passo entre o reconhecimento formal dos direitos humanos, seu discurso garantidor e sua prática.

É bem verdade que não ostentam um conteúdo político e jurídico imanente, mas desenvolveram-se como uma espécie de moldura aberta capaz de abrigar as mais distintas aspirações da humanidade. De todo modo, conquanto na esfera internacional exista uma inegável repulsa às flagrantes violações dos direitos humanos, como na prática da tortura e do genocídio, a ponto de existirem diversos instrumentos, ainda débeis, para confrontá-las, o mesmo não se pode afirmar em relação aos direitos sociais e econômicos, os quais são sistematicamente negados ou restringidos a expressiva parcela da população do planeta e, mesmo nos países mais desenvolvidos que chegaram a construir um Estado de bem-estar social, o que se vê hoje é um grande desmonte de tais estruturas por força dos câmbios operados na economia mundial. Como quer que seja, as três principais declarações de direitos que se sucederam historicamente, a Declaração dos Direitos da Virgínia, de 1776, a Declaração dos Direitos do Homem e do Cidadão, de 1789 e, finalmente, a Declaração Universal dos Direitos Humanos, de 1948, assim como um vasto conjunto de diplomas normativos que a esta se seguiu, pretendem assegurar ao gênero humano um conjunto de liberdades fundamentais no campo político, econômico e social.

Cabe assinalar que, somente após a Segunda Guerra Mundial, a temática dos direitos humanos ingressou com veemência no cenário internacional como resposta às terríveis atrocidades praticadas durante sua conflagração, de tal maneira que, a partir de seu desenlace, produziu-se uma dinâmica expansionista irrefreável no sentido do reconhecimento das mais amplas posições jurídicas às pessoas, que lhes seriam inerentes pelo simples fato de serem humanas.

Na contemporaneidade, a maior parte dos teóricos que se dedica a seu estudo identifica a existência de pelos menos três "dimensões" ou "gerações" dos direitos humanos. A primeira delas constituída pelos direitos civis e políticos, ou seja, direitos do indivíduo frente ao Estado, direitos, portanto, de cunho "negativo", que exigem, em regra, uma "abstenção" do ente estatal, entre os quais, o direito à vida, à liberdade, à propriedade e à igualdade perante a lei, prerrogativas estas às quais se agregaram as chamadas liberdades políticas (liberdade de expressão, de voto, de imprensa). Os direitos da segunda dimensão seriam os assim denominados direitos sociais e econômicos. Seriam direitos prestacionais, de cunho "positivo", no sentido de deferir às pessoas determinadas prestações, como saúde, educação, previdências social, trabalho, moradia, entre outras, demandas estas a serem postas perante o Estado, que haveria de desenvolver programas e políticas públicas para assegurá-las. Por fim, os direitos da terceira dimensão, que beneficiariam o gênero humano coletivamente, como o direito ao meio ambiente hígido, à conservação do patrimônio histórico, a autodeterminação dos povos e outros congêneres, em suma direitos que se buscam associar a uma ideia de solidariedade humana.

Sem entrar no debate se existiriam outras gerações de direitos e como essas dimensões interagiriam entre si, é patente que tal enquadramento apresenta, de antemão, uma ambivalência difícil de superar, pois as distintas dimensões dos direitos obedecem a diversos e, por vezes, antagônicos critérios de racionalidade, na medida em que ora pretendem fragilizar o poder do ente estatal, ora desejam sobrecarregá-lo de demandas prestacionais.

Não obstante a inegável autoridade que assumiram nos dias que correm, é importante avaliar as críticas de fundo que lhe são endereçadas, para que seja possível contrastá-las com a visão de Roberto Mangabeira Unger acerca do tema, pois ao mesmo tempo que este reconhece a importância que desfrutam no mundo contemporâneo, como garantias que protegem as pessoas de opressões públicas e privadas e que devem ser mantidas em uma agenda política transformativa, considera que podem significar um entrincheiramento[572] de posições políticas, representando um obstáculo ao experimentalismo democrático que defende.

As tradicionais críticas aos direitos humanos

Alguns autores sintetizam, em linhas gerais, as principais críticas ao discurso dos direitos humanos, em especial, Edmund Burke, Karl Marx e Hannah Arendt, sendo de especial interesse abordá-las, pois representativas dos mais diferenciados espectros ideológicos.[573]

Em suas famosas *Reflexões sobre a Revolução Francesa*, Edmund Burke, com o objetivo de defender a monarquia na Inglaterra, apontou as fragilidades do discurso dos direitos, acusando-o de se constituir numa metafísica política idealista e racionalista. Na sua compreensão, a política deve ser guiada pelo contexto de cada sociedade em particular, uma

572 Na concepção de Unger, significa o grau a que as instituições e preconceitos formadores se fazem imunes à contestação e à revisão em meio à atividade social rotineira.

573 Evidentemente, outros autores poderiam ser invocados, mas o relevante é apontar as distintas correntes de pensamento neles representadas.

vez que envolve juízos práticos e concretos, limitados por necessidades prementes, e jamais por uma teoria de acordo com um plano concebido pela razão, como pretenderam os iluministas franceses.[574] Ademais, por serem abstratos e especulativos, os direitos do homem não seriam factíveis na prática, pois as liberdades e restrições somente podem ser aferidas na singularidade do homem situado, como ele indaga provocativamente: "De que adianta discutir o direito abstrato de um homem a remédios e alimentos? A questão é sobre o método de consegui-los e administrá-los. Nessa deliberação sempre aconselhei que se convoque a ajuda do produtor agrícola e do médico, em vez da ajuda de um professor de metafísica". A seu juízo, os únicos direitos eficazes seriam aqueles criados pela tradição e pela comunidade, de modo que esta humanidade comum suposta pelas declarações dos direitos seria absolutamente irreal, pois diferentes sociedades conduzem a diversos arranjos institucionais.[575]

---

574 BURKE, Edmund. *Reflexões sobre a Revolução Francesa*. Rio de Janeiro: Topbooks Editora, 2012, p. 223.

575 Poucos anos após a publicação da obra de Burke, veio a lume as famosas *Anarchical Fallacies: Being an Examination of the Declarations of Rights Issued During the French Revolution*, de Jeremy Bentham, na qual o teórico do utilitarismo analisa detidamente a declaração de 1789, acusando-a de confundir o nível descritivo com o prescritivo. Por exemplo, seu artigo primeiro proclama que "*Men (all men) are born and remain free, and equal in respect of rights. Social distinctions cannot be founded, but upon common utility*". Bentham se pergunta: "*All men are born free? All men remain free? No, not a single man: not a single man that ever was, or is, or will be. All men, on the contrary, are born in subjection, and the most absolute subjection – the subjection of a helpless child to the parents on whom he depends every moment for his existence. In this subjection every man is born – in this subjection he continues for years – for a great number of years – and the existence of the individual and of the species depends upon his so doing*". Haveria,

Marx adota uma posição ambígua em relação ao direito. Na sua mais radical objeção, as prerrogativas que este assegura, manifestada quando de sua análise da *Declaração dos Direitos do Homem e do Cidadão* dos revolucionários franceses de 1789, vê com simpatia a afirmação dos direitos do cidadão, pois fortalecem uma comunidade política do ser humano como "ser da espécie",[576] ao mesmo tempo que critica acerbamente os cognominados direitos do homem:

> Nenhum dos chamados direitos humanos ultrapassa, portanto, o egoísmo do homem, do homem como membro da sociedade burguesa, isto é, do indivíduo voltado para si mesmo, para seu interesse particular, em sua arbitrariedade privada e dissociado da comunidade. Longe de conceber o homem como um ser genérico, estes direitos, pelo contrário, fazem da própria vida genérica, da sociedade, um marco exterior aos indivíduos, uma limitação de sua independência primitiva. O único nexo que os mantêm em coesão é a necessidade natural, a necessidade e o interesse parti-

---

portanto, uma contradição entre a realidade prática, formulada em termos descritivos, e as supostas faculdades de liberdade e igualdade que estariam situadas no plano do dever-ser. BENTHAM, Jeremy. "Anarchical Fallacies: Being an Examination of the Declarations of Rights Issued During the French Revolution". In: *The Collected Works of Jeremy Bentham.* [S.l]: Oxford University Press, 1983, p. 498.

576 Ou "ser genérico". Nos seus escritos tardios, em especial a partir da *Ideologia Alemã,* Marx abandona esse conceito substituindo-o pela noção de "comunismo" como um *telos*, no qual os interesses geral e individual passariam a coincidir, ao mesmo tempo que desenvolve sua noção de materialismo histórico e sua perspectiva do proletariado como classe revolucionária. MARX, Karl. *A Ideologia Alemã*. São Paulo: Boitempo, 2007.

cular, a conservação de suas propriedades e de suas individualidades egoístas.[577]

Coerente com sua posição teórica, Marx enxerga na afirmação dos direitos do homem a semente da dissolução da comunidade, que aparta os seres humanos, cindindo-os, uma vez que demarcam uma esfera privada econômica em contraposição à esfera política.[578] Ou seja, ao contrário de Burke, no particular, Marx não criticava os direitos humanos por sua abstração, mas sim por sua concretude, na medida em que buscariam legitimar e naturalizar os valores burgueses. Em seus escritos da maturidade, contudo, notadamente em várias passagens d'*O Capital* e na *Crítica do Programa de Gotha*, realça a importância da conquista de determinados direitos, como a redução da jornada de trabalho e as normas de proteção do meio ambiente laboral, a despeito de enxergar nestes avanços tão somente etapas transitórias para o progresso da luta socialista.

Finalmente, a crítica endereçada por Hanna Arendt, que, avaliando o impacto causado pelas guerras e conflitos mundiais do século XX, com seu séquito de centenas de milhares de apátridas, considerou que semelhante situação pôs a nu a situação dos refugiados, revelando a fragilidade dos direi-

577 *Id.*, *A Questão Judaica*. 5. ed. São Paulo: Centauro Editora, 2000, p. 37.

578 Para Marx os reclamos do direito colocariam as pessoas em situações de concorrência conflitiva, na qual cada sujeito acaba perseguindo seus interesses em detrimento dos interesses alheios, de tal sorte que a ideia de "direitos" acabaria estimulando uma espécie de individualismo possessivo, em contraste com o caráter social ou situado de toda atividade humana.

tos humanos.[579] Deveras, como ressaltou em seus escritos, "a perda dos direitos nacionais levou à perda dos direitos humanos".[580] Ou seja, sem a tutela da soberania de um país determinado, os apátridas e refugiados estão condenados à situação de indivíduos desprovidos dos direitos básicos mais elementares, de modo que a crítica arendtiana apanha em cheio exatamente a pretensa e decantada universalidade dos direitos humanos, que revela, no particular dos despatriados, sua expressão mais ilusória.

Não bastassem estas contundentes censuras que são dirigidas ao discurso triunfalista dos direitos humanos, outras ponderações críticas lhe são dedicadas. Alguns se perguntam se eles não seriam a "resposta pós-moderna ao esgotamento das majestosas teorias e grandiosas utopias políticas da modernidade?".[581] Outros lamentam que houve uma perda de interesse em se discutir questões mais amplas como o tema da justiça, cujo discurso estaria vinculado às teorias do Estado-Nação, forma política que estaria esvaziada em um mundo globalizado, o que conduziu à ênfase na abordagem mais dúctil e abstrata que permite o discurso dos direitos humanos, menos prisioneiro aos cânones ideológicos vigentes.[582]

À luz de tais considerações, é momento de refletir acerca da visão ungeriana dos direitos humanos, no propósito de demonstrar que, apesar de enxergá-los como eventual empecilho ao ímpeto de mudança de uma democracia radical,

---

579 ARENDT, Hannah. *As Origens do Totalitarismo.* 8. Ed. São Paulo: Companhia das Letras, 2007, p. 510.

580 *Ibid.*, p. 333.

581 DOUZINAS, Costas. *O Fim dos Direitos Humanos.* São Leopoldo: Unisinos, 2009, p. 21.

582 CAMPBELL, Tom. *La Justicia*: Los Principales Debates Contemporâneos. Barcelona: Gedisa Editorial, 2002, 254.

consegue apontar alguns caminhos para atenuar a principal ambiguidade presente no direito em geral e nos direitos humanos[583] em particular, qual seja, a de se constituírem, na maior parte das vezes, mero instrumento do poder, mas que podem assumir, como Jano, dialeticamente, outra face: um fator de indução às mudanças e transformações sociais.

No entanto, antes de avançar nesse sentido, é necessário apresentar um breve panorama do pensamento de Roberto Mangabeira Unger, uma vez que, ao menos no Brasil, o estudo de sua vasta produção teórica não encontrou ainda a merecida atenção nos meios acadêmicos e profissionais.

Unger e seu percurso intelectual: um breve esboço

A extensa obra de Unger se estrutura em alguns eixos fundamentais: a teoria social e política, a teoria jurídica, a economia, a religião e a filosofia, unidos, articulados e mobilizados na direção de uma alargada plataforma de transformação social progressista, o que o levou a rebelar-se contra diversas tendências dominantes no pensamento contemporâneo.

583 Para alguns, os direitos humanos seriam uma ferramenta ideológica do Ocidente convenientemente utilizada para justificar, quando necessário, ações imperialistas por partes das potências hegemônicas. Por outro lado, no particular, há quem se pergunte se não se trata de um conceito ocidental, de forma que aquilo que o Ocidente denomina "direitos humanos" (que se apoia numa perspectiva do individualismo liberal), seria, em última instância, uma forma culturalmente situada de afirmar a dignidade da pessoa humana: um caminho, no mínimo presunçoso, de considerar que esta seria a única forma legítima de fazê-lo, de modo que se deveria sempre buscar o que haveria de ser seus equivalentes funcionais em outras culturas, como sugere Raimon Panikkar ("Is the Notion of the Human Rights a Western Concept?". *Diogenes*, n. 20, 1982, pp. 81-2).

Em seu primeiro livro, *Conhecimento e Política* (1978), Unger lançou uma erudita e profunda crítica ao liberalismo, ao apontar suas debilidades e insuficiências, ao mesmo tempo que versou sobre temas afins, como a psicologia liberal, o Estado neocapitalista, a teoria do eu e a teoria dos grupos orgânicos. Logo em seguida, publicou outra obra de grande impacto nos meios jurídicos e sociológicos norte-americanos: *O Direito na Sociedade Moderna* (1976). Nela, em confronto com o pensamento tradicional acerca do surgimento do direito como resultado do consenso, enxergou-o derivado exatamente da desintegração da comunidade: o direito seria supérfluo se existisse uma comunhão de expectativas e de valores comuns.

Mais adiante, vem a lume o célebre manifesto do *Critical Legal Studies Movement* (1986). Nesse trabalho, Unger, além de apresentar uma contundente censura ao formalismo e ao objetivismo na esfera jurídica, critica, acidamente, as teses da escola da análise econômica do direito, por considerá-las manifestações ideológicas do liberalismo individualista mais extremado.

Conquanto algumas vertentes do movimento dos Crits[584] tenham se aproximado do desconstrucionismo derridiano, Unger sempre foi considerado um moderado no seio dessa linhagem crítica do pensamento jurídico, pois, ao contrário dos seus mais radicais pensadores – que proclamavam a absoluta indeterminação do direito –, ele sempre enxergou na dimensão jurídica uma esfera objetiva, por conceber que mesmo a política opera conformada por significativas restrições.[585]

---

584 Como passaram a ser conhecidos os membros do *Critical Legal Studies Movement*.

585 ALTMAN, Andrew. *Critical Legal Studies* – A Liberal Critique. Princeton University Press: New Jersey, 1990, p. 173.

Surgiu, posteriormente, *Paixão - Um Ensaio sobre a Personalidade* (1990). Ao teorizar sobre as paixões e explicitar a imagem modernista do homem, Unger considera que essa abordagem tem implicações para a compreensão da mente e da sociedade, na medida em que vemo-nos, uns aos outros, como produtos de nossas formas de vida social e de nossas tradições de discursos, em vez de enxergarmos essas tradições e formas como manifestações provisórias de nós mesmos, pelo que, em determinado sentido, a paixão é a experiência de um impulso que pode levar o ser humano a desafiar certas convenções sociais.

Nos anos 1980, Unger publica uma ambiciosa trilogia *Social Theory: Its Situation and its Task*, *False Necessity* e *Plasticity into Power*,[586] na qual desenvolve abrangente arcabouço de propostas de reconstrução institucional das sociedades, no pressuposto de que são artefatos, criações humanas, e de que os indivíduos são maiores do que qualquer dimensão institucional existente, já que nenhuma forma de vida em sociedade esgota nossos recursos de compreensão e experiência, que sempre as transcendem.

Afora outras obras que conteriam um propósito de divulgação do seu pensamento teórico,[587] Unger ainda publicou três livros de grande relevância: *Politics: The Central Texts* (1997); *The Self-Awakened: Pragmatism Unbound* (2007)

586 Em parte traduzida para o português, a exemplo de *Necessidades Falsas*. São Paulo: Boitempo Editorial, 2005.

587 Pode-se mencionar, nesse sentido: *Democracy Realized. The Progressive Alternative*. London: Verso, 1996 e *What Should the Left Propose?* London: Verso, 2006, todas vertidas ao português, conforme bibliografia.

e *Free Trade Reimagined* (2007).[588] No primeiro livro (que condensa os temas da trilogia aludida), bate-se contra o fetichismo institucional e o fetichismo estrutural,[589] por compreender que as estruturas sociais e institucionais vigentes no mundo são contingentes e provisórias e não representam o conjunto das melhores práticas disponíveis resultantes de um suposto processo evolutivo, como pretende certas vertentes da teoria política, especialmente quando avaliam as ricas democracias dos países do primeiro mundo.

O segundo livro vem a ser sua obra filosófica mais densa. Nele, Unger manifesta sua adesão ao pragmatismo filosófico,[590] ao mesmo tempo que se propõe radicalizá-lo, por acreditar que a versão apresentada pelos seus pioneiros e seus sucessores teóricos seria inadequada, distorcida e truncada. Adotando um tom exortativo e romântico e em um misto de análise teórica e de manifesto, Unger busca a reinvenção

---

588 Mais recentemente, Unger reeditou seu famoso manifesto *The Critical Legal Studies Movement: Another Time, a Greater Task. London: Verso, 2015, desta feita com um vigoroso ensaio introdutório, além de ter lançado mais duas obras de relevante interesse filosófico e científico, The Religion of the Future* (2014) e *The Singular Universe and the Reality of Time* (2014), esta última com Lee Smolin, ambas pela Cambridge University Press.

589 A seguir explicitados.

590 O pragmatismo não é um movimento homogêneo: não se articula por seguir uma doutrina cerrada e sistemática. Ele é mais um método de fazer filosofia do que uma teoria filosófica. Se alguma coisa compartilham seus membros não é tanto um conjunto de teses, mas sim um estilo de pensamento. Um estilo com atitude. Um método. Um método com atitude, diria William James. Trata-se de orientação anti-solipsista, anticartesiana, antifundacionista e antipositivista, que envolve uma virada da pura subjetividade, da pura objetividade para a intersubjetividade, a sociedade e a cultura, o mundo dos homens, enfim. Ver, no particular, COMETTI (1995).

da política e proclama que a filosofia, da mesma forma que a poesia, deve se tornar profética. Ao enxergar as sociedades e as pessoas como construções em curso, incompletas e com um futuro radicalmente aberto, insiste que podemos usar a imaginação para transformá-las e não esperar por crises que criem o ambiente propício para tanto.

Por fim, na *Reinvenção do Livre Comércio* (2010), fiel aos seus postulados teóricos, ao propor uma nova divisão internacional do trabalho entre as nações, com o desiderato de assegurar um maior experimentalismo em sua dinâmica, conclui, em síntese, que o livre comércio será o mais vantajoso para os que nele se empenham em lhes assegurar a maior liberdade experimental possível para mudar práticas e instituições.

Unger, direito e experimentalismo democrático

É em sua última obra de conteúdo jusfilosófico, no entanto, *O Direito e o Futuro da Democracia* (2004), que Unger sintetiza seu pensamento no campo da filosofia do direito e repercute o significado do experimentalismo democrático delineado em seus textos mais amplamente filosóficos e de teoria social, apontando novos caminhos para o direito, como disciplina que pode se constituir em ferramenta mestra da imaginação institucional, pois nele ideias e interesses se concretizam em instituições.

Considera que o projeto democrático é o mais "poderoso e duradouro conjunto de ideias sociais na história moderna",[591] a tal ponto que foi capaz de unir liberais e socialistas em torno de seu programa, pois significou um esforço em

591 UNGER, Roberto Mangabeira. *O Direito e o Futuro da Democracia*. São Paulo: Boitempo Editorial, 2004, p. 16.

conciliar a busca por dois gêneros de bens: a emancipação individual e o progresso material da sociedade. A seu ver, a humanidade deve sempre experienciar múltiplas formas de vida, vestindo cada uma delas com distintos arranjos institucionais, mesmo porque as promessas da democracia somente se cumprem com a incessante renovação de suas práticas e instituições, o que lhe possibilita a invenção permanente do novo, capacitando-a a diminuir a distância entre as atividades rotineiras, reprodutoras das estruturas, e as atividades transformadoras, capazes de contestá-las. Verifica, no entanto, que o dominante pacto social-democrata que impera nos países ocidentais passou a representar um grave obstáculo ao avanço da política direcionada à edificação de futuros sociais alternativos. Deveras, o acerto reformista que historicamente o caracterizou, ao restringir seus movimentos à adoção de práticas distributivas e políticas sociais compensatórias, renunciou ao conflito mais amplo acerca da reformulação dos arranjos societários e da possibilidade de reconstrução radical do sistema de produção e troca.

Para Unger, essa rendição às estruturas vigentes encontrou sua tradução na filosofia jurídica no que veio a denominar de análise jurídica racionalizadora, uma postura teórica de resignação ao instituído, que pretende tão somente corrigir suas imperfeições.[592] Com tal propósito, prioriza um estilo de abordagem que busca capturar a melhor face da lei, encarada como repositório de princípios gerais. Sob tal perspectiva, compreensivelmente, os juristas assumem um papel de relevo, pois se arvoram à condição de seu intérprete privilegiado, estabelecendo uma comunidade discursiva, na compreensão que o direito ofereceria um conjunto de con-

592 *Ibid.*

cepções, categorias e regras que definiriam em conjunto um recôndito plano de vida comum.

Esse reformismo progressista pessimista considera existir uma racionalidade imanente no desenvolvimento do direito, o que o deixa aprisionado a fetichismos institucionais e estruturais.[593] Tal ensimesmamento de conteúdo idealizante no campo jurídico pretenderia enxergar as instituições vigentes como resultantes de um lento processo evolutivo que as fizeram adquirir as características que hoje ostentam, e não como política congelada e luta interrompida, o que, de fato, representam.[594] Deveras, nas mãos dos juristas, o direito, que é partejado no conflito e dele é resultado, transforma-se em um objeto asséptico e de teor humanizante: um sistema ideal que poderia ser representado na linguagem dos princípios (Dworkin) e políticas públicas, quando na verdade, para Unger, não existiria um plano racional em curso ou uma ordem moral imanente, senão arranjos periclitantes, composições entre interesse e visões que se antagonizam. Tampouco existiriam sistemas,[595] senão problemas e soluções, conflitos e compromissos, limitações e possibilidades.

Como quer que seja, na contemporaneidade, o direito se transformou em um dos poucos alicerces que sustentam a estrutura societária, haja vista que, especialmente nas complexas sociedades industriais, escassos são os valores comuns: ou são muito amplos e abstratos para servirem de referência, ou muito numerosos e específicos para serem universalizáveis:

---

593 Como se esclarecerá.

594 A genealogia dos arranjos institucionais contemporâneos nos capacita a verificar porque assumiram a forma atual e que alternativas foram silenciadas para que determinado modelo viesse a prevalecer.

595 No sentido apontado.

> Os meios de regulação – dinheiro e poder administrativo – são ancorados no mundo da vida através da institucionalização jurídica dos mercados e das organizações burocráticas. Simultaneamente são juridificados complexos interacionais, nos quais os conflitos antes eram resolvidos eticamente, na base do costume, da lealdade ou da confiança; a partir de agora esses conflitos são reorganizados de tal maneira que os participantes em litígio podem apelar para as pretensões de direito. E a universalização de um *status* de cidadão institucionalizado pública e juridicamente forma o complemento necessário para a juridificação potencial de todas as relações sociais.[596]

Tal configuração da ordem jurídica como um *medium* categorial tampouco escapou a arguta percepção de Mangabeira Unger:

> Entre as regras técnicas e as abstrações filosóficas, está o nível intermediário em que se colocam as questões cruciais da organização e da reorganização da sociedade. Neste nível, está a vantagem comparativa do jurista. O direito é o lugar privilegiado em que práticas e instituições se encontram com interesses e ideais, com toda a riqueza de uma realidade histórica e singular.[597]

Unger realça e prioriza a dimensão jurídica como ferramenta para o exercício da imaginação institucional: um instrumento capaz de favorecer processos de transformações sociais, o que a vincula indissoluvelmente ao destino da democracia. Como insistentemente pondera, se os nossos interesses e ideais estão sempre pregados na cruz das instituições e práticas

596 HABERMAS, Jürgen. *Direito E Democracia:* Entre Facticidade e Validade. 2. ed. Rio de Janeiro: Tempo Brasileiro, 2003, p. 105.
597 UNGER, Roberto Mangabeira. *What Should the Left Propose?* London: Verso, 2006, p. 36, tradução nossa.

que os representam de fato e se a lei é a forma institucional da vida de um povo (Hegel), é fundamental ampliar o repertório desses modelos, dando braços e armas à imaginação de futuros sociais alternativos.[598] Uma democracia radical e de alta energia favorecerá ao pensamento jurídico encontrar sua verdadeira vocação e seu propósito: a autoconstrução da sociedade, haja vista inexistir uma ordem humana natural (a sociedade é um artefato), senão a exigência dela criar sua própria ordem, com os instrumentos jurídicos que o direito lhe oferece.

No ensaio introdutório que escreveu à nova edição de *The Critical Legal Studies Movement: Another Time, a Greater Task, Mangabeira Unger reafirma esse relevante papel da dimensão jurídica como a resposta ao enigma do desenvolvimento do direito, ao mesmo tempo que enfatiza a necessidade de se reconhecer e valorizar a importância do pluralismo jurídico no contexto de uma democracia radical:*[599] *a elaboração de leis sob muitas formas e a partir de diferentes fontes, o que significa legitimar normatividades emergentes.*[600] Essa defesa do pluralismo jurídico é o corolário de sua ampla plataforma filosófica, que, no embate entre agência e estrutura, acentua o primado da liberdade humana, a circunstância de nos constituirmos em seres infinitos presos em um mundo finito, o fato de sermos maiores que os contextos formadores[601]

598 *Id.*, *O Direito e o Futuro da Democracia*, p. 133.

599 Fora do âmbito da democracia radical, o pluralismo jurídico pode significar um mecanismo de reforço à hierarquia de vantagens de grupos e classes sociais existentes.

600 *Id.*, *The Critical Legal Studies Movement*: Another Time, a Greater Task. London: Verso, 2015, p. 37.

601 No vocabulário ungeriano, vem a ser o arranjo institucional e ideológico, relativamente acidental, que regula as expectativas corri-

que nos engendram, pois se o mundo nos forja como somos, nunca o faz inteiramente: há sempre um resíduo, uma sobra, um resto de capacidades não utilizadas para a ação, a associação, o exercício da imaginação e da rebeldia. Trata-se de uma ideia fundamental no programa teórico ungeriano: a noção de transcendência, no sentido de que nenhuma cultura ou sociedade nos contém por completo. Há sempre mais em nós do que em qualquer estrutura. Não existe um cenário "natural" para nossa humanidade, mas tão somente mundos particulares que construímos e habitamos, cabendo-nos a missão de criar estruturas que favoreçam essa transcendência e nos ajudem a edificar novos mundos, no infinito espectro de possibilidades que se descortinam em nosso horizonte existencial:

> Cuando reformamos las estructuras en esta dirección alternativa, hacemos más que aumentar y mejorar nuestras capacidades prácticas y socavar la base indispensable de la división y jerarquía sociales. Acortamos la distancia entre estar dentro de una estructura y estar más allá de ella. Creamos un encenario más adequado para la infinitud dentro de nosotros. No reconocer este potencial de cambio es permanecer prisioneros de una superstición que representa también una forma de sometimiento.[602]

Reconhecido no exterior na qualidade de um dos mais originais pensadores do mundo contemporâneo, a ponto de Perry Anderson considerá-lo uma "inteligência filosófica do Terceiro Mundo que virou a mesa como crítico do Pri-

---

queiras e as disputas regulares com relação à distribuição de recursos na sociedade.

602 Id., *El Despertar del Individuo*. Imaginacíon y Esperanza. Buenos Aires: Fondo de Cultura Económica, 2007, p. 276.

meiro Mundo"[603] e de ter merecido por parte de Geoffrey Hawthorn o comentário de que sua obra seria a "teoria social mais poderosa da segunda metade do século XX",[604] o pensamento de Unger também foi objeto de inspiradas observações de Richard Rorty:

> É provável que sua audiência natural esteja no Terceiro Mundo – onde seu livro poderá tornar possível uma nova ideia de futuro nacional. Talvez algum dia permita aos cidadãos letrados de algum país a ver perspectiva onde antes só viam perigo – ver um futuro nacional até então impensado, ao invés de ver seu país condenado a desempenhar o papel que algum teórico estrangeiro escreveu para ele.[605]

Para quem entende que a história terminou e que não faz mais sentido grandes narrativas, a leitura de Unger vai parecer incômoda, na medida em que seu projeto teórico procura retomar as promessas da modernidade numa fase de desencanto e apatia com as estruturas políticas vigentes, em que sopram os ventos pós-modernos – que negam a possibilidade de se pensar o mundo por meio de modelos interpretativos amplos –, pois ele insiste em apresentar uma plataforma doutrinária e programática de reconstrução social

---

603 ANDERSON, Perry. "Unger e a Política do Engrandecimento". In: *Afinidades Seletivas*. São Paulo: Boitempo, 2002, p. 194.
604 HAWTHORN, Geoffrey. "Pratical Reason and Social Democracy: Reflections on Unger's *Passion* and *Politics*". In: LOVIN, Robert; PERRY, Michael Perry (orgs). *Critique And Construction* - A Symposium on Roberto Unger´s Politics. Cambridge: Cambridge University Press, 1990, p. 90, tradução nossa.
605 RORTY, Richard. "Unger, Castoriadis e o Romance de um Futuro Nacional". In: *Escritos Filosóficos*. V. II. Rio de Janeiro: Relume Dumará, 1999, p. 248.

no limite de uma dimensão utópica.[606] Essa foi a conclusão do filósofo José Crisóstomo de Souza em inspirado ensaio sobre Unger e mais especialmente acerca de *The Self-Awakened- Pragmatism Unbound*, no qual, identificando-o como herdeiro e continuador da tradição de pensamento hegeliano, realça o acento visionário e romântico de suas ideias, a começar pelo título atribuído a obra. "'Pragmatismo liberto' (*unbound*) evoca, não por acaso, Prometeu liberto, desacorrentado, sem peias, o rebelde herói mitológico, emancipador, dos românticos do século XIX europeu, de Goethe, Byron, Shelley — e Marx."[607]

Os direitos humanos em Roberto Mangabeira Unger

No seu desígnio mais amplo de empoderamento do indivíduo e fortalecimento da democracia, com vistas a assegurar às pessoas um poder e uma liberdade que as tornem "semelhantes aos deuses" e de radicalizar o projeto democrá-

---

606 Unger não aceitaria esse enquadramento, por entender que opera dentro de um horizonte de possibilidades concretas, mesmo quando visíveis componentes utópico-românticos em seu pensamento. Em Conferência pronunciada em janeiro de 2002, no Corpus Christi College, Universidade de Cambridge (Grã-Bretanha), com o título *A transformação da sociedade,* com ironia, Unger responde aos que procuram julgar seu pensamento desacoplado da realidade: "Se nas circunstâncias da política contemporânea e apesar delas, apresento uma visão que é distante daquela que existe, podem dizer que esta visão é interessante, mas utópica. E se apresento uma visão que é parecida com o que existe, podem dizer que é exequível, porém trivial. E assim todas as propostas apresentadas parecem utópicas ou triviais". Disponível em: http://www.achegas.net/numero/dezenove/rob_mangabeira_19.htm.

607 SOUZA. José Crisóstomo de. "Unger, Pragmatismo Romântico e Democracia Radical". *Ideação*, Feira de Santana-BA, n. 23, jul./dez. 2010, p. 121.

tico, Unger aponta o lugar da normatividade jurídica nessa dinâmica: "Em nenhum lugar a especificidade institucional encontra as concepções imaginativas mais completamente, e em nenhum lugar o seu encontro tem mais importância para os poderes e impotências das pessoas do que no direito e no pensamento jurídico".[608] Portanto, atribui à análise jurídica o papel de reimaginar e redesenhar novos modelos e práticas institucionais que favoreçam a convergência entre as condições para a emancipação individual e os elementos necessários ao favorecimento do progresso coletivo, pois é no direito que as democracias encontram e assumem sua forma institucional detalhada, de tal modo que é preciso libertá-la de suas amarras e constrangimentos, vocacionando-a ao cumprimento de sua importante missão política.

Para chegar a esse destino, o experimentalismo democrático deve superar dois grandes inimigos, o que Unger denomina o fetichismo institucional e o fetichismo estrutural. Deveras, o fetichismo institucional[609] seria a crença de que concepções institucionais abstratas, como regime democrático, sociedade civil e economia de mercado, teriam uma expressão institucional única, universal e necessária, e seriam resultantes das melhores práticas que se desenvolveram no desenrolar histórico. Já o fetichismo estrutural seria a

> [...] contraparte de ordem superior do fetichismo institucional: a ideia de que, apesar de podermos ser capazes de revisar uma ordem institucional particular, e até mesmo de substituir, vez por outra, um sistema institucional por outro diferente, não podemos alterar o caráter da relação entre as estruturas institucionais e a

---

608 UNGER, *O Direito e o Futuro da Democracia*, p. 140.
609 *Ibid.*, p. 17.

> liberdade dos agentes que as ocupam de contestar e transcender essas estruturas.[610]

Em sua obra *O Direito e o Futuro da Democracia*, ao buscar a construção de uma análise jurídica como imaginação institucional, Unger propõe um "experimento mental" a serviço de práticas de ajustes, ao conceber três direções possíveis para a radicalização do projeto democrático: a) a social-democracia ampliada; b) a poliarquia radical; e c) a democracia mobilizadora, as quais representam graus diversos de aprofundamento do experimentalismo democrático.[611]

Nessa última alternativa, que considera a mais expressiva e enérgica radicalização do projeto democrático,[612] ao comentar as diversas inovações institucionais no campo da organização do Estado, da economia política e da sociedade civil, enfoca a tensão existente entre o experimentalismo social que o anima e o catálogo dos direitos humanos.Para tan-

---

610 *Id.*, *Democracia Realizada*: A Alternativa Progressista. São Paulo: Boitempo, 1999, p. 91.

611 Um maior esclarecimento acerca das referidas direções para radicalização da democracia exigiria uma análise mais exaustiva das teses ungerianas, o que desviaria o foco desta abordagem, pelo que sugere-se a leitura da referida obra.

612 Na direção de aprofundamento da democracia, dentre outras proposições, Unger defende o aquecimento da política a partir de profundas alterações institucionais, como o financiamento público das campanhas eleitorais, o voto eleitoral obrigatório, o acesso ampliado aos meios de comunicação de massa em favor dos partidos políticos e movimentos sociais organizados e a criação de misto de modelo presidencialista e parlamentarista, no qual, diferentemente do sistema atual (madisoniano), que favorece os impasses entre os poderes e contribui para a desaceleração do movimento político, a pretensão seria torná-lo mais ágil e adequado para superá-los. *Id.*, *O Direito e o Futuro da Democracia*, p. 200.

to, pergunta: "Ameaçam elas, com isso, os direitos humanos? A democracia mobilizadora parece exigir que mais coisas estejam em jogo na política. O respeito aos direitos humanos, contudo, requer que algo – ao menos as garantias que constituem os próprios direitos – seja retirado da política".[613]

Da mesma forma, em *The Self-Awakened: Pragmatism Unboud,* ao abordar a necessidade de serem assegurados direitos fundamentais básicos às pessoas que contribuam para favorecer um processo de autocriação, preconiza que o objetivo é que se definam tais "imunidades e recursos de modo que eles criem a menor rigidez possível no espaço social circundante".[614] Unger revela, assim, estar ciente do caráter ambíguo que os direitos jogam na sociedade, pois ao mesmo que solidificam posições e, muitas vezes, privilégios, representam também elementos indispensáveis à construção e institucionalização de práticas emancipatórias, de modo que este vivo contraste no âmbito da normatividade jurídica seria ínsito à sua própria tessitura formativa. Para atenuar essa ambiguidade e buscar a prevalência da dimensão transformativa do direito, sustenta a necessidade da construção de espaços institucionais mais abertos à revisão de seus contextos estruturantes.

Nesse sentido, considera que os direitos a serem excluídos da política devem ser aqueles que protegem contra inseguranças extremas, inclusive de opressões públicas ou priva-

---

613 *Ibid.*, p. 201.

614 *Id.*, *The Self-Awakened:* Pragmatism Unbound. Cambridge: Harvard University Press, 2009, p. 278. Como é sabido, em regra, os direitos fundamentais são os direitos humanos positivados nas constituições dos diversos Estados nacionais: o conteúdo de ambos é essencialmente o mesmo, o que difere é o plano em que estão consagrados.

das, bem como os que asseguram a mais ampla liberdade de informação e expressão. De todo modo, por mais que se pretendesse uma definição rígida e permanente dos direitos que haveriam de ser subtraídos de uma agenda transformadora, raciocina que tal empresa não seria possível, posto tratar-se de questão de natureza empírica e experimental.[615] Ademais, leva-nos a concluir que a insistência num conjunto imutável e sacrossanto de direitos que haveriam de permanecer imunes às mudanças institucionais propugnadas por um projeto democrático radical significaria uma rendição ao fetichismo institucional, pois a identificação precisa de tais direitos intangíveis faria pressupor a existência de uma forma institucional natural ou necessária a ser preservada.

Como quer que seja, Unger está ciente da necessidade de se manter um abrigo protetor que assegure determinadas prerrogativas jurídicas, sob pena de afastar as pessoas de um modelo de experimentalismo acelerado, pois tenderiam a considerá-lo demasiado ameaçador, o que poderia fazê-las abraçar o primeiro despotismo que aparecesse. Assim, embora reconheça a importância dos direitos humanos e fundamentais, na medida em que devem representar um conjunto básico de garantias mínimas a serem asseguradas a todos os indivíduos, mesmo porque se não dispuserem "dos meios culturais e econômicos com os quais pudessem elaborar e realizar seus projetos de vida, elas seriam incapazes de utilizar com êxito sua liberdade maior numa democracia mobilizadora",[616] aponta em seus escritos que não seria adequado permitir que

615 A democracia, além de implicar na ideia de que o mundo é algo por se construir, concebe-se no modo da experiência e do ensaio.
616 *Id.*, *O Direito e o Futuro da Democracia*, p. 203.

venham a significar uma forma de entrincheiramento que impeça a revisão dos contextos formadores.

Com efeito, em uma democracia energizada, haverá sempre uma tensão permanente entre este conjunto de direitos básicos que hão de ser definidos pela própria mediação da política e as mudanças estruturais pretendidas. A aposta é que indivíduos empoderados possam ser equipados e inspirados a conduzir suas próprias vidas e, mais que isso, sintam-se hábeis para ampliar, eles próprios, o conjunto de direitos partilhados pela sociedade, isso porque Unger admite, no âmbito de uma democracia radical, um tipo de direito produzido de baixo para cima por grupos autônomos.[617] Assume, portanto, uma postura crítica em relação aos direitos humanos, pois constata que, malgrado assegurem garantias mínimas aos cidadãos, não devem significar um empecilho à construção de uma ordem social aberta à revisão e contestação.

No caso do Brasil, ademais, Unger é um acerbo opositor do que cognomina weimarismo truncado e tardio de nosso diploma constitucional, uma vez que promoveu a constitucionalização de amplas e diversificadas expectativas sociais redistributivistas sem apresentar os meios e instrumentos capazes de concretizá-las. A seu ver, a menos que se discutam modelos de reconstrução econômica e social, não se podem esperar muitos avanços na implantação dos direitos fundamentais previstos constitucionalmente, conforme assinala Carlos Sávio Gomes Teixeira, o mais abalizado intérprete de Mangabeira Unger em nosso país:

> A premissa da perspectiva experimentalista é que investir no social sem mudar as instituições não constrói cidadania. Assim, a

617 *Ibid.*

> ideia de reorganização estrutural da sociedade através de mudanças institucionais na política e na economia é o eixo da visão. Somente no contexto de reabertura da agenda da reorganização institucional da estrutura da economia num sentido democratizante, assim como da democracia representativa rumo à combinação com formas de democracia direta, tornará possível a realização dos ideais de justiça da filosofia política e caminhar em direção ao sentido dominante da ideia de democracia hoje no mundo: o engrandecimento das pessoas comuns.[618]

A democracia constitucional encerra um desafio e um paradoxo: se de um lado surge como o autogoverno popular, em contrapartida impõe limitações a esse mesmo poder, pois, ao definir um conjunto de regras para a organização social e política de determinada comunidade, necessariamente o limita.

Conclusão

Unger é um pensador dialético. As partes que compõem seu pensamento se articulam e se movem numa totalidade. Assim, o meditar sobre ideias e interesses e a reflexão acerca das instituições que os concretizem não deve ser considerado processo que opere em fase e/ou atividades distintas, pois cada momento incorpora o outro sem ser redutível ao outro: as ideias e os interesses adquirem parte do sentido quando se materializam em instituições, e estas, por sua vez, são refeitas e ressignificadas a cada instante a partir da mesma dinâmica.

É legítimo concluir que, se Unger pretende, como passo inicial, restringir a pauta dos direitos fundamentais para fa-

618 TEIXEIRA, Carlos Sávio Gomes. "Filosofia Política e Experimentalismo Democrático: Alternativa para Realizar a Justiça". *Ética*, Florianópolis, v. 13, n. 1, jun. 2014,p. 2013.

zer avançar um projeto de radicalização democrática,[619] é exatamente para melhor assegurá-la no futuro, pois ela encontraria, a seu juízo, nos espaços a serem abertos por uma democracia de alta energia, um plano mais elevado de afirmação da liberdade humana, capaz de garantir às pessoas o poder de agir e autonomia para transcender os contextos que as conformam, capacitando-as a ansiarem e compartilharem o desenvolvimento de futuros sociais alternativos. No particular, associa o vínculo entre direitos humanos e o experimentalismo democrático mais radical com a relação entre o amor de um pai e a disposição do filho para se arriscar em aventura e autotransformação, pois, se oferece um abrigo de estabilidades legalmente tuteladas, não deveria impedir nem desencorajar os destinatários de sua proteção a construir seus próprios caminhos.

Os nossos ideais políticos e espirituais estão atados às práticas e instituições que os representam de fato, e é no pensamento jurídico que alcançam sua concretização material e seu detalhamento. Portanto, é no direito que a democracia radical forjará os instrumentos para transformação do arcabouço institucional que pretende reconstruir, mas, ao mesmo tempo, se não adota as devidas salvaguardas, nele poderá encontrar seu mais desafiador escolho.

---

619 Hoje, testemunha-se um processo de banalização dos direitos humanos, com a defesa dos direitos humanos da quarta e até da quinta gerações. Como alerta Guy Haarsher, "Não se vê que a força dos direitos do homem reside essencialmente no seu caráter concreto, prático, jurídico [...] de modo que a constante introdução de novos direitos ameaça vê-los tranformados em uma 'vaga reivindicação moralizante'" (HAARSHER, Guy. *A Filosofia dos Direitos do Homem*. Lisboa: Instituto Piaget, 1993, p. 52).

Referências bibliográficas

ALTMAN, Andrew. *Critical Legal Studies* – A Liberal Critique. Princeton University Press: New Jersey, 1990.

ANDERSON, Perry. "Unger e a Política do Engrandecimento". In: *Afinidades Seletivas*. São Paulo: Boitempo, 2002.

ARENDT, Hannah. *As Origens Do Totalitarismo.* 8 ed. São Paulo: Companhia das Letras, 2007.

BENTHAM, Jeremy. *The Collected Works of Jeremy Bentham*. Oxford: Oxford University Press, 1983.

BURKE, Edmund. *Reflexões sobre a Revolução Francesa*. Rio de Janeiro: Topbooks Editora, 2012.

CAMPBELL, Tom. *La Justicia*: Los Principales Debates Contemporâneos. Barcelona: Gedisa Editorial, 2002.

COMETTI, Jean-Pierre. *A Filosofia sem Privilégios*: Desafios do Pragmatismo. Porto: Edições Asa, 1995.

DOUZINAS, Costas. *O Fim Dos Direitos Humanos*. São Leopoldo: Unisinos, 2009.

HAWTHORN, Geoffrey. "Pratical Reason and Social Democracy: Reflections on Unger's *Passion* and *Politics*". In: LOVIN, Robert; PERRY, Michael Perry (orgs). *Critique and Construction* – A Symposium on Roberto Unger's Politics. Cambridge: Cambridge University Press, 1990.

HAARSHER, Guy. *A Filosofia dos Direitos do Homem*. Lisboa: Instituto Piaget, 1993.

HABERMAS, Jürgen. *Direito E Democracia:* Entre Facticidade e Validade. 2 ed. Rio de Janeiro: Tempo Brasileiro, 2003.

MARX, Karl. *A Questão Judaica*. 5 ed. São Paulo: Centauro Editora, 2000.

_____. *A Ideologia Alemã*. São Paulo: Boitempo, 2007.

PANIKKAR, Raimon. "Is the Notion of the Human Rights a Western Concept?". *Diogenes*, n. 20, 1982.

RORTY, Richard. "Unger, Castoriadis e o Romance de um Futuro Nacional". In: *Escritos Filosóficos*. v. II. Rio de Janeiro: Relume Dumará, 1999.

SOUZA. José Crisóstomo de. "Unger, Pragmatismo Romântico e Democracia Radical". *Ideação*, Feira de Santana-BA, n. 23, jul./dez. 2010, pp. 115-29.

TEIXEIRA, Carlos Sávio Gomes. "Experimentalismo e Democracia em Unger". *Lua Nova*, São Paulo, n. 80, 2010, pp. 45-69.

_____. "Filosofia Política e Experimentalismo Democrático: Alternativa para Realizar a Justiça". *Ética*, Florianópolis, v. 13, n. 1, jun. 2014, pp. 204-22.

UNGER, Roberto Mangabeira. *O Direito na Sociedade Moderna*. São Paulo: Civilização Brasileira, 1976.

_____. *Conhecimento e Política*. Rio de Janeiro: Forense, 1978.

_____. *Passion*: An Essay on Personality. New York/London: The Free Press, 1984.

_____. *Social Theory*: Its Situation and its Task. Cambridge: Cambridge University Press, 1987.

_____. *Democracy Realized*. The Progressive Alternative. London: Verso, 1996.

_____. *Paixão* – Um Ensaio sobre a Personalidade. São Paulo: Boitempo Editorial, 1998.

_____. *Política*: Os Textos Centrais. São Paulo: Boitempo, 2001.

_____. *A transformação da sociedade* [on-line]. Conferência pronunciada em janeiro de 2002, no Corpus Christi College, Universidade de Cambridge (Grã-Bretanha). Disponível em: <http://www.achegas.net/numero/dezenove/rob_mangabeira_19.htm>. Acesso em: 7 out. 2019.

_____. *False Necessity*: Anti-Necessitarian Social Theory in the Service of Radical Democracy. London: Verso, 2002.

_____. *Plasticity into Power*. London: Verso, 2004.

_____. *O Direito e o Futuro da Democracia*. São Paulo: Boitempo Editorial, 2004.

_____. *What Should the Left Propose?* London: Verso, 2006.

_____. *El Despertar del Individuo*. Imaginacíon y Esperanza. Buenos Aires: Fondo de Cultura Económica, 2007.

_____. *The Self-Awakened*: Pragmatism Unbound. Cambridge: Harvard University Press, 2009.

_____. *A Reinvenção do Livre Comércio*. Rio de Janeiro: FGV, 2010.

_____. *The Religion of the Future*. Cambridge: Harvard University Press, 2014.

_____. *The Critical Legal Studies Movement: Another Time, a Greater Task. London: Verso, 2015.*

_____.; SMOLIN, Lee. *The Singular Universe and the Reality of Time*. Cambridge: Harvard University Press, 2014.

11 - Políticas Públicas no Século XXI: Contrastes entre a Ciência Política Convencional e o Experimentalismo Institucional de Unger

Felipe Iraldo de Oliveira Biasoli[620]

Este capítulo objetiva debater a ocorrência da mudança institucional e seus mecanismos no (*multiple streams model*) de John Kingdon frente ao ideário da transformação institucional presente na teoria social experimentalista de Roberto Mangabeira Unger. A problemática subjacente ao objeto trata das limitações do modelo dos fluxos múltiplos em relação ao paradigma da transformação institucional de Unger. Para cumprir o intento, optou-se por método de leitura da mais destacada obra de Kingdon, *Agendas, Alternatives and Public Policies* (1984), e de textos acessórios, seus e de comentadores, visando contextualizar a sua trajetória acadêmica e o impacto de sua obra. De outro lado, a teoria social de Unger é apresentada com base em suas principais obras, das quais é possível ressaltar duas mais importantes: *False Necessity* (1987) e *Politics* (1997).

A hipótese abrigada no texto tem como núcleo a noção de que a ciência política hegemônica, oriunda dos Estados Unidos e da qual Kingdon é um expoente, tem como preocupação central o método, e não a proposição de estratégias para

620 Doutor em Ciência Política pela Universidade Federal Fluminense (UFF). Atualmente é servidor público da carreira de especialista em Políticas Públicas e Gestão do Estado de Rondônia.

enfrentar os problemas práticos da vida das pessoas. A análise de estudos que buscam debater o tema da educação sob a perspectiva de Kingdon e sob a perspectiva de Unger apresenta o contraste e aponta para a ausência de pensamento programático no arcabouço kingdoniano. Sua preocupação maior acaba por ser o mapeamento dos atores envolvidos. A incapacidade de desenvolver o pensamento programático faz com que, nos períodos de estabilidade, as políticas públicas – notadamente as políticas sociais – tendam a submeter-se à lógica de redistributivismo fraco, marginal, de bens e direitos. Por outro lado, ao antagonizar essa explicação, Unger constrói edifício filosófico, teórico e programático que ambiciona desvincular a crise como propulsora da mudança, ao valorizar o aprofundamento da democracia.Para tanto, utiliza o método do mapeamento e crítica.

A fim de cumprir o objetivo proposto neste texto, primordialmente é essencial tracejar as marcas fundamentais a respeito dos estudos de políticas públicas que, para DeLeon,[621] são três. A primeira dessas características é sua orientação para a resolução de problemas, de modo a propor recomendações para seu alívio. A segunda de suas características é a circunstância de ser área multidisciplinar, tanto no que tange à sua abordagem prática quanto no aspecto teórico e intelectual, pelo simples fato de que os problemas possuem componentes os quais podem ser analisados a partir de múltiplos campos de visão. Por último, os estudos de políticas públicas possuem orientação valorativa, na medida em que se compreende que nenhuma abordagem metodológica,

621 DELEON, Peter. “The Historical Roots of the Field”. In: MORAN, Michael; REIN, Martin; GOODIN, Robert (orgs.). *The Oxford Handbook of Public Policy*. Oxford: Oxford University Press, 2006.

assim como nenhum ser humano, é livre de valores. Além disso, se as políticas públicas refletem e são refletidas pelo resultado das lutas políticas presentes na sociedade, então é pertinente levar em consideração que esses produtos formam um compósito de pontos de vista estruturados por impressões e juízos de valor. Na primeira seção do artigo, será possível tratar algumas das definições dessa subárea da ciência política. Nessa mesma seção, será abordado o modelo de fluxos múltiplos de John Kingdon, com seus potenciais e suas limitações. Posteriormente, na seção seguinte, serão apresentados alguns estudos na área da educação lidos sob a perspectiva dos fluxos múltiplos. Em seguida, o método do mapeamento e crítica do experimentalismo será apresentado, bem como o pensamento programático ungeriano e sua contribuição à educação brasileira.

Origem dos *Policies Studies* e suas definições

O estudo das políticas públicas abre o terceiro caminho trilhado pela ciência política de matriz estadunidense.[622] O primeiro deles seria a tradição de Madison e dos autores federalistas, estudiosos das instituições supostamente mais adequadas ao funcionamento dos Estados Unidos – então novo país independente. Por um lado, o federalismo buscava limitar a tirania e as paixões próprias da natureza humana, ao criar controles e multiplicar os pontos de veto no sistema político. Como consequência, colocava entraves às mudanças institucionais. Por outro lado, carrega em si a ideia de que sua utilização plena pode resultar na criação de verdadeiros laboratórios de testes de políticas públicas, pelos quais

622 SOUZA, Celina. "Políticas Públicas: Uma Revisão da Literatura". *Sociologias*, Porto Alegre, n. 16, 2006.

as unidades da federação poderiam aprender com as experiências umas das outras e, a partir daí, aperfeiçoá-las em processo paralelo de competição e cooperação. Entretanto, essa característica nunca foi plenamente satisfeita.

O segundo caminho da ciência política teria sido percorrido pela tradição forjada por Tocqueville, ao analisar as organizações locais para promoção do "bom" governo. O terceiro caminho teria sido o das políticas públicas, na busca do entendimento de como e por qual razão os governos tomam determinadas ações. Há que se refletir, contudo, que cada um dos caminhos trilhados também se configurou em rebaixamento das expectativas de transformação política, na medida em que houve o afastamento das considerações a respeito de mudanças institucionais.

O florescimento da subárea de políticas públicas dentro da ciência política é recente e remete aos Estados Unidos do período posterior à Segunda Guerra Mundial, quando Harold Lasswell[623] (1958) iniciou seus trabalhos, tendo como eixo central a preocupação de estudar o que os governos fazem, quando fazem e quem ganha com suas ações, focando-se na tomada de decisão pública e nas políticas públicas. Já na Europa, a preocupação com a chamada *policy science* prosperou apenas após meados dos anos 1970, com a extensão das políticas setoriais e do planejamento governamental realizado pelos governos social-democratas.[624]

O conceito de políticas públicas traz diversas definições, de acordo com cada perspectiva analítica. Para além da definição clássica de Lasswell – "decisões em políticas públicas

---

623 LASSWELL, Harold. *Politics*: Who Gets What, When, How. Cleveland: Meridian Books, 1958.

624 SOUZA, "Políticas Públicas: Uma Revisão da Literatura".

implicam responder quem ganha o quê, por qual razão e que diferença faz" –[625] uma das mais famosas é a de Thomas Dye (2002), segundo a qual "política pública é qualquer coisa que um governo escolhe fazer ou não fazer".[626] Essa definição, embora bastante generalista, deixa claro que o agente tomador das decisões públicas é o governo.[627] Para Dye, uma política pública também pode ser definida como a inação do governo em favor da manutenção do *status quo*. Tamanha generalidade conceitual deixa aberta a possibilidade de mudança institucional experimentalista, uma vez que define políticas públicas como "qualquer coisa" que saia dos gabinetes governamentais, embora não sugira nenhuma ênfase a esse tipo de perspectiva.

Já William Jenkins pontua que "[...] política pública é um conjunto de decisões inter-relacionadas tomadas por um ator político ou grupo de atores sobre a seleção de metas e os meios de atingi-las em situações específicas, de acordo com contexto no qual esses atores possuem capacidade de poder para tomar tais decisões".[628] Essa definição permite inferir o caráter processual da tomada de decisão – diversamente de Dye, que afirma tratar-se de escolha. Além disso, se a política pública é constituída por várias decisões inter-relacionadas, não se trata, por conseguinte, de mera escolha de um dos

---

625 LASSWELL, *Politics*.

626 DYE, Thomas. *Understanding Public Policy*. Upper Saddle River, NJ: Prentice-Hall, 2002.

627 Uma das marcas dos estudos de políticas públicas é a substituição do termo "state" pelo termo "government", o que traz consequências para a análise dos contextos em que as policies são debatidas.

628 JENKINS, William. *Policy Analysis*: A Political and Organizational Perspective. London: Martin Robertson, 1978, p. 15, tradução nossa.

atores envolvidos ou tampouco apenas da soma das preferências dos atores, mas de resultados de processos de negociações, barganhas e convencimento. Nessa definição, há igualmente restrições externas e internas redutoras da gama de opções de políticas públicas por parte dos governos: é em tal contexto de restrições que ela será implementada e operará. Característica notável da definição de Jenkins é o destaque dado para a implementação e para a avaliação das políticas públicas, posto que a decisão envolve orientações ao cumprimento de *meios* e *metas* a serem alcançadas. Por fim, de acordo com sua abordagem, Jenkins reduz o papel das instituições - *polity* - na construção das políticas públicas, ao limitá-las a dado exógeno, de modo que tal explicação caracteriza a política pública como construção social altamente dependente dos atores e relativamente independente das instituições.

Para James Anderson, "política pública é um curso proposital de ação seguido por um ator ou um conjunto de atores com relação a um problema ou a uma questão de interesse".[629] Aqui, é possível afirmar que a *policy* é resultado de múltiplas decisões tomadas por múltiplos *policymakers* de diferentes áreas do governo, em que há relação entre a dimensão da ação governamental conjugada à percepção dos problemas. Difícil crer que ocorra diante de "um curso proposital de ação", já que as *policies* se deparam com as contingências da vida real e, por isso, sofrem alterações para se adequar aos imprevistos antes mesmo de serem implementadas. Anderson ignora, por sua vez, o papel das instituições em sua definição a respeito das políticas públicas.

---

629 ANDERSON, James. *Public Policy Making*: An Introduction. 3. ed. Boston: Houghton Mifflin Company, 1984, tradução nossa.

Lowi formula categorização ao tratar da discussão a respeito de quatro tipologias de políticas públicas.[630] Em primeiro lugar, o autor chama a atenção para a existência das políticas distributivas: aquelas geradoras de impactos individuais ou localizados, de matriz clientelista e que privilegiam grupos ou regiões. A segunda tipologia são as políticas redistributivas, as quais atingem maior grupo de indivíduos e, necessariamente, impõem perdas e ganhos a determinados grupos. A terceira tipologia são as políticas regulatórias, que, por sua vez, são mais visíveis ao público e cuja construção envolve a participação da burocracia. Sua composição engloba perdas e ganhos a determinados grupos. Por fim, têm-se as políticas constitutivas (ou estruturadoras), as quais lidam com mudança de regras e impõem novas estruturas para o conflito político. A inovação trazida por Lowi, com a publicação desse artigo de identificação de tipologias, foi o argumento de que a política pública faz a política, o que significa dizer que cada tipo de política pública proporcionará a reformulação das lutas políticas e dos conflitos e alianças presentes na sociedade, alterando a ideia presente, na época, de que a política faria a política pública.

Em meio às definições apresentadas, é possível assinalar que a política pública vai além de sua expressão normativa, mas também se faz em razão de conjunto de escolhas potenciais ou, ainda, de escolhas não realizadas. Além disso, constitui-se em fenômeno complexo, fruto de numerosas decisões tomadas por muitos indivíduos e organizações, cujas modificações poderão ocorrer com base nas avaliações de políticas anteriores.

---

630 LOWI, Theodore. "Four Systems of Policy, Politics, and Choice". *Public Administration Review*, n. 32, pp. 298-310, 1972.

Teoria de formação de agenda: o modelo de fluxos múltiplos de John Kingdon

A primeira etapa do processo de formulação de políticas públicas desenrola-se quando uma questão – *issue* – qualquer passa a ser entendida como um problema a ser resolvido, de sorte a entrar na agenda governamental. Atraente debate no seio da área de políticas públicas foi gerado no esforço de explicar o modo pelo qual as questões inserem-se nas agendas governamentais. As teorias mais frequentemente utilizadas pela literatura têm sido o modelo do ciclo de políticas públicas,[631] a teoria das coalizões de defesa – *advocacy coalition framework* – formulada por Paul Sabatier,[632] o modelo de equilíbrio interrompido, de Brian Jones e Frank Baumgartner (1993; 1999) e,[633] por fim, o modelo de fluxos múltiplos de John Kingdon.[634] Este artigo debruça-se apenas sobre os componentes do último modelo, o qual é contextualizado tendo em vista a carreira, a formação e as obras anteriores

631 LASSWELL, Harold. *The Decision Process:* Seven Categories of Functional Analysis. College Park, MD: University of Maryland Press, 1956.

632 SABATIER, Paul. "The Advocacy Coalition Framework: An Assessment, Revisions, and Implications for Scholars and Practitioners". In: SABATIER, Paul A.; JENKINS-SMITH, Hank C. (eds.). *Policy Change and Learning*: An Advocacy Coalition Approach. Boulder: Western Press, 1993. pp. 211-35.

633 BAUMGARTNER, Frank; JONES, Bryan. *Agendas and Instability in American Politics*. Chicago: University of Chicago Press, 1993; BAUMGARTNER, Frank; JONES, Bryan; TRUE, James. "Punctuated Equilibrium Theory: Explaining Stability and Change in American Policymaking". In: SABATIER, Paul (ed.). *Theories of the Policy Process*. Oxford: Westview Press, 1999.

634 KINGDON, John. *Agendas, Alternatives and Public Policies*. 3. ed. New York: Harper Collins, 2003.

de seu autor, com o objetivo de se obter a compreensão de suas influências.

Cientista político da Universidade de Michigan, Kingdon possui carreira destacada no meio acadêmico dos Estados Unidos. Próximo a grandes nomes da ciência política norte-americana, tais como Joel Aberbach, Robert Putnam, Thomas Anton, Warren Miller e Donald E. Stokes, Kingdon acercou-se do estudo do comportamento das elites políticas, de burocratas e de grupos de interesses, particularmente no início de sua carreira. A primeira obra publicada de Kingdon, *Candidates for Office* (1966), também exerceu bastante influência sobre o restante de sua carreira. Após entrevistar 62 candidatos para diversos cargos (Senado Federal, Câmara dos Deputados e Governo Estadual) no estado de Wisconsin, Kingdon apresentou pesquisa que apontava as crenças políticas e as estratégias de mandato dos congressistas.

Poucos anos depois, dando continuidade à sua agenda de pesquisa, publicou *Congressmen's Voting Decisions* (1973). Essa obra ainda hoje segue como referência nos estudos sobre o comportamento racional dos congressistas, pois aponta como estes avaliam o cenário político e quais os fatores que consideram antes de votar.

Já nos anos 1980, Kingdon publicou *Agendas, Alternatives and Public Policies*, obra pela qual tornou-se internacionalmente reconhecido e em que apresenta o modelo de fluxos múltiplos. Entretanto, inicialmente, não obteve boa aceitação por parte da academia. Isso se deveu, em grande medida, justamente por conta do estranhamento com certas inovações. Enquanto a ciência política, particularmente nos Estados Unidos, forjava aliança cada vez mais profunda com as ciências duras, empregando sofisticados métodos oriundos da matemática, da física newtoniana e da estatística, apenas para citar algumas influências, Kingdon diverge: sua influência, nessa obra, liga-se mais fortemente ao pensamento biológico. Baumgartner indica o uso de noções calcadas na seleção natural - *natural selection* - e no acaso - *randomness* - para explicar os impulsos do processo de políticas públicas e tomada de decisão.[635] Sugere Baumgartner, ainda, que a estrutura teórica do modelo dos fluxos múltiplos seria uma simplificação do modelo da lata do lixo,[636] o qual, não por casualidade, também adota perspectiva calcada na seleção natural.

No modelo dos fluxos múltiplos - *multiple streams model* -, Kingdon busca responder à seguinte pergunta: por que alguns problemas se tornam relevantes para um governo? A fim de encarar seu questionamento, classifica a política pública em quatro processos, entre os quais abordaremos dois, a *agenda-setting* e a *policy formulation*. A agenda governamental é definida de ponto de vista internalista, como um conjunto de assuntos sobre os quais o governo e as instituições públicas passam a concentrar sua atenção em determinado instante. A forma de definição do problema é fundamental para determinar seu sucesso durante o processo de *agenda setting*, já que o governo possui enorme quantidade de decisões a serem tomadas e é incapaz de lidar com toda a gama de demandas ao mesmo tempo. Há dois tipos de agentes com

635 BAUMGARTNER, Frank. "John Kingdon and the Evolutionary Approach to Public Policy and Agenda Setting". In: ZAHARIADIS, Nikolaos (ed.). *Handbook of Public Policy Agenda Setting*. Northampton: Edward Elgar, 2016.

636 COHEN, Michael; MARCH, James; OLSEN, Johan. "A Garbage Can Theory of Organizational Choice". *Administrative Science Quarterly*, v. 17, n .1, pp. 1-25, 1972.

fôlego para impulsionar tais questões à agenda governamental: os atores visíveis – como o presidente, considerado o ator mais decisivo, os ministros e secretários-executivos, os congressistas, os partidos políticos e suas coligações, os grupos de interesse e a mídia – e os atores invisíveis – como os analistas de grupos de interesse, os assessores parlamentares e presidenciais, os acadêmicos, os consultores e pesquisadores, além da burocracia pública. Os atores visíveis teriam a capacidade de inserir temas na agenda governamental, ao passo que os atores invisíveis gastam sua energia – utilizando-se de redes de conhecimento ou de comunidades epistêmicas – na formulação de alternativas para aliviar o problema.

Os atores visíveis e os invisíveis são chamados "empreendedores de políticas públicas" ou, no original, *public policy entrepreneurs*. Em sua atuação, podem investir uma gama de recursos, desde tempo e energia até reputação e dinheiro, com o objetivo de promover uma posição política em troca da antecipação de alguma espécie de ganho estratégico futuro. Com origem tanto no seio da sociedade civil quanto no governo, os empreendedores de políticas públicas fazem a ligação entre os três fluxos decisórios ao disseminar ideias, além de buscar os problemas a serem solucionados e analisar os momentos mais propícios para a realização de mudanças.

Para a teoria de Kingdon, os três fluxos decisórios que condicionam o processo de formação da agenda são o fluxo dos problemas, o fluxo das soluções e o fluxo da dinâmica política. Há que se atentar para a possibilidade de rápido cambiamento do tripé formado pelos fluxos decisórios, a depender dos processos de convencimento e persuasão presentes socialmente. Diante dos três fluxos, é possível conceber com mais clareza a influência que a noção da seleção natural e do acaso tiveram sobre o autor.

O fluxo de problemas auxilia na explicação a respeito da forma como as questões – *issues* – são reconhecidas como problemas e o porquê de determinados problemas passarem a ocupar a agenda governamental. Para o autor, o fluxo pode ser mobilizado por três mecanismos: (1) indicadores a apontar para a existência de questão a ser interpretada como problema (ex.: taxa de evasão escolar) – se tomados isoladamente, são insuficientes para desvelar a presença concreta de problema a ser tratado como tal; (2) eventos, crises ou símbolos de grande envergadura a concentrar a atenção para determinado foco possuem potencial para reforçar a percepção de problema; e (3) *feedback* das ações governamentais, como monitoramento e avaliação dos programas. Embora os três mecanismos tenham potencial para alterar o foco para determinado problema, é essencial salientar que o processo de transformação das questões em problemas depende também da capacidade daquele tema de competir com outros assuntos presentes na agenda governamenta e ganhar preponderância. Trata-se, nesse ponto, de disputa interna sobre as prioridades que devem concentrar os esforços governamentais.

O segundo fluxo, das soluções, é caracterizado por um conjunto de alternativas e soluções disponíveis aos problemas. As ideias para resolução do problema seriam então fomentadas por comunidades epistêmicas – ou redes, em caso de relações mais permeáveis – formadas por especialistas que não necessariamente compartilhariam as mesmas crenças, mas que, em alguma medida, lograriam algum consenso. A perspectiva dos fluxos múltiplos obedece à lógica de que as ideias criam soluções e as soluções procuram problemas a serem minimizados. As soluções, portanto, seriam construídas antes da identificação dos problemas a serem resolvidos, e não o contrário. Haveria maior probabilidade de sobrevivência daquelas ideias tecnicamente viáveis, com custos toleráveis e cuja resolução seja mais facilmente aceita pela opinião pública e pelos formuladores de políticas públicas. A difusão dessas ideias dependeria de farto processo de negociação política e convencimento, com o objetivo de romper resistências e lograr a sensibilização em torno do tema debatido. Ao mesmo tempo, esse período de negociação gera igualmente efeito multiplicador de ideias, alternativas, as quais se espalham e ganham adeptos. Esse fluxo de ideias produziria lista bastante restrita de propostas que sobrevivem politicamente ao debate e, ao final, são submetidas ao crivo de seleção.

Por fim, o fluxo da dinâmica política segue iniciativa própria e é estruturado, evidentemente, por meio de negociação, na qual três pontos são elementares. (1) O "humor" nacional, no qual os indivíduos reconhecem, por algum tempo, determinadas questões como problemas dos quais o governo deve ocupar-se em mitigar ou resolver. Nesse período, algumas questões são promovidas à agenda pública e outras são descartadas (por exemplo, em tempos de Operação Lava-Jato, a corrupção surge como uma questão da agenda e um problema a ser encaminhado por meio do seu combate).[637] (2) Ação de grupos de pressão, que pode ser compreendida como indicador para o nível de apoio de uma proposta: se

637 Em meio a essa agenda, surge o debate de várias propostas relacionadas ao tema da corrupção: desde a proposta legislativa conhecida como Dez Medidas Contra a Corrupção, promovida pelo Ministério Público Federal, até a atualização da Lei de Abuso de Autoridade, discutida pelo Congresso Nacional.

houver mais conflito, maiores serão os custos políticos despendidos; se houver consenso, o custo será menor. (3) Mudanças no governo: alterações de pessoas em posições estratégicas da estrutura governamental ou mudanças de governo em si podem desencadear processos que introduzam novos itens na agenda e restrinjam a permanência de outros. O fluxo da dinâmica política exerceria papel semelhante ao da natureza, durante o processo de seleção natural adotado pela teoria da evolução: em vez de selecionar as espécies mais bem adaptadas ao ambiente, seleciona as questões a serem promovidas à agenda, descartando outras.

A conjunção do fluxo dos problemas e do fluxo da dinâmica política permite que as alternativas presentes no fluxo de soluções atinjam a agenda política. Se, por um lado, o fluxo de soluções invariavelmente não contribue para a formação da agenda governamental, pondera Kingdon, sua presença dá musculatura para que tal questão possa passar ao processo de tomada de decisão política com vistas à sua resolução. Tal confluência – casual – dos três fluxos proporciona a abertura de janela de oportunidades para o processo de decisão política e faz com que a questão possa ascender à agenda governamental. Essa ascensão, entretanto, é transitória e está sujeita a inúmeras contingências, como o ciclo dos mandatos e do orçamento, apenas para citar alguns fatores. A janela de oportunidades pode fechar-se com a mesma imprevisibilidade com que se abriu, reforçando novamente o papel do acaso nas políticas públicas.

Zahariadis sugere aperfeiçoamentos ao modelo de Kingdon.[638] Dentre as sugestões, oferece a possibilidade de reali-

638 ZAHARIADIS, Nikolaos. *Markets, States and Public Policies*: Privatization in Britain and France. Ann Arbor: University of Michi-

zar estudos comparativos de *policies* entre países distintos. De fato, apesar de *Agendas, Alternatives and Public Policies* ter-se baseado no contexto político-institucional dos Estados Unidos, possui clara intenção de generalização de conceitos para além da realidade local, estratégia apontada por Baumgartner: "embora Kingdon permanecesse firmemente um americanista, ele também estava claramente interessado na generalização de conceitos de ciência política para além das fronteiras dos Estados Unidos".[639] Mucciaroni tece outra gama de apontamentos e indica a possibilidade de interdependência dos fluxos, em momentos anteriores à abertura da chamada janela de oportunidade –[640] opondo-se a Kingdon, o qual afirma que os fluxos, embora não completamente independentes, podem ser relativamente estanques uns dos outros. Outro apontamento feito por Mucciaroni refere-se ao fato de que Kingdon relega a influência das instituições ao segundo plano.

Não há dúvida de que, desde a década de 1950 até a atualidade, o estudo de políticas públicas avançou enormemente e acompanhou a complexificação das ações do Estado, perante o mercado e a sociedade civil. A respeito do Brasil, pode-se dizer que, apesar de o país possuir grande necessidade para a constituição de políticas sociais e ser, portanto, fértil terreno para a análise de *policies,* tal esforço ainda é bastante recente, especialmente se considerarmos o desenvolvimento

---

gan Press, 1995; ZAHARIADIS, Nikolaos; TRAVIS, Rick. "A Multiple Streams Model of U.S. Foreign Aid Policy". *Policy Studies Journal*, n. 30, pp. 495-514, 2002.

639 BAUMGARTNER, Frank. "John Kingdon and the Evolutionary Approach to Public Policy and Agenda Setting", p. 56, tradução nossa.

640 MUCCIARONI, Gary. "The Garbage Can Model and the Study of Policy Making: A Critique". *Polity*, v. 24, n. 3, pp. 459-82, 1992.

da perspectiva hegemônica da ciência política oriunda dos Estados Unidos e de seus métodos na academia brasileira. Entretanto, no período anterior à chegada dessas metodologias e teorias, as temáticas que tipicamente conformam o campo de análise da ciência política e das políticas públicas já eram analisadas. Essa tarefa era realizada pelo que se convencionou chamar de Pensamento Político e Social Brasileiro (PPSB), de caráter fortemente ensaístico. Se, por um lado, a natureza de cientificidade do PPSB passa a ser questionada quando aqui desembarca a ciência política de matriz norte-americana, por outro lado, ele continua a forjar análises relevantes e influentes da sociedade brasileira, por meio de ângulos criativos e com grande grau de criticismo social.[641]

Ao contrário de Unger, Kingdon não teve a oportunidade de desdobrar suas contribuições teórico-metodológicas nos problemas reais da educação. Unger desdobra seu trabalho em dois planos: o primeiro é o da filosofia e da teoria social. O segundo é o desdobramento de suas formulações na realidade prática, na qual o aspecto programático torna-se patente.

---

641 Embora não seja o objetivo deste artigo mensurar a influência das ideias do PPSB no Brasil, é possível citar a relevância de autores como Manoel Bonfim, Gilberto Freyre, Sérgio Buarque, Nestor Duarte, Caio Prado Júnior, Vitor Nunes Leal, Celso Furtado, Darcy Ribeiro, Raymundo Faoro, Florestan Fernandes, entre outros, para a discussão do Brasil contemporâneo e mesmo para a formação da identidade nacional e dos mitos fundadores do país. Apesar de todas as divergências intelectuais (e são muitas!) entre eles, todos têm em comum o fato de terem produzido interpretações inovadoras sobre o Brasil, a partir de obras que detêm, em graus diversos, caráter ensaístico. Renato Lessa trata do processo de institucionalização da ciência política no Brasil e os conflitos inerentes, diante da presença da tradição de pensamento anterior aqui existente (LESSA, Renato. "Da Interpretação à Ciência: Por uma História Filosófica do Conhecimento Político no Brasil". *Lua Nova*, São Paulo, n. 82, pp. 17-60, 2011).

Apesar disso, muitos autores têm utilizado o modelo dos fluxos múltiplos (MFM) em diversos países como instrumento para compreender amplo conjunto de políticas públicas. Embora o uso dos fluxos múltiplos tenha sido até agora menos frequentemente utilizado para debater a educação, já é possível encontrar alguns trabalhos pioneiros, tanto no Brasil quanto no exterior. Faria, por exemplo, utiliza o MFM para compreender a construção de centros integrados de educação de jovens e adultos no município de São Paulo.[642] Souza (2013), por sua vez, procura, a partir do MFM, compreender como a política de formação de professores por meio da educação à distância logrou êxito no Brasil.[643] Nos Estados Unidos, há pesquisas a debaterem os percalços da política pública de alfabetização e leitura de crianças em alguns estados norte-americanos e como os diversos atores envolveram-se na iniciativa.[644] Característica comum aos três trabalhos elencados é a descrição pormenorizada dos processos de deliberação pública e de interação entre os atores envolvidos, ou seja, de como as políticas públicas torna-

---

642 FARIA, Vanessa Elsas Porfirio de. *A Trajetória do Projeto CIEJA entre as Políticas Públicas de EJA na Cidade de São Paulo.* São Paulo, 2014. Dissertação (Mestrado em Educação) – Faculdade de Educação, Universidade de São Paulo.

643 SOUZA, Otaviani Luciano. "Cenários da Educação a Distância como Política Pública para a Formação de Professores da Educação Básica". In: SEGENREICH, Stella Cecilia; BUSTAMANTE, Silvia Branco (orgs.). *Políticas e Práticas da Educação a Distância (EaD) no Brasil*: Entrelaçando Pesquisas. Rio de Janeiro: Letra Capital, 2013.

644 YOUNG, Tamara; SHEPLEY, Thomas; SONG, Mengli. "Understanding Agenda Setting in State Educational Policy: An Application of Kingdon's Multiple Streams Model to the Formation of State Reading Policy". *Education Policy Analysis Archives*, v. 18, n. 15, 2010. Disponível em: <http://epaa.asu.edu/ojs/article/view/771>. Acesso em: 5 out. 2019.

ram-se o que são. É quase como se a política pública estivesse a ser biografada e a história de seus patronos – os atores envolvidos – estivesse a ser desnudada.

Se, por um lado, a abstração dos conceitos presentes nos fluxos múltiplos pode representar a possibilidade de ser utilizado como pano de fundo para o entendimento de um amplo leque de políticas públicas, por outro lado dificulta a identificação de aspectos centrais e aspectos acessórios em cada política pública, bem como não distingue as estruturas das rotinas. Os três trabalhos citados acima são exemplares neste sentido, pois abordam a temática educacional de maneira compartimentalizada e falham em apontar as contradições envolvidas em torno do tema. Gottems et al., quando identificam diversos artigos e trabalhos científicos na área da saúde, reforçam tal característica analítica.[645]

Mais do que promover ideias ou alternativas futuras para a solução de problemas práticos, as noções de Kingdon contribuem para compreender como, no passado, determinadas ideias patrocinadas por determinados grupos de atores lograram êxito no debate público e entraram na agenda pública.

O modelo de fluxos múltiplos avança em relação à outras teorias de políticas públicas[646] na identificação dos interesses conflitantes em torno da agenda. Entretanto, justamente por

---

645 GOTTEMS, Leila Bernarda Donato; PIRES, Maria Raquel Gomes Maia; CALMON, Paulo Carlos Du Pin; ALVES, Elioenai Dornelles. "O Modelo dos Múltiplos Fluxos de Kingdon na Análise de Políticas de Saúde: Aplicabilidades, Contribuições e Limites". *Saude Soc.* [online], v. 22, n. 2, 2013, pp. 511-20. Disponível em: <http://www.scielo.br/scielo.php?script=sci_arttext&pid=S0104-12902013000200020&lng=en&nrm=iso>. Acesso em: 5 out. 2019.

646 LASSWELL, *The Decision Process*; EASTON, David. *A Framework for Political Analysis*. Englewood Cliffs: Prentice Hall, 1965;

buscar reconstruir os passos dados no passado pelos empreendedores de políticas públicas, ainda mantém rasgos do ideário republicano como forma de legitimação daquela nova política pública em torno da linguagem do bem comum.

Experimentalismo institucional: modelo transformador para as políticas públicas?

Roberto Mangabeira Unger diverge da corrente hegemônica da ciência política e das políticas públicas. Sua divergência, entretanto, não se resume somente a denunciar o método tipicamente presente no círculo hegemônico da disciplina, mas aponta alternativas.

No âmbito das ciências sociais, Unger identifica três tendências do pensamento: a humanização, a racionalização e o escapismo. Essas tendências frequentemente se misturam e coincidem na crença de que as sociedades não podem ser transformadas. Para nossos propósitos, trataremos apenas da humanização, já que traz consequências diretas para a argumentação proposta. Essa disposição, por sua vez, tende a lançar mão de discurso generalizador e idealizador, almejando alcançar esquemas de dever moral e de bem-estar coletivo: o chamado republicanismo e as noções de bem comum a ele interligadas. Assim, embora a possibilidade de transformação social, por meio da ideia básica que fundamenta as políticas públicas, não se cumpra (por conta da crença de que as instituições não podem ser transformadas) e perma-

---

LINDBLOM, Charles. *O Processo de Decisão Política*. Brasília: Ed. UnB, 1981; HOWLETT, Michael; RAMESH, M. *Studying Public Policy*: Policy Cycles and Policy Subsystems. Toronto/New York: Oxford University Press, 1995.

neça como um ideal regulatório, a resolução dos problemas é sempre pressuposta.

A consequência do esvaziamento da imaginação institucional nessa tendência do pensamento transparece no discurso dicotômico entre humanização ou revolução. A humanização ganha espaço em oposição ao caos e à imprevisibilidade que mudanças revolucionárias trariam para as sociedades. Portanto, ao negar as relações entre os contextos formadores e as atividades rotineiras, ou seja, deixando de explorar a contento o conflito de ideias e de práticas presentes no cotidiano e a relação desses conflitos com os contextos formadores que moldam essas disputas, o ideário transformador acabou sendo capturado pela rotina por meio de políticas públicas de redistribuição marginal de bens e direitos: doura a pílula sem transformar a realidade social.

O experimentalismo, baseado na noção central de imaginação institucional, propõe então um método para identificar o que é central e buscar superar os impasses. Esse método é composto por dois momentos: o primeiro deles é o mapeamento, que descreverá detalhadamente a estrutura institucional definida juridicamente *vis-à-vis* os ideais proferidos.[647] O mapeamento rompe a idealização em relação ao funcionamento das instituições e as analisa a partir do modo exato como elas operam. A realização do mapeamento antecede o momento da crítica que, por sua vez, explora as possibilidades de interação entre os ideais e programas com as estruturas institucionais.

O mapeamento explicita a falta de harmonia entre o ideal programático da sociedade e os obstáculos impostos pelas

---

647 UNGER, Roberto Mangabeira. *O Direito e o Futuro da Democracia*. São Paulo: Boitempo Editorial, 2004, p. 160.

instituições vigentes que impedem a realização de tais ideais, entendendo suas contrariedades e paradoxos. A crítica reconstrói o elo entre os ideais e interesses com as instituições e práticas. O método ungeriano permite jogar luz ao fato de que as estruturas podem ser vistas por partes, o que possibilita sua reconstrução passo a passo, de forma a levar a extremos os ideais professados e cumpri-los na medida da resolução dos problemas práticos. A revisão passo a passo das instituições formam parte de processo mais amplo, no qual as possibilidades de mudança tornam-se permanentes.

As consequências da teoria social de Unger sobre as políticas públicas passam a ser evidentes em seus objetivos, pois se constituem em programa de reconstrução social que almeja propor alternativas na organização dos governos, da economia, do local de trabalho e da sociedade civil, para além das formas contemporâneas de organizações dessas instituições. Com o auxílio do direito, o método parte do diagnóstico do problema, estabelece um plano coerente e concreto, capaz de alcançar seus objetivos. Assim, configura-se em esforço de avançar nas causas dos problemas da vida social de maneira mais aprofundada do que o direito tradicional faz, de modo a realizar mudanças estruturais mais imediatas e responsáveis em relação ao problema combatido.

Tanto no terreno da descentralização da prestação dos serviços públicos quanto na prestação de serviços essenciais, o governo central deve ter como foco a criação de metas e padrões básicos nacionais e a indução da inovação e da cooperação. Para cada política pública é necessário constituir e consolidar três elementos: um sistema nacional de comparação de desempenho (*benchmarking*); um mecanismo de redistribuição de recursos entre os entes federativos a partir da construção de um modelo de federação que preze pela cooperação entre os entes. Por fim, procedimentos aptos a detectar as escolas ou os hospitais, por exemplo, que não tenham atingido os níveis mínimos dos padrões nacionais de comparação e consertá-los, por meio da cooperação federativa e da ação de uma agência específica ou mesmo de novo poder do Estado.[648] O exercício da imaginação institucional poderia sugerir, então, a construção de um órgão específico, ou mesmo a constituição de outro poder do Estado, eleito e dotado de recursos para conduzir tal tarefa de efetivação de direitos por ora frustrados, além de supervisionar o cumprimento de critérios mínimos na execução de serviços públicos. Esse poder seria capaz, ainda, de ter a participação de todos os entes da federação, desde governo federal até estados e municípios, acumulando poderes transfederais: sua premissa seria a reconstrução das relações federativas na direção do fortalecimento da cooperação dos entes federados.

Eis aqui o segundo passo a ser dado pela análise jurídica: a exploração programática e estrutural de estratégias de reforma experimental, redefinindo direitos e interesses e realizando-os de maneira mais efetiva. Tal tarefa, contudo, exige a superação da ideia conservadora de que os preceitos do direito material devem ser cumpridos de acordo com a capacidade e adequação das instituições dadas, ignorando a possibilidade de mudança estrutural por meio do experimentalismo institucional.[649] O experimentalismo institucional abre portas para a possibilidade de exploração de oportunidades institucionais que estabeleçam meios para a superação prá-

---

648 SABEL, Charles; DORF, Michael C. *A Constitution of Democratic Experimentalism*. Cambridge, MA: Harvard University Press, 1998, pp. 301-2.
649 UNGER, *O Direito e o Futuro da Democracia*, p. 49.

tica dos problemas práticos, de modo a cumprir a materialidade dos preceitos do direito.

A direção da reconstrução das políticas públicas experimentalistas proposta por Unger se vê diante do desafio de imaginar arranjos institucionais e práticas sociais que impulsionem o projeto radical, para além do estágio atual das formas contemporâneas de organização do Estado, de maneira a enfraquecer a rigidez das hierarquias sociais presentes nas sociedades contemporâneas. Na seção a seguir veremos como opera o método de Unger em sua proposta de reorganização dos eixos da política pública educacional, com foco em seu aspecto federativo, sem adentrarmos na seara do método de aprendizado.

Unger e a transformação institucional

Segundo Unger, a construção de instituições democráticas de alta energia, aquecidas, desinfla o papel da crise como estímulo transformador.[650] A promessa das instituições com essas condições está em seu potencial de democratizar a democracia, de modo a evitar a tendência de oligarquização de qualquer organização e, em especial, da própria democracia.

No caso brasileiro, uma área fundamental para o fortalecimento da democracia é a educação. A reconstrução da educação de acordo com o método apontado por Unger evoca a reconstrução do próprio federalismo brasileiro, sob a perspectiva de laboratório de inovações em matéria de políticas públicas. Federalismo cooperativo no ensino requer valorizar o aprendizado mútuo das experiências na área da educação entre as unidades da federação e, a partir daí, aperfeiçoá-las.

---

650 *Id.*, *Política*: Os Textos Centrais, a Teoria contra Destino. Trad. Paulo César Castanheira. São Paulo: Boitempo, 2001.

Embora os Estados federados estejam presos a uma série de competências repartidas rigidamente pela legislação, a ideia original do federalismo criado nos Estados Unidos constituía-se na criação de laboratórios de experimentação de maneiras distintas de se levar a cabo o cumprimento das *policies*. Charles Sabel e Michael Dorf (1998) sugerem uma nova forma de governo, chamada por eles de experimentalismo democrático.[651] No contexto do experimentalismo democrático,

> [...] o poder é descentralizado para permitir aos cidadãos e a outros atores a utilização do conhecimento local para arranjar soluções adequadas às suas circunstâncias individuais, pelo qual as agências nacionais e regionais coordenam o compartilhamento do conhecimento entre os atores que enfrentam problemas similares. [...] No experimentalismo democrático, as unidades subnacionais do governo estão amplamente livres para perseguir as metas e escolher os meios de atingi-las. As agências reguladoras estabelecem e asseguram o cumprimento dos objetivos nacionais, por meio de padrões de desempenho de melhores práticas, com base em informações que as agências reguladas fornecem, em troca da liberdade de experimentar as soluções que preferirem.[652]

A perspectiva de regime federalista operando como laboratório de políticas públicas viabilizaria tanto a constituição de novas institucionalidades quanto o aprofundamento de parceria entre os diversos entes da federação, mas não deve confundir-se com paradigma de políticas públicas associado às ciências positivas, despolitizado e impessoal. Ao contrário, deve promover a abertura para a realização de novas experiências de vida e de reconstrução institucional, segundo

651 SABEL; DORF, *A Constitution of Democratic Experimentalism*.
652 *Ibid*., p. 1, tradução nossa.

as contingências das lutas políticas, dos atores e das forças políticas e sociais que operam localmente. Dessa forma, haveria a superação de movimento pendular – que alterna momentos de centralização no governo federal com momentos de descentralização aos estados e municípios – por uma mudança na natureza do mecanismo.

A partir da perspectiva do federalismo como laboratório de políticas públicas para o ensino seria necessário fortalecer instrumentos legais para viabilizar a associação dos entes federados em órgãos transfederais. Sob essa associação, a União deveria criar determinados mecanismos de gestão estruturados sobre um tripé. A primeira base do tripé é a manutenção de um sistema nacional de avaliação de educação, na qual o governo federal seja capaz de estabelecer metas e padrões nacionais de investimentos por meio dos mais diversos métodos,[653] inclusive por meio do uso *benchmarking*, no qual seria possível comparar o desempenho de cada unidade da federação, de forma a buscar as melhores práticas.[654] No ensino básico brasileiro, o Ideb (Índice de Desenvolvimento da Educação Básica) é um dos mais importantes mecanismos de avaliação, muito embora haja outros, como o Saeb (Sistema de Avaliação da Educação Básica), a Provinha Brasil, voltada para avaliação das habilidades das crianças no segundo ano do ensino fundamental. Há, ainda, o Pisa (Programa Internacional de Avaliação de Estudantes),

653 TEIXEIRA, Carlos Sávio Gomes. "Federalismo e Política Social em Perspectiva Transformadora". *Política Democrática*, n. 34, nov. 2012; *Id.*, "Lei de Responsabilidade Social: O Caminho para a Superação do Rentismo e do Corporativismo". *Nordeste*, Recife, 20 dez. 2016, pp. 48-52.

654 SABEL; DORF, *A Constitution of Democratic Experimentalism*, pp. 301-2.

que compara as habilidades dos alunos brasileiros com os de dezenas de outros países, e o próprio Enem (Exame Nacional do Ensino Médio), que além de permitir acesso ao ensino superior, também avalia as capacidades dos alunos no final do ensino básico.

Essas avaliações formuladas pelo governo federal permitem vislumbrar o resultado prático das políticas públicas educacionais desenvolvidas pelos estados e municípios. A possibilidade de conciliação da centralização administrativa com a gestão local, a partir do fortalecimento de mecanismos de participação popular no formato de órgãos decisórios, e não apenas consultivos, também poderia constituir-se em rica alternativa para as unidades federadas. As unidades da federação estariam livres para perseguir as metas estabelecidas da maneira que melhor lhes convier, desde que as metas sejam atingidas no período pactuado.

A segunda base do tripé assenta-se na manutenção de um sistema nacional de financiamento, que deve conter um mecanismo de redistribuição de recursos entre os entes da federação. No Brasil, o Fundeb (Fundo de Manutenção e Desenvolvimento da Educação Básica e de Valorização dos Profissionais da Educação) é a principal iniciativa existente no campo do financiamento educacional básico. Entretanto, como sua validade esgota-se em 2020, o governo federal ainda necessita estipular e repactuar novo mecanismo para financiar a educação ou, eventualmente, perenizar o próprio Fundeb.

O financiamento da educação brasileira, entretanto, é marcado por dualidade: de um lado, a minoria da população brasileira paga por escolas privadas, ao passo que a maioria dos brasileiros são ensinados em colégios públicos. Parte relevante dos gastos em educação privada, contudo, é direta ou indiretamente financiado pelo setor público,[655] seja por meio de deduções ou isenções tributárias, seja por meio de subsídios públicos diretos e indiretos à educação.[656] O fim das deduções de impostos com educação e a integração dos filhos da classe média brasileira ao ensino público seriam marcos simbólicos relevantes que poderiam fazer com que este grupo social voltasse a interessar-se pelos rumos da educação, fornecendo base material e intelectual para a melhoria do seu desempenho.

Atado aos mecanismos detalhados das duas primeiras bases – de avaliação e financiamento –, localiza-se a terceira base do tripé, que atualmente é inexistente. Trata da criação de um sistema nacional de correção, acionado em caso de não cumprimento dos objetivos estabelecidos. O objetivo desta etapa está ligado à possibilidade de intervenção por parte do Estado em políticas públicas que fracassaram no cumprimento das metas por seguidas vezes. Esta última base do tripé ainda está por ser construída. Unger propõe que,

---

655 Em artigo publicado na *Folha de S.Paulo*, Unger detalha os efeitos práticos da mesma política tributária na área da saúde (UNGER, Roberto Mangabeira. "Saúde: Questão de Consciência". *Folha de S.Paulo*, Tendências e Debates, 24 jan. 2010. Disponível em: <https://www1.folha.uol.com.br/fsp/opiniao/fz2401201009.htm>. Acesso em: 5 out. 2019).

656 Falco debate as consequências das deduções com instrução no imposto de renda brasileiro e estima, por faixa de renda, quanto o Estado brasileiro deixa de arrecadar por conta desta política tributária (FALCO, Caroline Fernandes Valpassos. *A Educação e o Gasto Tributário Social*: Origem, Pressupostos e Implicações da Dedução das Despesas com Instrução no Imposto de Renda Brasileiro". São Paulo, 2015. Tese (Doutorado em Educação) – Faculdade de Educação da Universidade de São Paulo).

nos casos em que a gestão local fracassar no cumprimento das metas estipuladas, um órgão ou poder transfederal seja acionado para intervir naquela localidade, perdurando sua atuação até que os resultados voltem a atingir o padrão nacional. Este órgão transfederal seria composto por membros de todos os níveis da federação e dos três poderes em prol da recuperação daquela escola. Exemplo prático desta instância foi sugerido no documento *Pátria Educadora*, apresentado para consulta pública à sociedade no ano de 2015 e elaborado pela Secretaria de Assuntos Estratégicos, da qual Roberto Mangabeira Unger era ministro à época.[657] Neste documento, as chamadas Comissões de Cooperação Federativa teriam a responsabilidade de estabelecer diretrizes para a atuação da Mobilização Federativa pela Educação, que atuaria para resgatar os sistemas de ensino com desempenho crítico.

Se, de um lado, é imperioso estabelecer critérios que todas as escolas do país devem atingir, por outro lado é fundamental incentivar a pluralidade e trabalhar com as diferenças culturais, sociais e geográficas da nação. Isto porque, atualmente, os serviços públicos brasileiros e, como consequência, os serviços educacionais públicos, são oferecidos segundo lógica de fordismo administrativo: padroniza serviços de baixa qualidade ao público, de qualidade inferior aos serviços oferecidos a quem possa comprá-los no mercado. O serviço público funciona, em diversos casos, como o padrão mínimo de qualidade a partir do qual os serviços privados ganham apelo para atrair os cidadãos insatisfeitos. Quanto menor a

---

657 BRASIL. *Pátria Educadora*: A Qualificação do Ensino Básico como Obra de Construção Nacional. Brasília: Secretaria de Assuntos Estratégicos – SAE, 2015. Disponível em: <http://www.robertounger.com/pt/wp-content/uploads/2017/01/educacao-proposta-geral.pdf>. Acesso em: 5 out. 2019.

qualidade do serviço público, menor será também a qualidade do seu homólogo no mercado privado.

Para superar a estandardização dos serviços educacionais públicos de baixa qualidade segundo a lógica do fordismo administrativo, o Estado, além de romper a dualidade no ensino, pode cooperar com entidades da sociedade civil ao prepará-las, financiá-las, coordená-las e monitorá-las para que prestem serviços públicos de acordo com as demandas de cada região, num exercício de fornecimento personalizados de maneira experimental. O aumento da capacidade e da qualidade na prestação de serviços poderá vir por meio de estratégias inovadoras.

Ao compreender o indivíduo como um portador de interesses, em vez da versão idealizada do homem desinteressado e em busca do interesse público típico do republicanismo, o experimentalismo recorta a distância entre o público e o privado, a partir do que Unger chama de categoria intermediária: tudo aquilo que é social.[658] O enfraquecimento das hierarquias sociais rígidas torna os indivíduos mais abertos a auxiliar e a entender o próximo, despidos dos papéis sociais que normalmente desempenham.

Conclusão

Este artigo procurou analisar criticamente o modelo de fluxos múltiplos de John Kingdon e a teoria social de Roberto Mangabeira Unger ao utilizar a política pública de educação. Há divergências claras entre os dois autores: Kingdon foca no método e na descrição empírica e objetiva dos fatos, ao passo que Unger desdobra sua contribuição no plano teóri-

658 UNGER, Roberto Mangabeira. *Democracia Realizada*: A Alternativa Progressista. São Paulo: Boitempo, 1999.

co e no plano programático, a apontar as possibilidades de transformação de seu objeto.

Ao focar em método excessivamente tocado pelo descritivismo-processualista das políticas públicas, o modelo de Kingdon deixa de lado os meandros da história, suas contradições e confusões, bem como obscurece as estruturas mantenedoras dos processos de desigualdade e exclusão e, de outro lado, aqueles que legitimam a subjugação de grupos sociais por outros. Se Kingdon avança ao valorizar o papel dos atores e, por consequência, no poder da agência humana na construção política, o distanciamento de sua teoria com a realidade acaba por valorizar suposta pureza disciplinar e aversão às ideologias, elementos típicos da revolução acadêmica que tomou conta das ciências sociais dos Estados Unidos e, posteriormente, espraiou-se para o resto do mundo. Assim, embora o tema institucional aflore em sua teoria durante a jornada pelos três fluxos, é tratado como variável externa, postura acrítica que acaba por legitimar as desigualdades presentes na estrutura social.

As obras de Kingdon, especialmente *Agendas, Alternatives and Public Policy,* tornaram-se um marco para a análise de políticas públicas nos Estados Unidos e, posteriormente, *et orbi.* A influência de teorias derivadas da biologia para a explicação do processo de agendamento das políticas públicas é uma característica que o distinguiu, quando da publicação desse livro, de seus colegas da escola hegemônica da ciência política produzida nos Estados Unidos, adeptos da transposição de métodos das ciências exatas para as ciências sociais. Entretanto, tal peculiaridade não alterou a insuficiência de fundo, típica das produções da ciência social positiva: o ofuscamento da análise dos conflitos presentes na sociedade.

Entre as críticas às ciências sociais positivas, o experimentalismo institucional de Roberto Mangabeira Unger rejeita justamente tal postura de "dourar a pílula" e realizar, quando muito, políticas públicas de redistributivismo fraco e marginal de bens e direitos. É uma vertente que evita problematizar os conflitos e expõe sua visão de mundo embalada por linguagem técnica e distanciada. Não é casual, portanto, que tanto a expressão popular quanto o eleitorado estejam ausentes do quadro de atores visíveis e invisíveis, envolvidos no processo de agendamento das questões de políticas públicas em Kingdon.

Enquanto a noção tradicional de políticas públicas incorpora sua orientação para a resolução de problemas episódicos, localizados, pontuais, o experimentalismo é orientado para a mudança estrutural, de modo a diagnosticar oportunidades a serem aproveitadas, por meio de método do mapeamento e crítica. Mais importante do que o resultado é a direção. Comprometer-se com a direção significa, igualmente, voltar os olhares também para o futuro, para as possibilidades apresentadas para a construção da sociedade, por meio das lutas políticas combatidas entre os diversos grupos sociais. Ao olhar apenas para o passado e deixar de lado a agenda programática e as possibilidades de transformações institucionais, o pensamento social contemporâneo e a teoria de políticas públicas acabam por reverberar a agenda da impossibilidade de mudanças profundas, além de legitimar, naturalizar, produzir e reforçar a realidade social, permeada por ordens hierárquicas e desigualdades. Com linguagem profética, Unger, ao tratar de temas estruturais nas sociedades contemporâneas, sugere agenda programática profundamente democratizadora. Também nas políticas públicas educacionais o experimentalismo mapeia a situação, realiza a crítica e aponta as alternativas possíveis para sua reorganização.

O experimentalismo constitui-se em crítica direta, ainda, ao transplante acrítico de teorias sociais amplamente difundidas em potências hegemônicas, que, quando aterrisam e se difundem em países como o Brasil, servem como camisa de força para a análise da sociedade local e de seus desafios. Sua limitação teórica também impõe limitação de ordem prática: impede-nos de visualizar oportunidades de transformação imediatas, dificultando a superação dos problemas nacionais.

Referências bibliográficas

ANDERSON, James. *Public Policy Making*: An Introduction. 3. ed. Boston: Houghton Mifflin Company, 1984.

BAUMGARTNER, Frank. "John Kingdon and the Evolutionary Approach to Public Policy and Agenda Setting". In: ZAHARIADIS, Nikolaos (ed.). *Handbook of Public Policy Agenda Setting*. Northampton: Edward Elgar, 2016.

______.; JONES, Bryan. *Agendas and Instability in American Politics*. Chicago: University of Chicago Press, 1993.

______.; ______.; TRUE, James. "Punctuated Equilibrium Theory: Explaining Stability and Change in American Policymaking". In: SABATIER, Paul (ed.). *Theories of the Policy pProcess*. Oxford: Westview Press, 1999.

BRASIL. *Pátria Educadora*: A Qualificação do Ensino Básico como Obra de Construção Nacional. Brasília Secretaria de Assuntos Estratégicos – SAE, 2015. Disponível em: <http://www.robertounger.com/pt/wp-content/uplo-

ads/2017/01/educacao-proposta-geral.pdf>. Aceso em: 5 out. 2019.

COHEN, Michael; MARCH, James; OLSEN, Johan. "A Garbage Can Theory of Organizational Choice". *Administrative Science Quarterly*, v. 17, n. 1, 1972, pp. 1-25.

DELEON, Peter. "The Historical Roots of the Field". In: MORAN, Michael; REIN, Martin; GOODIN, Robert (orgs.). *The Oxford Handbook of Public Policy*. Oxford: Oxford University Press, 2006.

DYE, Thomas. *Understanding Public Policy*. Upper Saddle River, NJ: Prentice-Hall, 2002.

EASTON, David. *A Framework for Political Analysis*. Englewood Cliffs: Prentice Hall, 1965.

FALCO, Caroline Fernandes Valpassos. *A Educação e o Gasto Tributário Social*: Origem, Pressupostos e Implicações da Dedução das Despesas com Instrução no Imposto de Renda Brasileiro. São Paulo, 2015. Tese (Doutorado em Educação) – Faculdade de Educação da Universidade de São Paulo.

FARIA, Vanessa Elsas Porfirio de. *A Trajetória do Projeto CIEJA entre as Políticas Públicas de EJA na Cidade de São Paulo*. São Paulo, 2014. Dissertação (Mestrado em Educação) – Faculdade de Educação, Universidade de São Paulo.

GOTTEMS, Leila Bernarda Donato; PIRES, Maria Raquel Gomes Maia; CALMON, Paulo Carlos Du Pin; ALVES, Elioenai Dornelles. "O Modelo dos Múltiplos Fluxos de Kingdon na Análise de Políticas de Saúde: Aplicabilidades, Contribuições e Limites". *Saude Soc.* [online], v. 22, n. 2, pp. 511-20, 2013. Disponível em: <http://www.scielo.br/scielo.php?script=sci_arttext&pid=S0104-12902013000200020&lng=en&nrm=iso>. Acesso em: 5 out. 2019.

HOWLETT, Michael; RAMESH, M. *Studying Public Policy*: Policy Cycles and Policy Subsystems. Toronto/New York: Oxford University Press, 1995.

JENKINS, William. *Policy Analysis*: A Political and Organizational Perspective. London: Martin Robertson, 1978.

KINGDON, John. *Candidates for Office:* Beliefs and Strategies. New York: Random House, 1966.

_____. *Congressmen's Voting Decisions*. New York: Harper and Row, 1973.

_____. *Agendas, Alternatives and Public Policies*. 3. ed. New York: Harper Collins, 2003 [1984].

LASSWELL, Harold. *The Decision Process: Seven Categories of Functional Analysis*. College Park, MD: University of Maryland Press, 1956.

_____. *Politics*: Who Gets What, When, How. Cleveland: Meridian Books, 1958.

LESSA, Renato. "Da Interpretação à Ciência: Por uma História Filosófica do Conhecimento Político no Brasil". *Lua Nova*, São Paulo, n. 82, 2011, pp. 17-60.

LINDBLOM, Charles. *O Processo de Decisão Política*. Brasília: Ed. UnB, 1981.

LOWI, Theodore. "Four Systems of Policy, Politics, and Choice". *Public Administration Review*, n. 32, 1972, pp. 298-310.

MUCCIARONI, Gary. "The Garbage Can Model and the Study of Policy Making: A Critique". *Polity*, v. 24, n. 3, 1992, pp. 459-82.

SABEL, Charles; DORF, Michael C. *A Constitution of Democratic Experimentalism*. Cambridge, MA: Harvard University Press, 1998.

SABATIER, Paul. "The Advocacy Coalition Framework: An Assessment, Revisions, and Implications for Scholars and Practitioners". In: SABATIER, Paul A.; JENKINS-SMITH, Hank C. (eds.). *Policy Change and Learning*: An Advocacy Coalition Approach. Boulder: Western Press, 1993. pp. 211-35.

SOUZA, Celina. "Políticas Públicas: Uma Revisão da Literatura". *Sociologias*, Porto Alegre, n. 16, 2006.

SOUZA, Otaviani Luciano. "Cenários da Educação à Distância como Política Pública para a Formação de Professores da Educação Básica". In: SEGENREICH, Stella Cecilia; BUSTAMANTE, Silvia Branco (orgs.). *Políticas e Práticas da Educação a Distância (EaD) no Brasil*: Entrelaçando Pesquisas. Rio de Janeiro: Letra Capital, 2013.

TEIXEIRA, Carlos Sávio Gomes. "Federalismo e Política Social em Perspectiva Transformadora". *Política Democrática*, n. 34, nov. 2012.

_____. "Lei de Responsabilidade Social: O Caminho para a Superação do Rentismo e do Corporativismo". *Nordeste*, Recife, 20 dez. 2016, pp. 48-52.

UNGER, Roberto Mangabeira. *Democracia Realizada*: A Alternativa Progressista. São Paulo: Boitempo, 1999.

_____. *Política*: Os Textos Centrais, a Teoria contra Destino. Trad. Paulo César Castanheira. São Paulo: Boitempo, 2001 [1997].

_____. *False Necessity*: Anti-necessitarian Social Theory in the Service of Radical Democracy. Cambridge, MA: Cambridge University Press, 2004 [1987].

_____. *O Direito e o Futuro da Democracia*. São Paulo: Boitempo Editorial, 2004.

_____. “Saúde: Questão de Consciência”. *Folha de S.Paulo*, Tendências e Debates, 24 jan. 2010. Disponível em: <https://www1.folha.uol.com.br/fsp/opiniao/fz2401201009.htm>. Acesso em: 5 out. 2019.

YOUNG, Tamara; SHEPLEY, Thomas; SONG, Mengli. “Understanding Agenda Setting in State Educational Policy: An Application of Kingdon’s Multiple Streams Model to the Formation of State Reading Policy. *Education Policy Analysis Archives*, v. 18 n. 15, 2010. Disponível em: <http://epaa.asu.edu/ojs/article/view/771>. Acesso em: 5 out.2019.

ZAHARIADIS, Nikolaos. *Markets, States and Public Policies*: Privatization in Britain and France. Ann Arbor: University of Michigan Press, 1995.

_____.; TRAVIS, Rick. “A Multiple Streams Model of U.S. Foreign Aid Policy”. *Policy Studies Journal*, n. 30, 2002, pp. 495-514.

12 – A Questão Partidária de Guerreiro Ramos a Mangabeira Unger: Uma Tradição?

Márcio Nuno Rabat[659]

Introdução

A produção intelectual de Alberto Guerreiro Ramos, nos últimos anos da década de 1950 e nos primeiros anos da década seguinte, contribuiu poderosamente para a compreensão do fenômeno eleitoral e partidário da queda da primeira república, em 1930, ao golpe de estado de 1964. Além disso, carrega energia suficiente para lançar luz sobre o desenrolar posterior da experiência brasileira com partidos políticos. Suas reflexões, conjugadas com as de Roberto Mangabeira Unger, bem mais recentes, podem dar suporte à investigação e avaliação da história política do país e à prospecção, fundamentada, do que esperar da instituição partidária no futuro. A tentativa de vincular as duas obras, ainda que incipiente, como neste texto, abre espaço, ademais, para que se pense na possibilidade de que seus autores façam parte, em alguma medida, de uma mesma tradição de pensamento.

O primeiro ponto a ressaltar é que as reflexões de Guerreiro Ramos e de Mangabeira Unger a respeito das instituições

659 Doutor em Ciência Política pela Universidade Federal Fluminense (UFF). Consultor legislativo da Câmara de Deputados. Coautor dos livros *Parlamento Mutilado: Deputados Cassados pela Ditadura de 1964* e *Palavra de Mulher: Oito Décadas do Direito ao Voto.*

de representação política constituem apenas parcelas dos empreendimentos teóricos bem mais amplos e densos a que cada um deles se dedicou. O elemento de maior destaque, em ambos os casos, talvez seja a investigação sobre as condições de exercício da reflexão teórica de sentido emancipador. Os dois pensadores encontram-se unidos, em uma palavra, pela preocupação com o poder e a liberdade do pensamento como elemento fundante da liberdade *tout court*.

As elucubrações de Alberto Guerreiro Ramos nessa esfera partiram possivelmente da indagação sobre as condições de exercício da reflexão e da prática teóricas em um país periférico. Seu pensamento nunca ficou preso, contudo, ao que essa questão tem de específico, até porque ela não se solucionaria sem um salto para o questionamento das condições da teoria em geral, especialmente da teoria sociológica. Ainda assim, na esteira da necessidade, por ele acentuada, de que o investigador se imbua da perspectiva e das exigências particulares criadas pela situação concreta em que está inserido, as circunstâncias da época obrigaram-no a defender-se da alegação, indiscutivelmente equivocada, de que ele proporia padrões menos rigorosos de investigação sociológica para uso nos contextos sociais em que a teoria e o instrumental de pesquisa estivessem pouco desenvolvidos.

Não ficou claro para muitos de seus críticos que a "redução sociológica" proposta por Guerreiro Ramos não era um "método para se pensar na periferia", mas uma proposta dirigida ao pensar sociológico em geral. A redução, dizia ele, "se esforça por depurar os objetos de elementos que dificultem a percepção exaustiva e radical de seu significado".[660] Ela se

---

660 RAMOS, Alberto Guerreiro. *A Redução Sociológica*. Rio de Janeiro: Editora UFRJ, 1996, p. 71.

manifesta, por exemplo, na impossibilidade de pura e simplesmente se reproduzir um procedimento de investigação desenvolvido em determinada situação como se ele fosse, por assim dizer, um procedimento sociológico *em si*, desconectado de qualquer contexto. O encaminhamento correto seria, na verdade, o de apreender exaustiva e radicalmente o núcleo significativo do procedimento de investigação em seu contexto original e incorporá-lo a um *habitus* de pensamento e pesquisa que pudesse valer-se dele nos termos concretamente solicitados pela circunstância.

De início, é certo, a redução foi aplicada principalmente "como método de assimilação crítica da produção sociológica estrangeira".[661] Acentuou-se, com isso, a perspectiva nacional, que daria sentido concreto ao uso do pensamento sociológico universal no Brasil. No entanto, estava claro no próprio texto original do livro, e foi repisado exaustivamente no prefácio à segunda edição, ser de todo possível, e necessária, a conciliação entre "o comprometimento do cientista com seu contexto histórico" e "o critério da universalidade", sem o qual não haveria ciência. A mediação é feita, na teoria de Guerreiro Ramos, pela "noção de comunidade humana universal".[662]

Somente dentro desse arcabouço mais amplo é que a preocupação de Guerreiro Ramos com a questão nacional pode revelar os pontos de contato que guarda com o projeto teórico e político de Mangabeira Unger. Não se trata de dotar uma eventual forma brasileira de ver o mundo de qualquer tipo de transcendentalidade, nem de abrir mão de nada do que de fundamentalmente comum a humanidade compar-

661 *Ibid.*, p. 71.
662 *Ibid.*, p. 15.

tilha, mas de reconhecer que essa humanidade se manifesta de distintas maneiras, a depender da situação concreta, e de valorizar a multiplicação de caminhos para a democratização econômica, social e cultural das relações humanas. Essa postura encontra expressão, por exemplo, no entusiasmo com que Guerreiro Ramos saúda, no livro *Mito e Verdade da Revolução Brasileira*, publicado em 1963, a então emergente pluralidade de vias para o socialismo, destinada a superar o estreitamento de caminhos que a natural preponderância temporária do modelo russo fizera surgir nas décadas posteriores à revolução soviética.

A reflexão de Mangabeira Unger enfrenta uma redução de alternativas no plano internacional aparentemente ainda mais coercitiva que aquela contra a qual se insurgiu o pensamento de Guerreiro Ramos. O "definhamento da diferença" é um fato. Esse fato, no entanto, "não enfraqueceu a vontade de diferença".[663] "O Estado-nação quer ser diferente, mas não sabe como".[664] Insinua-se, por toda parte, a queixa de que "a ortodoxia impede países e regiões do mundo de desenvolver [...] diferentes formas de vida".[665] Reside aí uma "poderosa fonte de descontentamento" a ser mobilizada para destravar vias alternativas de democratização. A proposta de Mangabeira Unger, em seu cerne, assemelha-se à de Guerreiro Ramos. Nacionalismo e internacionalismo, duas fórmulas que não perderam força semântica, ainda seriam faces da mesma moeda: "a heresia nacional depende, fundamentalmente, para seu avanço, do pluralismo global". Não é por interesse mesquinho que "uma nação deve colocar no alto de sua lis-

---

663 UNGER, Roberto Mangabeira. *O Que a Esquerda Deve Propor*. Rio de Janeiro: Civilização Brasileira, 2008, p. 57.

664 *Ibid.*, p. 40.

665 *Ibid.*, p. 16.

ta de preocupações a mobilização de recursos nacionais [...] que a tornem capaz de resistir e de se rebelar".[666]

Além de criar condições para o recurso à produção teórica estrangeira, a redução sociológica se desenvolveria, de acordo com a proposta de Guerreiro Ramos, "como [...] adestramento cultural do indivíduo, que o habilita a transcender, no limite do possível, os condicionamentos circunstanciais que conspiram contra sua expressão livre e autônoma" e "como superação da sociologia nos termos institucionais e universitários em que se encontra".[667] A mera leitura de formulações como essas, mesmo em formato tão resumido, faz suspeitar, para quem conheça a obra de Mangabeira Unger, da existência de pontos de aproximação entre os dois pensadores, a merecerem pesquisa.

Assim, por exemplo, poder-se-ia investigar se o *vanguardismo experimentalista* referido por Mangabeira Unger não guarda paralelismo com a *sociologia em hábito* de Guerreiro Ramos. As vanguardas experimentalistas, adverte o primeiro, existem efetivamente, hoje, "nas melhores empresas e escolas", espaços por excelência das "práticas cooperativas amigáveis à inovação". Mas não é esse o modo de pensar e produzir disponível para a maioria das pessoas, que acaba condenada a estudar e trabalhar de acordo com procedimentos padronizados e impostos. De igual sorte, a sociologia em hábito também existe, mas a maior parte da pesquisa dita sociológica se limita à reprodução de procedimentos padronizados e impostos. Ora, a superação da distância entre a vanguarda e a retaguarda está no horizonte de expectativa dos dois autores. Em ambos os casos, de uma perspectiva

---

666 *Ibid.*, p. 43.

667 RAMOS, *A Redução Sociológica*, p. 11.

radicalmente democrática. Sirva de ilustração um parágrafo, escrito por Guerreiro Ramos, de ressonância mangabeiriana, se não também no conteúdo, pelo menos no tom:

> [A redução sociológica] não se destina tão só a habilitar a transposição de conhecimentos de um contexto social para outro, de modo crítico, mas também caracteriza uma modalidade superior da existência humana, a existência culta e transcendente. A sociologia não é especialização, ofício profissional, senão na fase da evolução histórica em que nos encontramos, em que ainda perduram as barreiras sociais que vedam o acesso da maioria dos indivíduos ao saber. A vocação da sociologia é resgatar o homem ao homem, permitir-lhe ingressar num plano de existência autoconsciente. É, no mais autêntico sentido da palavra, tornar-se um saber de salvação.[668]

Não será demais lembrar que tanto Guerreiro Ramos como Mangabeira Unger participaram de processos eleitorais e partidários como candidatos e como formuladores de programas de partidos políticos. Nos dois casos, aliás, a liderança política a que mais intensamente se ligaram foi certamente a de Leonel Brizola, primeiro no Partido Trabalhista Brasileiro (PTB), antes da ditadura de 1964 (Guerreiro Ramos), depois no Partido Democrático Trabalhista (PDT), herdeiro mais direto do antigo PTB no pós-ditadura (Mangabeira Unger). É um traço, tênue, é certo, a apontar para a existência de algum tipo de continuidade dentro da tradição trabalhista brasileira, de que os dois autores seriam expressões. As diferenças entre eles, pouco exploradas aqui, revelariam, por sua vez, a pluralidade de vertentes em que tal tradição se ramifica.

---

668 *Ibid.*, p. 10.

Registre-se, por fim, que as ideias aventadas nas próximas páginas assentam, em boa medida, na suposição de que as décadas de 1930 e 1940 testemunharam uma profunda ruptura em relação à história eleitoral e partidária anterior do Brasil. Trata-se de um último elemento a estimular a pesquisa da eventual localização das obras de Guerreiro Ramos e de Mangabeira Unger em uma tradição política e intelectual de que tal ruptura terá sido, talvez, condição objetiva de possibilidade.

Guerreiro Ramos e os partidos políticos

As reflexões desenvolvidas por Alberto Guerreiro Ramos, por volta de 1960, sobre os mais diversos aspectos da sociedade brasileira da época, assentavam em uma periodização da história política do país redutível a um esquema, na aparência bastante simples, mas de grande poder explicativo. O esquema partia da constatação de que "a sociedade política foi durante muito tempo no Brasil parte singularmente restrita da população".[669] Ora, qualquer sociedade política incluiria, de sua perspectiva, uma minoria que exerce o poder, os que a apoiam e "os que se lhe opõem embora a reconheçam e consintam no seu mandato". A maior parte da população brasileira, ao longo de muitíssimos anos, não se encontrava, para ele, sequer nesse terceiro grupo. A minoria dirigente, por sua vez, era ainda mais restrita. Em linhas gerais, "o latifúndio e o alto comércio governaram o país desde 1822 até 1930".[670]

669 *Id.*, *A Crise do Poder no Brasil* (Problemas da Revolução Nacional Brasileira). Rio de Janeiro: Zahar, 1961, p. 23.
670 *Ibid.*, p. 24.

O ano de 1930 seria o marco decisivo para a análise da ampliação da sociedade política no Brasil. Finalmente, grupos sociais que nela vinham tentando entrar desde a segunda metade do Segundo Reinado encontraram algum espaço. Eles compunham o que Guerreiro Ramos chamava de classe média. Suas reivindicações, sustentava ele, encontraram eco no Manifesto do Partido Republicano, de 1870,[671] na fundação da Sociedade Positivista, em 1878, e, principalmente, nos primeiros governos republicanos, de Deodoro da Fonseca e de Floriano Peixoto (1889-1894).[672] Mas não integraram solidamente o núcleo político do país antes de 1930, o "último elo da revolução da classe média que se iniciara mais ou menos por volta de 1910, com a campanha civilista de Rui Barbosa",[673] tendo passado pelas chamadas "salvações", no governo Hermes da Fonseca, pelo ativismo político dos tenentes e pela coluna Prestes. O novo pacto político se consolidou definitivamente com o Estado Novo. Jamais em nossa história, afirmou Guerreiro Ramos, "a classe média teve tão larga participação no poder" como na ditadura implantada em 1937.[674]

Superado o Estado Novo, a ampliação da sociedade política tomou novo impulso. O povo, que em 1930 fora contido na periferia do poder, demonstrava enfim "que não é mais aquela ficção jurídica de épocas decorridas. É uma realidade sociológica". Começava a impor-se, nas novas circunstâncias, uma mudança profunda no modo de ser e no papel desempenhado pelos partidos políticos. O resumo é do próprio Guerreiro Ramos:

671 *Loc. cit.*

672 *Ibid.*, p. 26.

673 *Ibid.*, p. 28.

674 *Ibid.*, p. 30.

> Em 1945, e mais nitidamente em 1950, com o retorno de Getúlio Vargas ao poder, a despeito de ter sido candidato de oposição ao Governo, findara-se o período das simples reformas políticas, agora substituído pelo das reformas sociais, uma vez que o povo, nas novas condições, deixara de ser longínquo espectador das lides partidárias.[675]

Não é difícil inferir do que se escreveu até aqui que Guerreiro Ramos procura descrever os processos políticos de média e longa duração em articulação com os desenvolvimentos sociais e econômicos que lhes sejam concomitantes ou, mais incisivamente, subjacentes. É assim, por exemplo, que, em sua avaliação, coube "à classe média[676] a iniciativa e o comando de nossas reivindicações mais avançadas", tão somente "enquanto não se constituiu uma burguesia industrial e um proletariado urbano" entre nós.[677] É assim, também, que os processos de industrialização e urbanização estarão por trás de boa parte de suas análises políticas do período.

A identificação de distintas formas de fazer política, inerente a sua periodização da história política brasileira, não terá substrato diferente. Ainda que os diversos tipos de política por vezes se apresentem simultaneamente, eles "tendem a ser sucessivos"[678] e a guardar relação com o modo predominante de funcionamento da economia e da sociedade em cada momento. Entre os cinco tipos de atuação política ten-

---

675 *Ibid.*, p. 31.

676 O autor indica o que entende por classe média: "o conjunto dos pequenos negociantes e industriais, profissionais liberais, funcionários, militares e assalariados que, por sua qualificação técnica e instrução, não podem ser confundidos com a massa obreira comum" (*ibid.*, p. 24).

677 *Loc. cit.*

678 *Ibid.*, p. 49.

dencialmente sucessivos propostos por Guerreiro Ramos, vale a pena afastar vigorosamente os dois primeiros (política de clã e política de oligarquia) dos dois últimos (política de grupos de pressão e política ideológica), deixando ao terceiro (política populista), fundamentalmente, o papel de via de passagem entre aqueles dois extremos.

A política de clã e a política de oligarquia se definiriam, ambas, pela inexistência ou insuficiência da diferenciação de uma esfera pública na sociedade. A política de clã caracteriza uma situação propriamente pré-política ou protopolítica. "A autoridade do senhor territorial é onicompreensiva, seu poder privado não se distingue do poder público".[679] Já a política de oligarquia, "embora reconheça, do ponto de vista jurídico abstrato, a coisa pública, utiliza-a, na prática, como coisa privada".[680] Ela se afirmou pela necessidade de reunir os clãs rurais em agrupamentos maiores, as oligarquias, que disputariam o poder nacional após a autonomização do país frente à metrópole portuguesa. A tarefa política fundamental do Brasil recém-independente foi, na fórmula pitoresca de Oliveira Viana, adotada por Guerreiro Ramos, a de "meter os clãs em partidos nacionais". A situação não se teria alterado significativamente na primeira república. Já a entrada da classe média e principalmente do povo na esfera política teria mudado radicalmente a situação.

> É exatamente onde começa a surgir "espírito público esclarecido" e "a opinião se faz respeitar" [ou seja, "nas capitais e nos centros populosos", fórmula de Tavares de Lira, também adotada por Guerreiro Ramos] que aparecem as condições para a *política populista*.

---

679 *Loc. cit.*

680 *Ibid.*, p. 51.

> O populismo não apela para a consaguinidade, o parentesco em suas várias formas, a dependência residencial, a lealdade. Apela para uma vaga solidariedade social. [...] O vínculo que liga aqui os liderados aos chefes é a *confiança pessoal* e não a *fidelidade clânica*. O líder *populista* é sempre um homem que fez algo pelas categorias sociais de seus adeptos e que, por isso, as sensibiliza politicamente (Ramos, 1961, p. 55).[681]

A política populista encontrava correspondência, naturalmente, na situação socioeconômica subjacente.

> O populismo é uma ideologia pequeno-burguesa que polariza a massa obreira nos períodos iniciais da industrialização, em que as diferentes classes ainda não se configuraram e apenas despontam, de maneira rudimentar. Em tais condições, a debilidade relativa do incipiente sistema produtivo não permite que as categorias dos trabalhadores tomem parte nas lutas políticas em obediência a programas próprios ou diferenciados. Ao contrário, justapõem-se num agregado sincrético, que pode ser considerado como o povo em estado embrionário.[682]

Guerreiro Ramos supunha que, na época em que escrevia, as condições para a superação do populismo estavam dadas. Vislumbrava, assim, a predominância crescente da política de grupos de pressão e da política ideológica. Da leitura atenta das páginas que, no livro *Crise do Poder no Brasil*, explicam esses dois tipos de política, parece poder concluir-se que, apesar das ambiguidades do autor, mais vale não os tratar como formas tendencialmente sucessivas de atuação po-

---

681 *Ibid.*, p. 55.
682 *Ibid.*, p. 56.

lítica, mas como alternativas potencialmente presentes, em simultâneo, nas sociedades industriais.

> O público de uma sociedade industrial moderna é extremamente heterogêneo e dividido e, por isso, o interesse geral, a menos que não passe de abstração, só pode ser visto na perspectiva de cada situação particular em que se encontra o indivíduo. As pressões e os grupos que em razão delas se formam são inevitáveis.[683]

É na política ideológica, no entanto, que se manifesta a maturidade de uma sociedade moderna. Não que os grupos de pressão sejam, como as oligarquias, "donos" do poder. Ao contrário, eles "reconhecem o fundamento público do poder" e, por isso, "a ele se dirigem como postulantes".[684] Respondem, nesse sentido, a ditames profundos da modernidade. Mas, justamente por sua fragmentação, eles não são capazes de transmitir ao poder público direção definida. Se os grupos de pressão não encontrarem resistência organizada, prevalecerá na sociedade a oscilação entre interesses pontuais distintos ou, pior, prevalecerão sistematicamente os interesses de "certos círculos do mundo econômico e financeiro [que] mais poderosamente influenciam as decisões dos poderes públicos".[685] Somente a política ideológica, exercida do ponto de vista sistemático de classes ou agrupamentos sociais de grande envergadura, pode superar essa situação. "Cada grupamento social é compelido a procurar influenciar o aparelho estatal e mesmo a controlá-lo, proclamando a racionalidade de suas pretensões, a vantagem coletiva do

683 *Ibid.*, p. 58.
684 *Ibid.*, p. 57.
685 *Ibid.*, p. 59.

prevalecimento de seu ideário no exercício do poder".[686] Em outras palavras, a política, para ser ideológica, deve ser exercitada ao redor de programas abrangentes, dirigidos a toda a coletividade.

Ora, os partidos políticos são os veículos por excelência da política ideológica. Infelizmente, contudo, os partidos brasileiros se vinham mostrando, na visão de Guerreiro Ramos, incapazes de levar adiante a tarefa que lhes cabia naquela quadra histórica.

> A crise dos partidos em nossos dias resulta de que ainda continuam em grande escala viciados pelas superadas práticas oligárquicas e populistas, sem se darem conta da mudança qualitativa ocorrida nos últimos anos na psicologia coletiva do eleitorado.[687] Este se orienta cada vez mais por critérios ideológicos e, assim, perdeu o temor reverencial pelos grandes nomes que, em outros tempos, mantinham-se indefinidamente nas posições de mando, graças à docilidade de eleitores cativos.[688]

As eleições de 3 de outubro de 1960 teriam revelado claramente a crise partidária em curso. Tanto "o Marechal [Henrique Teixeira] Lott foi candidato perfilhado a contragosto pelos altos escalões do PSD e do PTB, tendo sido o

---

686 *Ibid.*, p. 62.

687 "Os diversos agrupamentos sociais do país têm hoje suportes econômicos específicos. A explicação de sua nova mentalidade política deve ser buscada nesses suportes. [...] Não se formam agrupamentos ou classes sociais, distintos em sua psicologia, onde as atividades produtivas são pouco diferenciadas" (*ibid.*, p. 60). Sirva a citação para reafirmar o postulado do autor: os processos políticos de média ou longa duração articulam-se com os desenvolvimentos sociais e econômicos que lhes sejam concomitantes ou subjacentes.

688 *Loc. cit.*

seu lançamento feito originariamente por entidades e grupos marginais nas vigentes organizações partidárias", como, "na própria UDN, surgiram fortes resistências ao sr. Jânio Quadros, considerado estranho em suas fileiras". Em resumo, "os nossos três grandes partidos já não controlam mais a situação política do país".[689] Estavam dadas, pois, as condições para uma profunda reforma política, que colocasse as instituições representativas à altura das necessidades do momento histórico.

O curioso é que, chegando a esse ponto, Guerreiro Ramos não cogite reformas nas instâncias propriamente estatais da representação política. A questão parece fundamentalmente resolvida com "o voto secreto, a representação proporcional, o sufrágio feminino, o regime de partidos, a Justiça Eleitoral e um sistema democrático de apuração dos resultados dos pleitos".[690] O que lhe interessa é "o enquadramento dos contingentes eleitorais nos diversos partidos, de acordo com suas respectivas características sociais".[691] Afinal, a "indiferenciação partidária é incompatível com a etapa de uma sociedade constituída de partes heterogêneas, de classes ou categorias sociais dotadas de traços idiossincráticos, de uma sociedade que superou o amorfismo de suas primeiras fases de evolução". [692]

Os partidos deveriam superar internamente os obstáculos à emergência da representação política de natureza ideológica. O processo, aliás, já se encontrava, de alguma maneira, em curso.

---

689 *Ibid.*, p. 36.
690 *Ibid.*, p. 75.
691 *Ibid.*, p. 78.
692 *Loc. cit.*

> É nesta ordem de ideias que se poderá compreender que nada tem de fortuito o surgimento de grupos renovadores no interior de nossos três grandes partidos, o PTB, o PSD, a UDN. [...] A luta interna nos grandes partidos está declarada, é irreversível, pois atende à necessidade fundamental de organização, não apenas daqueles institutos partidários, mas do próprio processo brasileiro.[693]

Como corolário dessa linha de raciocínio, a discussão das necessidades políticas brasileiras vai convergir para o problema da organização interna dos partidos e da formação de quadros partidários. Seria no "trabalho de base com o objetivo de nuclear em todo o país [...] efetivas forças populares"[694] que se decidiria, por exemplo, o futuro do PTB e de João Goulart, seu principal líder, ainda na vice-presidência da República quando tudo isso se escreveu.

***

A linha de investigação perseguida por Alberto Guerreiro Ramos em sua busca de uma periodização da história política brasileira que iluminasse o desenvolvimento global do país perdeu força no período posterior ao golpe de estado de 1964,[695] mas não desapareceu completamente. A preocupação com o processo de ampliação da sociedade política, por exemplo, tem sido recorrente, ao longo dos anos, nos trabalhos publicados por Wanderley Guilherme dos Santos. Trata-se de autor, diga-se de passagem, que explicitamente reconheceu a importância das concepções de Guerreiro Ra-

693 *Ibid.*, p. 94.
694 *Ibid.*, p. 92.
695 Guerreiro Ramos teve o mandato de deputado federal cassado e os direitos políticos suspensos por dez anos pelo Ato do Comando Supremo da Revolução n. 4, de 14 de abril de 1964.

mos, em mais de uma área, para o encaminhamento de suas pesquisas. Ainda assim, vista do retrovisor, a década de 1960 parecia-lhe fundamentalmente inserida no sistema oligárquico que, no calor dos acontecimentos, Guerreiro Ramos acreditava em vias de superação.

Em publicação de 1994, por exemplo, Wanderley Guilherme reconhecia que "foram justamente o alistamento eleitoral obrigatório e os partidos, que buscavam nacionalizar-se entre [19]45 e [19]62, ao contrário dos partidos estritamente estaduais do sistema pré-30, os principais responsáveis pela escala do processo de conversão participativa".[696] Não deixava de observar, no entanto, que o processo não se completara.

> Em meio a importantes processos de urbanização e de conversão de cidadãos em eleitores, a oligarquia rural e seus aliados urbanos [...] foi hábil e violenta o suficiente para conter aqueles processos nas fronteiras de caricatamente minúscula competição partidária e eleitoral. Às eleições de 1962, todas as regiões do país apresentaram-se oligarquicamente organizadas, partidária e eleitoralmente, com baixíssimas taxas de competitividade.[697]

Para completar o quadro, o "golpe de 1964 interrompeu a competição crescente a nível estadual e praticamente extinguiu-a nacionalmente".[698]

Somente "a abertura política dos anos 1980, associada à extensa transformação socioeconômica que ocorreu entrementes, explodiram com os limites da oligarquia e, pela 1ª

---

696 SANTOS, Wanderley Guilherme dos. *Regresso*: Máscaras Institucionais do Liberalismo Oligárquico. Rio de Janeiro: Opera Nostra, 1994, p. 56.

697 *Ibid.*, p. 61.

698 *Ibid.*, p. 63.

vez na história republicana, generalizaram os dois processos democráticos fundamentais: o processo de competição partidária e a produção da competição eleitoral".[699] Para tanto, muito contribuiu o fato de que a expansão do eleitorado, não obstante as eleições reprimidas, "sequer teve sua velocidade amortecida" durante o regime ditatorial.

Mangabeira Unger e os partidos políticos

As expectativas de Roberto Mangabeira Unger em relação aos efeitos democratizantes da ampliação do sufrágio e da liberdade de organização partidária parecem menos otimistas do que as de Guerreiro Ramos trinta ou quarenta anos antes. Talvez se possa traduzir o diagnóstico do primeiro nos termos do segundo com a afirmação de que a política dos grupos de pressão se impôs à política ideológica e impediu a formulação, discussão e implantação de programas políticos democráticos de grande envergadura. No entanto, embora haja provavelmente alguma parcela de acerto nessa tradução, ela não basta para retratar todo o desconforto de Mangabeira Unger com a insuficiência das instituições representativas atualmente vigentes como veículos de democratização das relações sociais.

O que se observa, diz ele, de uma ou outra maneira, em inúmeros trechos de sua obra, é que

> [...] práticas e estruturas hostis à mobilização política popular sucederam, no desenvolvimento da política moderna, às qualificações exigidas para o sufrágio e ao recurso a vários níveis intermediários de representação popular, mecanismos destinados pelo liberalismo protodemocrático do começo do século XIX a refrear

699 *Ibid.*, p. 64.

> a agitação popular e tornar a propriedade segura. As estruturas hostis à mobilização que substituíram esses mecanismos protodemocráticos asseguraram que, contrariamente às expectativas de radicais e conservadores, o sufrágio universal se provaria compatível com hierarquias de classe.[700]

Entre os elementos que colaboraram para "domesticar o voto", encontram-se "as consequências desmobilizadoras da nova forma de organização da política partidária de massa".[701]

Esse tipo de avaliação não leva Mangabeira Unger a desqualificar o sufrágio universal ou os partidos políticos como elementos relevantes da rearticulação institucional que resultará do experimentalismo democrático por ele proposto. Na verdade, é comum em sua obra a defesa da ampliação do número de situações em que o "engajamento do eleitorado universal"[702] venha resolver, direta e rapidamente, impasses que surjam dentro do funcionamento rotineiro das instituições estatais, seja para decidir sobre o conteúdo de políticas públicas específicas, seja para arbitrar disputas entre distintas agências do aparato de representação política. Como nosso interesse principal não recai sobre o sufrágio, mas sobre os partidos políticos, é do que Mangabeira Unger deles diz

---

700 UNGER, Roberto Mangabeira. *O Direito e o Futuro da Democracia*. São Paulo: Boitempo, 2004, p. 28. Seria interessante, embora não caiba aqui, comparar as reflexões de Mangabeira Unger sobre a história da "domesticação do voto" na Europa com o segundo capítulo, intitulado "Crítica da Tentação Demiúrgica", do livro anteriormente citado de Wanderley Guilherme dos Santos. Em alguma medida, os processos históricos que os autores veem desenrolar-se são semelhantes, mas a avaliação que deles fazem diverge significativamente.

701 *Id.*, *Democracia Realizada*. A Alternativa Progressista. São Paulo: Boitempo, 1999, p. 172.

702 *Id.*, *O Direito e o Futuro da Democracia*, p. 28.

que trataremos daqui em diante. De qualquer modo, dado o entrelaçamento dos dois temas, o que se diz sobre um revela, em alguma medida, o que se diria sobre o outro.

Muitos dos críticos das instituições políticas contemporâneas consideram os partidos políticos resíduos inúteis ou perniciosos de um tempo que passou. Sendo assim, o próprio radicalismo, já esboçado, da crítica de Mangabeira Unger à institucionalidade vigente induz a investigar, com um pouco mais de cautela, primeiro, se ele realmente sustenta a existência de papel significativo para os partidos políticos entre as instituições democráticas que quer ver construídas; segundo, como se justifica esse papel no quadro mais amplo de suas indagações e propostas. A questão merece ser enfrentada tendo em conta, de um lado, a história particular do Brasil e, de outro, o roteiro geral da renovação das instituições políticas no mundo.

Em entrevistas do pensador, datadas do século XXI, encontram-se referências esparsas ao problema dos partidos políticos no Brasil contemporâneo. Elas mostram consciência de que o golpe de estado de 1964 enterrou o processo eventualmente em curso de renovação e consolidação do sistema partidário – juntamente, podemos completar, com as esperanças que Guerreiro Ramos nele depositava. É assim que, em 2008, Mangabeira Unger reconheceu que "nosso sistema político-partidário jamais se recuperou do trauma do regime militar". Um dos resultados seria que "sobram partidos e faltam alternativas".[703] Em linha algo semelhante dissera em 2001: "Não temos partidos políticos. Só temos um, o PT, que é ao mesmo tempo organizado e nacional. Mas

703 *Apud* TEIXEIRA, Carlos Sávio Gomes (org.). *Roberto Mangabeira Unger*. Rio de Janeiro: Azougue, 2012. (Coleção Encontros.) p. 49.

não temos uma vida de partidos políticos".[704] Repare-se que a queixa assentava em um diagnóstico objetivo, mas indesejado, estimulado possivelmente pela desagregação e aparente incoerência que o sistema partidário brasileiro vinha revelando desde a década de 90 do século passado.

Em textos da década de 1980, no entanto, as perspectivas pareciam mais otimistas. O livro *A Alternativa Transformadora* não deixa dúvidas sobre a existência, na concepção do autor, de um papel para os partidos no Brasil, isso desde o título de um dos capítulos: "É Preciso Partido". Interessa-nos, em especial, sua análise dos programas que as agremiações partidárias pioneiras deram a conhecimento público quando mal se começava a vislumbrar a superação do bipartidarismo imposto de 1965 a 1979. Opondo-se à tradicional simplificação dos analistas de jornais, que, em velha estratégia de deslegitimação da atividade política, acentuavam as semelhanças entre todos os programas partidários, Mangabeira Unger, em 1980, insistia em que tal diagnóstico captava apenas uma meia verdade. Bem vistas as coisas, haveria pelo menos três pontos significativos a separar os programas em dois grupos, ficando o PMDB, o PT e o PDT em um, enquanto o PDS e o PP ficavam no outro. Eram eles:

> a) Os textos do PMDB, do PT e do PDT dão uma importância central à prática política da mobilização popular e democrática. [...] A constatação é que não haverá redistribuição real do poder e da riqueza no Brasil – e, portanto, não haverá abolição da miséria nem democracia segura – sem que haja uma contínua pressão das bases partidárias, sindicais e comunitárias. Essa pressão, por sua vez, não existirá sem uma política mobilizante que saiba lançar-se

704 *Ibid.*, p. 116.

aos conflitos – às greves, aos protestos, às disputas eleitorais – e aproveitá-las para desenvolver organizações partidárias, sindicais e comunitárias de base.[705]

b) Os textos do PMDB, do PT e do PDT insistem na importância de fortalecer e democratizar o núcleo estatal de acumulação e de orientar o curso básico dos investimentos. As instituições democratizadas do país precisam ter meios para influenciar o emprego do capital [...] [pois] a afirmação desses poderes decisórios sobre o fluxo de investimentos é essencial para que a estrutura econômica – o vínculo entre o padrão de crescimento econômico e a organização do poder e da produção – se subordine às maiorias militantes.[706]

c) Os pronunciamentos do PMDB, do PT e do PDT compartilham uma visão da democracia como um princípio que se enriquece à medida que se aplica a áreas mais amplas da vida social. A começar pelo próprio sistema de produção, através da democratização dos processos decisórios dentro da empresa pública ou privada e do mutirão entre pequenos e médios proprietários. E, simultaneamente, na própria organização do Estado, as formas de representação e consulta popular precisam ser multiplicadas.[707]

A longa transcrição se justifica, primeiramente, porque revela a provável existência, naquela oportunidade, de clivagens programáticas incrustadas na sociedade e capazes de chegar, com maior ou menor clareza, aos programas partidários. E se justifica ainda mais porque a mera leitura dos trechos transcritos faz suspeitar que essas clivagens, depois de mais

705 UNGER, Roberto Mangabeira. *A Alternativa Transformadora.* Como Democratizar o Brasil. Rio de Janeiro: Guanabara, 1990, p. 237.
706 *Ibid.*, p. 238.
707 *Ibid.*, p. 239.

de trinta anos, permanecem em vigor. São, pois, programas reais, a distinguir linhas políticas arraigadas na vida vivida, mesmo que eventualmente não encontrem hoje expressão partidária consistente. Nessa linha de raciocínio, é razoável supor que uma das questões políticas centrais para Guerreiro Ramos se repõe, ou continua a repor-se repetidamente, em nossa história. Falta que os partidos se encontrem com seus programas, ou que os programas encontrem partidos que os atem à vida.

O reconhecimento da importância de partidos fortes e coesos se revela, com igual ou ainda maior nitidez, quando Mangabeira Unger a eles se refere de uma perspectiva mais ampla, independente da peculiar situação brasileira. O fato se constata imediatamente da mera leitura de sua obra. Quase sempre que nela surgem propostas referentes ao funcionamento das instituições de representação política desponta junto a defesa de "regimes que fortaleçam os partidos políticos"[708] ou, diretamente, "o fortalecimento dos partidos políticos".[709] O que importa, pois, é encontrar o lugar do fato, e sua justificativa, dentro do conjunto de inovações institucionais que o autor propõe.

Resumindo em poucas palavras uma elaboração programática para lá de complexa, dir-se-ia que, no núcleo do projeto de experimentação institucional democrática proposto por Mangabeira Unger, encontra-se a ambição de desconcentrar poder e recursos com tal intensidade que a ninguém se feche o acesso às condições materiais e imateriais de viver e conviver em liberdade e a ninguém se abra a oportunidade de monopolizar poder e recursos de tamanha magnitude

708 *Id.*, *Democracia Realizada*, p. 173.
709 *Id.*, *O Direito e o Futuro da Democracia*, p. 289.

que lhe seja possível coartar a liberdade de outros. Curiosamente, por um par de razões, pelo menos, essa ambição desconcentradora exige o desenvolvimento de mecanismos institucionais – de raiz eminentemente democrática – voltados para a concentração de poder.

Primeiro, porque a implantação do projeto colide com as estruturas de poder e com as rotinas econômicas, sociais e políticas vigentes, cujo enfrentamento demanda a convergência de esforços e de imaginação. Depois, porque a desconcentração de poder e de recursos exige a presença de um centro com legitimidade e força suficientes para, de um lado, impedir que um ou mais grupos ou parcialidades reconstruam, a partir dos recursos obtidos, os monopólios privados já erradicados e para, de outro lado, resolver os impasses que possam surgir entre indivíduos ou grupos igualmente dotados de recursos e de legitimidade para sustentar suas próprias posições em questões com desdobramentos coletivos.

Ora, apesar das críticas que dirige à maneira como os procedimentos eleitorais e as agremiações partidárias se articularam historicamente com as rotinas sociais de preservação da "lógica estabelecida de interesses e identidades de grupo", colocando em xeque eventuais disposições transformadoras individuais e coletivas, Mangabeira Unger, ao que tudo indica, não perdeu a confiança na potencialidade dos partidos políticos como instrumentos de formulação programática de grande alcance, com capacidade de levar para o centro das agências estatais os temas e propostas que possam redundar em alteração estrutural das correlações sociais de força e do formato das instituições que medeiam a convivência humana.

Mas essa não é, repita-se, a única possibilidade. A "lógica estabelecida" pode vencer. Quando os partidos políticos, para retomar a fórmula de Guerreiro Ramos, não conseguem exercitar a política ideológica, a

> [...] política se transforma em uma questão de negociação entre os interesses organizados – uma prática de harmonização em que cada interesse vale na medida de seu poder atual. Como não existem somente muitos interesses, mas também mais de uma medida de poder efetivo [...], qualquer acordo será muito difícil de acertar e, uma vez acertado, muito difícil de manter. O resultado é que a inovação institucional passará a ser considerada praticamente impossível. Mais uma vez, a crise aparecerá como o berço indispensável da invenção. Nesse cenário, a exigência parlamentar de um governo com amplo apoio político-partidário, que de outra forma poderia servir a experimentos decisivos, se transforma em um instrumento de lentidão política.[710]

Conclusão

O parágrafo anterior, além de mais uma vez apontar para aproximações entre as expectativas políticas e as perspectivas analíticas de Guerreiro Ramos e Mangabeira Unger, acentuou os possíveis entraves, identificados por ambos, à atuação libertária e transformadora dos partidos e sistemas de partidos. É importante, pois, para concluir esse esboço de aproximação entre as duas perspectivas, comparar os dois autores também no que diz respeito às estratégias que defendem para a superação desses entraves, tendo em conta que nenhum deles abriu mão dos partidos como instrumentos relevantes de atuação política. A isso se dedicam as breves considerações seguintes.

---

710 *Id.*, *Democracia Realizada*, p. 173.

Guerreiro Ramos apostava na organização interna dos partidos políticos e na formação de quadros partidários para que o processo político nacional alcançasse um novo patamar de qualidade (a que não repugnaria chamar, em "livre tradução" para a linguagem mangabeiriana, de qualidade institucional). Já em Mangabeira Unger, a questão partidária normalmente aparece ligada a modificações nos procedimentos eleitorais. Talvez isso se deva, parcialmente, ao fato de ter Guerreiro Ramos, frente a si, instituições representativas de desenho bastante recente, cujas promessas ainda estavam por cumprir, enquanto Mangabeira Unger se depara com instituições envelhecidas, que não chegaram a cumprir as promessas que fizeram. Não se pode deixar de constatar, mesmo assim, que essa não é, com toda certeza, a área em que sua prodigiosa imaginação institucional se mostra mais imaginativa. Talvez não haja realmente alternativa ao trabalho cotidiano de construção e consolidação, por dentro, dos partidos políticos e de seus programas, ficando tudo o mais, nessa área, em segundo plano.

Recorde-se, por outro lado, a expectativa de Guerreiro Ramos de que se realizasse o "enquadramento dos contingentes eleitorais nos diversos partidos, de acordo com suas respectivas características sociais". Levada ao extremo, essa expectativa carrega alguns riscos. Pode dar a entender que as alianças entre partidos ao redor de projetos comuns decorrem diretamente de suas bases sociais, sem mediação política. O que, por seu turno, pode engessar a execução daquela que é, provavelmente, a principal tarefa partidária: a formulação de programas de intervenção política de grande envergadura e profundidade. Certamente por isso Mangabeira Unger insiste em que as "inovações institucionais não exigem alianças sociais preexistentes. Tudo o que demandam são agentes político-partidários e programas institucionais que tenham aquelas alianças de classe ou de grupos como um projeto – um projeto, e não uma premissa".[711]

A insistência de Mangabeira Unger não é importante apenas por reafirmar que o programa se encontra no centro da atividade partidária, mas também por impedir que a elaboração programática fique presa a uma visão estática da realidade. "A questão – quais são meus interesses enquanto membro desta classe ou desta nação – é inseparável de outra: em que direções diferentes este mundo poderia ser alterado – e como minha identidade e meus interesses mudariam em cada um desses mundos modificados?".[712] A imaginação institucional é, afinal, imaginação de novas possibilidades humanas.

Referências bibliográficas

RAMOS, Alberto Guerreiro. *A Crise do Poder no Brasil (Problemas da Revolução Nacional Brasileira).* Rio de Janeiro: Zahar, 1961.

_____. *Mito e Verdade da Revolução Brasileira*. Rio de Janeiro: Zahar, 1963.

_____. *A Redução Sociológica*. Rio de Janeiro: Editora UFRJ, 1996.

SANTOS, Wanderley Guilherme dos. *Regresso*: Máscaras Institucionais do Liberalismo Oligárquico. Rio de Janeiro: Opera Nostra, 1994.

711 *Id.*, *O Direito e o Futuro da Democracia*, p. 168.
712 *Id.*, *O Que a Esquerda Deve Propor*, p. 41.

UNGER, Roberto Mangabeira. *A Alternativa Transformadora.* Como Democratizar o Brasil. Rio de Janeiro: Guanabara, 1990.

_____. *Democracia Realizada.* A Alternativa Progressista. São Paulo: Boitempo, 1999.

_____. *O Direito e o Futuro da Democracia.* São Paulo: Boitempo, 2004.

_____. *O Que a Esquerda Deve Propor.* Rio de Janeiro: Civilização Brasileira, 2008.

TEIXEIRA, Carlos Sávio G. (org.). *Roberto Mangabeira Unger.* Rio de Janeiro: Azougue, 2012. (Coleção Encontros.)

13 - Da crítica ao estruturalismo à inserção na vida política brasileira: o princípio da trajetória acadêmica e política de Unger (1967-1986)

Fernando Santos de Camargo[713]
Sandro Aramis Richter Gomes[714]

Introdução

Neste estudo, é realizada uma análise sobre as obras teóricas e os textos programáticos produzidos por Roberto Mangabeira Unger no período que abrange os anos de 1967 a 1986.[715] Para tanto, esta análise desenvolve-se em três estágios.

Primeiro, é estudado um artigo publicado por Unger em 1967 no qual aborda a relação entre o estruturalismo e as ciências culturais. No curso dessa análise, confere-se atenção ao modo como o autor identificou as contribuições e

713 Mestre em Direito pela Universidade Federal do Paraná (UFPR).

714 Mestre e doutor em História pela Universidade Federal do Paraná (UFPR).

715 Roberto Mangabeira Unger nasceu na cidade do Rio de Janeiro no ano de 1947. Em 1969, graduou-se pela Faculdade Nacional de Direito, instituição integrada à Universidade Federal do Rio de Janeiro. Obteve os graus de mestre (1970) e doutor (1976) em Direito na Universidade Harvard. Em 1971, começou a lecionar na Faculdade de Direito de Harvard, na condição de professor-assistente. Em 1976, tornou-se professor-titular. Uma entrevista de Unger contendo informações sobre a sua formação educacional e trajetória profissional encontra-se publicada em TEIXEIRA, Carlos Sávio Gomes (org.). *Roberto Mangabeira Unger*. Rio de Janeiro: Azougue, 2012.

os limites do estruturalismo. Ao mesmo tempo, analisa-se a maneira pela qual ele fundamentou o argumento de que a superação dessa matriz teórica seria uma condição para o desenvolvimento da ciência da cultura.

Segundo, são estudados os livros *Conhecimento e Política* (1975) e *O Direito na Sociedade Moderna* (1976). Em síntese, esse estágio da análise consiste em uma exposição acerca dos objetivos e procedimentos adotados pelo autor na formulação de uma crítica sistêmica ao liberalismo, bem como consiste em uma análise acerca da reflexão que desenvolveu a respeito dos dilemas da teoria social.

Terceiro, é analisada uma entrevista concedida por Unger em 1977, assim como é realizada uma abordagem sobre o livro *Participação, Salário e Voto* (1978), escrito em coautoria com o economista Edmar Lisboa Bacha (1942-). Por um lado, o desenvolvimento desse estágio subsidia o conhecimento sobre as formulações iniciais das ideias que compõem as bases do pensamento político do autor. Por outro, propicia o conhecimento acerca do processo de inserção de Unger na vida partidária brasileira. Em um sentido amplo, a realização desse estágio consiste em uma contribuição ao estudo da participação dos intelectuais na produção de um repertório de ideias programáticas nos anos finais da ditadura militar brasileira.

Dessa forma, a realização desses três estágios permite reconhecer a natureza das reflexões e da atividade política que Unger desenvolveu no contexto em que iniciou a sua participação no cenário político-partidário do Brasil.

Uma reflexão sobre o estruturalismo: o contexto dos anos de formação acadêmica

Conforme salientado, Unger graduou-se pela Faculdade Nacional de Direito no ano de 1969. De um lado, cumpre demonstrar que, nessa época, Unger começou a participar de manifestações políticas e sociais. Contudo, a vinculação dele a um partido político ocorreu a partir dos anos 1970. De outro lado, trata-se de evidenciar que, durante seus anos de graduação, Unger principiou a desenvolver sua produção bibliográfica. Mais precisamente, cumpre destacar que tal produção era voltada a discussão de questões essencialmente teóricas.

***

Para demonstrar o argumento de que o período de graduação representou o princípio da inserção de Unger em mobilizações políticas, compete ressaltar um episódio datado de agosto de 1968. Nessa ocasião, recebeu uma intimação do Departamento de Ordem Política e Social (Dops) do município do Rio de Janeiro. Ele fora intimado a depor no inquérito que apurava os incidentes de rua que ocorreram em virtude do assassinato do estudante secundarista Edson Luís de Lima Souto por policiais militares no restaurante Calabouço, no dia 28 de março daquele ano. Além de Unger, o Dops intimou outros trinta estudantes para prestar depoimento sobre esses incidentes.[716]

Anteriormente a esse episódio, Unger já se voltava à discussão sobre o legado e as formas de ultrapassagem dos limites de determinados modelos teóricos. Ou seja, nesse

716 *Jornal do Brasil*, 31 ago. 1968, n. 123, 1º Caderno, p. 11.

período, iniciou o desenvolvimento de uma tarefa que se desdobrou, nos anos 1970, em sua crítica ao pensamento político liberal. Em 1967, Unger publicou na revista *Tempo Brasileiro* o artigo "O Estruturalismo e o Futuro das Ciências Culturais".[717] Nesse trabalho, Unger objetiva demonstrar que o avanço das ciências culturais envolve a superação do estruturalismo como diretriz teórica. Inicialmente, o autor distingue dois conceitos de estruturalismo para, em seguida, demonstrar a unidade teórica em razão dos propósitos comuns, bem como apontar suas limitações, cujo alcance extrapolaria o próprio estruturalismo.

Nesse quadro, um conceito inicial conceberia a estrutura como uma correlação de propriedades cujo todo superaria a soma das partes, isto é, uma realidade lógica e ontológica distinta do conjunto de elementos que a compõe. Em outro sentido, como encontrado nas teorias sociológicas, o termo incorporaria a ideia de níveis estruturais – planos distintos qualitativamente em princípio – como componentes da estrutura que se condicionariam reciprocamente.

Dessa forma, a contribuição fundamental de Marx, segundo Unger, foi justamente fornecer "um instrumento para interpretar analiticamente o fenômeno cultural, para compreendê-lo na sua variação, sem impor-lhe, de início, um esquema estritamente correlacionista, vale dizer, um es-

717 A opção pelo termo "ciências culturais" em vez de "ciências sociais" é justificada pelo autor em razão da posterioridade ontológica e epistemológica do "social" em relação ao "cultural", conceito do qual deriva. Cf. UNGER, Roberto Mangabeira. "O Estruturalismo e o Futuro das Ciências Culturais". *Tempo Brasileiro*, n. 15/16, 1973 [1967], p. 101.

quema em que todos os fenômenos se correlacionem num mesmo plano".[718]

Apesar das diferenças de acepção do termo "estrutura", a unidade do estruturalismo seria justificada pelas funções comuns que ambos os conceitos exerceriam em diversos setores das ciências culturais. Unger identifica três principais propósitos: primeiro, reagir contra a "pulverização das categorias conceituais por um puro historicismo ou, no plano filosófico, por um puro temporalismo empiricista ou psicologista"; segundo, formular "um esquema conceitual hipotético que permita interpretar unitariamente determinados tipos de fenômenos culturais ou o fenômeno cultural em si"; terceiro, "superar o esquema causal determinístico, em ordem a uma consideração de estruturas objetivas, considera em cujo contexto a questão causal se revela como pseudoproblema".

Em suma, o propósito do estruturalismo seria a criação de instrumentos analíticos para interpretar fenômenos culturais que não se circunscrevessem temporal ou espacialmente e, portanto, que tornasse possível a comparação entre os fenômenos. Segundo Unger, as pretensões, no entanto, não se realizaram. A razão do fracasso é atrelada a cada um dos propósitos distintamente. Primeiro, a tentativa de se libertar do historicismo culminou na destruição da história. Assim, ao conceber categorias essencialmente atemporais, o estruturalismo foi incapaz de compreender a temporalidade das estruturas, isto é, a sua modificação. Segundo, embora exista a possibilidade de construção de esquemas conceituais hipotéticos para a interpretação unitária dos fenômenos culturais

---

718 *Ibid.*, p. 99.

– as estruturas –, é inviável relacionar as estruturas entre si, "senão por formulas puramente verbalísticas".[719] Para Unger,

> O conceito de estrutura, do modo abstrato como se desenvolveu, não se apresenta nem como um modelo – será, talvez, quando muito, uma tentativa de caracterizar todo modelo das ciências culturais – nem como uma técnica de formalização, pois o *modus elaborandi* de cada esquema estrutural em particular é, basicamente, arbitrário.[720]

Terceiro, o estruturalismo, em todas as suas manifestações, desconhece ou nega a natureza valorativa da cultura na interpretação dos fenômenos culturais.

Unger, por fim, defende que esses problemas do estruturalismo ultrapassam os seus próprios limites como teoria. Tais dificuldades estariam atreladas, na verdade, mais à própria natureza e ao método do estudo da cultura como um todo do que a uma tradição de pensamento em especial. A superação do estruturalismo, portanto, culminaria na construção de uma "ciência da cultura".

Dessa forma, embora o estruturalismo tenha malogrado em unificar os estudos culturais, foi capaz uni-los pelas suas dificuldades, além de esclarecer o problema da construção de modelos e de fornecer um instrumento analítico importante com a ideia de "níveis estruturais".

---

719 *Ibid.*, p. 100.
720 *Ibid.*, p. 101.

O princípio da carreira acadêmica: a escrita dos livros *Conhecimento e Política* e *O Direito na Sociedade Moderna*

A discussão sobre os problemas das ciências culturais – agora encarada como teoria social – permaneceu central no início da atuação de Unger como professor da Faculdade de Direito de Harvard. Cumpre acentuar que o início de sua atuação como professor universitário foi marcado pela permanência de contatos com acadêmicos brasileiros e também por breves retornos ao Brasil. A esse respeito, cabe transcrever a seguinte notícia publicada no *Jornal do Brasil*, em 11 de setembro de 1975. Nela também se encontram informações sobre o ingresso de Unger na carreira acadêmica:

> Há anos ele deixou o Brasil com licença especial para cursar o mestrado sem ainda ter concluído o quarto ano letivo. Chegando a Harvard, foi convidado para lecionar no bacharelado, mas só não conseguiu porque o Conselho da Universidade não abriu o precedente. Logo depois, recebeu um convite para fazer o doutorado e agora é professor-assistente. Dá seis meses de aula e nos outros seis pesquisa o que bem entender. O professor Unger, que tem 29 anos, veio ao Brasil visitar o que se presumem ser cursos de mestrado. Seu livro *Conhecimento e Política* é inédito no idioma pátrio.[721]

Nesse contexto, Unger realizou, por meio da escrita de *Conhecimento e Política*, uma empreitada ambiciosa de crítica e de reorientação política. No ano seguinte, a publicação de *O Direito na Sociedade Moderna* expôs, a partir da teoria jurídica, os dilemas da teoria social.

---

721 *Jornal do Brasil*, 11 set. 1975, nº 156, 1º Caderno, p. 8.

Em *Conhecimento e Política*, Unger pretende realizar não apenas a crítica e a reconstrução dessa tradição de pensamento liberal (elemento negativo), mas também antecipar uma doutrina alternativa (elemento positivo). A essa tarefa o autor dá o nome de *criticismo total*, que surge da incapacidade das críticas parciais de um sistema de pensamento em conquistar seus objetivos. A razão para a adoção de tal postura é endossada por um testemunho do próprio autor sobre as dificuldades que enfrentara na teoria jurídica:

> Tendo voltado minha mente para alguns dos problemas familiares da teoria jurídica, não tardei a verificar que a resposta a um deles se constituiria na resposta a todos. Descobri, a seguir, que as soluções geralmente propostas para cada problema se encaixavam num número reduzido de categorias, nenhuma das quais por si só adequada, e, no entanto, nenhuma também capaz de se reconciliar com as outras. Assim é que o baluarte da razão no qual eu trabalhava revelou ser uma prisão do paradoxo cujas celas não se ligavam umas às outras e cujos corredores não levavam a lugar nenhum.[722]

Assim, Unger encara o liberalismo na sua totalidade, isto é, como "um conceito metafísico do espírito e da sociedade" e não apenas como "um conjunto de doutrinas sobre a maneira pela qual se deve dispor do poder e do dinheiro".[723] O liberalismo, nesses termos, não se confunde nem com o modernismo nem com qualquer formulação defendida por um autor específico classificado como pertencente à tradição liberal. O objeto da crítica é o que Unger denomina de "es-

---

722 UNGER, Roberto Mangabeira. *Conhecimento e Política*. Trad. Edyla Mangabeira Unger. Rio de Janeiro: Forense, 1978, p. 3.
723 *Ibid.*, p. 7.

trutura profunda" de uma modalidade de pensamento, isto é, seus métodos, problemas e experiências.[724]

O criticismo total permitiria, portanto, contornar as dificuldades enfrentadas pelas ciências especializadas em se desatrelar do pensamento liberal. O equívoco dessas ciências, segundo Unger, foi tratar proposições interdependentes como passíveis de serem rejeitadas isoladamente. Ao proceder dessa maneira, puderam corrigir os aspectos da doutrina liberal aos quais se vinculavam mais intimamente. Contudo, por ainda pressuporem conceitos dessa tradição, não foi possível se desembaraçar de seu alvo.[725] O criticismo total, no entanto, teria que superar três ordens de problemas: o problema do reconhecimento, o problema da linguagem e o problema da história.

---

724 Desse modo, "uma avaliação crítica de ideias do passado ou do presente deve sempre consistir em mais que uma simples descrição do que foi dito ou pensado. Para apreendermos uma modalidade de pensamento precisamos compreender os problemas com os quais ela se preocupou e os métodos por ela empregados para resolvê-los. Os problemas e os métodos se tornam, por seu turno, inteligíveis no contexto de uma experiência do mundo. Problemas, métodos e experiências constituem a 'estrutura profunda' do pensamento. Esta 'estrutura profunda' deixa espaço para uma variedade de posições filosóficas de acordo com que parte da experiência básica foi focalizada e qual a cadeia de problemas analisadas. Mas o número destas posições é limitado, seu relacionamento recíproco é determinado pelo lugar que ocupam dentro do sistema na sua amplitude. A busca da 'estrutura profunda' representa o criticismo total". *Ibid.*, p. 7. Segundo Unger, "A análise crítica do pensamento liberal tem como objetivo demonstrar, em primeiro lugar, que os princípios que o informam se relacionam entre si, e, em segundo, que produzem antinomias, as quais não podem ser resolvidas dentro do próprio sistema". *Ibid.*, p. 15.

725 *Ibid.*, p. 7.

O problema do reconhecimento remeteria "à dificuldade em identificar o objeto do criticismo total com uma situação intelectual que possa ser admitida como própria".[726] No caso, trata-se de reconhecer em que consiste a doutrina liberal como objeto da crítica. Daí a necessidade da busca da "estrutura profunda" do liberalismo. A partir desse reconhecimento,

> As oportunidades de reflexão que nos são fornecidas por determinada visão de mundo ficam a descoberto, e suas limitações, premissas e interligações se tornam transparentes. Por isso, a descoberta de uma estrutura profunda desfaz a confusão, determinando as posições que podemos assumir simultaneamente e imprimindo-nos de supor que possuímos mais do que de fato adquirimos. Sem essa descoberta, a crítica do quadro metafísico de nossas ideias sobre conhecimento e política ficaria reduzido a um infindável jogo de esconde-esconde. Neste jogo, o que se esconde muda de posição sempre que aquele que procura se faz mais próximo, terminando, este, prisioneiro de uma galeria de ecos onde seus apelos parecerão vir de toda parte de lugar nenhum.[727]

A crítica, desse modo, seria dedicada mais à reconstrução de um sistema de pensamento cujos escritos seriam exemplos parciais do que ao exame das diversas nuanças e transformações de uma doutrina. O argumento crítico permaneceria, pois, hipotético.

O problema da linguagem, por sua vez, remete à necessidade de o criticismo total colocar-se "na perspectiva de um sistema teórico que ainda não existe"[728] para evitar as armadilhas das críticas parciais. Segundo Unger,

---

726 *Ibid.*, p. 14.
727 *Ibid.*, p. 10-11.
728 *Ibid.*, p. 14.

> Para vencer este impasse é necessário penetrar nos métodos e conceitos do sistema clássico conferindo-lhes ainda, no curso da argumentação, os significados que lhes faltavam anteriormente. É deste modo que uma linguagem transforma-se aos poucos em outra. Esta estratégia afeta o emprego de conceitos no argumento crítico e determina o método de análise.[729]

O problema da história, por fim, derivaria da própria estratégia de argumentação contra o liberalismo, isto é, dedicada mais à reconstrução desse sistema de pensamento do que ao exame dos escritos que o exemplificam. Como o argumento é hipotético, a percepção de que os problemas da doutrina liberal seriam resolvidos no âmbito da teoria pura – donde teriam advindo – poderia surgir. A premissa subjacente dessa ideia é a de que a história é orientada pela teoria. Para Unger, entretanto, essa percepção é equivocada, visto que as antinomias do pensamento liberal não podem ser resolvidas por meio de uma escolha teórica.

A premissa da subjetividade dos valores, segundo a qual não há critérios para a justificação das preferências dos indivíduos, por exemplo, "não deriva sua força da decisão de um determinado filósofo de inseri-la em sua sistemática"; ao contrário, ela "mostra a maneira pela qual os homens vivem de fato a experiência de sua vida moral" e "esta experiência não pode ser revertida pelo truque de um filósofo".[730]

Portanto, abordar o liberalismo como ordem autônoma é, na crítica total, apenas um recurso para uma compreensão mais completa de sua doutrina. Os problemas do liberalismo, na verdade, acabam por se revelar como problemas exis-

---

729 *Loc. cit.*

730 *Ibid.*, p. 20.

tenciais "que só a transformação da experiência através da política pode resolver realmente".[731]

No entanto, a tentativa de reconciliação entre a premissa da objetividade com o princípio da relatividade histórica das ideias poderia sugerir que o criticismo total seria um esforço inútil, na medida em que "os princípios do sistema clássico são indícios de uma forma estabelecida de vida social".[732] À teoria caberia, conforme tal visão, o papel de testemunha da história e não de reconstrutora dela. A solução para o embaraço, segundo Unger, teria dupla forma.

> Primeiro, a crítica total poderia antecipar de forma abstrata um sistema que não tem ainda como plenamente concreto, e também definir as condições através das quais a solução de contradições do pensamento seriam suscetíveis de atualização. Poderia, por exemplo, determinar em que sentido e através de que meios o princípio da subjetividade dos valores poderia ser substituído, e a experiência a que corresponde, transformada. Em segundo lugar, através de suas influências sobre a nossa autoconsciência, a prática da crítica total determinaria possivelmente uma revisão dos sentimentos morais e uma reorientação política. Deste modo nos habilitaríamos a reconhecer a teoria como sendo nem senhora nem testemunha, mas cúmplice da história.[733]

Diante desse quadro de dificuldades, o criticismo total incorporaria, além do elemento negativo (crítica e reconstrução), um programa positivo. Esse programa consistiria na invocação dos "elementos de um sistema de pensamento que ainda não foi formulado (o problema da linguagem) e que

731 *Loc. cit.*
732 *Ibid.*, p. 21.
733 *Loc. cit.*

não pode ser completado dentro da esfera da teoria pura (o problema da história)".[734] A revisão da psicologia e da teoria política do liberalismo demandaria uma compreensão correta dos conceitos de personalidade e de sociedade desta doutrina. Para a execução desse programa, é necessário ultrapassar as fronteiras da teoria pura. A esse respeito, Unger destaca que

> A discussão do problema da História já sugeriu que constitui uma incompreensão do caráter da teoria supor que uma substituição direta das premissas pode corrigir os vícios do pensamento liberal. Assim é que, por exemplo, chegaremos a conclusões absurdas ao revertermos simplesmente os princípios liberais identificando teoria e fato, razão e desejo, regras e valores. Devemos, pelo contrário, procurar definir as condições históricas sob as quais os homens conseguiriam, através de suas próprias experiências, conceber outro modo as relações entre razão e desejo, e entre as normas e os valores, adquirindo, consequentemente, novas noções sobre a personalidade e a sociedade. Para executar semelhante plano é necessário, todavia, compreender a experiência à qual o pensamento liberal, se acha associado e a natureza desta associação.[735]

O programa positivo do criticismo total, nesse quadro, é desenvolvido em três etapas. A primeira é uma teoria do Estado assistencialista corporativo (neocapitalista), com o objetivo "aprender o liberalismo como um tipo de vida social e não apenas um sistema de conceitos" e "demonstrar como a transformação deste tipo de vida aponta em direção a uma doutrina alternativa".[736] A segunda é uma teoria do

734 *Ibid.*, pp. 21-2.
735 *Ibid.*, p. 22.
736 *Loc. cit.*

eu que procurasse "definir o que significaria uma união da transcendência e da imanência, da autonomia e da comunidade, a fim de justificar e demonstrar em que sentido poderia resolver as antinomias do pensamento liberal".[737] Por fim, uma teoria dos grupos orgânicos pretenderia "definir as implicações políticas do ideal do eu" ao "demonstrar em que sentido, e sob que circunstâncias, o Estado contemporâneo poderia ser transformado de maneira a permitir que alcançássemos mais perfeitamente o bem".[738]

***

737 *Ibid.*, p. 25.

738 *Ibid.*, p. 28. Na última parte da introdução de *Conhecimento e Política*, Unger, após elucidar a viabilidade e os procedimentos da crítica total, busca esclarecer as razões para iniciá-la: "Há uma situação, estranha mas recorrente, na qual os homens se veem como campos de batalha entre duas forças combatentes de ideias morais e emoções. Um destes exércitos terá jurado fidelidade a um ideal que as correntes atuais de pensamento rejeitam; outro serve à ordem política e teórica prevalente, mas não consegue subjugar totalmente as mentes que ocupa. Neste momento, quando a alternativa entre o desespero e a ilusão parece inevitável, porque o intelecto não pode ainda reconhecer o que a imaginação moral já está a exigir, é a própria experiência que apela para a orientação da crítica total. Tal é a situação que nos confronta a hegemonia que se vai perpetuando da doutrina liberal. Por isso que o liberalismo é tanto uma consciência dominante quanto uma teoria metafísica, envolve uma argumentação particular dos sentimentos morais que revela as consequências do fracasso em satisfazer o ideal do eu. Se definirmos a natureza desta organização e ao traçarmos sua história, ainda que brevemente, compreenderemos por que e sob que condições a critica do liberalismo deve ser realizada. Esta tarefa foi iniciada para nós pelos próprios pensadores liberais e levada adiante pelos teóricos sociais clássicos. Eles descreveram, de maneiras as mais diversas, o reconhecimento de uma separação total entre o eu e a natureza, entre o eu e os outros, entre o eu e os papéis e tarefas por eles desempenhados" *Ibid.*, p. 30.

A crítica à filosofia política liberal é sucedida, nesse livro, pela elaboração de uma doutrina dos grupos orgânicos. Na abordagem aqui empreendida, será demonstrado que há um elemento dessa doutrina presente nas ideias programáticas desenvolvidas por Unger a partir dos anos 1970. Esse elemento é, pois, a crítica à idolatria e à utopia.[739]

Em *Conhecimento e Política*, a formulação da doutrina dos grupos orgânicos é uma das bases para a proposição de alternativas a modelos institucionais e sociais dominantes. A realização dessas alternativas exigiria o delineamento de um ideal de comunidade e de uma visão sobre o bem. No curso da formulação da referida doutrina, Unger ressaltou as consequências deletérias da idolatria de modelos institucionais:

> A idolatria consiste em confundir a situação presente do Estado com a realização do ideal. Seria idolatria, por exemplo, aceitar o Estado assistencialista corporativo ou o Estado socialista como representativos da completa reconciliação entre a imanência e a transcendência e a comunidade e a autonomia. [...] A natureza, a sociedade e as tarefas sociais pertinentes a cada um tornar-se-iam, elas próprias, ídolos sagrados e inapeláveis. Assim, os fundamen-

739 Nos textos programáticos de Unger, a crítica à idolatria constitui uma recusa ao *fetichismo* e à *convergência* institucionais. Dessa maneira, tal crítica é um componente de seu argumento em defesa da formulação de alternativas e experimentos institucionais. Para a análise do conteúdo de sua crítica à idolatria de modelos institucionais, ver UNGER, Roberto Mangabeira. *Necessidades Falsas*. Introdução a uma Teoria Social Antideterminista a Serviço da Democracia Radical. Trad. Arnaldo Sampaio de Moraes Godoy. São Paulo: Boitempo, 2005. Sobre dos fundamentos da teoria política de Unger, bem como acerca das implicações programáticas dessa teoria, ver TEIXEIRA, Carlos Sávio Gomes. *A Esquerda Experimentalista*: Análise da Teoria Política de Unger. São Paulo, 2009. Tese (Doutorado em Ciência Política) – Universidade de São Paulo.

> tos da autonomia individual seriam abandonados, juntamente com os da transcendência. A crença no poder da política de anular as falhas da vida favorece o endeusamento da ordem social.[740]

Por consequência, o autor atentou para uma implicação negativa da razão utópica, a saber, a impotência em mudar o poder estabelecido. Ao mesmo tempo, enfatizou a aproximação existente entre idolatria e utopia:

> Existe, porém, igualmente, o perigo da utopia – a tendência a definir o bem de tal maneira que ele não pudesse ser relacionado à situação histórica em que nos encontrássemos. Despertada de seus sonhos pelos apelos da política, a razão utópica não tem outra escolha senão a de venerar o poder estabelecido como um mistério que é incapaz de apreender e um fato que não lhe é possível modificar. [...] Assim como a idolatria é a forma assumida pela imaginação política que se rendeu à pura imanência, a utopia é o estilo político de uma consciência que se satisfaz com a transcendência. Na verdade, as duas posições acabam por encontrar-se.[741]

No desenvolvimento de sua doutrina dos grupos orgânicos, Unger destacou o modo pelo qual esta se afastaria da idolatria e da utopia. Nesse âmbito, buscou evidenciar, por um lado, a desvinculação de sua doutrina em relação à compreensão fatalista sobre a política. Por outro lado, intentou demonstrar a relação existente entre essa doutrina e a crítica, empreendida ao longo da obra, às bases do pensamento liberal:

> A doutrina dos grupos orgânicos demonstra como o ideal do eu pode ser realizado na sociedade através da transformação do Esta-

740 UNGER, *Conhecimento e Política*, pp. 300-1.
741 *Ibid.*, p. 301.

> do assistencialista corporativo e do Estado socialista. Deste modo, ela evita a utopia. Ao mesmo tempo, contudo, reconhece a distância que separa esses estados do ideal, e o sentido no qual, mesmo a ordem política que ela descreve e justifica, deve continuar forçosamente a ser uma realização imperfeita do bem. Por isso foge à idolatria. Através da rejeição, tanto da idolatria quanto da utopia, a teoria dos grupos orgânicos reivindica a esperança tanto da resignação quanto da desintegração. Leva, assim, por diante os objetivos morais que deram início à crítica do pensamento liberal.[742]

A primeira obra teórica de Unger consiste, portanto, em um esforço direcionado a apresentar e a criticar os fundamentos da filosofia política liberal sob uma perspectiva sistêmica. Representa, também, uma iniciativa para desenvolver uma compreensão, de caráter alternativo aos entendimentos fornecidos pelas matrizes dessa filosofia, sobre a personalidade e a sociedade.

O desenvolvimento dessa compreensão embasou a construção de um ideal de comunidade, no qual se encontram as reflexões iniciais de Unger acerca das exigências da prática política e das condições para a implantação de alternativas a modelos institucionais dominantes. Nesse sentido, a superação da idolatria de modelos institucionais e do utopismo que incapacita para o engajamento na prática política foi situada pelo autor como requisito para a realização desse ideal.[743]

---

742 *Ibid.*, pp. 300-1.

743 A recepção dessa obra foi, em geral, positiva. Edwin Firmage e Collin Mangrum, professores de Direito na Universidade de Utah, situaram *Conhecimento e Política* como "[...] um raro esforço filosófico [...] uma expressão de esperança articulada como uma teoria da natureza humana e da política". Segundo os autores, ao estabelecer uma teoria própria (não liberal) do bem, Unger se afasta do pensamento de John Rawls (1921-2002) e de Robert Nozick (1938-2002), filóso-

***

O Direito na Sociedade Moderna foi publicado em 1976, ano em que Unger alcançou a posição de professor titular da Fa-

---

fos estadunidenses cujas empreitadas teóricas foram sustentadas por premissas epistemológicas e éticas liberais. Assim, Unger foi capaz de fornecer uma diretriz para a reorientação política, "[...] por meio da afetação da consciência e do delineamento das condições pelas quais o bem pode ser alcançado". FIRMAGE, Edwin Brown; MANGRUN, R. Collin. "*Knowledge and Politics*. Roberto Mangabeira Unger". *Utah Law Review*, 1975, pp. 863-70. Arthur Allen Leff (1935-1981), professor da Faculdade de Direito de Yale, ludicamente, simulando uma carta do diabo para Unger (a obra termina com uma súplica a Deus), revela admiração pelo escrito, mas tem dificuldade em aceitar o que entende ser o ponto central da obra – o conceito de bem. Ver LEFF, Arthur Allen. "Memorandum". *Stanford Law Review*, v. 29, jan. 1977, pp. 869-79. Sobre a recepção de *Conhecimento e Política* nos Estados Unidos, em fins dos anos 1970, ver ABRAHAM, Kenneth S. "*Knowledge and Politics*, by Roberto Mangabeira Unger". *Modern Language Notes*, v. 94, n. 5, dec. 1979, pp. 1202-6; McGUIRE, Martin. "*Knowledge and Politics*, by Roberto Mangabeira Unger". *American Journal of Sociology*, v. 83, n. 1, jul. 1977, pp. 274-5; e SOPER, Philip. "*Knowledge and Politics*, by Roberto Mangabeira Unger". *Michigan Law Review*, v. 75, n. 7, jun. 1977, pp. 1539-52. Cabe, também, destacar um caso da recepção de *Conhecimento e Política* no Brasil. Em 1979, um ano após a publicação da edição brasileira dessa obra, o diplomata e ensaísta José Guilherme Merquior (1941-1991) formulou uma breve apreciação acerca da crítica de Unger ao liberalismo. No estudo sobre o livro *Hannah Arendt: Pensamento, Persuasão e Poder* (1979), do jurista Celso Lafer (1941-), Merquior observou: "O arendtianismo de Celso [Lafer] é uma componente do que me vejo hoje tentado a chamar o eixo antinaturalista da jovem teoria política brasileira mais chegada à fundamentação filosófica: antiutilitarismo feroz, na crítica ao liberalismo empreendida pelo comunitarismo democrático de Roberto Mangabeira Unger; antiutilitarismo latente, na defesa do liberalismo por Celso Lafer". MERQUIOR, José Guilherme. "A Utopia Cívica de Hannah Arendt [1979]". In: *As Idéias e as Formas*. Rio de Janeiro: Nova Fronteira, 1981, p. 210.

culdade de Direito de Harvard. Em seu segundo livro, Unger voltou-se ao estudo da teoria jurídica.

O foco em uma disciplina especializada das ciências sociais poderia parecer, em princípio, um contrassenso ao propósito de criticismo total, para o qual foi direcionado justamente pela percepção de que os problemas da teoria jurídica não poderiam ser resolvidos no interior de suas fronteiras.

O foco no direito, no entanto, não é direcionado no sentido da formulação de uma crítica parcial ao liberalismo, mas sim para a abordagem dos problemas da teoria social, ainda que indiretamente, como o subtítulo da obra denuncia – "Contribuição à Crítica da Teoria Social". Unger pretende, pois, abordar os dilemas da teoria social "mediante um estudo especulativo do lugar do direito na sociedade moderna".[744]

744 UNGER, Roberto Mangabeira. *O Direito na Sociedade Moderna*: Contribuição à Crítica da Teoria Social. Trad. Roberto Raposo. Rio de Janeiro: Civilização Brasileira, 1979, p. 50. Em 1977, *O Direito na Sociedade Moderna* foi resenhado pelo sociólogo estadunidense Talcott Parsons (1902-1979), professor na Universidade Harvard. Nessa análise, Parsons destacou a pertinência do estudo de Unger sobre o lugar do Direito em sociedades complexas. Ver PARSONS, Talcott. "Roberto Mangabeira Unger, *Law in Modern Society*". *Law and Sociology Review*, n. 12, 1977, pp. 145-9. Para a análise sobre a recepção da segunda obra teórica de Unger nos Estados Unidos, ao tempo de sua publicação, ver LUIZZI, Vincent. "Review of Roberto Mangabeira Unger's *Law in Modern Society*". *Houston Law Review*, v. 14, 1977, pp. 1126-34; e STEWART, James B. "*Law in Modern Society*. By Roberto Mangabeira Unger". *Journal of Economic Issues*, v. 10, n. 4, dec. 1976, pp. 987-91. Para o estudo acerca das duas primeiras obras teóricas de Unger, ver DELANEY, Cornelius. F. "Unger's Critique of Liberalism". *The Review of Politics*, v. 39, n. 4, oct. 1977, pp. 540-8; e PATTERSON, Dennis Michael. *The Political Philosophy of Roberto Mangabeira Unger*: Law, Liberalism and Political Vision. Buffalo, 1980. Tese (Doutorado em Filosofia) – State University of New York at Buffalo.

O ponto de partida é a percepção de que grande parte da teoria social posterior a Marx, Durkheim e Weber tem se dividido entre o comentário das obras desses autores e a especialização no interior dessas tradições.[745] As características de cada uma dessas correntes as afastam uma das outras.

Todavia, os dilemas comuns aos quais procuraram dar respostas sedimentam a unidade da teoria social clássica. A partir dessa perspectiva, Unger propõe abordar aquilo que as une, isto é, as perguntas e não as soluções – quando fornecidas. Nesse quadro, o direito seria um campo profícuo para compreender os problemas da teoria social por reunir suas "principais preocupações" e, ao mesmo tempo, por "focalizá-las em tópicos concretamente definidos". A abordagem é justificada por três razões.[746]

---

745 Para Unger, "quanto mais esses campos especializados se afastam das ambições originais dos fundadores, e quanto mais cientificamente independentes procuram ser, menos esclarecedores se tornam". UNGER, *O Direito na Sociedade Moderna*, p. 13.

746 Sobre a especificidade da teoria social, Unger afirma: "A teoria social é definida como o estudo da sociedade cujas linhas mestras começaram a surgir nos escritos de Montesquieu e de seus contemporâneos e sucessores, e que atingiu uma espécie de apogeu nos livros de Marx, Durkheim e Weber. O que inicialmente a distinguiu foi o contraste com o pensamento político dos antigos e dos escolásticos. Principalmente em dois aspectos, diferia da tradição anterior: um deles tem a ver com o conceito da própria finalidade e do próprio método; o outro, com o modo de encarar a relação entre a natureza humana e a história. A filosofia política dos antigos era, ao mesmo tempo, descritiva e prescribente. Isto significa não apenas que ela se interessasse em determinar como a sociedade deveria ser organizada, ou que tentasse por em prática o seu modelo de conceber a sociedade e o indivíduo, pois o mesmo poderia ser dito de quase toda teoria social moderna; significa também que, no método empregado pela teoria tradicional, a diferença entre fato e valor, entre descrição e avaliação, era de outra natureza – senão inteiramente, pelo menos em grande parte". *Loc. cit.*

A primeira seria a relação do direito com o problema do método. Esse problema, por seu turno, remete à dificuldade em elucidar a relação entre regras descritivas e prescribentes após o abandono do aristotelismo na filosofia política e, consequentemente, das explicações tradicionais em termos finalísticos e existenciais. A segunda seria a íntima relação entre o estudo do direito e o problema da ordem social. A esse respeito, Unger observou que "as doutrinas do interesse privado e do consenso incluem e dependem de noções conflitantes de regras. Se soubéssemos em que circunstâncias surgiram diferentes tipos de direito, talvez possamos também perceber os limites e a utilidade das duas noções elementares da ordem e possibilitar a síntese de ambas".[747] A terceira, por sua vez, remete à necessidade de descoberta da "relação entre a ideologia dominante que coloca a lei impessoal no centro da sociedade e a experiência do dia a dia, para a qual essa lei permanece na periferia da vida social",[748] para resolver o problema da modernidade.

A análise de Unger sobre os dilemas da teoria social é concluída pela proposição de uma tarefa, a saber, o retorno à filosofia metafísica e às reflexões sobre a política como forma de contribuir para o desenvolvimento da teoria social. Ou seja, uma tarefa que significaria realizar o caminho inverso dos teóricos sociais clássicos, que buscaram libertar-se tanto da metafísica quanto de critérios políticos arbitrários. Cumpre destacar, assim, os aspectos essenciais desse retorno propugnado por Unger:

---

747 *Ibid.*, p. 50.

748 *Loc. cit.*

> Mas vemos agora que, para resolver os seus próprios dilemas, a teoria social deve voltar a ser, em certo sentido, metafísica e política. Deve tomar posição acerca de questões da natureza humana e conhecimento humano para as quais não existe, e talvez nunca venha a existir, qualquer elucidação "científica". E deve reconhecer que o seu próprio futuro é inseparável do destino da sociedade. O progresso da teoria depende de eventos políticos.[749]

Em síntese, as duas primeiras obras teóricas de Unger são providas, respectivamente, de uma crítica às matrizes do pensamento filosófico liberal e de uma análise conexa sobre o papel do direito na modernidade e os dilemas da teoria social. Nesses livros, verificam-se tanto a iniciativa de delinear alternativas aos modelos de organização política e social que consagram elementos do ideário liberal quanto o propósito de desenvolver uma compreensão sobre a sociedade moderna por meio do reconhecimento e da ultrapassagem dos dilemas da teoria social.

O ingresso na vida política brasileira (1976-1986)

Neste estágio da análise, são estudadas as ideias políticas formuladas por Unger ao tempo do começo de sua participação na política partidária nacional.[750] No desenvolvimento dessa abordagem, é realizada a análise de uma entrevista que ele

749 *Ibid.*, p. 277.

750 Uma discussão acerca das ideias políticas formuladas por Unger no princípio de sua atividade partidária foi realizada pelo jurista Roberto Lyra Filho (1926-1986). A esse respeito, ver LYRA FILHO, Roberto. *As Propostas do Professor Mangabeira Unger*. Rio de Janeiro: Sophia Rosa, 1979.

concedeu à revista *Veja*, em 1977,[751] e do livro *Participação, Salário e Voto: Um Projeto de Democracia para o Brasil*, o qual, conforme acima mencionado, foi escrito em colaboração com Edmar Bacha. Em seguida, é empreendido um estudo sobre a inserção de Unger no Movimento Democrático Brasileiro (MDB). Analisa-se, ainda, o seu envolvimento na criação do Partido do Movimento Democrático Brasileiro (PMDB). Por fim, são destacadas as ideias que sustentou ao tempo em que participou da primeira gestão de Leonel de Moura Brizola no governo do Rio de Janeiro, nos anos 1980.

***

751 Cumpre mencionar que em 1977 ocorreu, na Universidade do Wisconsin, Estados Unidos, a primeira *Conference on Critical Legal Studies*. Tal conferência marcou o início da consolidação do Movimento dos Estudos Críticos do Direito no espaço acadêmico estadunidense. Os participantes desse movimento, a exemplo de Unger, defrontaram-se contra matrizes influentes do pensamento jurídico, tais como o formalismo e o objetivismo. Para o estudo das críticas que Unger direcionou a tais matrizes, bem como para o conhecimento sobre a maneira como avaliou o legado daquele movimento, ver UNGER, Roberto Mangabeira. *The Critical Legal Studies Movement*. Cambridge: Harvard University Press, 1986. Em 1992, o jurista Duncan Kennedy (1942-), professor da Universidade Harvard e integrante do *Critical Legal Studies*, elaborou um retrospecto sobre a formação e a consolidação de tal movimento na academia estadunidense. Ver KENNEDY, Duncan. "Nota sobre a Historia de CLS en los Estados Unidos". *Doxa*, n. 11, 1992, pp. 283-93. Para a identificação dos participantes da criação desse movimento, bem como para o conhecimento das ideias centrais presentes em suas obras jurídicas e políticas, ver GODOY, Arnaldo Sampaio de Moraes. *Introdução do Movimento dos Estudos Críticos do Direito (CLS)*. Porto Alegre: S. A. Fabris Editor, 2005.

No limiar dos anos 1970, Unger iniciou, nos Estados Unidos, o seu engajamento nas atividades partidárias. Em 1972, atuou como assessor da campanha de George McGovern (1922-2012), do Partido Democrata, à Presidência da República.[752] No Brasil, o seu envolvimento na política partidária iniciou-se em 1976, a partir de sua filiação ao MDB, o partido de oposição à ditadura militar.[753] Acerca do seu ingresso nessa agremiação, o *Jornal do Brasil* informou, em 10 de setembro de 1976: "O professor Roberto Mangabeira, que há cinco anos leciona ciência política na Universidade Harvard, acaba de entrar para o MDB. É neto do governador Otávio Mangabeira, um dos maiores políticos do regime de 1946, e pretende ser deputado federal".[754]

Acerca, por sua vez, dos primeiros contatos que Unger realizou com lideranças políticas do país, cumpre transcre-

752 Cf. BRAGA, Roberto Saturnino. Roberto Mangabeira Unger. *Plurale*, 18 abril 2008. Disponível em: <http://www.plurale.com.br/noticias-ler.php?cod_noticia=1334>.

753 Cabe apresentar, pois, um caso da repercussão das ideias políticas de Unger ao tempo de sua inserção na vida partidária brasileira. A esse respeito, cumpre transcrever a seguinte notícia publicada no *Jornal do Brasil*, em 25 de junho de 1976, referente a um debate suscitado em uma conferência ministrada pelo sociólogo Gilberto Freyre (1900-1987): "Baseando-se em estudo feito pelo professor Roberto Mangabeira Unger, o Deputado pernambucano [Thales Ramalho, do MDB] perguntou a opinião do sociólogo [Gilberto Freyre] de ser suprimido o conflito existente ente os grupos raciais que constituem parte da subclasse dos Estados Unidos, com o operariado estável e as elites dirigentes. O sociólogo afirmou que não poderia responder 'de sopetão' à questão e [...] comentou que 'a maneira como o Brasil fez a miscigenação é um exemplo para todo o mundo. Esta lição já está sendo aprendida pelo americano atual'. A miscigenação – ressaltou – é grande inimiga dos marxistas, da luta de classes"." *Jornal do Brasil*, 25 jun. 1976, n º 78, 1º Caderno, p. 2. *Veja*, edição 448, 6 abr. 1977, p. 3.

754 *Jornal do Brasil*, 10 set. 1976, nº 155, 1º Caderno, p. 6.

ver o seguinte excerto da notícia que precede a mencionada entrevista que concedeu a *Veja*: "Recentemente [março de 1977], após quase sete anos, Unger passou duas proveitosas semanas no Brasil. Em Brasília, Salvador, Rio e São Paulo, praticamente só fez discutir a situação do país – com interlocutores do calibre dos políticos Luiz Viana Filho, Petrônio Portella, Roberto Saturnino, Paulo Brossard e Ulysses Guimarães, além de funcionários governamentais, empresários, representantes da Igreja e colegas professores".[755]

Ao tempo em que se tornou membro do MDB, Unger participou de encontros direcionados à formulação do ideário social, político e econômico dessa agremiação. Uma notícia publicada no *Jornal do Brasil*, em julho de 1977, permite atestar tal afirmação:

> O senador Franco Montoro (MDB-SP) disse em Campos do Jordão "que a oposição no senado está trabalhando em um projeto alternativo que será apresentado durante a convenção nacional, no próximo mês. Se aprovado esse Projeto Alternativa, como o chamamos, deverá transformar-se em linhas de ação do MDB em todo o território nacional. [...] Com a palavra de ordem Governar é Fixar Prioridades, o senador Montoro explicou que "o Projeto Alternativa foi interrompido devido às crises de abril, com o fechamento do Congresso. Agora, chegou o momento de retomá-lo. Iremos apresentar vários documentos para compor um plano político. Mais que a Constituinte – esclareceu – uma das propostas principais desse Projeto no plano político é a da necessidade da participação da comunidade a partir da elaboração da Constituição através de delegados livremente eleitos pelo povo". O Projeto, em fase de conclusão, está sendo elaborado pelos senadores Paulo

755 *Veja*, edição 448, 6 abr. 1977, p. 3.

> Brossard, Gilvan Rocha, Roberto Saturnino Braga, pelo físico José Goldemberg, pelo presidente da Comissão Justiça e Paz de São Paulo, professor Dalmo Dallari, pelos economistas Eduardo Suplicy e André Franco Montoro, e pelos estudiosos Edmar Lisboa Bacha e Roberto Mangabeira Unger.[756]

Ao mesmo tempo que se envolveu nas discussões sobre a construção do programa político da oposição, Unger também se dedicou à reflexão sobre a construção de alternativas ao cenário econômico nacional. Por consequência, dedicou-se a investigar iniciativas econômicas de caráter popular que eram executadas em uma escala regional. A esse respeito, atente-se à seguinte informação veiculada no *Jornal do Brasil*, em dezembro de 1979: "O professor Roberto Mangabeira Unger inicia, hoje, sua visita de quinze dias à região do médio São Francisco, na Bahia, onde vai pesquisar sobre novas formas de organização popular. Especial atenção será dada à maneira como os posseiros resistem à ação dos grileiros que atuam na Bahia".[757]

***

Preliminarmente ao estudo das ideias programáticas formuladas por Unger à época do começo de sua atuação na política nacional, cabe salientar que nesse período houve, por iniciativa de intelectuais e parlamentares, a elaboração de projetos de mudanças políticas, sociais e econômicas.

Concernente a tais projetos, cumpre destacar que em 1977 o senador fluminense Roberto Saturnino Braga (1931-), membro do MDB, publicou o livro *Discurso aos Democra-*

---

756 *Jornal do Brasil*, 26 jul. 1977, 1º Caderno, n. 109, p. 3.

757 *Jornal do Brasil*, 4 de dezembro de 1979, n. 240, 1º caderno, p. 6.

tas, no qual há a exposição, por exemplo, de propostas acerca dos temas da reforma agrária, do desemprego e das políticas educacionais e salariais.[758]

De sua parte, o jurista Goffredo Telles da Silva Júnior (1915-2009), professor da Universidade de São Paulo, escreveu, no mesmo ano, a *Carta aos Brasileiros*, a qual consiste em uma defesa do restabelecimento do Estado Democrático de Direito. Nesse documento é realizada, em síntese, a defesa da independência entre os três poderes, da liberdade de imprensa e expressão, da realização de eleições democráticas para cargos executivos e legislativos, da livre organização de sindicatos e o direito irrestrito de impetrar *habeas corpus*. Ao mesmo tempo, essa carta comporta o argumento segundo o qual a ordem jurídica demanda a existência de uma Constituição soberana, a qual, por seu turno, deveria ser elaborada por uma Assembleia Nacional Constituinte.[759]

Em tal contexto houve, também, a formulação de um programa de transformações nas ordens política, econômica e social do país por um membro da Aliança Renovadora Nacional, o partido de sustentação dos governos militares. Trata-se do *Projeto Brasil*, escrito pelo senador alagoano Teotônio Brandão Vilela (1917-1983), em 1978, em colaboração com ex-deputado federal Raphael de Almeida Magalhães (1930-2011).[760]

Em abril de 1979, Vilela filiou-se ao MDB. Na ocasião de sua transferência para o partido oposicionista, participou da

---

758 Ver BRAGA, Roberto Saturnino. *Discurso aos Democratas*. Rio de Janeiro: Artenova, 1977.

759 Ver TELLES JÚNIOR, Goffredo. *Carta aos Brasileiros*. 2ª ed. São Paulo: Juarez de Oliveira, 2007.

760 Ver MAGALHÃES, Raphael de Almeida; VILELA, Teotônio. *Projeto Brasil*, s/e, março de 1978.

elaboração de um manifesto que recebeu a assinatura de 67 políticos e intelectuais. Esse documento contém uma defesa da democratização da política, em favor da qual caberia ser convocada uma Assembleia Constituinte, e uma crítica ao modelo econômico instaurado pelos governos militares, os quais, nesse manifesto, são situados como os responsáveis por gerar inflação, estagnação e desnacionalização da economia. Entre os signatários desse documento, estão Edmar Lisboa Bacha e Roberto Mangabeira Unger.[761]

***

Realiza-se, nesta seção, uma análise sobre a entrevista que Unger concedeu a *Veja* em março de 1977. Desse modo, cumpre atentar para as impressões que apresentou, nessa oportunidade, sobre o cenário político nacional. Acerca do tema, ressaltou que

> O poder autoritário sempre põe duas tentações diante do político de boa-fé que queira fazer mais do que sobreviver e aproveitar. Há a tentação de deixar que a política se esvaia em gestos de contestação que não ajudam a organizar uma alternativa ao poder constituído, nem a mudá-lo, de dentro para fora. A inocência que transforma vale mais do que a que se contempla no espelho. A outra contestação é a de se lançar nas conciliações que não façam parte de uma estratégia transformadora da sociedade e que acabem como fins em si mesmas.[762]

---

761 Esse manifesto encontra-se publicado em BRASIL. *Anais do Senado*, v. 2, n. 4, abr. 1979, Seção II, 19 de abril de 1979, pp. 949-50. Disponível em: <http://www.senado.gov.br/publicacoes/anais/pdf/Anais_Republica/1979/1979%20Livro%204.pdf>. Acesso em: 27 set. 2019.

762 *Veja*, edição 448, 6 abr. 1977, p. 3.

Por conseguinte, Unger identificou as etapas que deveriam constituir o início do processo de mudança na organização política nacional. Nesse âmbito, observou que o fatalismo político e suas derivações, tais como o adesismo, atuavam como obstáculos ao desenvolvimento desse processo. Respeitante, pois, a sua análise sobre os desdobramentos nocivos do fatalismo, cumpre destacar o seguinte excerto:

> Primeiro, transigir sem permitir que as transigências sejam mais do que instrumentos de uma visão maior. Segundo, distinguir entre os acordos que se esgotam no jogo das aparências e aqueles que podem mudar as realidades. Terceiro, organizar gente, dia e noite, dentro e fora das instituições oficiais, para tirar proveito de quaisquer oportunidades. Para praticar esses preceitos, não basta superar a vaidade e o medo. É preciso também um entendimento correto da situação. [...] Um dos obstáculos [à realização desses preceitos] é o fatalismo, tantas vezes o pretexto para cair nos tratos adesistas ou no heroísmo retórico. Muitos políticos e toda uma massa pensante no Brasil desesperam de saída diante da situação. Apelam para contingências imprevisíveis e redentoras que nos devolveriam a liberdade. Esquecem-se da advertência de Montaigne: nenhum vento ajuda quem não sabe a que porto veleja. Os imprevistos só aproveitam aos que têm uma doutrina para analisá-los e uma organização para tirar vantagem deles. O desespero é um luxo moral, a que um homem que deseja libertar-se não se pode entregar.[763]

De outra parte, Unger observou que a transformação das instituições políticas deveria ser executada por meio da superação do populismo redistributivista. Essa transformação teria de ser realizada por intermédio da retirada da proposta

---

763 *Ibid.*, p. 3-4.

de redistribuição de renda do centro do ideário das mudanças sociais. Unger destacou, ainda, que a principal fragilidade dos programas políticos de caráter populista residia no fato de eles tornarem os projetos de reformas institucionais secundários em relação ao projeto redistributivista.[764]

Essa entrevista também concentra informações sobre as propostas de Unger a acerca da democratização da política nacional. As considerações que desenvolveu a respeito do tema são características a um tema central do livro *Participação, Salário e Voto*, a saber, a ampliação e o revigoramento da participação política popular.

Ao discorrer sobre as condições de democratizar essa participação, Unger ressaltou a necessidade da mudança dos ideais políticos e dos modelos institucionais dominantes. Essa mudança demandaria, pois, ser realizada por meio da formulação de um ideário que transcendesse ao liberalismo clássico:

---

764 A crítica à posição preeminente da redistribuição de renda no interior das políticas públicas tornou-se um argumento fundamental do ideário programático desenvolvido por Unger. Em sua obra, tal crítica apresenta-se concatenada à defesa da ideia segundo a qual a implantação de alternativas e experimentos institucionais tem de estar no centro das políticas de Estado. A esse respeito, compete destacar o extrato de um artigo que publicou no jornal *Folha de S.Paulo*, em 1º de agosto de 2006: "A transferência compensatória de recursos é útil e até imprescindível, porém como acessória da democratização de oportunidades econômicas e educativas. A democratização de oportunidades é sempre a base. A transferência compensatória é só o complemento. Compreender isso é revolucionar a discussão nacional e abrir caminho para outro futuro". UNGER, Roberto Mangabeira Unger. "Redistribuir a renda?". *Folha de S.Paulo*, nº 28.244, 1º ago. 2006, p. 2.

> A democratização das instituições tem de resultar de toda uma experiência de responsabilidade e associação popular que exige, em nossa circunstância, uma abertura democrática. Só ela nos permitirá organizar, conscientizar e, por fim, conquistar o poder em condições que não incompatibilizem conosco grande parte da nação. Mas não basta ficar aí. Uma democracia econômica exige uma nova democracia política, que tenha instrumentos eficazes para preservar a estrutura democrática dentro das instituições sociais [...]. Assim como pode haver descentralização econômica fora do capitalismo, também pode haver democracia política além das fronteiras do liberalismo clássico. Os ideais abstratos – da descentralização econômica ou da democracia política – não se identificam com as instituições – capitalistas e liberais – em que eles transitoriamente se afirmam. Mas, quando tentamos separar aqueles destas, temos que reinventá-los. Não bastam uma análise, uma estratégia e um sistema institucional, é preciso uma nova visão do bem.[765]

Unger atentou, ainda, aos erros e limites da ação política de distintos setores de das elites sociais e políticas do Brasil. Nesse âmbito, observou que o principal pecado dos empresários foi a cupidez, a qual os impeliu a negligenciar a liberdade e a valorizar o crescimento econômico planejado por burocratas. Houve, também, o erro dos *eternos mediadores*, ou seja, dos políticos profissionais, visto que a esperteza deles não teria colaborado para impedir a instauração da ditadura. De outra parte, o pecado da esquerda populista consistiu em exercer o poder de maneira inepta. Por sua vez, a esquerda radical errou em adotar um dogmatismo *liberti-*

765 *Veja*, edição 448, 6 abr. 1977, p. 6.

cida que a fez preferir a *ditadura burguesa* em detrimento da *democracia burguesa*.

Por fim, indagado sobre quem perdoaria as elites brasileiras por seus erros, Unger sugeriu a elas um caminho: "Que elas se perdoem umas as outras na esperança de que um dia as perdoe o único inocente, o povo humilde do Brasil que mais uma vez a tudo assistiu, silencioso e sofrido".[766]

Em suma, tais ideias em defesa da democratização da vida política nacional, assim como em defesa da democratização das oportunidades econômicas e sociais foram aprofundadas no documento que Unger elaborou em conjunto com Edmar Bacha.

---

766 *Loc. cit.* A reflexão de Unger sobre o papel e o futuro das elites brasileiras despertou a atenção do escritor Alceu Amoroso Lima (1893-1983). Em uma entrevista concedida ao *Jornal do Brasil* em maio de 1977, ele mencionou sua concordância com essa reflexão de Unger. Nesse quadro, cumpre destacar o modo como o escritor referiu-se à entrevista de Unger à revista *Veja*: "Em uma entrevista recente à revista *Veja*, o jovem Roberto Mangabeira Unger, aos 34 anos [sic] já professor de Filosofia Política da Universidade Harvard, ele mesmo uma das vítimas do terrorismo cultural, que em artigo de 6 de maio de 1984 eu já tentava denunciar em nosso país, nessa entrevista esse jovem filósofo político inocenta o povo brasileiro desse malogro em que vivemos e culpa as elites. De pleno acordo. Somos os maiores culpados, porque maior a nossa responsabilidade. Não porque nossos ideais sejam utópicos, mas porque não soubemos levá-los da teoria à prática. Em parte por nossa culpa. Em parte pelos obstáculos à sua penetração na consciência do povo. De modo que a liberdade ampla de imprensa, e as reformas institucionais no sentido exatamente oposto à tendência centralizadora e autoritária que tem desgraçadamente presidido o curso dos nossos mais recentes acontecimentos políticos, tudo isso é que se impõe junto à *mea culpa* das elites, para ser mudado o rumo dos nossos destinos. Precisamos de novos 7 de setembro e novos 13 de maio". *Jornal do Brasil*, 5 maio 1977, Caderno B, n. 27, p. 4.

***

A colaboração entre Bacha e Unger surgiu à época em que o primeiro atuou como professor visitante da Universidade Harvard. Em julho de 1977, em entrevista à *Veja*, Bacha apresentou as ideias centrais do *Projeto de Democracia para o Brasil*. Tais ideias eram direcionadas à construção de alternativas ao modelo econômico, político e social que vigorava no país. Acerca dos principais argumentos do projeto, o entrevistado destacou:

> Partimos da percepção de que há um descontentamento generalizado na sociedade brasileira em relação à situação vigente, que, até agora, teve apenas manifestações tópicas não traduzidas em propostas concretas, abrangendo, apresentando uma alternativa ao que estamos vivendo. Assim, em vez de levar a alternativas, essa insatisfação generalizada estaria conduzindo quase que a um desespero quanto à possibilidade de soluções construtivas para a crise internacional. A nossa ideia é a de que essa proposta pudesse servir de ímã para atrair e estimular o pensamento e a organização quanto a uma alternativa aos dilemas atuais. [...] Dentro dessa perspectiva, o primeiro papel desse projeto é dizer que há uma alternativa, mostrar em que consiste e como pode funcionar com a contabilidade fechando. O projeto tem, também, o sentido de romper essa ilusão tecnocrática de que a alternativa ao que está aí é o caos econômico.[767]

Cumpre, pois, destacar um caso da repercussão desse projeto. A esse respeito, atente-se a uma notícia publicada na *Veja*, em fevereiro de 1978:

767 *Veja*, edição 463, 20 jul. 1977, p. 3.

> [...] dentro de três meses os computadores do Banco Mundial despejarão estimativas sobre a evolução da economia brasileira para além do ano 2000, ou seja, nos próximos trinta anos. Mas elas não se basearão somente no modelo adotado pelo governo. Serão testadas, igualmente, as propostas do senador oposicionista Roberto Saturnino Braga, do Rio de Janeiro, de economistas de São Paulo e de Campinas, do sociólogo Roberto Mangabeira Unger e do economista Edmar Bacha, entre outros.[768]

De sua parte, Edmar Bacha ressaltou que a recepção desse documento também fora marcada por suspeitas inusitadas, conforme se verifica na seguinte afirmação: "[Em 1977] me envolvi com Roberto Mangabeira Unger para produzir um projeto de democracia para o Brasil (também publicado pela Paz e Terra em 1978, depois de a *Folha de S.Paulo* haver desistido de o publicar em folhetim), que provocou enorme furor no país, com a esquerda acreditando tratar-se de obra do CIA, e a direita, do KGB".[769]

Anteriormente à sua publicação em livro, esse projeto fora enviado a membros de distintos grupos políticos. Dessa forma, cumpre destacar a justificativa de Unger para o fato de ele e Bacha terem destinado exemplares desse documento a integrantes da administração do presidente Ernesto Geisel (1907-1996), tais como o general Golbery do Couto e Silva (1911-1987), então ministro-chefe da Casa Civil. Leia-se, pois, a seguinte carta que Unger enviou ao diretor de redação da *Veja*, em setembro de 1977:

---

768 *Veja*, edição 491, 1º fev. 1978, p. 69.

769 BACHA, Edmar. "Memória Acadêmica". *Economia Aplicada*, v. 2, n. 1, 1998, p. 204.

> Sr. diretor: a apresentação à entrevista com Edmar Bacha (*Veja*, n. 463) declara que o ministro Golbery do Couto e Silva recebeu de nós, pelo Correio, cópia do nosso Projeto de Democracia para o Brasil. Para que não se façam deduções errôneas sobre essa conduta, permita-nos esclarecer que enviamos cópia do nosso projeto a dezenas de brasileiros. Ao incluir na lista algumas poucas autoridades do governo, quisemos apenas deixar claro que nada temos a esconder. A democracia brasileira não haverá de sair de entendimentos entre generais e professores senão de eleições livres, diretas e sem vigias.[770]

Ao redigirem o *Projeto de Democracia para o Brasil*, Bacha e Unger objetivavam, pois, promover um debate nacional acerca de propostas para a mudança do quadro político, social e econômico brasileiro. Compete, portanto, analisar as ideias centrais desenvolvidas nesse livro.

***

Nesta seção é realizada uma abordagem sobre o ideário programático contido no *Projeto de Democracia para o Brasil*. Será elaborada uma síntese sobre as propostas contidas nas cinco etapas em que se divide esse documento. Para tanto, é necessário reconhecer os objetivos que nortearam a construção dessas propostas.[771]

---

770 *Veja*, edição 473, 28 set. 1977, p. 11.

771 Cumpre ressaltar que, a partir dos anos 1980, houve um distanciamento entre Bacha e Unger. Em suma, esse distanciamento era referente às propostas econômicas que defendiam e aos grupos políticos dos quais faziam parte. Um dos primeiros indícios desse distanciamento é evidenciado em uma entrevista concedida por Bacha à revista *Veja*, em setembro de 1983. Nessa entrevista, ele apresentou uma crítica ao texto programático que escrevera juntamente com

Na exposição dos objetivos do projeto, Bacha e Unger acentuaram que o ideário programático que sustentavam objetivava a democratização da política nacional, a democratização da hierarquia de trabalho e de riqueza, e também o crescimento econômico. Os autores estavam dedicados, assim, à elaboração de um conjunto de propostas direcionado a "aproveitar o poder relativamente autônomo do Estado para quebrar os privilégios de pequenas minorias, integrar as elites nas massas, e fazer do Brasil o arauto de uma democracia exemplar".[772]

Esse projeto, portanto, delineava medidas para a intervenção em um quadro social marcado pela modesta distribuição de renda, pelas divisões econômicas e políticas de grupos de

---

Roberto Unger: "Estive recentemente com um colega brasilianista e ele reclamava dos economistas de oposição um programa alternativo minuciosamente consistente. Já cometi este erro uma vez, quando escrevi com Roberto Mangabeira Unger *Participação, Salário e Voto*. Foi um exercício intelectual nulo, porque não correspondia ao momento político da época – 1977. Acho que no Brasil se costuma esperar muito dos economistas e isso já se mostrou um equívoco". *Veja*, edição 785, 21 set. 1983, p. 8. O distanciamento político entre Unger e Bacha perdurou nas décadas seguintes. Para demonstrar tal distanciamento, compete salientar que Bacha participou da formulação do Plano Cruzado, em 1986, e do Plano Real, em 1994. Por sua vez, Unger manifestou-se como um opositor de ambos os planos, bem como se opõe ao grupo político ao qual Bacha pertence, a saber, o Partido da Social Democracia Brasileira. Acerca da crítica de Unger ao Plano cruzado, ver seu artigo intitulado "O Acerto de Contas que Alguém Acha que Virá", publicano no *Jornal do Brasil* de 16 de março de 1986. Acerca das críticas de Unger à política econômica implantada pelo grupo político de Bacha, ver a sua entrevista publicada no jornal *Estado de S.Paulo* a 22 de abril de 1995.

772 BACHA, Edmar; UNGER, Roberto Mangabeira. *Participação, Salário e Voto*: Um Projeto de Democracia para o Brasil. Rio de Janeiro: Paz e Terra, 1978, p. 13.

trabalhadores e pela desorientação doutrinária das forças populares.[773] Em síntese, o propósito básico do documento era apresentar um programa destinado a "lançar o Brasil em direção a uma sociedade em que o conflito político, a redistribuição de riqueza, o crescimento econômico e a democratização do trabalho se reconciliem".[774]

Dessa forma, os autores destacaram que o projeto também se propunha a "mostrar que, com participação popular e abertura partidária, o processo de democratização poder conduzido em direção a uma sociedade mais justa, livre e forte do que o neocapitalismo corporativista, apoiado pela democracia vigiada".[775]

Conforme acima ressaltado, o desenvolvimento das propostas desse documento foi dividido em cinco etapas. Na primeira parte, tem-se uma proposta acerca do tema da redistribuição de riqueza. A esse respeito, os autores defenderam a implantação da renda mínima, ideia cuja difusão no Brasil estava em estágio incipiente - a discussão sobre o tema, no país, fora introduzida pelo economista Antonio Maria da Silveira (1939-2006) em artigo datado de 1975.[776]

---

773 Cf. *Ibid.*, pp. 11-2.

774 *Ibid.*, p. 11.

775 *Ibid.*, p. 15.

776 Ver SILVEIRA, Antonio Maria da. "Redistribuição de Renda". *Revista Brasileira de Economia*, v. 29, n. 2, abril/junho de 1975, pp. 3-15. Existem, contudo, diferenças entre a proposta de redistribuição de renda de Silveira em relação àquela formulada de Bacha e Unger. Ao analisar esses dois projetos, Evaristo de Almeida observou: "O programa de renda mínima [de Bacha e Unger] seria implantado dentro dos moldes do imposto negativo, como o prescrito por Silveira. A diferença é que, em vez de considerar a renda individual, o imposto seria dado no âmbito da família. A forma de financiamento seria através da proibição de incentivos fiscais e do tratamento fiscal de todos

Entretanto, a garantia de renda mínima constituiria a etapa inicial da realização do ideário de mudanças sociais sustentado no livro. Tratava-se, pois, de uma medida que, no médio prazo, seria alcançada e ultrapassada pela execução de mudanças institucionais, a exemplo da reforma agrária. Seria essencial, portanto, construir "uma democracia que tome por pressuposto uma redistribuição mínima, a ponto de proscrever as desigualdades mirabolantes que subverteriam qualquer regime democrático. Mas uma democracia, também, cujas próprias instituições de organização do trabalho promovam uma redistribuição paulatina, constante e ordenada".[777]

Na segunda etapa do documento, por seu turno, estão contidas as ideias direcionadas ao desenvolvimento de reformas institucionais. Nesse âmbito, encontram-se propostas acerca da autogestão de empresas, bem como de reforma agrária.

A autogestão consistia em uma proposta que visava possibilitar a participação dos empregados de empresas, públicas e privadas, com mais de cem funcionários, na gestão da instituição. Tal proposta derivava da ideia, já defendida por Unger em sua entrevista a *Veja*, em defesa da democratização

---

os ganhos do capital como parte integral da renda bruta das pessoas físicas. Também haveria revisão total dos esquemas de deduções e abatimentos, para assegurar a progressividade sobre a renda bruta. Seria ainda implantado um imposto sobre a riqueza líquida, para assegurar uma declaração mais completa de todos os bens e títulos. A Secretaria da Receita Federal seria o órgão responsável pelo gerenciamento do programa, para o qual seria totalmente reaparelhada. A ela caberia desenvolver regras de comprovação de renda das famílias mais pobres e fazer os pagamentos anuais". ALMEIDA, Evaristo de. "Programas de Garantia de Renda Mínima e Desigualdade Social". In: DOWBOR, Ladislau; KILSZTAJN, Samuel (orgs.). *Economia Social no Brasil*. São Paulo: Senac, 2001, pp. 357-8.

777 BACHA; UNGER, *Participação, Salário e Voto*, p. 70.

de diferentes esferas da vida cotidiana, tais como os locais de trabalho.[778]

De outro lado, tem-se a proposta de reforma agrária. A execução desta, contudo, teria de ser realizada mediante duas precauções. Primeiro, evitar que fosse embasada por uma compreensão romântica do problema agrário, ou seja, que o projeto tivesse como objetivo a formação de pequenas unidades familiares ou comunitárias. Ao contrário, era necessário reconhecer a existência de diversas formas de pro-

---

778 Acerca da proposta de democratização da vida cotidiana, Unger salientou as precauções que deveriam ser adotadas em favor da sua realização. No artigo "O Brasil às Tontas", publicado na *Folha de S.Paulo* em 14 de janeiro de 1979, ele afirmou: "O programa de democratização da vida cotidiana sempre corre o risco de cair em duas ciladas opostas e complementares. Devemos nos precaver contra o grito autogestionário ou minitrotskyista da democracia permanente: a ideia de que tudo pode virar matéria de deliberação coletiva e que o exercício da cidadania acaba por abranger toda a vida social da pessoa". Em detrimento da realização desse quadro, Unger destacou: "Eis porque a democracia, mesmo quando introduzida no local de trabalho, precisa guardar traços do liberalismo clássico: tem que ser não apenas um imperativo de participação em decisões de grupo mas um feixe de poderes que limitam e de direitos mínimos que se protegem, mesmo contra as vontades majoritárias". De outro lado, Unger acentuou que "O erro antitético [ao grito autogestionário], entretanto, é o de supor que essas garantias, por serem eficazes, exigem apenas que se reproduzam e se resguardem, em todos os setores da sociedade, as instituições específicas do liberalismo clássico". Na condição de alternativa à realização desse segundo quadro, o autor propôs: "É possível aumentar os poderes que se confiam aos líderes em todas as esferas, desde o governo federal até a empresa, para administrar e reformar, enquanto se multiplicam, ao mesmo tempo, os meios de controlar os chefes e as burocracias. Basta que o controle não se manifeste sempre como bloqueio paralisante". UNGER, Roberto Mangabeira. *A Alternativa Transformadora*: Como Democratizar o Brasil. Rio de Janeiro: Guanabara Koogan, 1990, pp. 137-8.

dução agrícola no Brasil. Outra precaução era contra a ideia de que a agricultura avançada existiria apenas no âmbito da empresa privada capitalista.

Ao mesmo tempo, a reforma agrária propugnada por Bacha e Unger também deveria promover a sindicalização rural efetiva e livre; tratar de aumentar o nível de emprego rural por meio de técnicas de cultivo que exigem maior demanda de trabalhadores; e determinar um programa gradativo de participação autogestionária, dentro das diretrizes que os autores apresentaram para o caso da empresa urbana.

Na terceira etapa, Bacha e Unger discorreram sobre os fatores que permitiriam a execução de reformas sociais e institucionais. Tais fatores eram, pois, a preservação da taxa de crescimento econômico, o controle da inflação, o equilíbrio da balança de pagamentos e a reestruturação da oferta.

Na quarta etapa, encontra-se o programa de reconstrução do Estado democrático. No livro, portanto, é defendido que a República necessitava de um poder central forte. Para tanto, era necessária a manutenção do presidencialismo. Segundo os autores, esse sistema de governo constituía um princípio antioligárquico, visto que a mobilização popular e os debates sobre os problemas nacionais propiciados pelas eleições presidenciais contribuiriam para impedir que a política brasileira fosse controlada por cúpulas partidárias que buscariam, apenas, a realização de interesses setoriais. Na fundamentação dessas ideias, Bacha e Unger também ressaltaram que a estabilidade política brasileira adviria da abertura do processo político-partidário, da multiplicação dos centros decisórios e do abandono dos esquemas rígidos de divisão de poderes.

Na quinta etapa, defende-se a realização de uma grande aliança entre distintos setores da sociedade brasileira. Por seu turno, essa aliança favoreceria a oportunidade de "formar-se um partido para o desenvolvimento e a defesa do programa democrático".[779] Esse partido deveria consistir, em primeiro lugar, "em um grupo de cidadãos irmanados, às claras, num mesmo compromisso de transformação social e dispostos a colaborar para que o ideal vire realidade".[780] A construção de um movimento ou partido popular estava destinada, portanto, a realizar ampla aliança e debate entre distintos setores sociais por meio da diferenciação entre os antagonismos desnecessários e os inevitáveis, de modo a afastar os primeiros e a moderar os últimos.

Os autores sustentaram, por fim, que essa aliança teria de ser composta pelas massas semiempregadas das cidades e dos campos, pelo operariado qualificado, pelos pequenos fazendeiros e comerciantes, pelos funcionários dos escalões médios das empresas, bem como pelos membros do empresariado, da administração pública, das Forças Armadas, das igrejas e das universidades.[781]

Assim, no projeto de Bacha e Unger, a democratização da vida política e das oportunidades sociais foi situada como objetivo central. Em suma, nesse documento, era sustentado que "a democracia não se esgota na extirpação da miséria e do fausto. Ela se traduz também em todo um programa de reconstrução institucional que estende os ideais democráticos a larga área da vida social".[782]

---

779 BACHA; UNGER, *Participação, Salário e Voto*, p. 73.

780 *Loc. cit.*

781 Cf. *Ibid.*, pp. 72-3.

782 *Ibid.*, p. 70.

***

No contexto de sua inserção na vida política nacional, Unger também expôs suas ideias programáticas em eventos acadêmicos, bem como em artigos veiculados na imprensa.[783] Em junho de 1979, por exemplo, participou do seminário *Direito, Cidadania e Participação*, o qual foi organizado pelo Centro de Estudos de Cultura Contemporânea e pelo Centro Brasileiro de Análise e Planejamento. No evento, Unger discorreu sobre limites do pensamento político liberal e, por conseguinte, defendeu a construção de uma alternativa às concepções dominantes acerca do modelo e da função da propriedade privada. Respeitante, pois, à palestra que ministrou no seminário, compete destacar às seguintes informações publicadas pela *Folha de S.Paulo*:

> Na exposição inicial, o professor Roberto Mangabeira Unger, professor da Universidade Harvard, Estados Unidos, procurou fazer uma crítica interna ao liberalismo no Brasil. A seu ver, a grande questão que o liberalismo não superou é o da participação popular, assim como a grande questão que o pensamento marxista não resolveu é o da liberdade. Provocado por uma pergunta durante os debates, Mangabeira Unger disse que a questão da propriedade está enfocada a partir de um erro de premissa, tanto na sociedade ocidental como na de economia de direção centralizada do tipo soviética: "Acho que a propriedade é um enorme conceito que se

783 Para a análise do conteúdo e da fundamentação que distinguem os artigos de Unger publicados na imprensa brasileira do final dos anos 1970 a meados dos anos 1980, ver SIMON, Willian H. "Social Theory and Political Practice: Unger's Brazilian Journalism". In: LOVIN, Robin H.; PERRY, Michael J. *Critique and Construction*: A Symposium on Roberto Unger's Politics. Cambridge: Cambridge University Press, 1990. pp. 296-332.

incorporou à história da humanidade não de maneira natural, mas como expressão da concentração de poder, assim como se formou de uma maneira pode ser desfeita e organizada de outra maneira. A propriedade pode ser encarada como um bem desfrutável por trabalhadores, e por outros grupos dentro da sociedade, de uma forma diferente das que existem atualmente".[784]

O segundo evento do qual Unger participou à época do início de sua atuação política no Brasil, intitulado *Alternativas Políticas até o Fim do Século*, foi promovido pela Universidade de Brasília em setembro de 1979. Na conferência que ministrou nessa ocasião, discorreu sobre as etapas que deveriam ser cumpridas em favor da democratização da política e das oportunidades sociais. A respeito da conferência de Unger, a *Folha de S.Paulo* destacou:

> Ao denunciar a falta de imaginação política na definição democrática, que a seu ver não evoluiu nos últimos duzentos anos, o prof. Unger, Universidade Harvard, apresentou o seu programa de democracia. O programa prevê três etapas para a democratização moderna, começando pela definição constitucional. Em seguida, a desagregação da propriedade. Depois, a reforma da função dos organismos de intermediação entre o cidadão e o Estado, como o Exército, a Igreja e os sindicatos.[785]

No curso das primeiras exposições de seu pensamento político, Unger também criticou teorias que atuariam como obstáculos à reflexão sobre as condições de implantação de mudanças políticas e sociais. Em entrevista concedida ao jornal

---

784 *Folha de S.Paulo*, 1º Caderno, edição 18.349, 29 jun. 1979, p. 7.
785 *Folha de S.Paulo*, 1º Caderno, edição 18.425, 13 set. 1979, p. 8.

O Globo, publicada em 25 de novembro de 1979, manifestou sua posição sobre a teoria de classes marxista:

> Nessa teoria, há a ideia de que a política mais profundamente democratizante a que a nossa época pode assistir tem por base natural e necessária uma classe social bem definida: o proletariado industrial ou, quando muito, o proletariado em aliança com o campesinato. Sobra sempre o julgamento prático de saber se chegou o momento da luta popular ou se ainda é hora da frente democrática e da "democracia burguesa". Mas a luta popular, quando for desencadeada, tem agente certo.[786]

Por conseguinte, Unger direcionou uma crítica à teoria pluralista ou social-democrática. A esse respeito, destacou que

> Esse ideário entende as sociedades industriais modernas como um complexo de grupos flutuantes. Tende a reduzir a política democrática às pequenas barganhas que os representantes transitórios desses grupos mal definidos acertam entre si. Os pequenos ajustamentos gradativos na redistribuição do poder e da riqueza seriam os únicos resultados a esperar da prática política.[787]

De sua parte, Unger apresentou uma linha de pensamento que difere dessas duas teorias quanto à compreensão sobre as condições de realização de mudanças políticas e sociais. Ressaltou, pois, que a diferença fundamental de seu pensamento em relação àquelas duas correntes:

> É a ideia de que não há agentes coletivos naturais e predeterminados de nenhuma grande obra transformadora. As estruturas são sistemática e permanentemente e não apenas periférica ou con-

786 UNGER, *A Alternativa Transformadora*, p. 233.

787 *Loc. cit.*

> junturalmente ambíguas. Quando elas parecem cair num estado de rigidez determinante, que estreita a área do politicamente praticável, é porque a militância e a crítica se retraíram diante das alianças e dos preconceitos consolidados. Nenhum grupo social está predestinado a ser conservador ou meramente "reformista" e nenhum programa de transformação tem seu conteúdo prefixado pela natureza dos grupos que o sustentam. A cada momento, os constrangimentos da ação política são imensos, mas não se podem inferi-los de uma análise apolítica da estrutura social.[788]

A partir de sua inserção na vida política brasileira, Unger voltou-se à proposição de alternativas a modelos institucionais. De outra parte, advogou a realização de ideais democráticos em diferentes esferas da vida social. Dessa forma, os primeiros anos de sua atuação política foram marcados pela formulação do argumento em defesa da imaginação política e do experimentalismo institucional.[789]

***

Em 1976, Unger iniciou o estabelecimento de relações políticas com lideranças do MDB, tais como o deputado federal Ulysses Guimarães (1916-1992). Em seguida, tornou-se chefe da assessoria do partido. No exercício desse cargo, dedicou-se a elaborar diretrizes para o programa político da oposição à ditadura militar.

---

788 *Ibid.*, p. 234.

789 Para o estudo da fundamentação teórica por meio da qual Unger embasa sua defesa da imaginação e do experimentalismo institucional, ver UNGER, Roberto Mangabeira. *Democracia Realizada*: A Alternativa Progressista. Trad. Carlos Graieb, Márcio Grandchamp e Paulo César Castanheira. São Paulo: Boitempo, 1999.

Pode-se verificar um caso da atuação de Unger na formulação de tais diretrizes por meio da leitura de uma reportagem publicada na *Veja* em outubro de 1979. Nessa ocasião, a revista entrevistou economistas ligados ao MDB, a exemplo de Eduardo Matarazzo Suplicy (1941-) e Luiz Gonzaga Belluzzo (1942-), sobre as ideias econômicas e políticas da oposição à ditadura militar. Consultado por esse semanário, Unger defendeu que "o problema prioritário não é escolher o modelo [político] e depois fazer a política que o modelo exige. Ao contrário, deve-se fazer a política democrática que o país exige e dentro desta política desenvolver o modelo que lhe é apropriado".[790]

Cabe também acentuar que a participação de Unger no MDB foi contextual à transição do bipartidarismo para o pluripartidarismo. Assim, ele também participou da criação do partido que sucederia o MDB. Por meio de uma notícia publicada na *Veja* em novembro de 1979, constata-se o envolvimento de Unger na formação desse novo partido. Mais especificamente, a notícia evidencia que sua participação na construção do partido consistia, notadamente, na produção de um repertório de ideias programáticas:

> Um novo MDB, com o nome de Partido Trabalhista e com o apoio de senadores liderados por Franco Montoro, já tem até programa pronto. Seu redator é o professor Roberto Mangabeira Unger, o professor da Universidade Harvard que a cada dia representa para a oposição brasileira o que representou para o Estado Novo o professor Francisco Campos, com sua sólida cultura jurídica e filosófica. Esse Partido Trabalhista nada tem a ver com o PTB de Leonel Brizola. Mesmo assim, o senador Montoro agendou um

790 *Veja*, edição 579, 10 out. 1979, p. 76.

> encontro secreto com Brizola para este domingo, no Rio, na casa do advogado Rafael de Almeida Magalhães.[791]

O Partido Trabalhista, no entanto, não foi criado. Antes, os líderes do MDB fundaram o PMDB, em 15 de janeiro de 1980. Em fins de 1979, Unger se envolveu nas articulações para a criação desse partido. Em entrevista ao *Jornal do Brasil*, mencionou sua expectativa a respeito dessa nova agremiação:

> O sr. Mangabeira Unger, a cujas luzes de cientista político estão recorrendo os dirigentes da velha federação oposicionista, acha possível que o PMDB venha a transformar-se "em algo mais profundo que uma frente de oposição, na medida em que facilite uma convergência de todas as correntes políticas interessadas na reconstitucionalização do Estado e na democratização da sociedade". Admite, contudo, inevitavelmente, que não estariam incluídas aí as oposições às oposições "que se mostram refratárias a uma contestação real ao regime e as que não estão interessadas na mobilização pela base".[792]

Concernente, por sua vez, ao processo de elaboração do manifesto de fundação do novo partido, convém atentar a uma notícia publicada na *Folha de S.Paulo* em 21 de novembro de 1979. Nela, constata-se o pertencimento de Unger a uma das correntes em que se dividia o MDB às vésperas de sua substituição pelo PMDB:

---

791 *Veja*, edição 585, 21 nov. 1979, p. 35. Acerca das ideias políticas presentes nas obras de Unger publicadas nos decênios de 1990 e 2000, ver GODOY, Arnaldo Sampaio de Moraes. *Democracia Radical e Experimentalismo Institucional*: Comentários ao Sumário de Teses Progressistas de Roberto Mangabeira Unger. Barueri, SP: Minha Editoria, 2008.

792 *Jornal do Brasil*, 4 dez. 1979, 1º Caderno, n. 240, p. 10.

> Três esboços do programa e do manifesto do partido que sucederá o MDB já estão praticamente concluídos, traduzindo o pensamento das correntes mais objetivas da Oposição: um, preparado pelo ex-deputado Rafael de Almeida Magalhães e pelo professor Mangabeira Unger, refletindo, ao que se acredita, o pensamento da corrente liberal – os "não alinhados" e inclusive o seu atual presidente, Ulisses Guimarães; o outro, do "Grupo Popular", redigido por Almino Afonso e pelo suplente de senador Fernando Henrique Cardoso; e o terceiro, elaborado pelo ex-governador Miguel Arraes, destinado, provavelmente, a conciliar as aspirações dos "autênticos históricos" e dos "populares".[793]

Em seguida, Unger participou da comissão que se ocupou da redação final do programa do novo partido. A esse respeito, cabe dedicar atenção à seguinte informação publicada no *Jornal do Brasil*, em dezembro de 1979:

> O programa do PMDB começou a ser discutido ontem pelos integrantes da Executiva Nacional Provisória e propõe, no plano político, eleições diretas em todos os níveis, o fortalecimento do Legislativo, a sujeição de todas as formas de Poder Público ao controle democrático, o pluralismo partidário, admitindo-se todas as agremiações, e a convocação de uma Assembleia Nacional Constituinte, além de defender o direito das minorias dissidentes. O programa proposta estabelece dez compromissos básicos a serem assumidos pelo sucessor do MDB e tem 34 páginas divididas em três partes. A primeira faz uma crítica e autocrítica da vida política partidária; a segunda apresenta a visão que o novo Partido tem da vida política do país; e a última relaciona os compromissos básicos. Os autores da proposta do programa foram o ex-deputado

793 *Folha de S.Paulo*, 1º Caderno, edição 18.494, 21 nov. 1979, p. 4.

federal Rafael de Almeida Magalhães, e os professores Fernando Henrique Cardoso, Mangabeira Unger e José Serra.[794]

Esse documento, intitulado *Os Fundadores do Partido do Movimento Democrático Brasileiro à Nação*, foi divulgado em 20 de dezembro de 1979, data em que ocorreu a sanção da Lei Orgânica dos Partidos Políticos, a partir da qual houve o retorno do pluripartidarismo.[795] No final desse ano, Unger também participou do grupo que redigiu o programa político do novo partido.[796]

Entretanto, Unger desligou-se desse partido no limiar dos anos 1980 e ingressou no Partido Democrático Trabalhista (PDT). Compete, pois, dedicar atenção às considerações que apresentou sobre as razões que o impeliram a sair do PMDB:

> O PMDB passou, pouco a pouco, durante todo o processo que levou ao colapso do Partido Popular (a "oposição confiável" orquestrada por Tancredo Neves) ao seu comportamento desorientado e oportunista diante do governo Sarney, a ser mais um clube da oligarquia brasileira. [...] Decidi afastar-me do PMDB. E tive, então, que escolher a que partido me filiaria. Para uma pessoa na minha posição, o caminho natural seria o PT. Preferi, porém, o PDT por duas razões: uma, programática; outra, pessoal. O maior defeito de ambos esses partidos é o de se deixarem seduzir pelas preocupações e pelos preconceitos de cada um dos dois mundos em que se divide o Brasil: o PT, pelo Brasil organizado e industrializado; o PDT, pelo outro Brasil. [...] Mas já que me vi obrigado a escolher

---

794 *Jornal do Brasil*, 20 dez. 1979, 1º Caderno, n. 246, p. 4.

795 Esse manifesto encontra-se publicado em UNGER, *A Alternativa Transformadora*, pp. 179-86.

796 A íntegra do documento preparado por Unger nessa ocasião encontra-se publicado em *Ibid.*, pp. 187-211.

> [entre esses dois partidos], preferi, dos dois, o partido que carregava as marcas mais fortes do segundo Brasil, porque, neste segundo país e na definição do seu futuro, é que me parecia estar a parte maior do nosso enigma e da nossa promessa como povo.[797]

A filiação de Unger ao PDT foi seguida pela sua nomeação para o cargo de presidente da Fundação Estadual de Educação do Menor do Rio de Janeiro (FEEM), em julho de 1985. Trata-se, portanto, do período em que Leonel de Moura Brizola (1922-2004) exercia o seu primeiro mandato de governador do Rio de Janeiro. Unger permaneceu no posto de diretor da FEEM até janeiro de 1986.[798]

À época em que Unger esteve à frente desse órgão, foi implantado o projeto *Uma Proposta de Mudança*. Em suma, a finalidade do projeto era reintegrar à sociedade e à escola os menores internados nas unidades da FEEM. Para tanto, os internos seriam inseridos em famílias substitutas. Desse modo, a crítica ao modelo dominante de internação de menores consistiu em um aspecto central da atuação de Unger à frente da FEEM.

Nessa época, Unger argumentou que vigorava no país "um sistema insensato de atendimento à criança abandonada que prioriza o internamento em vez de priorizar o apoio social".[799] Para ele, "o sistema é insensato porque é hipócrita. Assume a forma de ser uma concessão à criança quando, na verdade, é uma concessão aos pais e uma punição à criança".[800]

No final dos anos 1990, Unger desligou-se do PDT e ingressou no Partido Popular Socialista. Em 2005, transferiu-

---

797 *Ibid.*, p. 67.

798 *Jornal do Brasil*, 29 jan. 1986, n. 294, 1º Caderno, p. 13.

799 *Jornal do Brasil*, 27 out. 1985, n. 202, 1º Caderno, p. 12.

800 *Loc. cit.*

-se para o Partido Municipalista Renovador (atualmente denominado Partido Republicano Brasileiro). Retornou ao PMDB em 2009 e em 2015 ao PDT, seu atual partido.

Considerações finais

No percurso da formação acadêmica de Unger, em fins dos anos 1960, encontra-se a preocupação de analisar o legado de uma influente diretriz teórica das ciências sociais – o estruturalismo.

De outra parte, as preocupações teóricas que se encontram no princípio da atuação acadêmica de Unger originaram a produção de uma crítica aos fundamentos do pensamento liberal clássico e a modelos de organização política e social que representavam a reiteração de crenças e valores políticos derivados desses fundamentos. Tais preocupações consistiam, ainda, na discussão acerca dos dilemas da teoria social e do papel do direito na modernidade.

A década de 1970 foi, também, o período inicial da participação de Unger na política partidária do Brasil. Trata-se, pois, do momento em que ele principiou a apresentação de seu entendimento acerca do papel e das exigências da prática política. O desenvolvimento dessa prática, de acordo com o autor, demandaria a rejeição da escolha entre a resignação e a utopia. Tal rejeição, por seu turno, seria a condição essencial para a construção de alternativas a visões doutrinárias e a formatos institucionais dominantes.

Nas primeiras obras teóricas e programáticas de Unger, portanto, há a formulação de dois argumentos que se tornaram essenciais em seus escritos posteriores: a crítica ao fetichismo de modelos institucionais e a defesa da reimaginação da democracia. Por seu turno, essa reimaginação apresenta-se como uma tarefa que exige a abertura das instituições ao experimentalismo.

Periódicos

Folha de S.Paulo. Edições 18.349 (de 29 de junho de 1979); 18.425 (13 de setembro de 1979); 18.494 (21 de novembro de 1979). Este periódico encontra-se disponível para consulta no seguinte sítio eletrônico: <http://acervofolha.com.br>

Jornal do Brasil. Edições de 31 de agosto de 1968; 11 de setembro de 1975; 25 de junho de 1976; 155 10 de setembro de 1976; 5 de maio de 1977; 26 de julho de 1977; 4 de dezembro de 1979; 20 de dezembro de 1979; 29 de janeiro de 1986. Este periódico encontra-se disponível para consulta no seguinte sítio eletrônico: <http://hemerotecadigital.bn.br/jornal-do-brasil/030015>

Veja. Edições 448 (6 de abril de 1977); 463 (20 de julho de 1977); 473 (28 de setembro de 1977; 491 (1º de fevereiro de 1978); 579 (10 de outubro de 1979); 585 (21 de novembro de 1979); 785 (21 de setembro de 1983). Este periódico encontra-se disponível para consulta no seguinte sítio eletrônico: <http://veja.abril.com.br/acervodigital>

O Estado de S.Paulo. Edição de 22 de abril de 1995. Este periódico encontra-se disponível para consulta no seguinte sítio eletrônico: <http://acervo.estadao.com.br>

Referências bibliográficas

ABRAHAM, Kenneth S. "*Knowledge and Politics*, by Roberto Mangabeira Unger". *Modern Language Notes*, v. 94, n. 5, dec. 1979, pp. 1202-6.

ALMEIDA, Evaristo de. "Programas de Garantia de Renda Mínima e Desigualdade Social". In: DOWBOR, Ladislau; KILSZTAJN, Samuel (orgs.). *Economia Social no Brasil*. São Paulo: Senac, 2001. pp. 343-84.

BACHA, Edmar. "Memória Acadêmica". *Economia Aplicada*, v. 2, n. 1, 1998, pp. 199-210.

_____.; UNGER, Roberto Mangabeira. *Participação, Salário e Voto*: Um Projeto de Democracia para o Brasil. Rio de Janeiro: Paz e Terra, 1978.

BRAGA, Roberto Saturnino. *Discurso aos Democratas*. Rio de Janeiro: Artenova, 1977.

_____. "Roberto Mangabeira Unger". *Plurale*, 18 abr. 2008. *Disponível em:* <http://www.plurale.com.br/noticias-ler.php?cod_noticia=1334>.

BRASIL. *Anais do Senado*, v. 2, n. 4, abr. 1979, Seção II, 19 de abril de 1979, pp. 949-50. Disponível em: <http://www.senado.gov.br/publicacoes/anais/pdf/Anais_Republica/1979/1979%20Livro%204.pdf>. Acesso em: 27 set. 2019.

DELANEY, Corneliu F. "Unger's Critique of Liberalism". *The Review of Politics*, v. 39, n. 4, oct. 1977, pp. 540-8.

FIRMAGE, Edwin Brown; MANGRUN, R. Collin. "*Knowledge and Politics*. Roberto Mangabeira Unger". *Utah Law Review*, 1975, pp. 863-70.

GODOY, Arnaldo Sampaio de Moraes. *Democracia Radical e Experimentalismo Institucional*: Comentários ao Sumário de Teses Progressistas de Roberto Mangabeira Unger. Barueri, SP: Minha Editoria, 2008.

_____. *Introdução do Movimento dos Estudos Críticos do Direito (CLS)*. Porto Alegre: S. A. Fabris Editor, 2005.

KENNEDY, Duncan. "Nota sobre a Historia de CLS en los Estados Unidos". *Doxa*, n. 11, 1992, pp. 283-93.

LEFF, Arthur Allen. "Memorandum". *Stanford Law Review*, v. 29, jan. 1977, pp. 869-79.

LYRA FILHO, Roberto. *As Propostas do Professor Mangabeira Unger*. Rio de Janeiro: Sophia Rosa, 1979.

LUIZZI, Vincent. "Review of Roberto Mangabeira Unger's *Law in Modern Society*". *Houston Law Review*, v. 14, 1977, pp. 1126-34.

McGUIRE, Martin. "*Knowledge and Politics*, by Roberto Mangabeira Unger". *American Journal of Sociology*, v. 83, n. 1, jul. 1977, pp. 274-5.

MAGALHÃES, Raphael de Almeida; VILELA, Teotônio. *Projeto Brasil*, s/e, março de 1978.

MERQUIOR, José Guilherme. *As Idéias e as Formas*. Rio de Janeiro: Nova Fronteira, 1981.

PARSONS, Talcott. "Roberto Mangabeira Unger, *Law in Modern Society*". *Law and Sociology Review*, n. 12, 1977, pp. 145-9.

PATTERSON, Dennis Michael. *The Political Philosophy of Roberto Mangabeira Unger*: Law, Liberalism and Political Vision. 207 fs. Buffalo, 1980. Tese (Doutorado em Filosofia) – State University of New York.

SILVEIRA, Antonio Maria da. "Redistribuição de Renda". *Revista Brasileira de Economia*, v. 29, n. 2, abr./jun. 1975, pp. 3-15.

SIMON, Willian H. "Social Theory and Political Practice: Unger's Brazilian Journalism". In: LOVIN, Robin H.; PERRY, Michael J. *Critique and Construction*: A Symposium on Roberto Unger's Politics. Cambridge: Cambridge University Press, 1990. pp. 296-332.

SOPER, Philip. "*Knowledge and Politics*, by Roberto Mangabeira Unger". *Michigan Law Review*, v. 75, n. 7, jun. 1977, pp. 1539-52.

STEWART, James B. "*Law in Modern Society*. By Roberto Mangabeira Unger". *Journal of Economic Issues*, v. 10, n. 4, dec. 1976, pp. 987-91.

TEIXEIRA, Carlos Sávio Gomes. *A Esquerda Experimentalista*: Análise da Teoria Política de Unger. São Paulo, 2009. Tese (Doutorado em Ciência Política) – Universidade de São Paulo.

_____. (org.). *Roberto Mangabeira Unger*. Rio de Janeiro: Azougue, 2012. (Coleção Encontros.)

TELLES JÚNIOR, Goffredo. *Carta aos Brasileiros*. 2ª ed. São Paulo: Juarez de Oliveira, 2007 [1977].

UNGER, Roberto Mangabeira. *A Alternativa Transformadora*: Como Democratizar o Brasil. Rio de Janeiro: Guanabara Koogan, 1990.

_____. *Conhecimento e Política*. Trad. Edyla Mangabeira Unger. Rio de Janeiro: Forense, 1978.

_____. *Democracia Realizada*: A Alternativa Progressista. Trad. Carlos Graieb, Márcio Grandchamp e Paulo César Castanheira. São Paulo: Boitempo, 1999.

_____. *Necessidades Falsas*. Introdução a uma Teoria Social Antideterminista a Serviço da Democracia Radical. Trad. Arnaldo Sampaio de Moraes Godoy. São Paulo: Boitempo, 2005.

_____. *O Direito na Sociedade Moderna*. Contribuição à Crítica da Teoria Social. Trad Roberto Raposo. Rio de Janeiro: Civilização Brasileira, 1979.

_____. "O Estruturalismo e o Futuro das Ciências Culturais". *Tempo Brasileiro*, n. 15/16, 1973 [1967], pp. 97-102.

_____. "Redistribuir a Renda?". *Folha de S.Paulo*, n. 28.244, 1º ago. 2006.

_____. *The Critical Legal Studies Movement*. Cambridge: Harvard University Press, 1986.

Este livro foi composto em Minion Pro e Rhode